文化视阈中的汪曾祺研究

Research on Wang Zengqi from
the Perspective of Culture

翟文铖 著

图书在版编目(CIP)数据

文化视阈中的汪曾祺研究/翟文铖著. —北京：北京大学出版社，2020.6
国家社科基金后期资助项目
ISBN 978-7-301-22076-4

Ⅰ.①文⋯　Ⅱ.①翟⋯　Ⅲ.①汪曾祺（1920—1997）—人物研究　Ⅳ.①K825.6

中国版本图书馆 CIP 数据核字(2020)第 067536 号

书　　名	文化视阈中的汪曾祺研究 WENHUA SHIYU ZHONG DE WANG ZENGQI YANJIU	
著作责任者	翟文铖　著	
责任编辑	延城城	
标准书号	ISBN 978-7-301-22076-4	
出版发行	北京大学出版社	
地　　址	北京市海淀区成府路 205 号　100871	
网　　址	http://www.pup.cn　新浪微博:@北京大学出版社	
电子信箱	pkuwsz@126.com	
电　　话	邮购部 010-62752015　发行部 010-62750672 编辑部 010-62756467	
印　刷　者	天津中印联印务有限公司	
经　销　者	新华书店	
	965 毫米×1300 毫米　16 开本　21.25 印张　370 千字	
	2020 年 6 月第 1 版　2020 年 6 月第 1 次印刷	
定　　价	58.00 元	

未经许可，不得以任何方式复制或抄袭本书之部分或全部内容。
版权所有，侵权必究
举报电话：010-62752024　电子信箱：fd@pup.pku.edu.cn
图书如有印装质量问题，请与出版部联系，电话：010-62756370

国家社科基金后期资助项目
出版说明

后期资助项目是国家社科基金设立的一类重要项目,旨在鼓励广大社科研究者潜心治学,支持基础研究多出优秀成果。它是经过严格评审,从接近完成的科研成果中遴选立项的。为扩大后期资助项目的影响,更好地推动学术发展,促进成果转化,全国哲学社会科学工作办公室按照"统一设计、统一标识、统一版式、形成系列"的总体要求,组织出版国家社科基金后期资助项目成果。

全国哲学社会科学工作办公室

目 录

绪 论 ··· 1
  一、汪曾祺的简历及创作概况 ·· 1
  二、汪曾祺研究现状综述 ··· 2
  三、本书的研究路径及主要内容 ··· 10
第一章 　五四新文化的制导 ··· 18
  一、平民主义的文化选择 ··· 19
  二、人道主义的价值立场 ··· 20
  三、个人主义的深度探索 ··· 23
  四、国民性的审视与批判 ··· 27
  五、五四思潮对文学选择的制导 ··· 28
第二章 　存在主义的探索 ··· 31
  一、自我价值的叩问 ·· 31
  二、人与人之间关系的省思 ·· 42
第三章 　精神分析的审视 ··· 49
  一、青春期的爱欲萌动 ··· 49
  二、性爱与道德的边界 ··· 58
  三、性变态与性错乱 ·· 61
第四章 　社会主义文化的融入 ·· 63
  一、时代浪涛中的身世浮沉 ·· 63
  二、融入主流文化：自新中国成立到"文革"前的文艺活动 ······ 67
  三、对"文革"文化的批判 ·· 88
  四、新中国成立后的文化实践对"文革"后创作的影响 ············ 99
第五章 　儒家风范 ··· 116
  一、对"人情味"的倾心 ··· 117
  二、群体意识的自觉 ·· 124
  三、"知命乐天"的豁达 ··· 129

四、"游于艺"的迷醉 …………………………………………… 132
　　五、"思无邪"的向往 …………………………………………… 134
　　六、中和之美的持守 …………………………………………… 137
　　七、"诗教"的承续 ……………………………………………… 138
第六章　佛禅滋味 …………………………………………………… 140
　　一、佛教文化的熏陶 …………………………………………… 140
　　二、佛教艺术的品鉴 …………………………………………… 142
　　三、佛教风习的记录 …………………………………………… 145
　　四、僧人群像的塑造 …………………………………………… 146
　　五、佛学精神的渗透 …………………………………………… 148
第七章　道家人格 …………………………………………………… 159
　　一、道家文化的谙熟 …………………………………………… 159
　　二、三重人格的迷恋 …………………………………………… 163
第八章　民俗风致 …………………………………………………… 173
　　一、物质民俗 …………………………………………………… 173
　　二、社会民俗 …………………………………………………… 194
　　三、精神民俗 …………………………………………………… 205
　　四、游娱民俗 …………………………………………………… 254
第九章　中国气派的文学理论与批评 …………………………… 260
　　一、民族风格的文学理论 ……………………………………… 260
　　二、印象主义的文学批评 ……………………………………… 307
第十章　汪曾祺创作的文化价值 ………………………………… 323
　　一、多重"价值参照系统"与生命体验的丰富性 …………… 323
　　二、"高层文化"与文化创造能力的生成 …………………… 327
　　三、传统文化作为现代性的资源 ……………………………… 329

后　记 ……………………………………………………………… 333

绪　论

一、汪曾祺的简历及创作概况

汪曾祺(1920—1997),江苏高邮人。在故乡读完小学、初中,1935 年考入江阴南菁中学。1939 年考入西南联大中文系。1940 年加入冬青文艺社,在同年 6 月 22 日的《中央日报》上发表处女作《钓》。1944 年起在昆明南英中学、建设中学任教。1946 年赴上海,9 月始在上海致远中学教书。1948 年 3 月到北平,5 月经沈从文介绍,到历史博物馆任办事员。1949 年 3 月参加"四野"的南下工作团,4 月随工作团先遣队南下,5 月入武汉,任汉口二女中副教导主任。1950 年调回北京,任北京市文联《说说唱唱》编辑部主任,9 月,出任新创刊的《北京文艺》编辑部总集稿人。1954 年 2 月调到中国民间文艺研究会任《民间文学》编辑。1958 年被划为"右派",下放到张家口农业研究所。1962 年调往北京京剧团任编剧。1980 年发表短篇小说《受戒》,此后进入创作高峰期。出版有小说集《邂逅集》《羊舍的夜晚》《汪曾祺短篇小说选》《晚饭花集》《寂寞与温暖》《茱萸集》,散文集有《浦桥集》《塔上随笔》,文学评论集《晚翠文谈》等等。大部分作品收入 1998 年 8 月由北京师范大学出版社出版的《汪曾祺全集》。

汪曾祺的创作大致可分为三个阶段:(一)现代主义探索时期。1940 年代早期他是"西南联大校园作家群"中的一员,1940 年代后期又是以沈从文为中心的"北方青年作家群"的成员。此时主要作品有《复仇》《老鲁》《鸡鸭名家》《落魄》《职业》《绿猫》《戴木匠》等,这些作品"以集中的细致分析深切地剖示一切入世的面貌风尘,有最深刻的现实主义的探索与心理分析及捕捉意识流的手法"①。此时汪曾祺的创作虽有浓厚的现代气息和实验色彩,但

---

① 唐湜:《虔诚的纳蕤思——谈汪曾祺的小说》,钱理群编:《二十世纪中国小说理论资料》,北京大学出版社,1997 年,第 487 页。

绝不生硬地西化,而是保留着民族风格。(二)融入主流文化时期。受时代政治氛围影响,汪曾祺1950—1970年代的作品大都与主流意识形态保持比较亲密的关系。此时创作的小说数量较少,主要成就集中在剧本创作上,1954年创作了《范进中举》,此后样板戏《沙家浜》《杜鹃山》等的创作与改编,特别是主要由他执笔改编的现代京剧《沙家浜》,影响了一个时代。(三)回归传统文化时期。1980年汪曾祺的小说《受戒》在《北京文学》第10期上发表,这标志着他的创作进入到崭新阶段。此后他创作了大量小说、散文、剧本和批评文章,全方位地向传统文化寻找资源。

二、汪曾祺研究现状综述

近些年来,学术界一直保持着对汪曾祺的研究热情,至今刊登各类学术期刊上的文章总量逾千篇,相继有多部研究专著问世,下文对从文化视野研究汪曾祺的成果略加检点。

汪曾祺首要的文化身份是现代知识分子,五四文化构成了他的精神底色。季红真在《汪曾祺与"五四"新文化精神——汪曾祺小论》中认为汪曾祺始终与每个时代的主流意识形态保持距离,但一刻也不曾和五四精神相背离,人道主义、民族国家、科学民主、自由平等、个性解放等理念,成了他反复书写的主题。① 文学武、丁晓萍的《汪曾祺与五四文学精神》一文认为,汪曾祺作品体现出的对个体命运的关切、对人性解放的关注和对民间立场的坚守,与民主、科学、人道、自由等观念有着内在联系。②

汪曾祺与现代主义文学之间的关系,是目前学界研究的一个热点。最早确认汪曾祺作品现代主义性质的是唐湜,早在1948年,他发表了《虔诚的纳蕤思——谈汪曾祺的小说》一文,下了这样的判断:"我知道现代欧洲文学,特别是'意识流'与心理分析派的小说对汪有过很大影响,他主要的是该归入现代主义群(Modernists)里的,他的小说的理想,随处是象征而没有一点象征'意味',正是现代主义的小说理想,然而这一切是通过纯粹中国的气派与风格来表现的。"③"文革"以后率先研究汪曾祺1940年代创作的是解志熙,通过对《落魄》《礼拜天的早晨》《复仇》等作品的解读,他指出"汪曾祺的早期创作还是难以完全用京派风格来概括的,一个明显的事实是,这一时期他

---

① 载《文艺争鸣》2009年第8期。
② 载《中国现代文学研究丛刊》2009年第3期。
③ 钱理群编:《二十世纪中国小说理论资料》第4卷,北京大学出版社,1997年,第500页。

的小说创作也具有相当浓厚的现代派风味"①。并进一步分析了存在主义、纪德、左阿林、意识流小说等与汪氏创作的关系。杨鼎川认为,《小学校的钟声》《艺术家》《绿猫》《复仇》这些作品中,"象征、暗示、意识流等现代派手法被频繁运用,是作者视角由外向内转之后,将象征印象主义与写实主义相调和的产物"②。此后钱理群的《寂寞中的探索——介绍四十年代汪曾祺先生的小说追求》③、郭春林的《中国的现代主义不彻底的旅程——以汪曾祺为例》④、王永兵的《影响与修正西方现代派文学与汪曾祺小说》⑤等文章都对汪氏早期作品的现代主义性质进行了进一步确认。郭洪雷认为,存在主题在汪曾祺八九十年代之交的创作中复现,若干作品致力于暴露世界、历史与个体的荒诞本质。⑥ 另一些文章通过比较的方法,分析了某些西方现代主义作家对汪曾祺创作的影响。卢军阐释了阿索林的文体与人物对汪曾祺的影响⑦,杨莉馨指出汪曾祺早期创作对伍尔夫在现代小说美学、意识流技巧、印象主义表达和诗化的散文风格等方面的借鉴⑧。

"二十七年"时期,汪曾祺前期主要集中于民间文学的编辑工作,后期则主要参与样板戏的创作。期间有一段因被划为"右派"下放张家口,反而让他有时间创作了《羊舍一夕》等作品,并于1963年出版了小说集《羊舍的夜晚》。王彬彬认为,汪曾祺此时的创作在"十七年文学"中占有一席之地。《羊舍一夕》可谓那个时期最优秀的作品之一,即使与"文革"后的《受戒》《大淖记事》相比,在美学品质上也并不逊色。⑨ 郜元宝认为汪曾祺继承了两个传统,一个是西南联大自由主义作家传统,另一个则是"一开始就和新文学主流有所疏离的老舍的京派(京味)传统以及以赵树理、孙犁、李季等作家为代表的延安/北方新的民间文学传统"⑩。这指的主要是汪曾祺新中国成立初期创作的作品。汪曾祺主要执笔改编的样板戏《沙家浜》近年来受到学术界广泛关注。陈思和的《民间的浮沉——对抗战到文革文学史的一个尝

---

① 解志熙:《汪曾祺早期小说片论》,《中国现代文学研究丛刊》1990年第3期,第24页。
② 杨鼎川:《汪曾祺四十年代两种不同调子的小说》,《中国现代文学研究丛刊》1995年第3期,第217—218页。
③ 载《北京文学》1997年第8期。
④ 载《文艺理论研究》2006年第1期。
⑤ 载《山东社会科学》2007年第11期。
⑥ 郭洪雷:《汪曾祺小说"衰年变法"考论》,《文学评论》2013年第6期。
⑦ 卢军:《汪曾祺与阿索林小说中人物的共性比较》,《名作欣赏》2012年第24期。
⑧ 杨莉馨:《弗·伍尔夫的影响与汪曾祺早期的意识流小说实验》,《中国比较文学》2010年第1期。
⑨ 王彬彬:《"十七年文学"中的汪曾祺》,《文学评论》2010年第1期。
⑩ 郜元宝:《汪曾祺论》,《文艺争鸣》2009年第8期,第121页。

试性解释》①以敏锐的触角率先涉及这一问题,王彬彬的《"样板戏"〈沙家浜〉的风风雨雨》②、赵勇的《红色经典剧改编的困境在哪里——以〈沙家浜〉为例》③、惠雁冰的《"样板戏":高度隐喻的政治文化符号体系——以〈沙家浜〉为例》④、杨毓珉的《法乎其上 取乎其中》⑤、宋光祖的《开不败的芦花——〈芦荡火种〉与〈沙家浜〉对读》⑥等文章,或对修改过程进行描述,或以为《沙家浜》的艺术价值来源于对民间文学的借鉴,或以为作为原型的沪剧《芦荡火种》更有生活气息,或揭示情节背后的政治隐喻,把研究推到了一个新的高度。其实,由于《沙家浜》在政治文化中的特殊地位,从"文革"前开始,就有一大批评论文章发表,如江之水的《从〈芦荡火种〉到〈沙家浜〉》⑦、李希凡的《毛泽东思想照亮了革命现代戏的创作——评京剧〈沙家浜〉再创造的成就》⑧、署名为"北京京剧团红光"的《人民战争的胜利凯歌——革命现代京剧〈沙家浜〉修改过程中的一些体会》⑨等等。

汪曾祺晚近的创作,无处不散发着中国传统文化的气息。季红真较早从传统文化的角度切入研究,她认为"虽然儒、道、释三家作为中国古典哲学的主要组成,对他的小说创作都有不同程度的影响,但这种影响是互相渗透、互为因果的整体影响,其中儒道的影响很大,而佛家则很小。儒道之中又以儒家的影响最直接。积极入世、注重实践的儒家思想决定了他小说中基本的伦理意识与道德标准,体现在知识分子的人格操守中,也体现在普通劳动者的生活信念里,形成了带有浓厚传统色彩的社会功利特点。退避出世的道家思想则集中在知识分子的精神心理中,也存在于下层穷苦人民混茫麻木的生活气氛里"⑩。杨剑龙的《论汪曾祺小说中的传统文化意识》认为汪曾祺将儒家精神和庄禅意识熔铸于他的小说中,其儒家风神具体表现为"中和"之美的艺术境界、以"爱人"和"爱众"为指归的仁学思想、重义轻利的伦理规范和自强不息的精神。⑪石杰的《汪曾祺小说中的儒道佛》一文,对汪氏创作中的传统文化内涵做了较为全面的分析,其中对佛家精神的分析比较详细,颇具启

---

① 载《上海文学》1994 年第 1 期。
② 载《文史博览》2006 年第 19 期。
③ 载《社会科学辑刊》2006 年第 6 期。
④ 载《文艺理论与批评》2006 年第 3 期。
⑤ 载《中国戏剧》1992 年第 8 期。
⑥ 宋光祖:《戏曲写作论》,百家出版社,2000 年,第 220—230 页。
⑦ 载《中国戏剧》1965 年第 2 期。
⑧ 载《中国戏剧》1965 年第 7 期。
⑨ 载《人民日报》1970 年 1 月 11 日。
⑩ 季红真:《汪曾祺小说中的哲学意识和审美态度》,《读书》1983 年第 12 期,第 18—19 页。
⑪ 载《当代作家评论》1989 年第 2 期。

发生。① 拙文《论汪曾祺创作的儒家美学精神》则指出,汪曾祺对儒家文化的继承,最有价值的部分在于他真正领悟了儒学是一种人生美学,他对"游于艺"的艺术人格的标举,对中和之美的人生境界的倾慕,对诗教传统的认同,都反映了这种审美意趣。② 杨志勇的《传统的自觉——汪曾祺创作论》③、文学武的《论汪曾祺散文的文化意蕴》④等论文,都对汪曾祺作品中的儒家精神有所发掘。有论者分析了汪曾祺所具有的传统知识分子文化人格。胡河清的《汪曾祺论》把汪曾祺定位于试图逃避残酷历史的弱质知识分子,认为他对古典劳动方式的欣赏,对人文山水的热爱,都流露出了中国传统知识分子的情趣。⑤ 摩罗的《末世的温馨——汪曾祺创作论》也持大致相同的观点,批评汪曾祺承继了中国传统知识分子精神婴儿的弱点。⑥此后,摩罗对汪曾祺的评价发生了变化,在《悲剧意积的压抑与觉醒——汪曾祺小说论》⑦《论汪曾祺九十年代的美学发展及其意义》⑧等论文中完全持肯定态度。夏元明的《汪曾祺与归有光》⑨、周荷初的《张岱与汪曾祺文学创作的文化意识和艺术品格比较》⑩则分析汪曾祺在创作上对古人美学精神的继承。孙郁的《从聊斋笔意到狂放之舞》认为,除去平淡儒雅的京派余风,汪曾祺的笔记小说和戏曲作品有六朝和晚明以来的志怪与录异的韵致,特别是暗袭了《聊斋》笔意。⑪ 杨剑龙的《"文章或有山林意"》认为汪曾祺的游记具有于山水中关注人文内涵、常以诗句描摹山水景色、惯以画意入文等特点。⑫ 季红真的《论汪曾祺散文文体与文章学传统》分析了汪曾祺创作与古代散文传统之间的联系,把儒家思想看成他锻造散文文体的意识核心。⑬

新中国成立之后,汪曾祺最初的工作就是从事民间文学的编辑研究,而所写作品也是民间风味日浓。陶阳是汪曾祺在《民间文学》编辑部工作时的同事,他的《汪曾祺与民间文学》一文介绍了汪曾祺在编辑、整理民间文学方

---

① 载《十堰大学学报》1995 年第 1、4 期。
② 载《理论学刊》2010 年第 8 期。
③ 载《求索》1994 年第 3 期。
④ 载《当代文坛》1996 年第 1 期。
⑤ 胡河清:《灵地的缅想》,学林出版社,1994 年,第 53—66 页。
⑥ 载《当代作家评论》1996 年第 5 期。
⑦ 载《小说评论》1997 年第 5 期。
⑧ 载《文艺理论研究》1999 年第 1 期。
⑨ 载《河北学刊》2002 年第 6 期。
⑩ 载《求索》2001 年第 4 期。
⑪ 载《文艺研究》2011 年第 8 期。
⑫ 载《兰州大学学报(社会科学版)》2010 年第 2 期。
⑬ 载《文学评论》2007 年第 2 期。

面的经历。① 蔡天星、杨鼎川的《沈从文汪曾祺小说里的民歌》对汪曾祺作品所涉及的民歌做了精细统计和专业分类。② 王菲的《论汪曾祺小说的民间情结》指出"汪曾祺复出之后的小说创作,通过对底层人物日常生活及民俗民风的描写,体现了其独特的民间情结和审美追求"③。夏元明《汪曾祺小说与民间文学》④等所持观点近似。

越来越多的人开始认识到汪曾祺是真正的语言大师。目前关于他文学语言的研究主要有四种思路:其一是从"字思维"角度考察。汪曾祺认为汉语作家不是用词或句子思维,而是以字为单位思维。循此思路,部分研究者以"字思维"为切入点,考察汪曾祺文学语言的特点。杨学民在《汉字思维与汪曾祺汉文学语言理论的建构》中认为,"汉字思维是凝结在汉字中的先人造字过程中的思维方式,基于'汉字的两象思维'。汪曾祺也提出了语言形象性还应当包括'语言的唤起形象性'。汉文学语言的词语、句子甚至语段等层面上体现汉字'并置美学原则'。在汉字字音特点的基础上,提出了汉文学语言要有音乐美,要悦耳"⑤。其二是运用话语理论审视。谢锡文引入语用学理论视野,认为交际环境、角色关系和话题情境制约着话与话之间的关系,"汪曾祺的小说语言能够'墨光四射',于无字处生字,于句隙间生意,主要得益于他对语境的解释功能和制约功能的充分理解和巧妙运用"⑥。其三是语言资源探究。罗岗提出汪曾祺后期的文学语言并非直接承续了1940年代自己的创作,而是在实践1949年后主流语言理论的过程中熔铸出来的,"他'打通'的依据无非是在中国古典文学和民间文艺的基础上发展现代文学,这和50年代关于新诗发展问题的讨论中所提出的在古典诗歌和民歌的基础上发展新诗的道路,确有异曲同工之处。"⑦其四是语言理论体系的概括。刘东方《现代语言学意义上汪曾祺的语言观》一文,从"语言就是思想""语言就是文化""语言就是一个生命体"三个层面概括了汪曾祺的语言观念,并分析了这些观点和现代语言本体论思想的关系。⑧

李陀撰写的《汪曾祺与现代汉语写作——兼谈毛文体》一文对汪曾祺的文学语言贡献做了历史定位。在他看来,从现代汉语发展的角度看,汪曾祺

---

① 载《民间文学论坛》1997年04期。
② 载《佛山科学技术学院学报》2004年第1期。
③ 载《山东大学学报》(哲社版)2012年第4期。
④ 载《中国文学研究》2003年第1期。
⑤ 载《山东社会科学》2009年第12期,第42页。
⑥ 谢锡文:《汪曾祺小说语境分析》,《小说评论》1997年第5期,第36页。
⑦ 罗岗:《"1940"是如何通向"1980"的——再论汪曾祺的意义》,《文学评论》2011年第3期,第119页。
⑧ 载《中国文学研究》2009年第3期。

的成就高于老舍。老舍的口语化多局限于人物情态的描写和对话等具体叙述层面,在小说总体叙述框架上还有欧化的痕迹;而汪曾祺无论人物语言还是叙述语言,完全受制于现代汉语的口语叙事规则。两个人的共同特点是都能自觉地从日常口语中寻找资源,汪曾祺的超拔之处在于,他还积极地从古代汉语中汲取养分。从文化语境看,汪曾祺的文学语言的出现在客观上对长期占统治地位的毛文体构成挑战。①

以上是对相关论文的初步梳理。近些年还出版了一些有关汪曾祺的研究和纪念书籍,就内容来说,主要包括如下两类:

一类是纪念性、回忆性文章专集。这类书中影响最大的是汪曾祺的子女汪朗、汪明、汪朝著述的《老头儿汪曾祺:我们眼中的父亲》②,此书对汪曾祺的身世、人生经历和若干创作背景做了回忆,因作者的特殊身份,其权威性自然非一般回忆性文章可比。段春娟、张秋红编的《你好,汪曾祺》③,收录了黄裳、杨毓珉、马识途、范用、巫宁坤、林斤澜、邓友梅、邵燕祥、高晓声、陆文夫、宗璞、白桦、舒乙、王安忆、贾平凹、铁凝、李锐、叶兆言、王干等一批文化名人的回忆性文章,他们从不同侧面勾勒了汪曾祺的形象,极富资料价值。金实秋编选的《永远的汪曾祺》④与上书性质相似,除少数文章与上书重复外,还收录了陆建华、李春林、刘锡诚、李锐、白桦、李洁菲、苏叔阳、李陀、张抗抗等人的回忆文章,并且配有一定数量的照片,图文并茂。苏北编的《我们的汪曾祺》⑤一书汇集了国内文化名人、作家、评论家的一批评论文章和回忆性散文,张新颖、张守仁、王安忆、孙郁、何立伟、叶梓、季红真等人都有文章收录。苏北的《一汪情深——回忆汪曾祺先生》⑥是一部回忆性著述,此书首度公布了若干有关汪曾祺手稿、书画和书籍的资料。苏北的《忆·读汪曾祺》⑦回忆了作者与汪曾祺二十多年的交往经历,对汪曾祺的部分作品进行解读。汪凌编的《汪曾祺:废墟上一抹传统的残阳》⑧介绍了汪曾祺的生平大略,很多故事颇有趣味。陆建华的《私信中的汪曾祺——汪曾祺致陆建华三十八封信解读》⑨公布了汪曾祺寄给作者的三十八封通私人信件,对信的背景及

---

① 载《花城》1998年第5期。
② 汪朗、汪明、汪朝:《老头儿汪曾祺:我们眼中的父亲》,中国人民大学出版社,2000年。
③ 段春娟、张秋红编:《你好,汪曾祺》,山东画报出版社,2007年。
④ 金实秋编:《永远的汪曾祺》,上海远东出版社,2008年。
⑤ 苏北编:《我们的汪曾祺》,广陵书社,2016年。
⑥ 苏北:《一汪情深——回忆汪曾祺先生》,上海远东出版社,2009年。
⑦ 苏北:《忆·读汪曾祺》,安徽文艺出版社,2012年。
⑧ 汪凌编:《汪曾祺:废墟上一抹传统的残阳》,大象出版社,2005年。
⑨ 陆建华:《私信中的汪曾祺——汪曾祺致陆建华三十八封信解读》,上海文艺出版社,2011年。

所涉人物、掌故做了解释。

另一类是研究性专著。杨学民的《站在边缘处对话——汪曾祺新论》①是国内第一部研究汪曾祺的专著,对汪曾祺作品与中外文化的关系进行研究,对汪曾祺的文学史地位予以评估;周志强的《汉语形象中的现代文人自我——汪曾祺后期小说语言研究》②尝试把小说语言研究与社会学分析结合起来,通过对汪曾祺小说汉语形象——现代韵白的研究,透视深层的文化内涵和复杂意义,并由此思考现代文人的自我认同问题;杨红莉的《民间生活的审美言说:汪曾祺小说文体论》③从作品细读出发,分析了汪曾祺小说的语言、叙述、结构特征,阐述了汪曾祺小说的文体特征,并初步发掘其中蕴含的哲学思想及艺术精神。孙郁的《革命时代的士大夫:汪曾祺闲录》类似于一部评传,虽然以汪曾祺为核心,但描摹的是革命时代的知识分子群像。该书认为,在文化性格上汪曾祺是一个儒者,"儒家的不偏不倚、君子忧道不忧贫、敬鬼神而远之等理念,在他的骨髓深处存着,使其在最革命的年代,依然未能忘情其间,真真是处乱世而不改其颜的中行之人"④。《夜读汪曾祺》⑤汇集了评论家王干所写有关汪曾祺的大部分文字,有对《徙》等名篇的解读,有对汪氏作品"意象美学"等艺术特色的阐释,也有与汪曾祺交往印象的记录。金实秋所撰《汪曾祺诗联品读》一书,辑录了一批汪曾祺的诗联,对这些诗联产生的背景、具体内涵做了介绍,资料价值较高。

近年来,汪曾祺作品的辑佚工作成果辉煌,一批小说、散文、新闻特写、诗歌、信札被挖掘了出来。杨新宇等辑录了《年红灯》《关于小小说》《提高戏曲艺术质量》《贾平凹其人》《长篇小说〈玫瑰门〉研讨会发言纪要》《好人平安》《辣椒》《面对市场经济,作家怎么办?》《悼念一个朝鲜驾驶员同志》《访汪曾祺实录》《旅东山岛口占》《老学闲抄》《一代才人未尽才——怀念裘盛戎同志》《致古剑17封信》《散文的辉煌前景》等文章;李建新搜集到了《关于汪曾祺40年代创作的对话》《张兆和、汪曾祺谈沈从文》⑥等访谈实录;李光荣找到《钓》《翠子》《寒夜》《春天》《谁是错的》《序雨》《膝行的人》等重要佚文;黄裳在《也说汪曾祺》一文中公布了汪曾祺写给他的两封信,一封是1947年左右的旧札,另一封则是1991年初推荐他应征台湾地区的媒体第十二届时

---

① 杨学民:《站在边缘处对话——汪曾祺新论》,中国文联出版社,1999年。
② 周志强:《汉语形象中的现代文人自我——汪曾祺后期小说语言研究》,北京大学出版社,2009年。
③ 杨红莉:《民间生活的审美言说:汪曾祺小说文体论》,北京大学出版社,2008年。
④ 孙郁:《革命时代的士大夫:汪曾祺闲录》,生活·读书·新知三联书店,2014年,第8页。
⑤ 王干:《夜读汪曾祺》,广陵书社,2016年。
⑥ 参见《〈汪曾祺全集〉编辑工作会在我社召开》,《新文学史料》2011年第2期,第143页。

报文学征文奖的书信。① 解志熙搜到了《悒郁》《灯下》《唤车》《烧花集》《最后的炮仗》《幡与旌》《书〈寂寞〉后》《斑鸠》《蜘蛛和苍蝇》《挂摊——阙下杂记之一》《汪曾祺1989年8月17日复解志熙函》等作品;②他的学生裴春芳则发现了《河上》《匹夫》《疗养院》《结婚》《除岁》《前天》《飞的》《昆明草木》《消息》《封泥》等作品③,这些都是汪曾祺1940年代创作的重要文字。其中小说部分的辑佚成果,已经汇编于2016年出版的《汪曾祺小说全编》④之中了。正是在这些辑佚成果的基础上,徐强得以写成博士论文《人间送小温——汪曾祺年谱》⑤,尽管还非尽善尽美,但已经是目前资料最为翔实、内容最为准确的年谱了。季红真主编的新版《汪曾祺全集》2019年1月由人民文学出版社出版,全书共12卷,前后耗时达8年之久。这部全集堪称精品,有诸多优点:首先是作品分类有创造性。这部全集依照小说、散文、戏剧、谈艺、诗歌及杂著、书信分类编集,分类标准非常合理。"谈艺"单独列出2卷,旧版《全集》(北京师范大学出版社1998年版)是混在散文卷中收录的,研究起来很不方便;旧版《全集》把诗歌、书信、文学杂谈、其他混在一起编为1卷,新版是书信单列1卷,诗歌与杂著分为1卷。其次,文章打破作品最初收录集子的限制,以发表时间先后重新编排,为研究者带来极大方便。当然,还有较有价值的文献未能收录,如1995年写的《瓯海修堤记》铭文,又如在鲁迅文学院授课的讲义《汪曾祺谈创作》(最初发表于《文学院》2004年第2期,后收入鲁迅文学院培训中心编的《文学之门:1986年—2005年鲁迅文学院培训中心讲义精选》,该书2005年由中国文联出版社出版)。

  以上主要是对近三十年汪曾祺研究状况的粗疏梳理。在繁华研究图景的背后,存在问题也颇不少。最普遍的现象是重复性研究不断出现,一旦某一篇文章有所开拓,随即就会出现若干类似的文章,观点似曾相识,材料大同小异,或者仅仅换一换表述方式,造成的结果是虽然研究成果总体数量不小,但真正有创新价值的为数有限。尽管研究领域和方法在不断拓展,但仍然存在若干学术盲点。大家都明白汪曾祺与传统文化之间有着根深蒂固的联系,但除了汪氏的儒家文化倾向得到较为充分的阐释之外,他与道家文化、佛家文化的关系的研究比较薄弱,甚至像《释迦牟尼》⑥这样的长篇文章几乎无人

---

① 载《读书》2009年第3期。
② 解志熙:《考文叙事录:中国现代文学文献校读论丛》,中华书局,2009年。
③ 裴春芳:《经典的诞生:叙事话语、文本发现及田野调查》,社会科学文献出版社,2014年。
④ 汪曾祺:《汪曾祺小说全编》(全三册),人民文学出版社,2016年。
⑤ 徐强:《人间送小温——汪曾祺年谱》,广陵书社,2016年。
⑥ 汪曾祺:《释迦牟尼》,《汪曾祺全集》第8卷,北京师范大学出版社,1998年,第222—279页。

解读。除了儒释道之外,民间文化或者民俗文化也是中国传统文化不可或缺的组成部分。目前只有少数研究涉及汪曾祺与民间文学之间的关系,民间文学之外有关民俗文化的广阔领域,从物质民俗到社会民俗,从精神民俗到游娱民俗,汪曾祺的作品中都广泛涉及,却很少有研究成果。如果离开了民俗文化学视野,汪曾祺的许多作品特别是晚近的创作很难得到充分阐释。很多人已经清晰地意识到汪曾祺早期创作与现代主义文学之间的联系,但是,目前的成果多局限于挖掘汪曾祺的存在主义哲学倾向,几乎没有人关注这些作品与弗洛伊德学说之间的内在联系。有人认为汪曾祺在"文革"后之所以在创作上获得了成功,是因为他把自己在1940年代的创作经验直接带到了新时期,似乎新中国成立以后的知识分子思想改造运动对他没有起到丝毫作用。实际上,在"二十七年"期间汪曾祺创作了一批作品,如果我们客观地分析,就不难发现当时的政治文化对他产生的深刻影响。这种影响实际上影响了"文革"后汪曾祺创作的选择和方向。汪曾祺不仅是一位杰出的小说家,而且还是一位出色的诗人、剧作家、文论家和批评家。汪曾祺剧本的艺术价值很高,既有影响一个时代的"样板戏",又有像《范进中举》《大劈棺》那样的艺术精品,但目前除了对《沙家浜》等个别作品研究比较充分之外,大部分作品未得到充分解读,综合性研究就更少了。汪曾祺的文论数量庞大,理论观念上富民族特色,批评风格上独树一帜,但目前很少有人做系统梳理。他的诗歌,既有格律体,也有现代自由体,既具备古典风韵,也不乏现代精神,但没有得到充分阐释。本课题试图在对汪曾祺作品全面解读的基础上,开拓新的研究领域,引入新的理论视野,切实推进研究的广度和深度。

三、本书的研究路径及主要内容

研究路径 在章节安排上,本书主要依据汪曾祺创作在历时轴上表现出的主导文化倾向,按照现代文化、社会主义文化、中国传统文化、民族化的文论的顺序编排。现代文化部分,主要是辨析出五四新文化、存在主义、精神分析等文化思潮与汪曾祺的创作特别是1940年代创作之间的内在联系。社会主义文化部分结合汪曾祺从主动融入新社会到在"极左"政治氛围中被动写作的人生经历,动态地分析他的创作在思想艺术诸方面的变化历程,指明此时确立的某些文学观念对于他"文革"后创作产生的巨大影响。传统文化部分分别从儒家文化、佛禅文化、道家文化、民俗文化四个角度切入。在研究中笔者发现,儒释道文化视野不能充分容纳汪曾祺的全部传统思想,而引入民俗学视野则会极大增强阐释力。于是，本部分就从精神民俗、社会民俗、物质民俗和游娱民俗四重视阈出发，力图对汪曾祺笔下的大量民俗事象作出有效解读。民族化的文论部分包括汪曾祺的文学理论和文学批评两个论题，对于前者的研究目标是理清理论板块、说清具体内涵；对于后者则力求概括出汪氏文学批评的印象主义特色。这两者实为一体，前者是后者的思维基础，后者是前者的具体实践。该部分研究的立足点是着力辨析出汪氏文论与中国传统美学思想之间的血脉关系，指明这种具有民族风格的理论话语形成的文化渊源。本研究推进的过程伴随着汪曾祺佚文不断发现与公布所带来的惊喜，特别是1940年代他创作的24篇小说的面世，在某种程度上说足以重塑汪曾祺早期的文学形象。在写作中笔者力求把新掌握的资料迅速纳入研究视野，不断调整和修正自己的既有认识。遗憾的是，由于条件限制，还有若干篇已被发现但尚未公布的佚文至今未能读到。

主要内容　汪曾祺的文学起点是西南联大，西南联大不仅是五四新文化的精神堡垒，也是中国接纳传播西方现代主义文学的基地，这样的文化氛围对出身于传统知识分子家庭的汪曾祺产生了脱胎换骨的影响。可以说五四文化确立了汪曾祺的精神底色，决定了他文学创作的基本走向：平民主义的观念决定了他聚焦社会的范围及创作题材的选择，人道主义观念确定了他一生最基本的价值立场，个人主义观念一方面导致他对自我价值的追问，另一方面促发了他对于爱情、欲望等人性问题的探索。正是在个人主义这两个方向的引导之下，他进一步走向了西方现代非理性文化。前者促使他接受了存在主义文化思潮，后者把他带进了精神分析领域。

汪曾祺的众多作品带有存在主义色彩。首先，他结合战争这一特殊的人类背景，探寻自我价值。在他看来，无论是"兽物"般的麻木，粉饰太平的"自欺"，还是自暴自弃的"落魄"，根源都在于生命颓废，缺乏热情，缺乏反抗精神和行动意志。《复仇》等作品提供了突破这种人生非本真状态的策略：通过自我选择，积极行动，创造生命的意义。其次，汪曾祺对于人与人之间的关系进行反思。在《匹夫》等作品中，他把孤独看成人的本然状态，对于人与人之间隔膜乃至敌对的状态进行了分析，认识到虚假的爱情、"博爱"之心无力破除人的孤独状态；而《囚犯》则告诉我们，中国传统的"亲亲"之爱似乎是对抗人与人之间冷漠关系的有效途径。

汪曾祺的早期作品多以象征隐喻的方式指向潜意识世界。在具体表现方式上，多以象征隐喻的方式表现性心理，而所采用意象也多照顾民族审美习惯。《钓》中以钓鱼隐喻男女情愫，《翠子》以湿鞋暗示情欲，《悒郁》以骑马、马鞭象征欲望，《寒夜》以一堆火隐喻一群男子的情欲，《小学的钟声》以瓷瓶、花朵和猫隐喻"我"对爱情的渴望,《花·果子·旅行》以甜味暗示性快感,而以壶注水于杯隐喻两性的欢愉,《蝴蝶——日记抄》以风穿花、花招蝶隐喻肉欲,《绿猫》《猫》则以猫隐喻女性的性诱惑。"文革"以后汪曾祺并未放弃心理分析,但对原始欲望和潜意识的表现少隐喻而多直白表达,《小姨娘》《窥浴》《大劈棺》写欲望不可抵挡的驱动力,而《唐门三杰》《小娘娘》《莱生小爷》则表现性变态心理。由此可见,心理分析是贯穿于汪曾祺一生创作的重要精神维度。

汪曾祺出身于旧知识分子家庭,自小受到传统式教育,因此儒家思想对他影响深远。汪曾祺对儒家的"人情味"十分看重。汪曾祺欣赏"大人者不失其赤子之心"这句话,看重儒家的仁人之心。他重视亲情,《邂逅》《多年父子成兄弟》等体现了家庭的温暖;他推崇义气,《大淖记事》《故乡人·王大力》赞美见义勇为行为。但是,他反对儒家"因义废利"这种高蹈的伦理思想,《岁寒三友》《陈泥鳅》等体现了一种"义利兼顾"的道德倾向。儒家主流讲究人性本善,从汪曾祺"当代野人系列"等作品中可以看出,他对人性之恶的认识是深刻的,但是《虐猫》却显现出他对于人性的信心——在恻隐之心的驱动下,人是可以实现"复性"的。汪曾祺认同儒家的群体观念。尽管他反对繁文缛节,但礼又是他衡量一个人道德优劣的重要标准,对于那些为人处事一礼不缺、讲究体面的人,他总是报以欣赏。儒家追求"和",人与人之间讲究"人和",《寂寞与温暖》《云致秋行状》就体现了这种精神倾向;这种"和"的精神还被推广到人与自然的关系之中,儒家所欣赏的自然是"人境",《天上行色》《翠湖心影》均表现出这种价值倾向。汪曾祺欣赏儒家"知命乐天"的人生态度。《落魄》《日规》等作品已经显示出命运力量的无可阻挡,《受戒》《旧病杂忆》《祈难老》等作品则表现出坦然接受命运安排的姿态。儒家"游于艺"的观念对汪曾祺影响至深,他终生都有日常生活的审美化追求。他所欣赏的人物总有一个嗜好,或为手艺,或为艺术,或为游艺,《岁寒三友》《大淖记事》《钓鱼的医生》等作品都体现了这种思想。在汪氏看来,"游于艺"和"从心所欲不逾矩"有内在联系,懂美与知善非常统一,这些"游于艺"者尽皆是温良敦厚之人。在人性观念上,汪曾祺还重新阐释"思无邪",把纯朴自然的爱情以及自然生发的两性关系视为健康的表现。汪曾祺还继承了中和之美和诗教传统。他笔下的理想人物情绪不走极端,为人温柔敦厚,在他看来,中国古老的"诗教"有助于塑造此类人格。由以上诸点可以看出,儒家思想在汪曾祺文化心理中应该居于核心位置。

汪曾祺故乡多庙宇,生活在他身边的人也多信仰佛教,而他与僧人也多有交往。在汪曾祺的笔下有两个佛教世界:一个是作为艺术世界、生活世界的佛教,一个是作为信仰世界的佛教。汪曾祺对佛教雕塑赞叹不已,《伏小六、伏小八》描绘了大足唐宋摩崖石刻的艺术成就,《罗汉》则对筇竹寺的罗汉彩塑赞叹不已;他欣赏佛家书法,对经石峪《金刚经》的刻字艺术赞美有加;他欣赏佛教文学,对《佛本行经·瓶沙王问事品》释迦牟尼外貌侧面描写之高明倍加称赏。他描绘各类僧人,有做过皇帝的特殊和尚(《建文帝的下落》),有指南和尚这样戒行严苦的和尚(《早茶笔记·八指头陀》),有仁慧这样善于经营庙宇的尼姑(《仁慧》),有以做僧人为谋生职业的和尚(《受戒》)。汪曾祺亦有佛缘,他的部分作品传达了佛家精义,涉及"缘起论""中道观""生死轮回""十二因缘""因果业报""四圣谛""八正道""三法印""三宝""五欲""三毒"等诸多佛教观念。晚年所改写《聊斋志异》诸篇,如《双灯》《画壁》《蛐蛐》《同梦》《瑞云》等,多隐含某种佛家精神。

汪曾祺在昆明教中学时,案头曾放一部《庄子集解》,但他自认所爱的是庄子的文章,而不是他的思想。实际情形恐怕比较复杂,我们从他笔下人物的三重人格中约略可以看到道家风范。第一重是超脱放达的社会人格。汪曾祺写的一些旧知识分子,不关心世俗之事,寄情艺术,趣味高雅,都带有隐逸思想,是为超脱。道家讲究"无情",无情并非冷漠,而是说反对因个人好恶过盛而损伤自身,《大淖记事》中的黄海蛟,《故乡人·打鱼的》中的捕鱼者,都有不为情绪左右的姿态,可谓放达。第二重是含真抱朴的自然人格。《故里杂记·榆树》表达了不为物役的思想,《闲市闲民》显示了少私寡欲的精神,不为内外欲望所动,才能保持自然秉性。第三重是静极生动的艺术人格。汪曾祺少年即开始习静,练就了审美心理;他笔下的各种艺术、劳动技能或工艺技艺,实为描述道家技进乎道、神与物游的自由心态;《艺术家》中所描述的"解衣槃礴"的醉酣状态,实则是写通过艺术达到的人生高峰体验。对这三重人格的崇尚体现了汪曾祺对于道家神韵的精深把握。

民俗按照具体内容,大致可以划分为物质民俗、社会民俗、精神民俗、游娱民俗四个类别,汪曾祺的作品对这四类民俗都有大量涉及。民俗为表现人物服务,这是他写作的立足点。关于物质民俗,他写农业生产,或踩水车,或看水,或种葡萄,带给人劳动的艰辛,也带给人收获的愉悦;他写各种工匠、手工业者,他们在娴熟的技法中享受生命的自由,在产品中印证生命的本质;他写饮食民俗,借食俗表现社会的生活状况、人际关系、情感关联和精神信仰;他写服饰民俗,洞察服饰体现出的生活特点、社会身份和劳动需求;他写居住民俗,于格局中见出人们的伦理关系,于设计中见出主人的生活追求。关于社会民俗,他描述了寺院、锡匠们的行帮和药行内部的组织方式,写出了人际关系;他描述各种人生仪礼,求子仪式、婚礼、寿礼,特别是对于自己故乡的葬礼描述极为细致,单单开吊就包含初献、亚献、进曲、终献、点主等诸多环节,如同大戏;关于岁时节令,汪曾祺对春节、元宵、端午等民俗活动都有描述,对于少数民俗节日也有所涉及,如泼水节等。关于精神民俗,民间文学、民间艺术、信仰民俗、民俗心理,汪曾祺都津津乐道。在民间文学方面,他多次启用民间故事资源,具体方式有两种:一种对既有民间故事加以改编,衍生出崭新内涵;一种是以故事套故事的方式,把民间故事镶嵌到自己的作品中。在民间传说方面,有人物传说,如八仙、水母;有史事性传说,如"韩瓶"、惠远渠、搞茶;有山川景物传说,如高邮的"耿庙神灯""鹿井丹泉"。对于民歌,无论是情歌、儿歌、仪式歌,还是生活歌、劳动歌、滑稽歌,他都能旁征博引。对于民间熟语,从谚语、俗语,到歇后语和谜语,他都能信手拈来。在民间艺术方面,从民间小戏、民间说唱、民间器乐,到民间工艺美术、民间舞蹈,诸多领域他都诉诸笔端。至于信仰民俗,汪曾祺主要写如下内容:对鬼魂与祖灵的信仰;对于神人的崇拜,如财神赵公明、药行祖师神农氏等;对于神的崇拜,如玉皇大帝、城隍、土地、灶王、龙王等。汪曾祺还多次描述占卜、禁忌和巫术等内容。汪曾祺还继承了五四国民性批判视角,对某些鄙陋民俗心理予以暴露。关于游娱民俗,民间体育、游戏和杂艺等诸多方面,他都有所涉及。汪曾祺的创作关涉的民俗种类之全面,传达的文化信息之丰富,折射出的民众精神之广博,都是非常罕见的。

新中国成立前后,汪曾祺表现出融入新社会的强烈愿望。无论是新闻特写还是散文、小说,都以表现新社会、新生活、新人物为主。从赞美劳动模范和英雄战士的"颂歌",到表现普通民众对新生活的热爱和幸福感,再到反映农村集体化及带来农民集体主义精神的成长,汪曾祺逐渐融入了社会主义文化建设的洪流之中。此后,在政治高压之下,汪曾祺被纳入"样板戏"创作群体,在"三结合"的构架下开始了新的写作生涯,成了"主题先行""三突出"等写作原则的实践者,有时还要按照政治要求,写大批判式的文学评论。在如此环境之中,作家自身的主体性和创造性受到了极大的限制。

汪曾祺有许多理论性随笔,这些随笔有一个较为常见的思路,就是针对当代创作的现实问题,结合作家自身的创作经验,在传统文化和传统文论中寻求解决问题的理论资源。这一个思路展开的过程,就是他激活传统的过程。从总体上说,汪曾祺的文论包括三方面的内容:语言说、文气论和叙事观。

首先是语言说。汪曾祺特别看重语言的重要性,他认为:"语言,是民族传统的最根本的东西。不精通本民族的语言,就写不出具有鲜明的民族特点的文学。"①他认为汉字在汉语中占有突出的位置,"中国的识字的人,与其说是用汉语思维,不如说用汉字思维"②。对汉语独特性的把握,就应该从对汉字独特性的认识开始。他认为汉字的三个特点对汉语影响深远:象形、单音缀和多音调。汉字是象形文字,象形字包含形、音、义三个部分,字形和字音会对字义产生影响;汉字一字一声,是单音缀;汉字还拥有多音调,每字都有特定调值。这些特点决定了汉语拥有一些独特的语言现象,如对仗、四字句、成语等。独特的语言现象造就独特的审美效果,对仗能造成语意上的跳跃和语言上的音乐美,四字句能使文章节奏明快,语感沉实,而成语尽管不宜多用,不适合于描写,但用于叙述则凝练简洁。汪曾祺对汉语的音乐性特别重视,对童谣、民歌、诗歌、小说、戏剧等各种文体中的音韵问题都有所探讨和发现。通过对童谣的辨识,他发现了"押调"这一新的音韵现象,通过对民歌《花儿》格律的研究,他提出诗歌可以用双字尾对三字尾进行突破和反对上去通押的创见,通过对戏剧剧本的创作实验,他成功参与创造了"五言流水"等唱腔。他还借助自己对语言的高度敏感,把音律问题引入小说领域,提出小说的视觉语言里也包含音乐成分。在耶鲁大学和哈佛大学的演讲稿《中国文学的语言问题》中,他总结了自己的一些观点,归纳出文学语言的四个特性:他看到了语言和内容的同一性,提出了语言的内容性;他洞察了语言背后的文化内涵,提出了语言的文化性;他领悟了语言中的含蓄技巧,提出了语言的暗示性;他体悟了文学语言情绪与语调的关联和文脉的相通,提出了语言的流动性。在对汉字、汉语和汉语文学语言的全面研究和考察的基础上,以自然和谐为理想,形成了准确、平淡、俗不伤雅的语言审美标准。

其次是文气论。汪曾祺上承韩愈,下续桐城派,重新阐释"文气论"。具体地说,汪曾祺的文气论包括三个部分:其一是字句论。他师承了韩愈"气盛言宜"的观点,融会了桐城派的一些主张,把重点由"气盛"转移到了"言宜"上,强调了"言之短长"和"声之高下"对文章的重要意义。其二是布局论。汪曾祺强调文章要布局自然,欣赏苏东坡所说的:"大略如行云流水,初无定质,但常行于所当行,止于所不可不止。"他结合古人经验,认为"'文气'是比'结构'更为内在,更精微的概念,和内容、思想更有有机联系"③。文章只有行气,才能达到"布局自然"。文气和结构的差别,也就是自然和人为的差别。其三是气禀论。曹丕在《典论·论文》中最早提出:"文以气为主,气

---

① 汪曾祺:《我的创作生涯》,《汪曾祺全集》第6卷,北京师范大学出版社,1998年,第495页。
② 汪曾祺:《认识到的和没有认识的自己》,《汪曾祺全集》第4卷,北京师范大学出版社,1998年,第301页。
③ 汪曾祺:《两栖杂述》,《汪曾祺全集》第3卷,北京师范大学出版社,1998年,第198页。

之清浊有体,不可力强而致。"桐城派继承了这一学说,姚鼐进一步提出了所谓的气有阴阳之说,认为人天生的气质品性,决定了行文的风格。汪曾祺继承了这一观点,但同时认为,后天的学习,可以在某种程度上改变人的先天气质。字句论、布局论和气禀论统合在一起,共同构成了汪曾祺的文气论。

再次是叙事观。就叙述结构而言,汪曾祺反对追求离奇的故事情节,喜欢散文化结构,追求结构的灵活多变,并探讨了传统的"度尾""煞尾""埋伏""照应"等一系列结构问题。就叙述时间而言,汪曾祺不喜欢时空的过分错乱,极为重视对于叙述速度的控制,提出了"忙里偷闲,紧中有慢,越是紧张,越是从容"①"惟悠闲才能精细"②等独特的审美原则。就叙述者而言,在叙述声音上,汪曾祺反对叙述者过于凸显,在叙述视角上,他特别推崇第三人称叙述视角;在叙述语言上,汪曾祺要求句子简短,反对用长句太多,反对人物语言过分性格化,主张对话无深文大意,要求叙述语言和描写语言讲究"语态"。就人物而言,汪曾祺认为人物是小说叙述的核心,主张小说"要贴到人物来写"③。

汪曾祺不仅有自觉的理论意识,还是一位才华横溢的批评家。他的批评以上述理论为背景,采用了传统的印象主义批评方法。在思维方式上,讲究直觉感悟;在写作姿态上,反对科学主义的冷漠,试图以情感的投入,深切体验作品中蕴藏的思想感情;但他又认为评论家和作家灵魂的交融是有限的,最终不过是"我所讲的就是我自己"④。他的批评,总是从自己的审美理想出发,在他人的作品中寻求印证,处处品评他人,处处表现自己。作为一个文体家,汪曾祺的批评具有美文特征,内容上随意而谈、广征博引,文风上平淡素朴,奇正兼收;他还擅长于转述,三言两语,就能传达原著的神采。他重视形象的感人力量,在批评中既塑造血肉丰满的作家形象,又凸显宽容大度的评论家形象。由于他的批评有一整套传统味道十足的理论做背景,因此显得沉实而典雅。

汪曾祺的创作,文化价值不容低估。汪曾祺始终与时代处于对话过程之中,他的精神世界积淀了一部百年中国文化史。他的一生,大致获得过四重"价值参照系统",从儒释道传统文化,到现代西方文化,到社会主义文化,再到容纳了民俗文化的传统文化,整个轨迹仿佛画了一个圆环。如此丰富的

---

① 汪曾祺:《且说过于执》,《汪曾祺全集》第3卷,北京师范大学出版社,1998年,第62页。
② 汪曾祺:《小说笔谈》,《汪曾祺全集》第3卷,北京师范大学出版社,1998年,第208页。
③ 汪曾祺:《沈从文先生在西南联大》,《汪曾祺全集》第3卷,北京师范大学出版社,1998年,第465页。
④ 汪曾祺:《人之相知之难也》,《汪曾祺全集》第5卷,北京师范大学出版社,1998年,第73—74页。

"价值参照系统"彼此叠加,让他能够在身体、心理、政治社会、历史文化、知性、美感、道德、实存、生死、终极存在等诸多层面对人生给予全面思考。

一种健康的文化有两个层面:贯穿普通民众日常生活的"基层文化"和属于知识分子的"高层文化"。"基层文化"是基础,但是只有"高层文化"才能引导整个文化适应现实、自我批判、不断更新,保持文化的活力。汪曾祺笔下不仅有风土习俗、日常琐事这样的"基层文化"做根基,更重要的是他始终站在个性、技进乎道、游于艺、存在、生死等"高层文化"的制高点上把握整个文化的流向。汪曾祺能在两个层面的张力中思索,因此才激发出如此强大的文化生成能力。这就启示我们,一个作家首先应该是一个精英文化的拥有者。

汪曾祺在传统文化的创造性转化方面表现突出,文学是传播传统文化的重要中介,传统文化有助于我们对抗西方"文化霸权主义"的入侵,抵制"全球化"带来的文化"同质化"倾向,帮助我们体认本民族的价值观念,增强文化身份的自觉,强化民族认同感。

第一章　五四新文化的制导

汪曾祺出生于1920年3月5日,此时正值五四高潮。从思想资源的巨变,到具体教育制度的革新,五四新文化运动都对中国文化的走向产生了深刻的影响。诞生于这样的时代氛围之下,他不可能不受到五四新文化的影响。汪曾祺的家庭,尽管有传统士大夫文化情调,但汪父也是一位具有诸多新思想的开明人士。这使得这个家庭与中国传统的封建专制家庭有很多不同之处,没有"父父子子"的传统等级观念,比较自由开放。汪曾祺在《多年父子成兄弟》一文中记载,他的父亲对待孩子总是和颜悦色,常陪孩子玩耍,被视为孩子王。汪曾祺17岁恋爱时,"在家写情书,他在一旁瞎出主意"。"他喝酒,给我也倒一杯。抽烟,一次抽出两根,他一根我一根。"①汪父的做法,表现出了很强的民主色彩。在这样的氛围中长大,汪曾祺自然对五四精神具有天然的亲和力。汪曾祺的整个中学阶段,所受教育是比较开放的现代教育。初中主要课程偏于国学,但已经有了美育课程。1935年考入江阴南菁中学读高中,南菁中学在当时是一座名校,秉承了"科学救国"理念,重视数理化而轻视文科。这样的课程设置对于偏爱文学的汪曾祺来说当然颇感吃力,但由此也给他带来了科学主义的现代观念。由于日本全面侵华,1937年暑假后汪曾祺被迫从南菁中学辍学。此后,他以借读的方式,辗转于淮安中学、私立扬州中学、盐城临时中学,最终完成了较为现代的中学教育。1939年汪曾祺考入了西南联大。1940年代的中国,是动荡的、混乱的,生存问题成了社会普遍关注的核心,从社会整体上看,精神发展问题一时无暇顾及。但是,西南联大却成了一个精神堡垒,在那里五四文化得到了传承,正如汪曾祺在《西南联大中文系》中回忆的那样:"中文系的学风和别的系也差不多:民主、自由、开放。"②

---

① 汪曾祺:《多年父子成兄弟》,《汪曾祺全集》第5卷,北京师范大学出版社,1998年,第62页。
② 汪曾祺:《西南联大中文系》,《汪曾祺全集》第4卷,北京师范大学出版社,1998年,第355页。

"五四新文化运动起源于大学这个独立的精神家园,最终的承传恐怕非靠大学不可。西南联大在抗战中所坚守的正是五四新文化运动的传统,无论是教师和学生,都将校园视为追求自由和民主精神的独立家园。"①西南联大有一批五四后成名的学人,他们多留学国外,具有较强的民主自由思想。朱自清、罗常培、闻一多、杨振声等先后出任中文系主任,沈从文、钱锺书、冯至、卞之琳、陈梦家、李广田等都曾在那里任教。谢泳曾在《西南联大与汪曾祺、穆旦的文学道路》一文中披露了关于这个教师团体教育背景的统计数字:"这个群体的基本特征是完整的中西文化教育背景,特别是欧美化程度很高。当时西南联大179位教授当中,留美的有97位,留欧陆的38位,18位留英,3位留日,23位未留学。"②从这组统计数字可以看出,就师资而言,这些人大都有着极为西化的教育背景,以科学和民主为核心的五四精神在这里得以传承几乎具有必然性。这种文化精神,不能不对汪曾祺产生深远的影响。暮年的汪曾祺不断撰文,写出《闻一多先生上课》《沈从文先生在西南联大》等系列散文,回忆自己的老师闻一多、朱自清、沈从文等,可见他们对汪曾祺影响之深,这些人民主、自由、开放的精神风貌自然也深深地感染了汪曾祺。汪曾祺说:"我要不是读了西南联大,也许不会成为一个作家。至少不会成为一个像现在这样的作家。"③没有对西南联大秉承的五四精神的认同,他深广的人道主义情怀、个性主义追求和勇于反思的精神恐怕就成了无源之水。

一、平民主义的文化选择

平民主义并不玄奥,就是五四时期所普遍倡导的"德先生",李大钊解释得非常清楚:"'平民主义'是Democracy的译语:有译为'民本主义'的,有译为'平民主义'的,亦有音译为'德谟克拉西'的。"④那么,平民主义的具体含义是什么?"纯正的'平民主义',就是把政治上、经济上、社会上一切特权阶级,完全打破;使人民全体,都是为社会国家作有益的工作的人,不须用政治机关以统治人身,政治机关只是为全体人民属于全体人民,而由全体人民执行的事务管理的工具。凡具有个性的,不论他是一个团体,是一个地域,是一

---

① 谢泳:《西南联大与汪曾祺、穆旦的文学道路》,《文艺争鸣》1997年第4期。
② 同上。
③ 汪曾祺:《西南联大中文系》,《汪曾祺全集》第4卷,北京师范大学出版社,1998年,第359页。
④ 朱文通等整理编辑:《李大钊全集》第四卷,河北教育出版社,1999年,第149页。

个民族,是一个个人,都有他的自由的领域,不受外来的侵犯与干涉,其间全没有统治与服属的关系,只有自由联合的关系。这样的社会,才是平民的社会;在这样的平民的社会里,才有自由平等的个人。"①平民主义在五四新文化运动占有崇高地位,构成新文化运动的指导思想,"这种平民主义,不仅是世界的'绝大潮流',而且也是五四时期思想解放运动的主潮,不仅是人类新纪元的时代精神,而且也是中国五四时期的时代精神,科学与民主便是这种精神的集中体现"②。在这种意义上,平民主义是对五四新文化精神的更高层次的概括。

与之相应,"五四文学的启蒙主义性质也表现在它的平民主义主张上。"③这就是文学领域所倡导的"平民文学"。"平民文学"的概念最早由周作人提出,他认为"平民文学应以普通的文体,写普遍的思想与事实。我们不必记英雄豪杰的事业,才子佳人的幸福,只应记载世间普通男女的悲欢成败"④。由此,五四文学摆脱了古代贵族文学的束缚,拓展出知识分子和乡土两大题材类型,普通农民、小市民和平民知识分子等下层民众成了文学表现的对象。这种观念深刻地影响了此后几乎所有的新文学作家,汪曾祺自然也受其濡染,他终生保持着书写平民、表现社会下层的趣味。他早年表现的主要对象是一群身处社会底层的人,如《猎猎》《庙与僧》《老鲁》《戴车匠》等;"文革"后创作的《大淖记事》《故乡人》《卖蚯蚓的人》《安乐居》等,对普通百姓的生活更是津津乐道。从贩夫走卒,到农夫艺人,五行八作、三教九流,全都汇聚于他的笔端。这种平民文学的趣味,聚焦的虽是一人一事,表达的却是"对于他自己的与共同的人类的运命"⑤的深切关注。

二、人道主义的价值立场

五四文化在整体性质上是一种启蒙主义文化,启蒙主义首先是一种理性精神,具体表现为科学主义和民主主义。民主才是时代最为关注的核心,这与科学在五四文化整体框架中的位置有关,"它的意义主要地并不在于提倡

---

① 朱文通等整理编辑:《李大钊全集》第四卷,河北教育出版社,1999年,第170页。
② 朱德发:《五四文学初探》,山东人民出版社,1982年,第9页。
③ 杨春时、俞兆平:《现代性与20世纪中国文学思潮》,广西师范大学出版社,2005年,第8页。
④ 周作人:《平民文学》,李春雨、杨志编著:《中国现代文学资料与研究》(上),北京师范大学出版社,2008年,第90页。
⑤ 同上书,第91页。

自然科学的研究,而是在于它帮助'民主'开展反封建礼教的思想斗争,这是因为神权是封建制度和思想的重要支柱,反迷信斗争实际上就是反封建斗争的一部分"①。正因为如此,作为启蒙主义载体的启蒙主义文学所显现的理性,主要体现为一种人文理性,"五四文学与欧洲启蒙主义文学一样,具有人文主义倾向"②,具体表现为人道主义和个人主义。

周作人曾经认为,"人"的真理在中国从未解决,五四时期要做的事情,就是要从新发现人,去"辟人荒","我们希望从文学上起首,提倡一点人道主义思想"③。他进一步认为:"用这人道主义为本,对于人生诸问题,加以记录研究的文字,便谓之人的文学。"④可见,有无人道主义,是区分是否是"人的文学"的衡量标准。汪曾祺自认为是一个人道主义者,在一封信中他这样描述自己早年精神的支撑:"使我没有沦为颓废的,是一点朴素的人道主义,对人的关心,乃至悲悯。"⑤实际上,人道主义贯穿了汪曾祺一生,构成了他创作的主要精神维度。创作伊始,他的作品就带有强烈的人道主义关怀,《职业》中的男孩因为生活的挤压过早地失去了童心,只有在职业之余才以一声呼喊显示出了属于孩子的顽皮,读之令人心酸;《唤车》《邂逅》《磨灭》《背东西的兽物》等诸篇,他对那些身处社会底层的民众总报以极大的同情。沈从文曾告诫汪曾祺"千万不要冷嘲",汪曾祺也的确像沈从文那样反对愤世嫉俗,反对玩世不恭,总以一种善意的、含情的微笑看待芸芸众生。他不是居高临下,而是与他所观察、所表现的人物站在同一水平线,把他笔下的小人物当成自己的亲友,他同情、悲悯、理解、包容,带着温爱呵护着他们。汪曾祺的人道主义精神是博大的,有时直抵宗教境界。他有一个小说名为《膝行的人》,主人公曾经是一个无赖、流氓和土匪头,杀人无数,因一时不忍心杀死仇人的孩子,结果等孩子长大反被复仇,斩去了双脚。残疾后他栖居窝棚,自食其力,与人为善,甚至帮人救火而不图回报。对于他的作恶多端,"我"予以理解,以为那是由于他无宗教信仰、无家庭教育、无温暖关爱导致的,对于他的命运亦持宽容和悲悯的态度,可见博爱情怀之深广。《锁匠之死》写了一个聪明绝顶的锁匠,最后因为帮助土匪修枪械而被枪决,"我"喟叹人性的脆弱,语

---

① 朱德发:《五四文学初探》,山东人民出版社,1982年,第13—14页。
② 杨春时、俞兆平:《现代性与20世纪中国文学思潮》,广西师范大学出版社,2005年,第6页。
③ 周作人:《人的文学》,李春雨、杨志编著:《中国现代文学资料与研究》(上),北京师范大学出版社,2008年,第82页。
④ 同上书,第84页。
⑤ 汪曾祺:《汪曾祺1989年8月17日复解志熙函》,解志熙:《考文叙事录:中国现代文学文献校读论丛》,中华书局,2009年,第285页。

气中不免包含着惋惜与遗憾。《囚犯》中的"我"以自我牺牲对肮脏的囚犯提供帮助,但是经过自我反思,却发现这种爱的苍白与局限性。这正是鲁迅所描述的陀思妥耶夫斯基式的"灵魂的拷问",目的是不断超越恶,拷问出灵魂深处的善,这是对人道主义更为深刻的理解。这种人道主义思想一直延续到汪曾祺"二十七年"的创作之中:《下水道和孩子》表现孩子的游戏天性与快乐感受,延续了五四"孩子的发现"的主题;《标语》把东西方冷战中社会主义阵营内部的国际主义精神转化为自我生命意志的张扬;《海绵球拍》《竹壳热水壶》大致属于"颂歌"潮流,但是突破了抽象口号,把新社会赋予的幸福感落实为真实的心理愉悦……这些作品,把当时的政治文化观念都落脚于活生生的生命体验,明显超越了概念化的局限,带上了人道主义色彩。汪曾祺"文革"后的创作,则融入了当时新启蒙主义的文化思潮之中——这是对五四启蒙主义思潮的继承与延续。他此时的作品,无论是怀旧还是反思"文革",价值的主要立足点都是人道主义。清贫勤俭而性情孤僻的学者蔡德惠死了,高教授心情沉痛,每逢喝汽锅鸡汤时就长吁短叹,说:"蔡德惠要是每天喝一碗鸡汤,他也许不会死!"①"文革"时一政工干部在变态性心理的支配下,无情地把一个擅长跳小天鹅的舞蹈演员折磨致残,作者喟叹政治运动把人心变坏、变狠,不知爱惜美好的东西了。云致秋思想进步,业务精湛,戏路纯熟,乐观助人,擅长交际,只因在"文革"中几句无关痛痒的揭发,"解放"后被彻底闲置,郁闷致死。追悼会回来,半车人在调笑,"我"想起了陶渊明的《拟挽歌辞》:"亲戚或余悲,他人亦已歌。"沈沉被定为右派,危难关头,"她脸色煞白,带着一种奇怪的微笑"②。悲中反笑,这是很奇怪的表情。据说,金圣叹临死前调侃:"杀头,至痛也,而圣叹于无意中得之,亦奇。"鲁迅读书至此,哂笑这是"化屠夫的凶残为一笑"。汪曾祺认为,鲁迅未有此等经历,故不理解,他结合自己被打成右派的经历,认为"人到极其无可奈何的时候,往往会生出这种比悲号更为沉痛的滑稽感"③。汪曾祺总是这样体察自己笔下人物,以悲天悯人的胸怀,感喟生活中的苦难。小商人陶虎臣和王瘦吾,虽一度生意不错,但是,在社会的变幻中不免没落破产,生活陷入窘迫(《岁寒三友》);药店里的伙计陈相公学徒异常劳苦,还要经常挨打,白天不敢哭,晚上关上门向远方的母亲哭诉:"妈妈,我又挨打了!妈妈,不要紧的,再挨两年打,我就能养活你老人家了!"④《露水》中的那两个卖唱的艺人,萍水相逢,在

---

① 汪曾祺:《日规》,《汪曾祺全集》第 2 卷,北京师范大学出版社,1998 年,第 159 页。
② 汪曾祺:《寂寞和温暖》,《汪曾祺全集》第 1 卷,北京师范大学出版社,1998 年,第 373 页。
③ 汪曾祺:《随遇而安》,《汪曾祺全集》第 5 卷,北京师范大学出版社,1998 年,第 135 页。
④ 汪曾祺:《异秉》(二),《汪曾祺小说全编》(中卷),人民文学出版社,2016 年,第 407 页。

相濡以沫中,勉强度日,由于命运的拨弄,男人暴病身亡,剩下女人形影相吊。这些人社会地位低微,在人生的沉浮中无力把握自己的命运,悲剧结局几乎是必然的。在他的作品中,我们总能发现一颗不断波动的悲悯之心,为芸芸众生的苦难伤感,为普通百姓的痛苦揪心,可以说,人道主义立场已经变成了汪曾祺的文化本能。

五四时期,人道主义是批判封建主义的一个重要思想武器。奇怪的是,汪曾祺早期的作品除《翠翠》等少数作品外,很少批判封建压迫。后期创作,大约受批判"文革"封建遗毒的刺激,反封建的精神才健旺了起来。《珠子灯》中孙小姐新婚丧夫,却要维护自己书香门第的家庭"名声",恪守封建贞节,悒郁而死。《忧郁症》中的裴云锦,嫁到破落的丈夫家,支撑家庭,殚精竭虑,最后上吊自杀。她的自杀,除了经济的困顿以外,主要原因在于"不孝有三,无后为大"的封建礼教给她造成的精神压力。对于冲破封建礼教的人物汪曾祺则大加赞赏,他改写《聊斋志异》中《佟客》一篇:张三的妻子与他人有染,张三发现后欲逼她自戕,生死之际忽然悟得一顶绿帽子压不死人的道理,于是原谅了妻子。汪曾祺专门在小说后加一按语:"故事很一般,但在那样的时代,张三能掀掉'绿帽巾'的压力,实在是很豁达,非常难得的。蒲松龄述此故事时语气不免调侃,但字里行间,流露同情,于此可窥见聊斋对贞节的看法。"①这些作品,无不以人道主义视角审视、评价,充满了对人的同情与理解。

在一首诗歌之中,汪曾祺曾自评为"人道其里,抒情其华"②,可见他把人道主义视为自己的灵魂。结合创作不难看出,汪曾祺的这个自评还是非常确当的。

三、个人主义的深度探索

周作人认为,五四时期的人道主义乃是"一种个人主义的人间本位主义"③。在他看来,个人主义和人道主义是非常统一的。但实际情形较为复杂,两者毕竟侧重点不同,个人主义主要指向自我,人道主义主要指向他人,鲁迅就曾深切地感受到两者之间的矛盾。对于汪曾祺而言,对于个人主义主

---

① 汪曾祺:《捕快张三》,《汪曾祺全集》第 2 卷,北京师范大学出版社,1998 年,第 271 页。
② 汪曾祺:《我为什么写作》,金实秋:《汪曾祺诗联品读》,大众文艺出版社,2009 年,第 85 页。
③ 周作人:《人的文学》,李春雨、杨志编著:《中国现代文学资料与研究》(上),北京师范大学出版社,2008 年,第 84 页。

要从两个层面展开思考:其一是延续五四时期关于人生意义问题的探讨,对自我价值进行拷问。汪曾祺的《复仇》《落魄》《绿猫》等,都属于此类作品,这类作品继承了鲁迅的《野草》等作品的内在精神,此一方向已经走向了现代主义。其二是对爱情和欲望的探讨。"'五四'作家在对人的'情'与'欲'的书写背后是对人性和自由意志的肯定。从价值依据上来说,对自由的呼唤也是来自人性自然性一翼的一股洪流。"①个人主义在当时最直接的表现是追求爱情自由,因为爱情自由既肯定了意志自决,又肯定了情欲的合理性。汪曾祺的此类作品都非常精彩,早期的如《河上》等,"文革"后的如《受戒》《大淖记事》等。周作人在《人的文学》中持灵肉一元观,认为人从动物进化而来,作为动物的生理欲望带有合理性,"所以我们相信人的一切生活本能,都是美的善的,应得完全满足"②。这个观点在五四时期振聋发聩,但在西方并不新鲜,文艺复兴时的人文主义思潮就对人的自然欲望加以肯定,薄伽丘的《十日谈》堪称典范。五四时期中国亦产生了此类作品,郁达夫的《沉沦》就直接描写性的苦闷,稍后沈从文笔下那些水手同妓女的故事,也认可自然欲望的合理性。汪曾祺也不断思考类似问题,不过早期作品和晚近作品在表现形态上有较大差距。早期的如《悒郁》《蝴蝶——日记抄》等,表现青春期欲望的躁动,尽管带有明显的精神分析意味,但多以象征、隐喻等含蓄方式呈现出来。晚期的若干作品,则对人生原欲进行了探索,大胆直露地表现两性关系。这类作品有如下特点。

首先,探索了性的神秘力量。性是人的生命力的一种外在表现,是生命力迸射的一种标志。但是,随着人类的进化、文化的发展,性本身附着了太多的社会内容。伦理、道德、权力,往往导致人类性的变态和性的压抑,并进一步导致人的生命萎缩。汪曾祺的小说表现出很强的生命意识,他把性的健康看成生命的自由与张扬的重要表现。性本身拥有强大的非理性力量,有时会冲破伦理道德的限制。汪曾祺承认性的这种神秘力量,在作品中多次予以表现。《小娘娘》中的谢晋天与谢淑媛,在风雨之夜,冲破了姑侄的伦理限制,疯狂地发生了性爱关系;《小姨娘》中的章叔芳和宗毓琳青春期性意识觉醒,性的狂欢让他们忘记了家庭与社会的压力;《钓鱼巷》中的程少爷,面对女佣肉体的无力对抗,等等。这些性爱关系,大约相当于吉登斯所描述的"激情之爱",为了性的强大吸引,置所有的道德规范于不顾。"显视着激情之爱是一种急切的渴望,极力要求从那种容易与激情之爱产生冲突的日常生活俗务

---

① 刘中树、许祖华主编:《中国现代文学思潮史》,华中师范大学出版社,2009年,第32页。
② 周作人:《人的文学》,李春雨、杨志编著:《中国现代文学资料与研究》(上),北京师范大学出版社,2008年,第83页。

中分离出来。同他人的情感纠缠是普遍带有渗透性的——它如此强劲以致于使个体或两个以上的个体漠视正常的义务，激情之爱具有一种只能存在于宗教迷狂中的魔性。"①在一般的社会观念中，激情之爱是伦理秩序的破坏力量，自身也不稳定，往往以悲剧告终。汪曾祺的态度比较模糊，超出了一般的道德评价和价值决断，他只是客观地展露，把思考评价的权力完全交给读者。但在骨子里，他也像沈从文一样，并不把性爱看得十分龌龊，而是把它视为一种不可遏制的生命力。

其次，对性爱的宽容态度。在汪曾祺的眼里，建立在情感之上的性爱满足是合理的。在小说《窥浴》中，岑明偷看女人洗澡，但作家并没有对此进行伦理指责，而是把这看成青春骚动的一种自然现象。教他艺术的老师虞芳，让他欣赏自己的裸体，解除了他的性饥渴。师生之间的性爱，依照常规，多少有些乱伦的嫌疑。但是，作者对他们之间性爱关系的描述，绝无指责的意图，甚至带有欣赏的意味：亲密无间的情感，对艺术的共同追求，对美丽肉体的欣赏，对性的相互需要，使他们之间的性爱关系显得毫无污秽之感。《大淖记事》中的性爱观念也极开放，"这里人家的婚嫁极少明媒正娶，花轿吹鼓手是挣不着他们的钱的。媳妇，多是自己跑来的；姑娘，一般是自己找人。她们在男女关系上是比较随便的。姑娘在家生私孩子；一个媳妇，丈夫在外，再'靠'一个，不是稀奇事。这里的男人和女人好，还是恼，只有一个标准：情愿"②。汪曾祺是很反对伦理的条条框框对人性的约束的，对于这种以情感为基础的松散的少受伦理约束的两性关系，表现出了赞许的态度。他的小说《薛大娘》更明确地反映出他在两性伦理上的开放姿态。《薛大娘》是个卖菜的，也做"拉皮条"的生意，给那些男女"拉纤"。她不认为自己的行为是非道德的，而觉得自己做的是"积德的事"。薛大娘的丈夫生理上存在缺陷，她就跟自己喜欢的保全堂吕先生发生了关系。人们对薛大娘颇多议论，薛大娘置之不顾："不图什么，我喜欢他。他一年打十一个月光棍，我让他快活快活，——我也快活，这有什么不好？有什么不对？谁爱嚼舌头，让她们嚼去吧！"在小说结尾，叙述者这样评论："薛大娘身心都很健康。她的性格没有被扭曲、被压抑。舒舒展展，无拘无束。这是一个彻底解放的，自由的人。"③这种评价是独异的，是建立在对人性的宽容和充分理解之上的。《钓鱼巷》写程少爷少年时常常和女佣偷欢，中学时期又经常嫖妓。可他后来考取了大学，新中

---

① 〔英〕安东尼·吉登斯：《亲密关系的变革——现代社会中的性、爱和爱欲》，陈永国等译，社会科学文献出版社，2001年，第50页。
② 汪曾祺：《大淖记事》，《汪曾祺全集》第1卷，北京师范大学出版社，1998年，第421页。
③ 汪曾祺：《薛大娘》，《汪曾祺全集》第2卷，北京师范大学出版社，1998年，第434—435页。

国成立后成了工程师,工作出色,屡受褒奖。汪曾祺一改泛道德评价方式,否认某个人物一旦在两性关系上溢出轨道就是坏蛋。在他看来,性只是人性的一个部分,并不一定必然导致道德的全面沦丧和事业上的碌碌无为。

再次,汪曾祺为性爱划定了道德底线。伦理是对性爱的限制,但这种限制不仅仅是一种压抑,也有积极的东西包含在内,例如遗传的优化、社会秩序的稳定,等等。汪曾祺的小说《小娘娘》中谢普天和堂姑谢淑媛的性爱关系,缘情而发,本身是纯洁的。小说重点表现他们乱伦之后,男女主人公如何陷入自我和社会的双重伦理审判,内心的罪感和社会舆论的压力,使他们无地自容,痛苦不堪,远走他乡。不仅是身体被放逐,陷入无家可归的境地,而且精神上也被放逐,陷入灵魂无所归依的境地。女主人公最终"死于难产血崩",这不仅是肉体的死亡,也是冲击底线之后的精神死亡。小说在写姑侄乱伦之后,插入一段乱伦程度更为严重的描写:居家兄弟姐妹精神不正常,都是疯子,一个兄弟和两个姐妹发生乱伦关系。这一插入的情节,貌似游离,实际上却别有深意,目的是让他们给谢家姑侄的乱伦提供了一面镜子,照出他们的疯狂之相。一死一疯,作家也借此暗示了自己的批判态度。《莱生小爷》写莱生小爷,见了妻妹后顿生邪念,死皮赖脸地要纳她作妾。《辜家豆腐店的女儿》中的王家父子,置起码的人伦于不顾,同嫖辜家的闺女。《关老爷》写关老爷假下乡"看青"为名,实则为了猎艳,以减租为交换筹码让人家的大姑娘或媳妇陪他睡觉。这些有关性的故事,没有健康的人性为底蕴,没有自由的爱情为基础,因此都丑陋不堪。

汪曾祺也像鲁迅、老舍一样,不仅仅满足于对个性解放的廉价赞扬,还从现实可行性的角度予以反思。《小姨娘》中小姨娘章叔芳出身于乡下财主,与前来求学的上海"包打听"的儿子宗毓林早恋。他们的交往源于宗毓林的"新文学"书,但精神的交流很快沦为肉体的迷恋,结果这种关系为章叔芳的家庭所不容,章叔芳遭到驱逐,被迫随宗毓林去了上海。若是在五四时期,这是非常经典的为爱情自由冲破家庭阻力的恋爱故事,带有浓厚的反封建礼教、追求个性解放的色彩。但是,数年以后,"我"又见章叔芳,她开始打麻将,"穿得很时髦,但是有点俗气。看她抱着孩子很熟练地摸牌,很灵巧地把牌打出去,完全像一个包打听人家的媳妇。她的大胆、倔强、浪漫主义全都没有一点影子了"①。在小市民同化力量腐蚀下,章叔芳个性解放的勇气和风采,早已经荡然无存。在社会现实面前,在日常生活的法则面前,个性解放的理想化追求往往苍白无力,最终不免坠入庸常。鲁迅在《伤逝》中就曾反思

---

① 汪曾祺:《小姨娘》,《汪曾祺全集》第2卷,北京师范大学出版社,1998年,第362—363页。

过这一主题,《小姨娘》与《伤逝》的内在精神可以说惊人的一致。

周作人在《人的文学》中把自然人性论作为建立人道主义的基础。在这一点上,沈从文是真正的践行者,他曾经说自己心中有一座希腊小庙,里面供奉的就是人性。沈从文写水手,写妓女,写普通小人物,表现他们顽强的生命力,表现他们自然欲望的合理性。汪曾祺对于人性特别是欲望的探索,恐怕与沈从文的直接影响不无联系。

四、国民性的审视与批判

"国民性"是五四新文化运动过程中的一种特殊的话语。国民性问题在梁启超那一代就已经提出来的,"清末思想界所谓的国民性主要是指国人的心理素质、价值观念、思维方式、行为方式之类,有时也把风俗习惯、文明程度、知识水平纳入其中"①。批判"国民性",是为了清除民众心理和性格中的糟粕成分,以适应中国社会改良的需求。"'五四'新文化运动延续了晚清启蒙思潮中改造'国民性'这一核心思想,并在'人'的层面进行了超越,对'国民性'的批判更是深入到了封建专制体制与封建传统文化的内部,掀起了一场前所未有的旨在'立人'的思想革命、伦理革命与文学革命的热潮。"②五四时期,国民性的批判是思想革命的核心内容。汪曾祺被大家塑造成一个温暖平和的人,这种定位过于简单了,他温婉的文章背后,实际上也多有民族文化心理的反思与批判。在文风上,汪曾祺和鲁迅几乎是风马牛不相及,在内在精神上,二者却不无神合之处。鲁迅杂文主要有文明批评和社会批评两种倾向,这两种倾向在汪曾祺的创作中都有所表现。其一是对文化的反思。《玉渊潭的传说》批判了民间的宿命观、信仰的无虔诚;《八仙》讽刺了国人对八仙的崇拜,不过是既贪图逍遥,又羡慕长寿;《水母》则讽刺国人缺乏虔诚的信仰,对年轻女神具有亵渎心理;《螺蛳姑娘》是一个民间美好的浪漫爱情故事,在汪曾祺笔下,螺蛳垂怜农夫,不仅为他做饭还嫁给了他,农夫却忘记感恩,得到美好的东西不知珍惜,先是轻慢,后是侮辱,迫使螺蛳姑娘弃他而去。这些作品都带有反思国民性的味道。《皮凤三楦房子》《黄油烙饼》《天鹅之死》等作品,或对极"左"的社会运动予以批判,或对膨胀的邪恶权力予以暴露,带有社会批评倾向。这些作品显示了汪曾祺金刚怒目的一面,明显属于"鲁迅风"。

---

① 刘中树、许祖华主编:《中国现代文学思潮史》,华中师范大学出版社,2009 年,第 33 页。
② 同上。

汪曾祺对五四精神的传承,恐怕与他对鲁迅的熟悉和持久阅读有关。汪曾祺对鲁迅评价很高,认为在现代作家中鲁迅的成就最大。在下放张家口劳动期间,他曾经试图像金圣叹批注《水浒传》那样,逐句逐段地批注鲁迅的作品。借助这样一个精神伴侣的力量,能让他身处政治漩涡之时,也依旧延续着知识分子特有的理性思维和怀疑眼光。另外,鲁迅的《故乡》《社戏》《藤野先生》《范爱农》《风筝》等作品颇得汪曾祺嘉许,这些作品恐怕在审美风格上对于汪曾祺的创作不无影响。对于汪曾祺来说,鲁迅应该是他联结五四精神的一个重要中介。

五、五四思潮对文学选择的制导

在叙事层面上,五四文学至少在两个方面对汪曾祺有直接影响,一个是主观性与客观性交融的叙事方式,一个是对现代主义流脉的继承。

"启蒙主义文学既是对古典主义文学的反拨,又是前浪漫主义的文学,它还没有发生主观性与客观性的分离和对立,因此客观的描写和主观的抒情、说理融为一体。这与以后浪漫主义偏向主观性而现实主义偏向客观性不同。"①汪曾祺1940年代创作的若干作品在叙事上有一个突出特点,无论是写谁的故事,总有一个叙述者"我"特别凸显,总是用很大篇幅描述"我"的体验,发表"我"的评价,声音特别突出,大搞"叙事干预"。《磨灭》写一个落魄的打更者到一个小饭店里索要剩饭剩菜的故事。"我"并没有因为任何事情和打更者发生交集,只是一个旁观者。但是,"我"不仅观察他屈辱而又不甘的形象,而且悬想他的命运,猜测他的心理,又由此及彼,比如忽然以"我"的想象的方式,插入了一段:"两年了,老李在广西,老张过上海,老陈,不知往哪里去了,我们各有这个人一个影子,有如水手胳臂上刺一支锚,一种徽章,一个有箭头穿过的心形,温习起来时,会带来一些'过去'。"②经过这样的处理,打更者就不是一种客观呈现,而是经过"我"的感知系统过滤过的主观呈现,"我"的精神世界与打更者就有了大面积的融合,打更者就成了"我"的自我灵魂的一个表征。《绿猫》把这种探索带到了极端,这个作品的描述对象是柏,但是"我"的声音比柏还要强大,"我"和柏不仅命运心灵多有叠合之处,而且整个文本承载的都是"我"流动的意识,不仅有叙事,有体验,有抒情,还有大段的议论。《艺术家》《落魄》《锁匠之死》等,这些现代味十足的作

---

① 杨春时、俞兆平:《现代性与20世纪中国文学思潮》,广西师范大学出版社,2005年,第5页。
② 汪曾祺:《磨灭》,《汪曾祺全集》第1卷,北京师范大学出版社,1998年,第59页。

品全都把主客观融合一处。

五四人道主义建基于自然人性论,自然人性勘察到深处,就会引向原始欲望和潜意识层面;而对个性主义的倡导,会自然而然地引向对于存在意义的追问。当然,对这些主题的关注,也和自五四时期就已经开始传播的西方现代主义文学作品有关。五四新文化运动所借助的西方思想,虽然以启蒙主义为主,但自近现代以来西方反封建的思想潮流和文学潮流都在传播行列,西方正在流行的非理性主义文化也得以引进。"五四文学革命时期,就世界文学发展的趋向看,现代主义文艺思潮正在崛起和蔓延;但新文学先驱们并没有把主要注意力放在对现代派文学的吸取或介绍上。"①不可否认的是,西方现代主义文化思潮已然登陆,"隶属现代派的象征主义、唯美主义、表现主义、新浪漫主义等,都在五四时期不同程度地传播到我国新文坛,并对五四新文学产生了或深或浅的影响,为新文学的现代化增添了新因素"②。五四文化的这一边缘流脉在西南联大则蔚然大观。当时国内有一支齐整的评介现代派的队伍,他们主要分布于桂林、重庆、上海等城市,"主力无疑是西南联大的一批师生,介绍的对象主要是现代派诗,如里尔克、叶芝、瓦雷里、艾略特、奥登和法国早期象征派等"③。汪曾祺在《自报家门》一文中回忆自己的西南联大读书生涯时说:"我读的是中国文学系,但是大部分时间是看翻译小说。当时在联大比较时髦的是 A. 纪德,后来是萨特。……外国作家我受影响较大的是契诃夫,还有一个西班牙作家阿索林。"④后来他在比较自己与沈从文先生文学资源的差异时说:"沈先生读的十九世纪作品较多,而我则读了一些西方现代派的作品。我的感觉——生活感觉和语言感觉,和沈先生是不大一样的。"⑤可见他的现代主义文学趣味。此外,他还读过伍尔夫的作品和普鲁斯特的小说片断,就实质而言,这些作品无论是对民众的关怀与同情,对人的生存处境的追问,还是对人的意识的探索,其实都与五四时期"人的文学"的内在精神具有一致性。正因为如此,汪曾祺早期若干作品都可以划归现代主义,如他的诗歌《消息》《泥封》《文明街》等,小说《钓》《复仇》《结婚》《醒来》《落魄》《绿猫》《囚犯》等。

五四精神对于汪曾祺的精神影响是深远的。正是由于心灵深处有这样的精神底色,无论应景地书写政治批判式的文字,还是被迫从事"样板戏"那

---

① 朱德发:《中国五四文学史》,《朱德发文集》第 2 卷,山东人民出版社,2014 年,第 18 页。
② 同上。
③ 袁可嘉:《欧美现代派文学概论》,广西师范大学出版社,2002 年,第 87 页。
④ 汪曾祺:《自报家门》,《汪曾祺全集》第 4 卷,北京师范大学出版社,1998 年,第 288 页。
⑤ 汪曾祺:《汪曾祺 1989 年 8 月 17 日复解志熙函》,解志熙:《考文叙事录:中国现代文学文献校读论丛》,中华书局,2009 年,第 285 页。

样高度政治化文本的写作,他的大脑始终保持着清醒,一旦时机成熟,平民主义、人道主义精神就会复活。正是依靠平民主义、人道主义这样的精神底子,"文革"之后,他迅速实现了华丽的转身,既能在"新启蒙运动"中如鱼得水,又能在"衰年变法"时候保持广博的胸怀,在探索的领地上纵横驰骋。无论是对健康人性的期许,还是对现实丑恶的抨击,无论是对美好生活的希冀,还是对历史谬误的反思,人道主义始终是他潜在的价值尺度。五四运动采取的是与传统断裂的决绝态度,随着时间的推移,人们越来越意识到这种中西对立的观念有其薄弱之处。汪曾祺认识到西方的文化精华和我们传统文化的优秀成果在很多方面颇有相互沟通之处,中国文化注重人情的传统和西方文化中的人道主义,就不无吻合之处。汪曾祺把五四精神嫁接到传统文化的土壤之中,使二者弥合无间,实现了创造性转化。汪曾祺在《自报家门》中也写道:"我觉得儒家是爱人的,因此我自诩为'中国式的人道主义者'。"[①]貌似回到文化守成主义的轨道上,实际上放弃什么,继承什么,这取舍的依据恐怕和他吸收的五四文化精神不无关联。

[①] 汪曾祺:《自报家门》,《汪曾祺全集》第4卷,北京师范大学出版社,1998年,第291页。

第二章 存在主义的探索

据袁可嘉回忆,抗战时期,桂林、重庆、昆明等大后方城市的若干报刊经常组织翻译、评论西方现代主义作品,而西南联大的译者影响最大,"这个大学的外语系集中了一批著名文学家和教授,如叶公超、燕卜荪(英籍批评家和诗人)、冯至、卞之琳等,他们在介绍现代派文学方面起了先锋作用。他们在课堂上开讲现代派课,自己通过著作、翻译和编辑活动介绍现代派作品,对在校的青年学子和文艺界有很大影响。当时在外语系的师生中,热衷于现代派的真不少,除已提到的几位老师外,还有穆旦、王佐良、杨周翰、杜运燮、郑敏等人。我是1941年秋进入联大的,是后来人,那时他们都已在各种报刊发表诗文,形成一种富有现代色彩的校园文化。特别值得一说的是冯至对里尔克的评介和他的《十四行集》(1942)的出版"①。汪曾祺就是在这样的氛围中开始了自己的文学生涯,现代主义文学不仅是他重要的精神食粮,他此时的创作大致属于现代主义文学,带有明显的存在主义和精神分析意味。本章先讨论汪曾祺作品中的存在主义色彩。

一、自我价值的叩问

早在1940年代,汪曾祺已经确立起了以生命为价值本源的哲学观念。《醒来》的第一部分,描述了一位入缅作战的战士战役之后从昏迷到苏醒的完整过程,抒写生命得以保存的欣悦。小说采用意识流动的方式展开叙述,先写"我"的感觉渐次恢复,生命浮起的感受。月亮映照之下,复活的生命开始进入安静、平和而澄明的状态:"这醒来的一刻真是奇妙。一种感兴,一种喜悦,一种纯粹,一种超乎理性和情欲的存在。一种和平。一种健康的衰弱,一种新。我逗留在一个不变的境地里,就这样,我躺了一会儿。"②这是生命

---

① 袁可嘉:《欧美现代派文学概论》,广西师范大学出版社,2002年,第85—86页。
② 汪曾祺:《汪曾祺全集》第1卷,北京师范大学出版社,1998年,第73页。

活动自身带来的巨大愉悦。接着,"我"的理性开始恢复,自我重获统一,"不知多少时候(零与无限之间),于是,一切归向我,纷纷回来,开始充满弥漫在我之内。渐渐复合,成形,恢复我原来的样子,我的生活,我的历史,和我的渴"①。欲望开始恢复,极度的干渴感袭击而来,迫切、贪婪、不可阻遏。感觉恢复——澄明状态——理性复苏——欲望涌动,这是"我"的身体由感觉恢复到精神复苏的完整过程,即是"自我"启动的过程。"我"的一段模糊记忆,则更深地揭示了"自我"的秘密。"我"作为中国远征军入缅甸作战的军官,在战役失败后试图爬过高黎贡山逃生。小说此后部分改为第三人称叙事。幸存的三个战友跟随着"他",他们干渴极了,却只有"他"的脖子上挂了一壶水。谁能获得这壶水,就会获得生存的机会。"在疲困中,一齐倒下,晕去。第一个醒来的是军官,他。清醒之后,他想起一点事:他记得在昏糊中,那三个同伴一个一个向他滚过来,他就滚过去,避开。滚过来,躲过去,滚过来,躲过去。……"②这些军人虽然意识不清,但是在生存本能的驱迫下,在懵懂之中爆发了抢水大战。那一刻,附着在他们身体里的伦理、道德、英雄主义全然土崩瓦解。身体自动地唤起了生存意志,生存意志自动地指挥着身体,身体和意志不是二元对立的,而是浑然一体,生命本身乃是存在的基础。——这证明了法国存在主义哲学家梅洛-庞蒂所理解的"身体—主体"观念的正确性。荣誉感、伦理感、英雄主义乃至人道主义,不过是附着于"身体—主体"之上的从属之物,身体具有优先性,相对于保存身体,附着其上的其他东西都脆弱不堪。在加缪哲学中,生命也具有至高无上的意义。"思想多半是浪费生命。你越是想推解,越觉得事实瞻之尚远。没有一件事实可以由人来找出一个最近的原因,虽然原因是存在的。循环小数九与整数一间的距离简直不可以道里计。"③世界极为复杂,超出人智力所能把握的范围,人的求知欲无法得到满足,于是产生荒诞感。在他看来,上帝死后,人就会产生荒谬感,荒谬来自意识,意识来自生命,于是,生命代替上帝,成了意义的源泉。生命为大家所共有,珍爱生命就成了道德命令的普遍规范。在整个创作生涯中,汪曾祺始终把生命的价值看得至高无上,生命本身无限美好,是一切价值的源泉。《醒来》的结尾意味深长,由这个在伦理上令人困扰的故事,故事叙述者"我"回到现实生活中,发出了这样的感慨:"我还不至就死,且活几年再说吧。"④表露出对生命的珍视与留恋。汪曾祺这个生命至上的观念一直影响

---

① 汪曾祺:《汪曾祺全集》第1卷,北京师范大学出版社,1998年,第73页。
② 同上书,第74—75页。
③ 汪曾祺:《匹夫》,《汪曾祺小说全编》(上),人民文学出版社,2016年,第52页。
④ 汪曾祺:《汪曾祺全集》第1卷,北京师范大学出版社,1998年,第75页。

了他一生的创作,甚至在 1950 年代中期创作的《冬天的树》《标语》《海绵球拍》《竹壶热水瓶》等歌颂社会主义新生活的作品,最终也要把幸福生活或政治意志落实到生命感受上。《他眼里有些东西,绝非天空》描述了"我"在西南联大时对昆明驻军的几个印象片段。第三部分写一个要死的士兵,被同伴丢弃在学校门口公路旁的浅沟里,"他意识已淡得透明,他没有意志了","他所有的力量都消耗完了。他不能再有痛苦。也没有抵抗。甚至都快消逝,他就要完了。他平平静静仰面躺着。不是'躺着',是平平静静'在'那里"。① 这个"在"大概是存在主义哲学话语中的"在"(Sein),意思是显现、在场;但也仅仅是这样,这个士兵已经丧失了意识,丧失了体验,丧失了行动能力,不再具有属于人的主动性,不再具有"选择"自己的可能性,因此算不上"此在"(Dasein,或译为"亲在")。可见,在汪曾祺眼里,消弭了生命的活力,人的所谓"在"毫无意义。

存在主义是一种非理性哲学,他们都把自我存在建基于情绪体验。克尔凯郭尔把孤独看成自由选择的第一种形式,"孤独个体"面对世界和人生时,会处于一种持久的恐惧之中,具体地说,恐惧又可以分为厌烦、忧郁和绝望三种情绪状态。在萨特看来,情绪是人类把握世界的方式,虚无感、恶心感是存在的常态;他认为自由总伴随着情绪体验,绝对的自由意味着绝对的责任,绝对自由带给人的不是幸福,而是苦恼,因为自由意味着选择,选择必然导致无依靠感、惶恐感和巨大的责任感。加缪强调一种普遍存在的情绪体验状态——荒谬感,"荒谬从根本上讲是一种离异。它不栖身于被比较的诸成分中的任何一个之中,它只产生于被比较成分之间的较量。这样,在知的范围内,我也能够说,荒谬既不存在于人(如果同样的隐喻能够有意义的话)之中,也不存在于世界之中,而是存在于二者共同的表现之中。荒谬是现在能联结二者的唯一纽带"②。荒谬感来自对日常生活意义的追问、对人的求知欲与人类认识的有限性导致的困惑及对生命有限性的叩问等。海德格尔在《存在与时间》中认为,人的存在在时间中被揭示,过去、现在和将来三种时态对应着"此在"的三种存在状态:沉沦态、抛置态和生存态。这三种状态呈现出不同的情绪体验状态。比如处于沉沦态,心态的非本真的状态是"恐惧"(Dread,或译为"畏惧"),"恐惧揭示的是逃离现实的态度,在现实的压力下孤独、沮丧、忧心忡忡、闷闷不乐,即使好的心境也不过是如释重负之感"③。而本真的状态是"焦虑"(Anxiety),"焦虑源于这样的生活态度:把生

---

① 汪曾祺:《汪曾祺早期佚文一组》,《北京文学(中篇小说月报)》2007 年第 5 期,第 32 页。
② 〔法〕阿尔贝·加缪:《加缪自述》,丁大同译,天津人民出版社,2015 年,第 99 页。
③ 赵敦华:《现代西方哲学新编》,北京大学出版社,2001 年,第 110 页。

活看做不可推卸的重担,并因此而想方设法地迎接人生的挑战;即使获得暂时的成功,也仍有'人无近忧,必有远虑'的压力"①。揭示"此在"完整的存在状态的过程是"烦"(Care),"烦"并无特定对象,海德格尔通过三个问题对烦的内涵进行了阐释:"烦对人意味着什么? 烦是一种摆脱不掉的心情,烦揭示了人的当下处境;人为什么而烦? 他的目标,他的未来,他的烦显示了他的潜在性;人面对什么而烦? 他已经存在于世界之中,他的烦揭示了一个已经显示出来的世界,'烦'是过去的延续。"②而由"烦"派生出的"烦忙"(Besorgen)、"烦神"(Fürsorgen)则有特定对象,前者针对特定的事,后者指向特定的人。汪曾祺显然有所感悟,他在《匹夫》中写道:"……正如一个人忽然为了一桩甚么事烦疼,也许是屋角一根蛛丝飘到他的脑膜上,也许是一个鼻子上的一点麻子闪的光苦了他的睫毛,于是乎烦,但这些外在原因与烦的事实并没有逻辑因果关系,即烦之后则只有烦而已矣。即使自己说,或者别人说出这原因,甚或除去了这原因,怕疼的人仍是烦,决不像小孩子跌了跟头随便打了附近的石头几下就完事的。"③不胜其烦,则感到"畏"(Fear),渴求在他人的庇护下取消自我,这是烦的非本真状态;烦的本真状态则是"面对死亡的决断"。在海德格尔那里,存在的具体状态最终都透射为某种情绪或心态体验。"在认识论方面,存在主义者宣扬人的非理性主义的直觉主义;反对反映论,把人的内心感受、体验、情绪、孤独、忧虑、烦恼、恐惧、绝望、死亡等看成是人生存在的本质,并把它们看成是哲学研究的根本问题。"④无论是对于自我的体验,还是对于世界的感应,都与各种情绪有关,有的有明确对象,有的没有明确对象。汪曾祺所谓的"生命意识",就是人的存在状态。《疯子》定格于疯子走过时路人恐怖与好奇的瞬间。对于这一瞬间,作家反思道:"疯子为什么可怕呢? 这种恐惧是与生俱来的还是只是一种教育? 惧怕疯狂与惧怕黑暗,孤独,时间,蛇或者软体动物其原始的程度,强烈的程度有什么不同? 在某一点上是否是相通的? 他们是直接又深刻的撼荡人的最初的生命意识么?"⑤很显然,汪曾祺已经把人类原始情绪看成生命本源性的东西,恐惧、孤独以及对时间焦虑,都属于这类情绪体验。汪曾祺的小说《礼拜天的早晨》中的"虚无"、《磨灭》《落魄》中匍匐于生活压力之下的"恐惧"与"绝望"、《绿猫》中应对生活压力的"焦虑",都可以看成

---

① 赵敦华:《现代西方哲学新编》,北京大学出版社,2001 年,第 110 页。
② 同上书,第 111 页。
③ 汪曾祺:《匹夫》,《汪曾祺小说全编》(上),人民文学出版社,2016 年,第 54 页。
④ 全增嘏主编:《西方哲学史》(下卷),上海人民出版社,1985 年,第 813 页。
⑤ 汪曾祺:《汪曾祺全集》第 3 卷,北京师范大学出版社,1998 年,第 54—55 页。

对存在具体状态的描摹。

存在主义是一种非理性哲学,情绪的体验对于个体而言有至关重要的价值,对于情绪和情感的体验,就是生命的显现。假如丧失了情绪体验能力,无疑就意味着生命干枯,生命意义随之丧失。在《背东西的兽物》中,汪曾祺描述了一种对生命戕害的状态——极度的体力劳动导致感觉的迟钝与麻木。为了挣一点活命钱,这些人成天背负着极为沉重的货物,"看一看就知道真是什么'意义'都没有,除了背东西就没有生活了"①。超负荷的劳累导致了感觉迟钝,基本欲望也变得微弱。对于一般的体力劳动者而言,吃饭作为满足人食欲的方式,通常都带有强烈的快感,可是,"他们并不厌恨食物的粗粝,可是冷淡到十分,毫不动情的,慢慢慢慢的咀嚼,就像一头牛在反刍似的!也像牛似的,他们吃得很专心。伴以一种深厚的,然而简单的思索,不断的思索着:这是饭,这是饭,这是饭……仿佛不这么想着,他们的牙齿就要不会磨动似的——很奇怪,我想不出他们是用什么姿态喝水的,他们喝水的次数一定很少,否则不可能我没有印象"②。他们仅仅还是一个活物,失却生趣,没有思想,丧失语言,他们甚至丧失了情绪,失去了和世界发生关系的中介,对世界失去了感受力,连对死亡的恐惧也无法产生。一次空袭的紧急警报之后,他们却木然地待在户外,结果被日本飞机炸死了两个。他们已经变成了"实心"之物,"他们是无内外表里,无层次,无后先,无中偏,无大小,是整个的……"③叙述者的自我意识还是很强的,"我"自己——冷漠麻木,缺乏同情,一点"戏剧的激情"甚至也需要外界的激发和鼓动,对生命的兴趣在降低,自己简直在走向这些"兽物"的状态。如果按照萨特在《存在与虚无》中的划分,这些丧失了基本生命感受的"兽物"几乎处于自在状态。

关于《礼拜天的早晨》,解志熙先生曾在《生的执著》一书中从"自欺"的角度做过精细的分析。解志熙认为,《礼拜天的早晨》可以说是探讨存在与时间问题的一篇小杰作。作品一开头主人公沉浸在水中,沉浸在一种自得自满的情绪中:"洗澡实在是很舒服的事。是最舒服的事。有什么享受比它更完满,更丰盛,更精微的?——没有,酒,水果,运动,谈话,打猎,——打猎不知道怎么样,我没有打过猎……没有。没有比'浴'更美的字了。多好啊,这么懒洋洋地躺着,把身体交给了水,又厚又温柔,一朵星云浮在火气里。"④忽然,时间闯进意识,它的急促和一维性让"我"霎时警醒,"我什么时候来的?

---

① 汪曾祺:《汪曾祺全集》第3卷,北京师范大学出版社,1998年,第43页。
② 同上书,第46—47页。
③ 同上书,第47页。
④ 同上书,第49页。

我已经躺了多少时候？——今天是礼拜天！我们整天匆匆忙忙的干什么呢？有什么了不得的事情非做不可呢？"①"我"进而领悟到，时间在吃饭、洗脸这样日常事务的循环往复中悄然流逝，于是"时间的意识使他们体验到存在的单调、重复、无聊和虚无，使他们对其存在状态产生了厌恶、怀疑和不满情绪"②。而与此同时，"我"又反复确认"今天是礼拜天"，实际上欲以礼拜天理应休息来掩饰自己平日的无所作为——在警觉与掩饰之间挣扎了多个回合，于是暂时安然于洗澡时的满足、懒散、放松甚至昏昏欲睡的状态。这是一重"自欺"，它指向当下；实际上还有另外的一重"自欺"，它指向过去。正在拧动的两块毛巾引发了"我"对童年惨切经验的回忆：那时"我"的手太小，毛巾显得格外大，既拿不牢，也挤不净，不能胜任的感觉给了"我"莫大的自卑感。毛巾又让"我"联想到童年洗脸的沉痛记忆——母亲去世了，每次洗脸"我"都被粗暴对待："一边我们本着我们的人生观，我们恨着，一边尽让粗蠢的，野蛮的，没有教养的手在我们脸上蹂躏，把我们的鼻子搓来搓去，挖我们的鼻孔，掏我们的耳朵，在我们的皮肤上发泄他们一生的积怨，我们的颚骨在磁盆边上不停地敲击，我们的脖子拼命伸出去，伸得酸得像一把咸菜，可是我们不说话。"③这背后隐藏的是母爱的匮乏以及由此带来的失落感和情感饥渴。"我"要压制这被击得粉碎的记忆，于是拼命地渲染当下的愉悦："我好像很高兴，很有精神，很新鲜。"④"我不是很快乐吗？是的，在我拧毛巾的时候我就知道我很快乐。"⑤这是一种逃避痛苦的态度，是"自欺"。双重自欺反映了"我"作为"常人"的懦弱品质，不敢直面伤痛，不敢正视未来，放弃反抗庸常，一味安于现状。

　　清末洋务运动以来，中国现代工业开始出现，而随着殖民者入侵，外国工业产品也不断涌入中国，在这种情况下，传统生产方式、生活样态发生了巨大变化；20世纪三四十年代以来，日本帝国主义对华入侵日渐加深，最后直接诉诸军事占领，导致大批难民流离失所。无论是从哪个方面讲，中国社会自近代以来就处于巨大的裂变与混乱之中。汪曾祺写于1940年代的若干作品就是以这样剧烈动荡的社会为背景，许多人生活发生了急剧变化，有的陷入绝望境地。《猎猎》写一个水手变成一个瞎子，失去家人，漂泊在船上卖唱；《戴车匠》本来生意很好，可是时过境迁，出现了很多替代品，车匠的职业生

---

① 汪曾祺：《汪曾祺全集》第3卷，北京师范大学出版社，1998年，第49页。
② 解志熙：《生的执著：存在主义与中国现代文学》，人民文学出版社，1999年，第132页。
③ 汪曾祺：《汪曾祺全集》第3卷，北京师范大学出版社，1998年，第51页。
④ 同上书，第50页。
⑤ 同上书，第53页。

涯开始步入穷途末路;《老鲁》中的校警老鲁为了生存,生活在兵荒马乱之中,曾多次"当兵"又"下来",他灵活、踏实,不断积累财富又不断丧失财富,起起伏伏,虽有短暂的安顿,却不再相信会有长久的平稳生活;《最后的炮仗》中孟家的炮仗曾盛极一时,四乡八镇娶媳妇、嫁女儿,无不讲究用孟家炮仗。可是北伐之后,革命、战乱、天灾、人祸、政令,致使几乎无人放炮仗。孟老板这位曾经的古月楼常客,竟沦落为靠卖女儿维持生计……这些作品,表现社会动荡导致的普遍性的"落魄"。汪曾祺固然关心他笔下人物在社会沧桑中的命运浮沉,但更关心的是在生活的困苦中精神上的"落魄"。

在西南联大,汪曾祺深受五四文化传统浸染,对个性自由亦复看重。在《绿猫》中,汪曾祺刻画了柏这样一个寻找个性而不得的下层知识分子。他处于生活贫穷困窘之中,"虽然也给压得差不多坏了,但劲儿似乎还有一点"①。一方面他愤世嫉俗,另一方面个性却也在日渐消泯。过去,柏长发后甩的一瞬是如此个性鲜明,而今,他的发型已被理发店固定了,作家由此感慨社会对人们个性的压制:"我看了看他的头,新剪的,打三下!理发匠是顶会把所有的人弄成一样,把所有的人的风格全毁了的,顶没有'趣味'的人。你看看,把我们的诗人,我们的小说家,我们的希腊艺术的小专家,我们的长眉,大眼、直鼻、嘴唇的弧度合乎理想,脑门子宽窄中度,智慧,热情,蕴藉,潇洒的柏先生弄成了什么样子!"②以发型的统一,隐喻时代高压导致知识分子个性的丧失,独特精神追求的丧失。没有精神独特性,作家就无法创作充满个性的作品,就无法通过创作赋予生命以价值。在这里,汪曾祺已经超越了单纯命运沉浮的摹写,而是把生活的窘迫和精神创造力的贬损结合了起来。《磨灭》和《落魄》等作品中,汪曾祺延续着对于知识分子在"落魄"中的精神低迷这一主题的开掘。

加缪在分析荒谬产生原因的时候曾说:"世人也分泌出非人的因素。"③大约说的是社会与人对立,导致人的精神异变。《磨灭》通过"我"的眼睛看世界。作品开首就渲染一种极度郁热的氛围,然后写道:"门口,一个女人洗衣服,木盆里肥皂水泛着灰青色的泡沫。/我好像喝了一口那样的水。"④这是写生理的"恶心"——萨特也是用"恶心"这个词语来描述极度的孤独感,这应该属于加缪所描述的荒谬感中的一种。加缪认为:"对荒谬的体验并不来自对一个行为或印象的简单考察,荒谬感是从对一种行为状态和某种现

---

① 汪曾祺:《汪曾祺全集》第1卷,北京师范大学出版社,1998年,第116页。
② 同上书,第118页。
③ [法]加缪:《西西弗的神话》,杜小真译,广西师范大学出版社2002年,第14页。
④ 汪曾祺:《汪曾祺全集》第1卷,北京师范大学出版社,1998年,第58页。

实、一个行动和超越这个行动的世界所进行的比较中爆发出来的。"①打更者明明自己食不果腹,却把一条狗养得肥胖;明明到店里来乞食者,却带着傲慢、旁若无人、玩世不恭的神情。这种"不可能"情形的出现,这种个人表现的自相矛盾,在强烈的反差中生出了荒谬感。就是这个邋遢、肮脏的人,客人们对他熟视无睹,店老板对他加以驱逐,其他人对他不加理睬:路人来来往往,挑水的、卖白糖糕的各干各的,纸烟店的小伙计兀自睡觉——这个人被整个世界所遗弃、所漠视,显得极为多余,毫无意义,这种情形无疑也会产生荒谬感。就是这样一个人,为饥饿所折磨,他不得不放下高傲的头颅,来到店里讨要"杂菜",讨要茶水,没有人会念及他的个性、才情、诗性、爱心,屈辱的乞讨中精神独立和人格尊严被瞬间摧毁。在希冀堂堂正正地做人而不得的挣扎中,他经历了一番锥心之痛:"一种绝望的苦心,徒然的努力。你可以从下面看出难尽的折磨。无穷的迫害与屈辱,一个不断疲老的灵魂不断的忍受。一个爱好花、月亮、感伤的音乐、喜欢把小孩子骑在肩上面按拍子跳舞的灵魂。细致的、敏感的灵魂。孤独的灵魂。"②这实际是战乱年代知识分子的一种生命状态,生存危机几乎把人压垮,导致精神的萎靡、意志的低迷。所以小说中有这样一段议论:"两年了,老李在广西,老张过上海,老陈,不知往哪里去了,我们各有这个人一个影子,有如水手胳臂上刺一支锚,一种徽章,一个有箭头穿过的心形,温习起来时,会带来一些'过去'。"③这个打更者,就是抗战时期众多落魄知识分子的一个缩影,也是汪曾祺本人在此时的生存体验。在西南联大,汪曾祺的生活已经陷入窘迫之中,房租交不上,衣不遮体,有一次几天没吃上饭,只能在寓所裹着被子睡觉,朱德熙知晓后就卖了一本字典,请他到馆子里吃了一顿。1946年秋天,汪曾祺由昆明至上海独闯天下,找不到工作,穷困潦倒,一度准备自杀。这种为社会所挤压、所排斥、所遗弃的荒谬感受,自然会透射到作品中。本文就发表在1946年9月12日的《大公报》上,想必带有汪曾祺那段生活体验的深刻印记。

《落魄》(1947年6月)是这类作品的巅峰之作。扬州老板外表就透着斯文,"他穿了一身铁机纺绸裌裤在那儿炒菜!盘花纽子,纽绊里拖出一段银表链。雪白的细麻纱袜,一双浅口千层底直贡呢鞋。细细软软的头发向后梳得一丝不乱。左手无名指上还套了个韭叶指环。这一切在他周身那股子斯文劲儿上配合得恰到好处"④。他的店面摆设高雅:干净的桌凳,木架上摆

---

① 〔法〕加缪:《西西弗的神话》,杜小真译,广西师范大学出版社,2002年,第27页。
② 汪曾祺:《汪曾祺全集》第1卷,北京师范大学出版社,1998年,第59页。
③ 同上。
④ 同上书,第96—97页。

花,菜单上的字用成亲王体。做菜对他而言是一种创作,是一种艺术,他总是力求把菜做得考究、地道、精致、不计成本,忘记了做菜是生意。他充满闲情雅致,喜欢养鸟,常常听书,乐于坐茶馆,彬彬有礼。总之,扬州老板像一个士人,讲究生活的艺术化,带有悠徐闲散的气度。店里来了一个做副手的南京人,他"是属于那种会堆砌'成功'的人。他实事求是,稳扎稳打,抓紧机会,他知道钱是好的,活下来多不容易,举手投足都要代价。为了那个代价,所以他肯努力"①。他见风使舵,人格粗鄙,毫无人情味和书卷气。但是,依靠他的务实态度,饭店的主人逐渐变成了南京人,扬州老板的女人也变成了南京人的女人。南京人永远是那个南京人,但扬州人已经完全起了变化。他完全丧失了往日的儒雅雍容,完全是一副窝囊的样子:声音变得空洞而冷漠,体态变得佝偻苍老,用个黑透了的抹布抹完桌子,然后往肩头上一搭,"一件黑滋滋的汗衫,(还是麻纱的!)一条半长不短的裤子,像十二三岁的孩子穿的。衣裤上全有许多跳蚤血黑点"。"一双自己削成的大木屐,简直是长方形的。好脏的脚,仿佛污泥已经透入多裂纹的皮肤。十个趾甲都是灰趾甲,左脚的大拇趾极其不通的压在中趾底下,难看无比。"②非常令人惊愕的是,"对这个扬州人,我没有第二种感情,厌恶! 我恨他,虽然没有理由"。没有同情,反而是厌恶,这究竟是为什么? "既不是他和扬州人有什么利害冲突,也不是由于某种道德感,归根结底只是由于他看不到这个扬州人为什么存在,他的存在有什么意义。"③"我"意识到了精神萎靡的扬州人失去了生存的价值和意义。这个扬州人的落魄透射出了作家自身的影子——汪曾祺在1989年8月17日复解志熙函中说:"我当时只有二十几岁,没有比较成熟的思想。我对生活感到茫然,不知道如何是好。这种情绪在《落魄》中表现得比较充分。小说中对那位扬州人的厌恶也是我对自己的厌恶。"④由此,可以透视离开西南联大之后的汪曾祺对自身处境的那种荒谬感。萨特曾经写过一个名为《墙》的作品。主要写伊比埃塔为首的革命者,在西班牙法西斯分子执行死刑前的生理和心理反应。他们恐惧、绝望、叫喊、冒汗甚至尿湿裤子,但是他们不招供、不妥协、不投降,表现出强者气质,完全坚持了自己的自由意志。汪曾祺这些写"落魄"的小说,在战乱时期的困顿生活逼迫下,主人公们不断放弃自己的自由意志,在向现实的妥协中精神迅速萎缩——这些大约更近于当时弱质知识分子的精神状况。汪曾祺当然强烈感受到艰难困苦的现实生

---

① 汪曾祺:《汪曾祺全集》第1卷,北京师范大学出版社,1998年,第100页。
② 同上书,第107—108页。
③ 解志熙:《生的执著:存在主义与中国现代文学》,人民文学出版社,1999年,第127—128页。
④ 解志熙:《考文叙事录:中国现代文学文献校读论丛》,中华书局,2009年,第284—285页。

活对自己的人格健康造成了巨大的威胁,在那封给解志熙的信中,汪曾祺坦然地说:"使我没有沦为颓废的,是一点朴素的人道主义,对人的关心,乃至悲悯。"①可见,当时他确实有沦于"颓废"的可能!

《书〈寂寞〉后》是一篇悼念性散文,记的是薛瑞娟。薛瑞娟是西南联大的学生,文学爱好者,汪曾祺与她应该非常熟悉。战乱时期,她建立了家庭,从事各种琐屑卑微的工作,生活依旧艰难无比。文章有这样一段论述:"她说的话,做的事或者全无意义,她自己有点恨她为甚么不能深切的明白这一切倒(应作'到')底是怎么一回事呢,可是她尽了她的心力。"②人与生活工作之间的意义关联发生了断裂,"这种人与他的生活之间的分离,演员与舞台之间的分离,真正构成荒谬感"③。汪曾祺已经清醒地意识到了问题的核心:生活意义问题。在他看来,在这种处境之中,如果能适应这种机械的生活,她"觉得人生原来就是这个样子,不必太追求意义而意义自然是有的,于是从而倒得到生活的力量与兴趣"④。这种判断是对的。但是,"那些自杀的人又常常可能确信生活的意义"⑤,薛瑞娟的自杀恰恰证明她可能就是执着生活意义而不肯妥协的人,她被生活意义丧失后的巨大荒谬感攫取了,"荒谬支配死亡"⑥。自杀都是颓废的极端形式,是生命热力和激情全然丧失的表征。

在这一时期的作品中,汪曾祺反复描述的是生命热情的丧失,并给予沉痛的批判——这是在批判一种普遍的人生状况,也在时时提醒和警示自己。《旂与旌》写"我"的教书生涯,面对广大的平庸学生时的痛苦思绪:"他们全数木然。这分析得比较细,他们不大习惯?那他们至少该有点好奇,我愿意他们把我当一个印第安人看也好。可是就是木然,更无其他。一种攻不破的冷淡,绝对的不关心,我看到的是些为生活销蚀模糊的老脸,不是十来岁的孩子!我从他们脸上看到了整个的社会。"⑦失去对知识的好奇,学习对于他们而言毫无意义。《歌声》写两个孩子唱歌丧失热力,"我"从他们的歌声里能听出,那个老师对于教她们毫无兴趣,而"孩子的爸爸妈妈(尤其是妈妈)更对她们唱歌没有兴趣,冷淡,而且厌烦"⑧。唱歌远离了生命,徒然地剩下了

---

① 汪曾祺:《汪曾祺1989年8月17日复解志熙函》,解志熙:《考文叙事录:中国现代文学文献校读论丛》,中华书局,2009年,第285页。
② 同上书,第269页。
③ 〔法〕加缪:《西西弗的神话》,杜小真译,广西师范大学出版社,2002年,第5—6页。
④ 解志熙:《考文叙事录:中国现代文学文献校读论丛》,中华书局,2009年,第269页。
⑤ 〔法〕加缪:《西西弗的神话》,杜小真译,广西师范大学出版社,2002年,第6页。
⑥ 同上书,第8页。
⑦ 解志熙:《考文叙事录:中国现代文学文献校读论丛》,中华书局,2009年,第266页。
⑧ 汪曾祺:《汪曾祺全集》第3卷,北京师范大学出版社,1998年,第32页。

僵化的形式,"这样的反复的唱,要唱到什么时候?——这样的唱歌能使她们得到快乐么?她们为什么要唱歌?"①艺术应该注入激情,没有激情的艺术只剩下程序和空壳,有什么意义可言?《风景·堂倌》中的堂倌,"他对世界一切不感兴趣"②,没有任何嗜好,缺乏欲望,无论是烟酒还是钱;对一切都冷漠,甚至对于自己的孩子也丧失父爱;没有好奇,对一切都感到乏味,不管是鲜艳的色彩,或者是诱人的气味;走路是机械的运动,说话是语言的堆砌,没有轻蔑,没有讨厌,对一切都毫不在意。《风景·人》是汪曾祺一段真实生活经历的记录,与他 1946 年途径香港回内地的经历有关。"我在香港时全像一根落在泥水里的鸡毛。没有话说,我沾湿了,弄脏了,不成样子。忧郁,一种毫无意义的忧郁。我一定非常丑,我脸上线条零乱芜杂,我动作萎靡鄙陋,我不跟人说话,我若一开口一定不知所云!"③在那里他和恋人施松卿道别,施松卿去了福建谋职,而他即将踏上回上海的行程,"我穷的不止是钱,我失去爱的阳光了。我整天蹲在一家老旧的栈房里,感情麻木,思想昏钝……"④现在我们读这些作品,仿佛能还感受到汪曾祺在那段孤苦的日子里不断地告诫自己,无论如何都不能沉入颓废的深渊。"我"对那种沉沦的生命状态进行了决然的否定,转而为芋头形象所感动:"绿的叶子,芋头,两颗芋头!居然在栈房屋顶平台上有两颗芋头。在一个角落里,一堆煤屑上,两颗芋头,摇着厚重深沉的叶子,我在香港第一次看见风。"⑤坚韧的生命、不屈的意志,这就是汪曾祺所渴望、所讴歌的生命热力。海德格尔让人"向死而在",把死亡先行纳入生命筹划之中,要的就是通过死亡激发人的生命活力。萨特认为"存在先于本质",希望人们发挥个体的生命力和创造力,做出自由选择,付诸实际行动。加缪认为面对世界的荒谬要加以反抗,以积极的、创造性的态度对待生活,从而赋予生命以意义和价值。加缪在《西西弗的神话》中引用了尼采的一句话:"重要的不是永恒的生命,而是永恒的创造力。"⑥这些先哲们无不看重生命的激情与活力。

无论是"兽物"般的麻木、粉饰太平的"自欺",还是自暴自弃的"落魄",症结都在于生命走向了颓废,丧失了生命热情,缺乏反抗精神和行动意志。面对存在的非本真状态,汪曾祺思考了拯救的途径:通过自我选择,创造生命的价值和意义。最能体现这种思想的文本是《复仇》。《复仇》中的"他"是一

---

① 汪曾祺:《汪曾祺全集》第 3 卷,北京师范大学出版社,1998 年,第 33 页。
② 同上书,第 35 页。
③ 同上书,第 36 页。
④ 同上书,第 37 页。
⑤ 同上。
⑥ 〔法〕加缪:《西西弗的神话》,杜小真译,广西师范大学出版社,2002 年,第 77 页。

个遗腹子,却把整个生命投入到为父报仇的行为之中,人生轨迹完全是由上一辈来设定的。如果一直按照父母的意志行动,那么就等于把自己看成一个"事实性"存在,自我被贬低为他人的工具和手段,而不是拥有独立意志、能够自由选择的人。在寻找仇敌的日子里,"他"感受不到生命的意义,觉得"剑呀,不是你属于我,我其实是属于你的"①。最后,他毅然冲破伦理责任的束缚,放弃了复仇,和仇人一起拿起了锤錾,凿山取路,"有一天,两副錾子同时凿在虚空里。第一线由另一面射进来的光"②。自由选择,凿通的不仅是现实中的道路,也是他的人生之路,他通过自我决断,用自己的行为创造出了生命的意义和价值。《挂摊——阙下杂记之一》中那个算卦的老头子,他完全不符合拆字先生的既定形象,没有神秘与巫术,没有"混碗饭吃吃"的卑下姿态,没有"江湖气",没有对求卜者的曲意迎合与抚慰,他有的只是不卑不亢的"质朴",求卜者写一个字,他只三五句就解释完毕了。他用自己的独特行为,重新定义了摆挂摊卜算者的生活方式。他那么"在"着,"他不是空洞的,他有他的存在,一个本然的,先于思想的存在,一个没有语言的形象"③。最末的一句话应该源自存在主义哲学家萨特的名言"存在先于本质"。④

二、人与人之间关系的省思

汪曾祺对人与人之间的关系做出了自己的思索。《匹夫》的写作主观性很强,有数个不相关联的片段构成。据我看来,这个小说思索的核心问题应该是孤独问题。尽管大家认为荀是一个随和的人,但从精神层面上看,荀同周围庸俗的环境格格不入。在宿舍里,有人找他在造假的会计学历上写字,有人争论空洞的政治观念,有人谈论仕途经济,有人算计着日常账目,市侩投机之气充塞着,浮夸、粗鄙、虚假、功利,荀对这一切都深感不屑,于是陷入孤独之中。

友谊可以消除孤独吗?荀能够和朋友融洽相处,他的朋友也认为荀有调节客厅里的空气的本领。但是荀"以为和一个朋友在一块时能留三分之一的自己给自己,和两个朋友在一块至多只能留下四分之一",孤独和自我是

---

① 汪曾祺:《汪曾祺全集》第1卷,北京师范大学出版社,1998年,第33页。
② 同上书,第38页。
③ 解志熙:《考文叙事录:中国现代文学文献校读论丛》,中华书局,2009年,第276页。
④ 解志熙:《出色的起点——汪曾祺早期作品校读札记》,《考文叙事录:中国现代文学文献校读论丛》,中华书局,2009年,第291页。

统一的,孤独就是和他人隔离,不隔离也就谈不上独立的自我,他往往理性地选择"用牺牲自己制造友情"①,但是,他感受到了融入群体和保持自我之间的矛盾。

在荀看来,即便是融入了群体,人与人之间的交流与理解依然是困难的,首先,自我的确切表达是困难的,那首表达他内在感受的诗却无法写完,"如一个小孩子在水缸里摸一尾鱼,摸也摸不到,而且越是摸不到越知道这缸里一定有一尾鱼的"②。语言要清晰地描述自我,但是又无法确切表达,就会陷入这种窘境。其次,试图让他人理解自己也是困难的,"人家没有把你的心接受了去之前,费尽千言万语来证明也还是徒然,写文章者其庶几乎"③。在交流上,语言显示出了局限性,即便组织成文章也不能突破。阅读几乎都是某种程度的误读,读者对于文章的理解和作者的原意总会存在错位,"不是文章赶不上你,就是你落在文章的后面"④。人的沟通和交流是困难的,人似乎注定是孤独的。

破除孤独唯一的方法是爱,爱是两个个体之间的高度契合,"人身上只有一种感情能满足人与世界结合的需要,同时还能使人获得完整感和个性感,这样感情就是爱。爱就是在保持自我的独立与完整的情况下,与自身之外的他人或他物结合为一体"⑤。但是,荀发现周围男女们只会遵循世俗的方式交往,处于沉沦状态,别人怎样做他们就怎样做,"这算爱上——不是你需要她,不是他不能没有你,是她需要一个男的,你需要一个女的,不,不,连这个需要也没有,是你们觉得在学校好像要成双作对的一个朦胧而近乎糊涂的意识塞住你们的耳朵,于是你们,你们这些混蛋,来做侮辱爱字的工作了"!⑥ 这是生命力的颓萎和懈怠,荀对于这种男女交往深恶痛绝,"你们的所谓爱是不是懒?懒!任何事情你们不往深处去,是可耻的下流"!"维系你们的是一个不成文法的名义,这名义担住你们这些糊涂的罪犯。"⑦这些人连爱都漠视了,生命毫无强度和活性。萨特所说的"他人即地狱"这句话常常被误解,它的本意是表达社会的定规对个体自由和选择的束缚,他说:"确实有很多人囿于陈规陋习,苦恼于他人对自己的定见,但是根本不想改变。这样的人如同死人,从这个意义上讲,他们不可能冲破框框,超越他们的忧虑、

---

① 汪曾祺:《匹夫》,《汪曾祺小说全编》(上),人民文学出版社,2016年,第54页。
② 同上书,第55页。
③ 同上。
④ 同上。
⑤ 〔美〕E.弗洛姆:《健全的社会》,孙恺祥译,贵州人民出版社,1994年,第24—25页。
⑥ 汪曾祺:《匹夫》,《汪曾祺小说全编》(上),人民文学出版社,2016年,第57—58页。
⑦ 同上书,第58页。

他们的定见和他们的习惯,因而他们常常是他人对自身定见的受害者。……他们是死人,或者说他们是活死人,这是一种说法,意思是指那些老是苦恼于他人的定见,受人摆布,而不想改变现状的人。"①

这篇小说的开头有这么一段:

> 一个姓耳的大学教授会大声疾呼的说自从五四以来个人主义毒害了中国的文化,有是乎,有是乎。诸子百家,各有千秋,王尔德与纪德的话最有意思:
>
> "——朋友,你可千万不要再写'我'了。"

这是一种反讽。《匹夫》讨论了孤独,没有孤独就没有自我,没有自我也就谈不上个体的独特性,也就无所谓个性主义了。个性主义的最强音是易卜生的那句名言:"世界上最有力量的人是最孤独的人。"但是,孤独个体也并非全然采取鲁迅式的挑战姿态,除了《复仇》等少数作品之外,汪曾祺笔下的人物很少有这样强劲的力量。

《匹夫》已经涉及人与人之间沟通和理解的困难,《三叶虫与剑兰花》则进一步地描述了人与人之间深度的隔膜。在"我"的印象中,徐做学问笃实恳切、条理清晰,为人深沉稳重、孤僻怪异;日益空荡的大学校园里,只剩下"我"和徐还在处理善后,彼此成了唯一的伴侣。随着交往的频繁,"我"感到自己对他越来越了解,也越来越敬佩。但在某一瞬间,"我"还是能感受到某种异样:"我们走在这儿,像两条平行线,永不相交。"②在离校的前一天,徐的一个疯狂行为让"我"骇然:我们散步回来的路上,忽然,"坐在校医室门口的一个乡下女人一团火似的向他扑了过来?"③于是,他们马上关上房门毫无顾忌地享受肉体的欢腾。这个乡下女人是从哪里来的? 他们之间有着怎样的故事? 这样一件事意味着在徐单调乏味生活表象背后,掩藏着一个不为人知的故事。一个熟悉的人,一下子变得陌生了、隔膜了、遥远了,荒诞感油然而生。"荒谬的基本之点表现为一种割裂,即人们对统一的渴望与心智同自然之间不可克服的二元性两者的分裂。"④徐忽然从"我"熟悉的世界中割裂了出去。

此外,汪曾祺对人与人之间本然的敌对关系进行了省思。在《醒来》中,四个战友共同拥有一壶水,谁喝了这壶水就获得生存下来的机会,于是在半昏迷状态之下,他们展开了抢夺战。这是关于人类生存的寓言,在日常世界

---

① 〔法〕让-保罗·萨特:《萨特文学论文集》,施康强等译,安徽文艺出版社,1998年,第454页。
② 汪曾祺:《汪曾祺全集》第1卷,北京师范大学出版社,1998年,第172页。
③ 同上。
④ 〔法〕让-保罗·萨特:《萨特文学论文集》,施康强等译,安徽文艺出版社,1998年,第32页。

里,每个人占有职位、占有资源,都意味着他人丧失了机会,因此,即便表面上对他人并无伤害行为,事实上也对他人造成了机遇的剥夺,因此生存几乎就拥有原罪。从这层意义上讲,人与人之间存在敌对关系几乎是必然的。发表于 1947 年《人间世》第 2 期上的《囚犯》对人与人之间的敌对关系做了反思。两个军人正押解三个逃兵。逃兵为了获得自由而寻求逃脱,而逃脱的结果却走向了自由的对面,变成了囚犯,这在某种程度上代表了人生的某种状态,带有浓重的荒诞感。《囚犯》中的犯人和军人,由战友变成敌对关系。假如犯人试图逃跑,押解者会毫不犹豫地将他们击毙——这些参与押解的军人对囚犯并无深仇大恨,社会角色的差异才导致了敌对关系。法国存在主义哲学家马赛尔认为,现代人所处的世界是一个功能世界,这个功能世界又包含着无数个彼此交叠的功能组织,人们在不同的组织中执行不同的功能,承担不同的角色,这些角色与个体的价值追求无关,因此现代人通常处于人格分裂状态。这还不是作品的核心,作家所要表现的核心是囚犯因为身份而为整个社会唾弃、厌恶和排斥的孤独处境。在颠簸的公共汽车上,所有人都在躲避囚犯,"我"身后的犯人无所依凭。摇晃中为保持平衡,囚犯的一只手抓住了"我","我"心生嫌恶:"什么样的一只手!一只罪恶的手,死的手,生满了疥疮的手,我皮肤一紧,这感觉是不快的。我本能的有一点避让之意。"①但是,"我"还是克服了厌恶心理,提供了帮助,让犯人抓紧了自己的身躯。这时,"我"身前的一位女客拉住了"我",她要借"我"的遮挡,隔开她所嫌恶的犯人。于是"我"又克服了厌恶情绪为她提供保护。"我"帮助犯人,保护妇女,俨然做起了英雄。但是,"我"接着反思:"牺牲这半点钟你成了托尔斯泰之徒,觉得自己有资格活下去,但你这不是偷巧么?要是半点钟延长为一辈子,且瞧你怎么样吧。而且很重要的是,这两个犯人在你后面;面对面还能是一样么?好小子,你能够脱得光光的在他们之间睡下来么?"②面对人与人之间的孤立、冷漠和敌对状态,人如何才能克服呢?在很多人看来,五四以来知识分子一直倡导的人道主义无疑是改变这种敌对状态的灵丹妙药。但在汪曾祺看来,人与人之间的这种博爱实则非常脆弱,既抵挡不住成见的扭曲,也对抗不了现实功利的诱惑。

那么,是否存在改变这种人与人之间敌对、孤立状况的途径呢?汪曾祺似乎一直在思考破解之道。

其一是"爱",但这"爱"不是人道主义的"博爱",似乎是传统的"亲亲之爱"。《囚犯》中,和人与人之间普遍的厌弃、敌对关系相对照,汪曾祺写了父

---

① 汪曾祺:《汪曾祺全集》第 1 卷,北京师范大学出版社,1998 年,第 150 页。
② 同上书,第 152 页。

亲对于"我"无条件的宽容、理解与挚爱,"我"十分珍视这一点,将其视为自己在这个"被抛入"世界中最为可靠的港湾:"我非常喜慰于我有一个父亲,一个这样的父亲。我觉得有了攀泊,有了依靠。"①父爱在某种程度上改变了"我"孤助无援的"在世"状态。《唤车》表现的也是"亲亲之爱"对人与人之间隔膜、冷漠关系的破解。作品中描述了知识分子和下层民众的深刻隔膜:一群知识分子正在开一个关于"人道主义"问题的研讨会,可是,他们惯于乘坐人力车夫的车,而且不断压价,甚至认为他们的收入太高,可以抵得上两个大学教授。如此隔膜、冷血的"人道主义"如何能够拯救下层民众?又如何改变人与人之间的冷漠关系?同车夫与夫妻之间相濡以沫的淳朴爱情相比,居高临下的人道主义显出了其虚伪性;缺乏真爱的是这些宣称要对大众"博爱"的知识者,拥有真爱的恰恰是车夫这样的下层民众。这个作品在某种程度上带有图解"劳工神圣"的时代文化气息,但对于汪曾祺而言,对那种未经异化的"亲亲之爱"信赖绝非偶然。——我觉得晚年的汪曾祺对传统文化的心仪,对儒家人情文化的推重,恐怕与他这个时期的思索有关。除了带有传统色彩的"亲亲之爱",汪曾祺还思考了化解人与人之间隔绝冷漠关系的其他方法。

其二是通过生活的艺术化,赋予生命以价值。上帝死后如何获得生存意义的问题一直困扰着整个西方,有人就主张艺术替代上帝,通过审美活动获得生命意义。这与汪曾祺的观念不谋而合,他终其一生都把艺术生存看成滋养精神的重要方式。《道具树》应该和汪曾祺 1943 年夏天参加山海云剧社排演曹禺改编的话剧《家》的经历有关。在这个作品中,汪曾祺表现出对表演心理体验的"醉心":"节奏的感觉,形式的完美的感觉,你亲身担当一个匀称和谐的杰作的一笔,你去证明一种东西。艰难的克服和艰难本身加于你的快感;紧张得要命,跟紧张作伴的镇定,甜美的,真是甜美的啊,那种松弛。创造和被创造,什么是真值得快乐的?——胜利,你体验'形成',形成是一个实实在在的东西。"②节奏感、形式感、适度的紧张、艰难的快感、自我控制的镇静、紧张中的松弛,这一切都来自无中生有的创造过程,汪曾祺对这种在艺术沉酣中释放生命能量的快感极为赞赏。在表演中,人实现了彼此的呼应,群体高度融合,"你在一个宏壮的集合之中,像潮水,一起向前;而每个人是一个象征。我惟在戏剧圈子里而见过真正的友谊。在每个人都站在戏剧之中的时候,真是和衷共济,大家都能为别人想,都恳切。人是个什么样的人在那种时候看得最清楚,而好多人在弄戏的时候,常与在'外面'不一样。于是

---

① 汪曾祺:《汪曾祺全集》第 1 卷,北京师范大学出版社,1998 年,第 152—153 页。
② 汪曾祺:《汪曾祺全集》第 3 卷,北京师范大学出版社,1998 年,第 57 页。

坦易,于是脱俗,于是,快乐了"①。在这一刻,人与人呼应着,交流着,个体与群体高度和谐,绝对不会孤独,绝对不感冷漠。"忙是真忙呀,手体四肢,双手大脑,一齐并用,可喜的是你觉得你早应当疲倦的时候你还有精力,于是你知道你平常的疲倦都因为烦闷,你看懂疲倦了。……"②生命在创造中充满了活力,生命力在这一刻得到了激发,因此"每一个时候你都觉得有所为,清清楚楚的知道你的存在的意义"③。这就是艺术化的生存方式,酣畅淋漓,颇似尼采所崇尚的"酒神精神"。汪曾祺痴迷沉醉的就是这种生存方式,此后汪曾祺多次在作品中做类似的描述。《邂逅》(1948 年)实际上写了一艘渡船上两对卖唱的。先前的一组是一个鸦片鬼和一个麻脸女人,在"我"看来,如果他们合作会降低生存的难度,然而,"他们秉赋各异,玩意儿不同,凑不到一起去"④。真正合作和谐的是那个盲人歌者和他的女儿。父女之间的关系是搭配的、互补的,"他们是父女,是师徒,也还是同伴。她唱得比较少,可是并不就是附属陪衬。她并不多余,在她唱的时候她也是独当一面,她有她的机会,他并不完全笼罩了她,他们之间有的是平等,合作时不可少的平等。这种平等不是力求,故不露暴,于是更圆满了"⑤。这种合作自然有"亲亲之爱"的底子,但主要是一种艺术上的融合:"他自己唱的时候他拍板,女儿唱的时候他为女儿拍板,他从头没有离开过曲子一步。他为女儿拍板时也跟为自己拍板时一样,好像他女儿唱的时候有两起声音,一起直接散出去,一起流过他,再出去。不,这两条路亦分亦合,还有一条路,不管是他和她所发的声音都似乎不是从这里,不是由这两个人,不是在我们眼前这个方寸之地传来的,不复是一个现实,这两个声音本身已经连成一个单位。——不是连成,本是一体,如藕于花,如花于镜,无所凭借,亦无落著,在虚空中,在天地水土之间。……"⑥萨特认为,人类自有意识以来,就存在自我意识和他人意识之间的冲突,因为存在着主体的对象化问题,而当人被彻底对象化的时候实际上已经被物化了。当"我们意识"发生时,这种人与人之间的冲突就中止了。当我与他人有共同的关注对象时,彼此就避免了把对方对象化,"我们意识"来临,遂合成了一个集体,本然的敌对关系得到了和解。这对卖唱父女之间的这种艺术合作,就是"我们意识"的具体显现。汪曾祺是否受到萨特的直接影响,我们不得而知。汪曾祺在致解志熙的信中这样说:"萨特在 40 年代

---

① 汪曾祺:《汪曾祺全集》第 3 卷,北京师范大学出版社,1998 年,第 57 页。
② 同上。
③ 同上。
④ 汪曾祺:《汪曾祺全集》第 1 卷,北京师范大学出版社,1998 年,第 189 页。
⑤ 同上书,第 192 页。
⑥ 同上书,第 192—193 页。

已经介绍进来,但只是一些零篇的文章和很薄的小册子,他的重要作品没有翻译。当时只有少数大学生(比如中法大学的学生)当着一种时髦的思潮在谈论。"①这番表述在暗示自己受萨特的影响不深。但是,汪曾祺在西南联大时深受现代主义文学影响,现代主义作家普遍思考个体处境等共同问题,因此汪曾祺思索这些问题并达到这样高度,有其自然的逻辑性。

---

① 汪曾祺:《汪曾祺1989年8月17日复解志熙函》,解志熙:《考文叙事录:中国现代文学文献校读论丛》,中华书局,2009年,第284页。

第三章 精神分析的审视

汪曾祺起步阶段的文学创作带有青春色彩，所创作的《钓》《翠子》《悒郁》《春天》《寒夜》《河上》《谁是错的》《小学校的钟声》《花·果子·旅行——日记抄》《前天》《绿猫》《年红灯（二）》《蝴蝶——日记抄》等，多涉青年男女的恋爱。这些作品还有共同特点，大都带有明显的精神分析痕迹。当然，在具体表现方式上，汪曾祺非常注重不破坏民族传统，很少做大段的静态心理描写，而多以象征性意象穿插于情节之中，以含蓄的方式显示隐秘的性心理。

一、青春期的爱欲萌动

从目前的研究看，汪曾祺的处女作是《钓》，发表于1940年1月23日《中央日报》上。此文以钓鱼贯穿整个内容，实写失恋及对沮丧情绪的超越。作品中两个核心意象钓竿和鱼，均带隐喻色彩。"我"在宿舍里倍感沉闷，欲以钓鱼为消遣，于是到后园截了一根竹子做鱼竿。弗洛伊德认为，男性生殖器"其象征可以是长形直竖之物如手杖、伞、竹竿、树干等"①。鱼为中国古典意象，多隐喻女性，取鱼与女性生殖器之形似。以竹竿钓鱼，在此处并不能坐实理解，坐实理解则诗意全无，但钓鱼隐喻男性对女性之追逐，或者两性之恋爱，应该是没有问题的。其实，文中其他地方亦有暗示，可以相互印证，如作品后半部分有这样的描写："远林漏出落照的红，像藏在卷发里的被吻后的樱唇，丝丝炊烟在招手唤我回去了。"②综合上述分析，《钓》的内涵或许可做这样的阐释：表层是从写"我"去钓鱼到放弃钓鱼的过程，深层的意蕴却是一段心路历程——"我"决定彻底放弃一段失败的恋情，从精神创伤中解脱出来。

---

① 〔奥〕弗洛伊德：《精神分析引论》，高觉敷译，商务印书馆，1984年，第117页。
② 汪曾祺：《钓》，李光荣：《〈钓〉：汪曾祺的文学开端》，《新文学史料》2009第1期，第196页。

《翠子》写了带有错位感的男女关系。"我"的母亲新逝,高家伯伯和"我",似乎都想让家中女佣翠子做父亲的续弦;翠子对父亲和"我"确实很好,但与大驹子有男女之情,还认了大驹子的妈妈薛大娘做干妈。关于翠子和大驹子的关系,小说借"我"之口做了暗示:"今儿大清早,我跟翠子上那儿去,草上露水还没有干,她把鞋都湿透了。"①依照精神分析视野,鞋是女性生殖器官的象征,"鞋都湿透了"带有隐喻性。汪曾祺笔下人物多有原型,"薛大娘"的出现也非一次。汪曾祺于1995年写了一篇题为《薛大娘》的小说,此薛大娘应该就是彼薛大娘。《薛大娘》中说薛大娘是卖菜的,而《翠子》中的薛大娘正在种菜。《薛大娘》中称她有"二十岁的儿子",《翠子》中的大驹子约略是这个年纪。《薛大娘》中还写道:"薛大娘有个'副业',给青年男女拉关系——拉皮条。附近几条街上有一些'小莲子'——本地把年轻的女佣人叫做'小莲子',她们都是十六七、十七八,都是从农村来的。这些农村姑娘到了这个不大的县城里,就觉得这是花花世界。……不少小莲子认了薛大娘当干妈。"②然后经薛大娘介绍,找个相好的。翠子就是一个来自乡下的"小莲子",而且还认了薛大娘做干妈。大驹子有这样一位母亲,他与翠子之间的关系也就不言而喻了。正是有了这样的背景,"父亲"才不仅不娶翠子,而且不肯再留她做女佣,坚决地把她送到乡下老家去了。然而,翠子的命运似乎注定是悲剧,她家已经给她订婚了,对方是一个"跛子"。"跛子"可不仅仅是瘸腿,依照弗洛伊德的观点,在文学作品中往往暗示着性低能。

《悒郁》(《中央日报》1941年1月23日)描述了少女银子情窦初开的微妙心理。清晨,"银子像是刚醒来,醒在重露的四更的枕上,飘飘的有点异样的安适,然而又似有点失悔,失悔蓦然丢舍了那些未圆的梦;甚么梦? 没有的,只不过是些不可捕捉的迷离的幻想影子罢了。一个生物成熟的征象"③。说得直白一点,就是性梦。梦中无从满足,于是有些怅惘。银子独自跑出村庄,"这已经出了庄子,银子左手在前,勒住缰辔,右手在后,抓住鞭儿,嘴里一声'哈——嘟'马来了,得得得……一气跑了不知多远。她停住了。唉,不像! 怎么两脚总不腾空?"④仅仅是模仿一下骑马,为什么要跑到庄外去? 为什么要这样郑重其事而又带有隐秘性? 银子的行为实为性心理所驱使,在弗

---

① 汪曾祺:《汪曾祺初期小说四篇》,李光荣辑校,《中国现代文学研究丛刊》2009第2期,第152页。
② 汪曾祺:《薛大娘》,《汪曾祺全集》第2卷,北京师范大学出版社,1998年,第431—432页。
③ 汪曾祺:《悒郁》,《汪曾祺小说全编》(上),人民文学出版社,2016年,第13页。
④ 同上书,第14页。

洛伊德眼里,"跳舞、骑马、登山等有节奏的活动……"①象征着性交;"右手在后,抓住鞭儿"亦含隐喻,文学与作家的"白日梦"多有关联,弗洛伊德认为"梦者手据马鞭明显地隐喻手淫,当然,这不是指梦者的当时情况而是追溯到遥远童年的儿童欲望"②。弗洛伊德认为,"一条马鞭无限地延长,除了代表勃起更无别的象征可言"③。在对"俾斯麦的梦"的分析中,弗洛伊德说:"人们都熟知马鞭、手杖、长矛以及类似物都是阳具的象征;但是马鞭更具有阳具的最显著的一个特征,即其延展性,其象征意义就更确凿无疑了。"④作品中的其他细节,也都在暗示银子性意识的觉醒,如不自觉地触摸自己的胸脯,吟唱"送郎都要得郎怜"的民歌,回到家里,爸爸似乎看出了一点什么,对妈妈说:"银子成人了。"⑤整个小说都在写一个进入青春期少女性意识的最初萌动,带有明显的精神分析色彩。与《悒郁》相似,《春天》(《今日评论》1941 年第 5 卷第 3 期)表现了"我"、玉哥和英子之间的性意识觉醒,当然,侧重点是表现"我"在对英子的竞争中失败之后的伤痛。

《寒夜》写乡间一群"巡更"护村的男子,在村外的"车棚"里度过的一夜。"车棚中心烧的一大堆火",火是情欲的象征,弗洛伊德认为火"直接象征爱情(例如熟语'欲火中烧')"⑥。这群男人所谈的话题一律围绕着女人。太保与老爹女儿花儿的恋情,姑娘们对太保的暗恋,海里蹦对即将成为寡妇的嫂子的痴情,作为光棍的二疙瘩、大炮和蛤蟆对女人的向往,让人分明感受到过量的"力比多"在这些男人身体里的涌动。另一篇作品《谁是错的》⑦内容更为丰厚,有童年的创伤经验,涉及微妙的性心理。"我"在七岁的时候,一次遭到父亲用紫檀牙板抽打,结果鼻子碰到桌子上出了血,这次经历留下了不可磨灭的心灵阴影。按照弗洛伊德的观点,童年经历的心理创伤可能会影响一生。后来,"我"连续两次梦见父亲用大棒子打"我",这是未经化妆的梦,情形一如当年受虐的情形。这个梦唤起"我"对来对父亲的厌恶情绪,这情绪正来自童年经验。恰巧,"我"遇到了自己平时最为尊重的路先生,路先生本是父亲的挚友,交谈中自然不断提起父亲——这触发了我的厌恶情绪,于是,就对路先生说了不敬的话,直言他耳下的肉瘤多余。对路先生的挑战

---

① 〔奥〕弗洛伊德:《精神分析引论》,高觉敷译,商务印书馆,1984 年,第 119 页。
② 〔奥〕弗洛伊德:《释梦》,孙名之译,商务印书馆,1996 年,第 380 页。
③ 同上书,第 378 页。
④ 同上书,第 380 页。
⑤ 汪曾祺:《悒郁》,《汪曾祺小说全编》(上),人民文学出版社,2016 年,第 15 页。
⑥ 〔奥〕弗洛伊德:《少女杜拉的故事——一位歇斯底里少女的精神分析》,茂华译,中国文史出版社,1997 年,第 62 页。
⑦ 原载《大公报》1942 年 6 月 8 日。

实则来自对父亲怨恨情绪的迁移——也许在潜意识里"我"已经把路先生当作"父亲"(岳父)对待了。联系一下"我"对路先生的女儿琳儿的暗恋,就不难理解这种"错误"发生的真正原因了。"我"迅即为自己的冲动后悔不已,遂登门道歉,说明原因。路先生并未介意,反决定到医院割掉那个肉瘤。小说的隐秘之处在于反复提到的"樱桃":先是"我"决定登门道歉时起初打算买樱桃给琳儿吃,犹豫之后未买,而在路先生家里琳儿拿出来招待"我"的恰恰是樱桃。为什么会反复出现樱桃呢?按照弗洛伊德的观点,"女性的乳房及臀部都以苹果、桃子及一般水果为其象征"①。樱桃原来象征着琳儿身体的隐秘部位,承载着"我"对琳儿的欲望。而结尾琳儿不断把樱桃核吐在"我"身上的撒娇行为,表明她对"我"已经有了特殊的亲昵。

《小学的钟声》写于 1944 年 4 月 20 日,发表于 1946 年的《文艺复兴》上。小说写青年男女之间朦胧的情愫。表面上,"她"与"我"船上邂逅,请"我"到"她"舱里吃橘子,谈"她"表姐,谈"我"弟弟,谈"我"的画,谈"我"为"她"改画的事。但是还存在潜层叙事,"我"与"她"的彼此好感,产生了朦胧的爱情。小说开篇写瓷瓶里的花,写插花的瓷瓶,容器和花朵都是有关女性的隐喻。"她"佯作画画到船尾来找"我",然后开始交谈。以前"我"并没有关注"她","她"对于"我"却关注很久了,似乎一直在暗恋"我"。"我"心醉神迷,于是产生"白日梦",幻想"我"和"她"走进中学母校的情景,"我们仿佛并肩从那条拱背的砖路上一齐走进去。……我们并肩走进去,像两个音符"。他们一起看乡下人接亲的花轿和队伍——这实际上是"我"对于爱情前景的一次憧憬——这个场景《边城》里的翠翠也曾看到过。小说中多处穿插写"她"的手笼,"手笼像一头小猫","橘子旁边是那头白猫","我起身取了两个橘子,却拿了那个手笼尽抚弄","不自觉地把那个柔滑的感觉移到脸上,而且我的嘴唇也想埋在洁白的窝里"。可以看出,"我"对于那只猫样的手笼越来越爱恋,猫带有性隐喻色彩。最后,"她"主动地抓住了"我"的手,这次比那只手笼令人倾心百倍,"我的手上感到百倍于那只猫的柔润,像一只招凉的猫,一点轻轻的抖,她的手"。已经有了肢体的直接接触,情感在短短的一段时间里已经获得飞跃。这个时候,她说要下船,因为要去见自己的姑姑,姑姑在某种程度上是超我的象征,理性忽然来临,搅乱了潜意识,小说也就终止了。

1945 年,汪曾祺在黄土坡写了一组日记,刊载于 1946 年 7 月 12 日上海《文汇报》"笔会"上,题为《花·果子·旅行》②。这是四天的日记,内容并不单一,但隐隐可以读出一个爱情故事,尤其是"七日"一篇颇多隐喻。该文开

---

① 〔奥〕弗洛伊德:《精神分析引论》,高觉敷译,商务印书馆,1984 年,第 119 页。
② 载《大家》2007 年第 2 期,《北京文学(中篇小说月报)》2007 年第 5 期转载。

篇写道:"我想有一个瓶,一个土陶蛋青色厚釉小坛子。/木香附萼的瓣子有一点青色。……"按照弗洛伊德的解释,无论是容器,还是花,都可以是女性生殖器的隐喻。"过王家桥,桥头花如雪,在一片墨绿色上。我忽然很难过,不喜欢。我要颜色,这跟我旺盛的食欲是同源的。"把对颜色的需求写成生命本能,和食欲同源的是什么?这很容易让人联想到《孟子·告子上》中所言:"食色,性也。"接着下来有这样一段:"我要水果。水果!梨,苹果,我不怀念你们。黄熟的香蕉,紫赤的杨梅,蒲桃,呵蒲桃,最好是蒲桃,新摘的,雨后,白亮的磁盘。"水果是女性的乳房或臀部的隐喻。这里的表达还比较含蓄,此后的文字近乎召唤:"我渴望更丰腴的东西,香的,甜的,肉感的。"[1]"甜的"是什么?自然让人联想到糖果,"糖果常用来象征性交的快感"[2]。后面的"肉感的"三个字,可不是说得更明白?第九日的日记写道:"我满有夏天的感情。像一个果子渍透了蜜酒。这一种昏晕是醉。我如一只苍蝇在熟透的葡萄上,半天,我不动。我并不望一片叶子遮阴我。"情感更为炽烈。第十日的日记描述了一段失败了的爱情——"念 N 不已。我不知道这一生中还能跟他散步一次否?/把头放在这本册子上,假如我就这么睡着了,死了,坐在椅子里……"此后所记的是一个梦,真的梦,或者是白日梦:"携手跑下山坡,上坡碧绿,坡下花如盛宴……回去,喝瓶里甘凉的水。我们同感到那个凉,彼此了解同样的慰安……风吹着我们,吹着长发向后飘,她的头扬起。……/水从壶里倒出来乃是一种欢悦,杯子很快就满了;满了,是好的。倒水的声音比酒瓶塞子飞出去另是一种感动。"为什么单挑水壶这个意象?弗洛伊德在《精神分析引论》中说:"有时男性生殖器以水所流出之物为象征,如:水龙头、水壶或泉水。"[3]与水壶对应的是"杯子",杯子是什么?女性生殖器"以一切有空间性和容纳性的事物为其象征,例如坑和穴,罐和瓶,各种大箱小盒及橱柜、保险箱、口袋等"[4]。以壶往杯子里注水,似乎隐喻着男女之间的欢愉。

苏北《一汪情深》一书中有《汪曾祺与〈昆明猫〉》一文,对《绿猫》诸篇写猫画猫的作品做了精彩评价。针对同样的材料,我们不妨从精神分析的角度重新加以审视。汪曾祺于 1947 年 7 月写成一篇名为《绿猫》的小说。作品中的人物柏写了一篇小说,内有这样一段:

---

[1] 汪曾祺:《花·果子·旅行》,苏北:《一汪情深:回忆汪曾祺先生》,远东出版社,2009 年,第 188—191 页。
[2] 〔奥〕弗洛伊德:《精神分析引论》,高觉敷译,商务印书馆,1984 年,第 119 页。
[3] 同上书,第 117 页。
[4] 同上书,第 118 页。

……主人新婚,房里的一切是才置的,全部是两个人跑疲了四条腿,一件一件精心挑选来的。颜色配搭得真是好,有一种暧暧朦胧感觉,如梦如春。我在软椅中坐了一会。在我看完一本画报,想换第二本时,我的眼睛为一个东西吸住了;墨绿缎墩上栖着一只小猫。小极了小极了,头尾团在一起不到一本袖珍书那么大。白地子,背上米红色逐渐向四边晕晕的淡去,一个小黑鼻子,全身就那么一点黑。我想这么个小玩意儿不知给了女主人多少欢喜。怎么一来让她在橱窗里瞥见了,做得真好。真的,我一点不觉得那是个真猫!猫要是那么小,是没有大起来;还在吃奶的小猫毛是有一块没一块的,不会那么厚薄均匀,茸茸软软的。嘿——我这一动换,噢,它跳了下来,无声地落在地毯上,睁着两颗豆绿眼睛。它一点都不是假的!猫伸了个懒腰,走了。我看见那个墩子,想这团墨绿衬得实在好极了。我断信这个颜色是为了猫而选的——这个猫是什么种?一直就是这么大?……想着,朋友进来了,我冒冒失失地说"××,你真幸福!"朋友不知道我所称赞的是那一点,瞠目而视,直客气"那里,那里!"女主人微微一笑,给我拿来一个烟灰缸子过来……①

写的几乎全是猫。猫是一种依赖性很强的动物,平日里性情温柔,显然和女性的阴柔相契合;它是敏捷的、聪慧的、神秘的;按照俄罗斯的说法,猫有热爱家庭的意味,"猫象征着安逸舒适、治家有方、事事顺心"②。明明"我"在观察猫,当作为这个家庭男主人的"朋友"进来的时候,我说"××,你真幸福!"——如果我们明白了猫的隐喻意义,这句话就不那么突兀了——处处在写猫,处处都写那个初婚的女主人。这个文本全用侧面描写,含蓄、矜持,于空白处留无限遐想。写新郎"朋友"的幸福,不过是写柏未得到的幸福。在《绿猫》中,柏不断内心独白,而"我"是一个倾听者——实际上,柏不过是另一个"我","我"和柏的对话就是"我"内心纷争的外化。柏的单相思心理,恐怕在某种程度上就是"我"的心灵记录。如果做一大胆推测的话,是否可以认为"绿猫"这一形象之中,隐藏着一段没有实现的爱情,或惊鸿一瞥造就的持久的单相思?分析到这里,猫还仅仅是象征层面上的。另外,描摹小猫的毛,仅仅是写猫的可爱吗?这只猫为什么要蹲在"墨绿缎墩上"?缎不同于一般的布匹,其表面布满绒毛。《释梦》中说:"'丝绒'和'苔藓'的联想明白地是指阴毛。"③这只猫恐怕确实还有一点性隐喻的色彩。

1994年12月13日汪曾祺接受了一次访谈,杨鼎川问:"《绿猫》里的柏,

---

① 汪曾祺:《绿猫》,《汪曾祺全集》第1卷,北京师范大学出版社,1998年,第122页。
② 首都师范大学外国语学院等编:《语言与语言教学研究》,外文出版社,2003年,第480页。
③ 〔奥〕弗洛伊德:《释梦》,孙名之译,商务印书馆,1996年,第377页。

当时您写的时候,有没有一个原型啊?"汪曾祺回答:"没有。"①可是,随着时间的推移,情形发生了变化。1996年,汪曾祺作一名为《昆明猫》的国画,画面是一只小猫慵懒地趴在一布墩上,题跋为:

> 昆明猫不吃鱼,只吃猪肝。曾在一家见一小白猫蜷卧墨绿软缎垫上,娇小可爱。女主人体颀长,斜卧睡榻上,甚美。今犹不忘,距今四十三年矣。
>
> 四十三年一梦中,
> 美人黄土已成空。
> 龙钟一叟真痴绝,
> 犹吊遗踪问晚风。②

是汪曾祺偶然记起那位美人,还是初闻美人已经离世的伤悼?我们不得而知,但是对惊人美丽的一瞬间终生不忘,却是事实,只是里面是否隐藏着更多的故事。据苏北在《沪上访黄裳》中记录,他曾试图请汪曾祺故友黄裳为自己书写此诗,但遭到拒绝。至于原因,他做如是推测:"汪先生的'四十三年一梦中……犹吊遗踪问晚风',不但不吉利,还有点艳。老人也许是忌讳的;即使不忌讳,也觉得有小小的不妥。"③故事还没有结束,1997年3月23日,汪曾祺又写散文《猫》,其中有这样一段:

> 只有一次,在昆明,我看见过一只非常好看的小猫。
>
> 这家姓陈,是广东人。我有个同乡,姓朱,在轮船上结识了她们,母亲和女儿,攀谈起来。我这同乡爱和漂亮女人来往。她的女儿上小学了。女儿很喜欢我,爱跟我玩。母亲有一次在金碧路遇见我们,邀我们上她家喝咖啡。我们去了。这位母亲已经过了三十岁了,人很漂亮,身材高高的,腿很长。她看人眼睛眯眯的,有一种恍恍惚惚的成熟的美。她斜靠在长沙发的靠枕上,神态有点慵懒。在她脚边不远的地方,有一个绣墩,绣墩上一个墨绿色软缎圆垫上卧着一只小白猫。这猫真小,连头带尾只有五六寸,雪白的,白得像一团新雪。这猫也是懒懒的,不时睁开蓝眼睛顾盼一下,就又闭上了。屋里有一盆很大的素心兰,开得正好。好看的女人、小白猫、兰花的香味,这一切是一个梦境。
>
> 猫的最大的劣迹是交配时大张旗鼓地嚎叫。有的地方叫做"猫叫

---

① 杨鼎川、汪曾祺:《关于汪曾祺40年代创作的对话——汪曾祺访谈录》,《中国现代文学研究丛刊》2003年第4期,第199页。
② 苏北:《忆·读汪曾祺》,安徽文艺出版社,2012年,第174页。
③ 同上书,第210页。

春",北京谓之"闹猫"。不知道是由于快感或痛感,郎猫女猫(这是北京人的说法,一般地方都叫公猫、母猫)一递一声,叫起来没完,其声凄厉,实在讨厌。鲁迅"仇猫",良有以也。有一老和尚为其叫声所扰,以至不能入定,乃作诗一首。诗曰:

> 春叫猫儿猫叫春,
> 看他越叫越来神。
> 老僧亦有猫儿意,
> 不敢人前叫一声。①

人物身份、姓氏都落到了实处,女主人公不再是一位新娘,而是少妇了。除了对这"漂亮女人"的身体特征进行正面描写之外,还对她慵懒、迷离的神情进行了定格,衬以一株香气袭人的"素心兰",极力渲染瞬间之永恒。和以往的两个文本相较,描述更为动人,正面传达出女主人的体态之曼妙和神态之诱惑。作者写一修行老僧为叫春之猫扰乱的故事,似非偶然,这里的猫显然是欲望的象征。那个美丽的少妇可不就是那只猫?那未能入定的老僧又是谁呢?比较这三个文本我们可以看出,同样一个故事已经从虚笔转为素描,女主角也由小说人物一变为现实人物,爱欲成分越来越趋于明朗,似乎涉及一段难以明言的隐秘经历。

《蝴蝶——日记抄》,发表在 1947 年 8 月 24 日的《经世日报·文艺周刊》第 54 期。其中有这么一段:

> 蝴蝶,蝴蝶在同蒿花田上飞,同蒿花灿烂的金色。同蒿花的金色,风吹同蒿花。风搂抱花,温柔的摸着花,狂泼的穿透到花里面,脸贴着它的脸,在花的发里埋它的头,沉醉的阖起它的太不疲倦的眼睛。同蒿花,烁动,旺炽,丰满,恣酣。狂欢的潮水!——密密层层,那么一大片的花,稠浓的泡沫,豪侈的肉感的海。同蒿花的香味极其猛壮,又夹着药气,是迫人的。我们深深的饮喝那种气味,吞吐含漱,如鱼在水。而同蒿花上是千千万万的白蝴蝶,到处都是蝴蝶,缤纷错乱,东南西北,上上下下,满头满脸。——置身于同蒿花蝴蝶之间,为金黄,香气,粉翅所淹没,"密饯"我们的年龄去! 成熟的春天多么的迷人。②

作为刚刚进入青春期的男孩,性意识觉醒,对异性充满了躁动,"就是我们那些女同学,那些小姐们,她们的身体、姿态、脚步、笑声给我们一种奇异的刺

---

① 汪曾祺:《猫》,《汪曾祺全集》第 6 卷,北京师范大学出版社,1998 年,第 309—310 页。
② 裴春芳:《经典的诞生:叙事话语、文本发现及田野调查》,社会科学文献出版社,2014 年,第 283 页。

激,刺激我们作许多没有理由的事情"。把蝴蝶夹死在书里,着衣跳到水中,爬到盘楼房顶,撩狗,怪叫,穿奇装异服,等等,"我们一身蓄聚蛮野的冲动,随时就会干点傻事出来"①。裴春芳有一个确当的评价,认为"本文以泼墨重彩的笔致,晕染出一种浓郁的年少轻狂的爱欲狂欢气氛","文中以蝴蝶和茼蒿花为核心意象,夹入花引蝶、鱼戏水等传统典喻;'风'的意象,也充满动感,有一种酣畅淋漓的韵致"②。精神分析和传统意象结合在一起,这也是汪曾祺写作中惯常的手法。

1948 年,汪曾祺发表了一篇叫《艺术家》的小说,写一民间哑巴艺术家,痴迷绘画,创作出了高水平的作品。"我"鉴赏他的画作,陷入沉醉:"沉酣了,真是'尔时觉一座无人'。我对艺术的要求是能给我一种高度的欢乐,一种仙意,一种狂;我想一下子砸碎在它面前,化为一阵青烟,想死,想'没有'了。这种感情只有恋爱可与之比拟。"③而"我"透过画作,洞察了画家的创作心态:"高度的自觉之下透出丰满的精力,纯澈的情欲;克己节制中成就了高贵的浪漫情趣,各部分安排得对极了,妥帖极了。"④在这里,汪曾祺把鉴赏者的心理描述为"恋爱",创作者的精神里则包含着"情欲",这种说法的理论根源恐怕是弗洛伊德的精神分析,把艺术创作看成"力比多"的升华。

高觉敷在商务印书馆 1984 年《精神分析引论·译序》中提供了一些精神分析早期在中国传播的信息。弗洛伊德的《精神分析的起源和发展》,"中译本于二十年代发表于上海商务印书馆的《教育杂志》"⑤。高觉敷自己亦参与传播,"我在抗战前曾将弗洛伊德的《精神分析引论》的英译本译成中文,由上海商务印书馆于 1930 年出版"⑥。可见,在 1940 年代的西南联大,要读到弗洛伊德的书并不难。汪曾祺对精神分析的学习,恐怕和沈从文的影响有关。据汪曾祺回忆,沈从文先生藏书很杂,其中就包括弗洛伊德的书,而且这些书他大都读过。⑦ 在一次访谈中,汪曾祺说:"沈先生读书很杂、很乱,他读过霭理斯写的《性心理学》。"⑧沈从文对待学生至为关爱,学生常常拿他的书

---

① 裴春芳:《经典的诞生:叙事话语、文本发现及田野调查》,社会科学文献出版社,2014 年,第 284 页。
② 同上书,第 294 页。
③ 汪曾祺:《汪曾祺全集》第 1 卷,北京师范大学出版社,1998 年,第 175 页。
④ 同上书,第 180 页。
⑤ 〔奥〕弗洛伊德:《精神分析引论》,高觉敷译,商务印书馆,1984 年,第 5 页。
⑥ 同上书,第 1 页。
⑦ 汪曾祺:《沈从文先生在西南联大》,《汪曾祺全集》第 3 卷,北京师范大学出版社,1998 年,第 467 页。
⑧ 巨文教:《张兆和、汪曾祺谈沈从文——访张兆和、汪曾祺两位先生谈话笔录》,《中国现代文学研究丛刊》1994 年第 2 期,第 280 页。

读。沈从文早年应该就对精神分析理论有所涉猎,他的若干创作,如《边城》《三三》等,都明显带有弗洛伊德的影子。他的爱好与追求不可能不对追随者汪曾祺产生影响。

依照弗洛伊德的观点,人的无意识来自人的原始性本能,性本能是人类精神活动的核心,是人类最基本的本能和内驱力,这种基本欲望的能量就是"力比多",人类全部活动都受到无意识本能和原始性欲的支配。人类的历史,就是无意识和本能不断受到压抑的过程,社会文明就是无意识与本能在压抑和升华中创造出来的。基于这样的认识,汪曾祺对于两性关系一向持有一种积极的态度。汪曾祺在与香港女作家施叔青对话时对《受戒》有过自评,他说:"我有一种看法,像小英子这种乡村女孩,她们感情的发育是非常健康的,没有经过扭曲,跟城市教育的女孩不同,她们比较纯,在性的观念上比较解放。""这是思无邪,诗经里的境界。"①《受戒》中,汪曾祺把自然萌生的性意识写得美妙绝伦。明海对小英子脚印的痴迷,说明他的性意识开始觉醒。"她挎着一篮子荸荠回去了,在柔软的田埂上留了一串脚印。明海看着她的脚印,傻了。五个小小的趾头,脚掌平平的,脚跟细细的,脚弓部分缺了一块。明海身上有一种从来没有过的感觉,他觉得心里痒痒的。"②女性的脚是中国的一个古典意象,带有明显的性意味,此段写了明海性意识的觉醒。小说结尾处:"芦花才吐新穗。紫灰色的芦穗,发着银光,软软的,滑溜溜的,像一串丝线。有的地方结了蒲棒,通红的,像一枝一枝小蜡烛。……"③花与棍状物是男女性器官的象征,暗示他们自然萌生的爱情已经上升到了新的阶段,两个人在不知不觉中发生了性关系。不为世俗所羁绊,蔑视外在道德,任由自然萌发的爱情生长,性爱是爱情的自然升华,这里表现的是"思无邪"的境界。早在1941年,汪曾祺就写作小说《河上》,城市青年"他"在乡下姑娘三儿那儿找到了健康的人生,也找到了爱情,在跳到水中游戏之后,作品也暗示他们发生了性关系。这个作品,已经在演绎汪曾祺所崇尚的"思无邪"的两性关系。

二、性爱与道德的边界

基于把欲望看成任何人也无法摆脱的本能,是生命最基本的内驱力,甚

---

① 汪曾祺:《作为抒情诗的散文化小说》,《汪曾祺全集》第8卷,北京师范大学出版社,1998年,第75页。
② 汪曾祺:《受戒》,《汪曾祺全集》第1卷,北京师范大学出版社,1998年,第336页。
③ 汪曾祺:《汪曾祺全集》第1卷,北京师范大学出版社,1998年,第343页。

至是生命中最为动人的乐章,汪曾祺对于欲望释放的各种形式在总体上采取了极为宽容的态度,从来不单纯从道德的角度对两性关系做出粗暴的批判。《小姨娘》中身为中学生的小姨娘章叔芳才十六岁,就在青春的性躁动中和宗毓琳发生关系,这样的行为被传统家庭所不容。叙述者却对她的大胆、倔强和浪漫主义持欣赏的态度。弗洛伊德认为,"窥视欲"是人类基本的本能之一。①《窥浴》中极具音乐天赋的岑明在"力比多"的驱动下,到公共澡堂偷偷窥浴,被抓后遭到群殴;刚刚失恋的音乐老师虞芳深懂得他的性饥渴,就让他欣赏自己美丽的玉体。美、爱和欲望结合在一起,虽属师生之间,有违寻常道德,但在汪曾祺笔下却毫无猥亵之感。在剧本《大劈棺》中,庄周老夫少妻,妻子田氏难免寂寞。庄周本变做楚王孙来检验田氏忠诚,田氏持守"只为了一世欢娱,哪管他千夫所指"②的观念,在他"死"后急于另觅新欢,庄周从简单的道德谴责逐步认同了欲望的合理性,从试探妻子变成了自我否定:

(唱)细思量,
不是你的错。
原来人都很脆弱,
谁也经不起诱惑。
不但你春情如火,
我原来也是好色不好德。
想男女交合,
本应是琴瑟谐和,花开两朵。
老夫少妻,
岂能强凑合。
倒不如松开枷锁,
各顾各。③

对道家"寡欲清心"的否认,对"快乐原则"的认可,体现了汪曾祺肯定欲望合理性的一贯态度。通奸是社会伦理所不容之事,但只要有两性相悦的成分,汪曾祺亦不做苛刻的道德批判。《薛大娘》中的薛大娘,丈夫性无能;保全堂药店"管事"吕三,常年客居在外,亦无从满足欲望;薛大娘喜欢吕三,就主动找他,两人享受男欢女爱,满足情欲,自有合理的一面。汪曾祺并无任何谴责,反称赞薛大娘是彻底解放的人。《尴尬》写高雅英俊的岑春明和丑陋的

---

① 〔奥〕弗洛伊德:《精神分析引论》,高觉敷译,商务印书馆,1984年,第263页。
② 汪曾祺:《大劈棺》,《汪曾祺全集》第7卷,北京师范大学出版社,1998年,第438页。
③ 汪曾祺:《汪曾祺全集》第7卷,北京师范大学出版社,1998年,第441页。

顾艳芬之间通奸生子，事件本身有些龌龊；结尾处却转入对岑春明身患肺癌依然埋首科研的精神大加赞扬。两性关系属于私人生活范畴，事业贡献属于社会生活范畴，汪曾祺虽然没有对以"生活作风问题"抹杀个人贡献的社会评价方式直接提出批评，但还是以"春秋笔法"在某种程度上对泛道德主义进行了颠覆。不仅如此，那些带有"嫖娼"内容的作品，汪曾祺也不一概否定。《八千岁》中的宋侉子，妻子去世后并不续娶，生活内容差不多剩下两件事，一是外出挣钱，一是拿钱回来找妓女虞小兰。作品花了大量篇幅称赞虞小兰的风姿绰约，还用抒情笔墨写两人关系之和谐："在一起时，恩恩义义；分开时，潇潇洒洒。"①不缺少美感，不缺少恩爱，俨然是婚姻之外一种理想化的两性关系，价值判断一如当年沈从文写水手和妓女的故事。虽是嫖客与妓女的关系，却俨然是理想化的生活样态，作家并不以寻常道德眼光评判。《钓鱼巷》写大家少爷程伟的浪漫史：少年时被女仆的肉体诱惑，在南京读大学时不断找妓女来过夜。后半部笔锋陡转，批判"文革"对知识分子的迫害，对程伟之死极为愤慨。最后以"人活一世，草活一秋"②收束全文，似乎以生死无常的事实来证明及时行乐的某种合理性。

　　基于对于人的原欲的深切理解，汪曾祺对那些依照惯常道德衡量该受贬斥的故事，往往抱以理解和宽容的态度。对于传统道德钳制女性欲望，更是报以嘲讽的姿态。对于粗鄙的玩弄女性行为，他抱之以鄙夷。《关老爷》中的关老爷，每年都以"看青"为名到各处的佃户那里"猎艳"，不仅陪睡的姑娘或小媳妇能得到一个戒指的赏赐，而且整个村庄的租子都可以打个折扣。他的儿子关汇迷上了岑瑾，令关汇气急败坏的是，新婚之夜他发现对方不是处女。这是"现世报"！这件事似乎让关老爷认识到了贞洁的价值，"关老爷还是每年下乡看青。他把他的看青的'章程'微作了一些修改：凡是陪他睡觉的，倘是处女——真正的黄花闺女，加倍有赏——给两个金戒指"③。弗洛伊德曾对处女情结的幽暗心理做过分析，他认为"女孩被要求不能带着对另一男人的性爱关系的回忆跟一个男人结婚，实际上这恰好是对女性的绝对占有权的逻辑延续"④。汪曾祺的"聊斋新义"系列中有一篇《快捕张三》，对这个问题进行了深度思考。快捕张三常常出差，媳妇和一光棍通奸，一日张三抓住把柄，逼迫媳妇上吊自杀，但转念思量，对传统贞操的价值产生了怀疑：

---

① 汪曾祺：《汪曾祺全集》第 2 卷，北京师范大学出版社，1998 年，第 42 页。
② 同上书，第 450 页。
③ 同上书，第 455 页。
④ 〔奥〕弗洛伊德：《处女的禁忌》，《达·芬奇及其童年的回忆》，张杰等译，上海文化出版社，2006 年，第 145 页。

"你说这人活一辈子,是为了什么呢?""一顶绿帽子,未必就当真把人压死了!"①一旦获得超脱,自此夫妻琴瑟和谐。小说后面汪曾祺专门加一附录,对蒲松龄那种"对妇女常持欣赏眼光,多曲谅,少苛求"②的态度报以赞扬。

三、性变态与性错乱

汪曾祺晚年还写了一些性变态或性错乱的故事。依照心理学分析,变态一般表现在如下形式之中。其一是"不管物种的界限(如人兽的区别)"③。汪曾祺曾有名为《鹿井丹泉》的民间传说,写一个叫归来的比丘,与鹿生发生关系,生了一个漂亮的鹿女,虽是变态,却写得极美。其二是"打破性别的界限"④。《唐门三杰》中,京剧团的司鼓唐老大是同性恋,虽然个头很大,但"他去女的","愿意让人弄其后庭"。其三是"打破乱伦界限(从近亲那里寻求性满足)"。依照弗洛伊德的观念,人类在成长过程中,由自恋转入他恋的最初阶段,对象往往就是自己的亲人,"人类对于性的对象的选择第一个常为亲属,如母亲或姊妹"⑤,而"性本能到了青春期开始以全力求其满足,它一再以亲属为对象,来发泄里比多"⑥。《小娘娘》中的夏普天和姑姑谢淑媛相依为命,谢淑媛的性爱对象竟然就是自己的侄子,在美与伦理之间,写作者也显得左支右绌,无所适从;居家三姊妹精神错乱,姐妹二人和兄弟通奸,毫无美感可言,倍感龌龊。《莱生小爷》中,汪莱生是无所事事的废物,却一定闹着要娶自己的妻妹肖玲玲。《辜家豆腐店的女儿》中的辜家女儿,为贫困所迫,竟被王老板和他的大儿子王厚辽同时包养。这些故事哪有什么爱与美,全是粗鄙龌龊的欲望,汪曾祺抱之以鄙夷。对于性变态中的虐待狂,汪曾祺也有表现。《天鹅之死》中的"工宣队员",对跳天鹅舞的白蕤之美艳极为垂涎,但云泥之别,岂能得逞?"文革"开始,"工宣队员"就借政治运动摧残她的身体,直至她腿骨折断,再也无法回到舞台。在性本能中包含着"支配的冲动(施虐狂)"⑦,"多数男人的性欲之中都混合了侵略性和征服欲","故而虐待症可以说是性本能里侵略的成分之独立及强化,经由'转移作用'而明

---

① 汪曾祺:《汪曾祺全集》第2卷,北京师范大学出版社,1998年,第271页。
② 同上。
③ 〔奥〕弗洛伊德:《精神分析引论》,高觉敷译,商务印书馆,1984年,第163页。
④ 同上。
⑤ 同上书,第269页。
⑥ 同上书,第270页。
⑦ 同上书,第263页。

显地表现出来的结果"①。得不到的美丽就要破坏掉,阴暗的性欲心理已经转化为邪恶的虐待快感了,弗洛伊德把这种病态性心理视为性错乱。即便是各种变态两性关系中,只要建立在爱和美的根基之上,汪曾祺都能以欣赏的态度对待其美好的那个侧面,由此看到人性中光明的部分;他总是以艺术家的眼光打量一切,而很少以伦理的视野审视世界。

　　对于潜意识,汪曾祺亦有考察,特别是他把这种探索带到了剧本创作之中。在汪曾祺看来,中国戏曲的心理描写有的已经深入潜意识层面了。写潜意识最好的方法之一,就是展示人的癫痴状态,"疯狂一半疯狂,产生幻觉、错觉、做梦,往往表现出平常所不易察觉的思想意识"②。例如《南天门》《失子惊疯》《打棍出箱》,都借疯狂之状表现人的潜意识。他自己创作的《范进中举》"掴治"一场写范进中举后一度癫狂,唱词就触及深层心理,在幻觉中内心的压抑倾泻而出:有回到童年游戏中的快乐,有对科举考试的恐惧,"我心中恼恨古圣贤,平白无故造谣言,他说了短短一句话,叫我长长作一篇,呕断了心肝无半点,不如投笔学逃禅!"有跨越等级后的骄傲,"中了中了真中了,你比我低来我比你高!"有支配别人的狂欢,"我不是有官无职的候补道,也不是七品京官闲部曹,我是圣上钦点的大主考,奉旨衡文走一遭"。"我这个主考最公道,订下章程有一条,年未满五十,一概都不要,本道不取嘴上无毛。""……活活考死你个小杂毛!"③汪曾祺对"潜意识的发现"评价甚高,认为"潜意识是现代心理学的重要发现。表现潜意识必然会带来现实主义的深化,表现出更丰富、更真实的人性。如鲁迅所说,要拷问出一个人真底下的假,又拷问出假底下的真。在变态心理学面前没有英雄、伟人、忠臣、孝子,有的只是真实的人"④。意识的流动,重要的驱动力就是潜意识。汪曾祺早期的创作,到处都有意识流的踪迹,《悒郁》《待车》《复仇》《小学校的钟声》《谁是错的》《唤车》《结婚》《花·果子·旅行日记抄》《磨灭》《醒来》《绿猫》《囚犯》《道具树》《礼拜天的早晨》《艺术家》,后期《晚饭后的故事》等也都有意识流手法。如果没有潜意识,这些意识流动恐怕就要停止。

---

① 〔奥〕弗洛伊德:《爱情心理学》,林克明译,作家出版社,1986年,第36—37页。
② 汪曾祺:《架上鸭言》,《汪曾祺全集》第8卷,北京师范大学出版社,1998年,第91页。
③ 汪曾祺:《范进中举》,《汪曾祺全集》第7卷,北京师范大学出版社,1998年,第43—46页。
④ 汪曾祺:《架上鸭言》,《汪曾祺全集》第8卷,北京师范大学出版社,1998年,第91页。

第四章 社会主义文化的融入

一、时代浪涛中的身世浮沉

中国自近代以来直至新中国成立,内外交困,战乱不断。汪曾祺的命运,始终与战争、动乱绑定在一起,他自然不能不感受到历史的巨大力量。

汪曾祺出身高邮望族,年少时生活条件算得上优越。1927年5月,北伐军队和孙传芳的军队在高邮开战,汪曾祺一家在惊恐中躲进了红十字会。1936年,他在江阴的南菁中学读书,学校开始军事化管理,国民党政府颁布了《暑假军训办法》,军训成绩成了能否升学的门槛,集训结束时大家还在中山陵受到蒋介石接见。后来汪曾祺被学校"政教处"吸纳为"复兴社"会员,他绝想不到这个懵懂之举成了长期困扰他的一个政治阴影。1937年,日军攻取江阴,他失学回家,因战争胁迫,曾随全家到高邮城外庵赵庄避险。1939年到云南报考大学,由于战争阻隔,他绕道越南,再乘滇越铁路到昆明。求学西南联大以及此后数年的窘迫生活,让他充分感受到了战争对正常生活的摧毁。1944年,汪曾祺各科考试过关,但因不愿随国民党做随军翻译,按照规定丧失了获得大学文凭的资格。没有毕业证,虽然在文坛上已经薄有文名,但却难以在社会上找到真正的安身立命之所。他先是在昆明中国建设中学做了两年教师,1946年辗转至上海,穷困潦倒,几欲自杀,经李健吾介绍,才在上海致远中学找到工作。

1948年初春,为了和在北大做助教的妻子施松卿汇合,来到北京,失业半年之后,才在沈从文竭力推荐下进了北京博物馆;北平解放,他希望融进即将诞生的新政权、新社会,1949年3月报名参加了"四野"的南下工作团。5月随解放军进入武汉,任汉口二女中副教导主任。为解决汪曾祺与妻子分居的问题,汪曾祺在北京的好友杨毓珉找到北京文化处副处长王松声,于1950年把他调到老舍领导下的北京文联做编辑,自此安居乐业。对于当时的生活,汪曾祺在个人的文章中不止一次地流露出满意情绪,老舍对他的学问也十分赏识。然而,沈从文1962年10月在致程流金的信中似乎透露出另外的信息,他说汪曾祺"人太老实了,曾在北京市文联主席'语言艺术大师'老舍先生手下工作数年,竟像什么也不会写过了几年。长处从未被大师发现过。事实上文字准确有深度,可比一些打哈哈的人物强得多。……若世界真还公平,他的文章应当说比几个大师都还认真而有深度,有思想也有文才!"①也就是说,在沈从文看来,汪曾祺在那里人未尽才,写作才能并未得到发挥。沈从文和汪曾祺交往深厚,他对汪曾祺的真实处境想必是了如指掌,绝不会轻易妄言的。1955年,汪曾祺被调往中国民间文艺研究会工作,做了《民间文学》的编辑。1957年"大鸣大放"中,因受领导要求提意见,写一篇题为《惶惑》的短文抄在黑板报上,建议群众参与人事工作。谁想因此罹祸,夏天被补划为右派,撤职下放,到张家口沙岭子农业科学研究所劳动。1960年8月摘掉右派帽,但原单位拒绝接收。后来,又在杨毓民的帮助下,北京京剧团的党委书记薛恩厚、副团长肖甲同意接收,经北京市人事局局长孙房山批准,1962年1月调进了北京京剧团做编剧。1963年10月,江青指令北京京剧团改编沪剧《芦荡火种》,汪曾祺与萧甲、杨毓民三人具体负责。江青看彩排后不满,遂搁置。年底,又受命改编话剧《杜鹃山》为同名京剧。在彭真、林默涵的敦促下,修改《芦荡火种》的工作继续进行,1964年首演成功。江青知道后大怒,重新接管此剧。但此时,汪氏处于北京市委与江青的夹缝之中,备感惶恐,一度夜不能寐。4月27日,《芦荡火种》在中南海演出,刘少奇、周恩来、朱德、邓小平等国家领导人集体观看,并高度评价。7月23日,毛泽东在政协小礼堂观看演出,比较满意,事后提了一些意见。意见由彭真带回,北京市文化局局长张梦庚亲自到京剧团传达,全剧组一起改戏,剧名更正为《沙家浜》,后几经打磨,定为样板戏。江青对浩然《艳阳天》颇感兴趣,汪曾祺负责与浩然接洽,商量改编事宜。后受命改编小说《红岩》,于1965年动笔,1966年江青改变了主意,停止改编《红岩》,转而搞新戏《山城旭日》。"文革"开始后,他以"老右派、新表演"而重新获罪,被单位定为"黑鬼"关进牛棚。1967年因江青搞剧本的需要,遂被"解放"了出来。当晚陪江青观看《沙家浜》,此后参与改编《敌后武工队》与《杜鹃山》。1970年5月《沙家浜》定稿,汪曾祺受邀参加北京声援柬埔寨人民的百万军民集会,并邀登上天安门城楼,名列《人民日报》公布的嘉宾名单,此事轰动一时。1972年,又赴内蒙古体验生活,准备写《草原烽火》。1974年参加"批林批孔"读物《新三字经》

---

① 沈从文:《致程应镠》,《沈从文全集》第21卷,北岳文艺出版社,2009年,第245页。

的修改。1975年随萧甲去西藏体验生活,准备写一篇高原测绘队的作品。1976年,于会泳要求汪曾祺等把电影《决裂》改编为京剧,因"四人帮"倒台而中止。1977年4月,他因被江青重用过受到审查,不断写检查,1979年3月获平反。随着拨乱反正,国家政治环境的日益宽松,汪曾祺才迎来了创作的春天。

汪曾祺虽是一个才华横溢的作家、一个博学多闻的文人,但是他的命运始终和历史社会潮流联系在一起。国家局势、社会运动、政治权力的变化,直接联系着他的学业、工作乃至命运。在北京文联,明明编《北京文艺》杂志风生水起,却一夜之间整个单位都贴满了批判自己的大字报,于是成了"右派"下放劳动;又因参编《沙家浜》的才华为权贵赏识,获得起用;"文革"之初又被赶入牛棚,"批斗、罚跪、在头发当中一剪子开出一条马路,在院内游街,挨几下打……'牛鬼蛇神'应该享受的各种待遇,一样也没有落下"①。又因编写样板戏的需要,被放出牛棚,甚至还曾登上了天安门城楼。"四人帮"倒台后未能随即解脱,因江青"第二套班底"的嫌疑受到两年审查。汪曾祺就裹挟在时代的浪潮之中,在得意与失意之间来回颠簸,一直到新时期,才真正获得了安宁的环境。

1950年代初,汪曾祺就编辑国家为数不多的重要刊物之一,那时国家对刊物的政治导向极为重视,没有政治原则在那个位置上就要犯严重错误。汪曾祺显然对于政治的尺度还是有所把握的。据邓友梅回忆,自己曾经收集过大凉山一带的民歌,汪曾祺后来要在《民间文学》上发表,让他写几句序言。邓友梅回忆道:

> 重读那些民歌引起对大凉山多少回忆,感情冲动之下,序言写得就如脱缰之马,又臭又长。曾祺看后说:"民歌很好,只是您这篇序言怕要动动刀剪吧?个人感慨的部分你另外单写散文好了,就别搁在这儿了。这儿就介绍彝族民歌。"我说:"好。不过要由你来删,我自己有点手软。"他说:"行!"接着又建议把关于一位土司的记述也删掉。他说那位土司既当过"国大代表",又兼军阀部队的武职,是有出卖自己民族利益的劣迹的。虽然起义了既往不咎,我们写文章大可不必再替他宣传。当时我听了,真觉得曾祺在政治上也比我老练。于是我又为他因历史问题总是不能入党而暗表同情。②

---

① 汪朗、汪明、汪朝:《老头儿汪曾祺:我们眼中的父亲》,中国人民大学出版社,2000年,第115页。
② 邓友梅:《再说汪曾祺》,金实秋主编:《永远的汪曾祺》,上海远东出版社,2008年,第96页。

汪曾祺一直保持着这种政治的敏感，创作中也注意方向的准确。他到京剧团的第一个剧本是《王昭君》，这个选材并不是任意选的，据汪朗等回忆："爸爸的'王昭君'与以往'王昭君'不太一样，她不是凄凄惨惨被迫出塞和亲，而是在看透了宫廷生活的腐朽之后，自愿远行，充当民族和解的使者。这是一个给王昭君翻案的剧本，其中固然有爸爸从史料中得出的结论，也结合了当时的高层领导人（好像有董必武）的观点。"①结合国家领导人的观点，自然是政治上比较有安全的保障。关注民族团结题材的领导人不止董必武，曹禺后来写出了剧本《王昭君》，据说是周总理早年嘱托的，观点同汪曾祺的这个剧本大致相似。这些例子，又说明汪曾祺对于政治的原则底线还是相当清醒的。

在中国，"政治"的含义很丰富，如果指人际关系的把握、政治导向的敏感、权力博弈趋势的判断，确非汪曾祺所长。他时常不合时宜地流露自己的真性情，不懂趋利避害，因此很多人都认为汪曾祺不懂政治。好友巫宁坤说："汪曾祺对政治并无兴趣，却一再被莫名其妙地卷入政治的漩涡。"②汪朗等在回忆录中写道："爸爸对于政治一向敬而远之，弄不懂，也不想弄懂……"③北京京剧团的同事和上级萧甲则评价他"对政治既不是老练，也不是圆滑"④。他的种种言行也确实证明了这些判断。在一次会议上，他公开为1949年前就被讨伐过、连第一次文代会都被排除在外的沈从文辩护，这种较真和不识时务，确实有些书生意气，此事后来成了他被打成"右派"的一个证据。在《民间文学》做编辑，他本不大谈论政治，虽然写了一篇黑板报稿件《惶惑》对人事问题表达不满，在"反右"高潮时虽受批判但还是过关了。后来被补课成了"右派"，根本的原因不是政治上犯了多大错误，也不在于历史上有什么污点，而是因为他掌握着《民间文学》的审稿权，为了保证刊物的质量不肯给某些同事通融，政治运动中不免受到他们的挟私报复。陈光愣《昨天的故事》中回忆，"1959年，在农科所一次学习大会上，领导传达中央文件，提到毛主席提出不当国家主席，以便集中精力研究理论问题。传达完毕，汪忽然语出惊人，怀疑地说：'毛主席是不是犯了错误？'弄得四座为之失色。"⑤

---

① 汪朗、汪明、汪朝：《老头儿汪曾祺——我们眼中的父亲》，中国人民大学出版社，2000年，第98页。
② 巫宁坤：《往事回思如细雨》，《你好，汪曾祺》，张秋红、段春娟编，山东画报出版社，2007年，第31页。
③ 汪朗、汪明、汪朝：《老头儿汪曾祺：我们眼中的父亲》，中国人民大学出版社，2000年，第81页。
④ 陈徒手：《人有病 天知否》，生活·读书·新知三联书店，2013年，第406页。
⑤ 苏北：《汪曾祺在张家口》，陈克海主编：《2014年散文随笔选粹》，北岳文艺出版社，2014年，第195页。

汪曾祺北京京剧团老同事梁清廉说:"他不懂政治,在'四人帮'倒台之前,却没少传小道消息,把我们吓死了。《红都女皇》之事就是他告诉我的,说:'出事了,毛主席批了……'很高兴,手舞足蹈。"①上述回忆应该是属实的,同汪曾祺女儿描述的情形极为吻合。1976年的某一天他排队买肉,遇到彩色影片《南征北战》的导演成荫,谈起了江青可能出事,在当时那本是一个极为敏感的政治话题,可汪曾祺竟然越说越高兴,声量控制不住,不顾大庭广众,有滋有味地传播小道消息。② 这一些事例又说明尽管他时常与高层政治人物有交集,但政治敏感程度确实不高。

二、融入主流文化:自新中国成立到"文革"前的文艺活动

在整个"二十七年",汪曾祺经历了一个从逐渐融入文学主流到高蹈于政治文化之巅的过程。大致经历了如下事情:零散的诗歌创作,民间文学的收集整理,展示社会新风貌的小说散文创作,以样板戏为核心的戏剧创作,政论式的文学批评的写作。

汪曾祺在1940年代已经确立起了自己的文学观念,但是与新中国成立后社会主流的文学观念明显存在差距。据邓友梅回忆,在1950年代中期,看别人出集子自己比较眼热,就找汪曾祺商量,汪表示反对他急于事功的态度,说:"急着出书干什么?要急就急在创作路子上。你现在的题材,观点,文风都不错,跟时兴的路子一致,容易发表也容易被看好,这点你比我强。最大的不足是作品中找不到自己。"③那个时候,汪曾祺还依然认为,文学中要有自我,要有自己的艺术个性。汪曾祺在作品普遍概念化、政治化的年代,依然保持着对文学的独立理解。据他的儿女们回忆,早在1970年代初样板戏最当红的时候,汪曾祺就判断大部分作品没有持久的生命力,也就《红灯记》《智取威虎山》《沙家浜》能够传下去,原因是这些戏里有生活,有人物。可见即使在极"左"年代,汪曾祺也没有被主题先行、三突出之类的文艺政策所遮蔽,对那些演绎概念的作品不屑一顾,正如他的子女所说:

> 他一直想写小说,但搁笔多年,因为他不想写也写不来那些迎合形势、违背良知的东西。在京剧团,除了了解爸爸过去的一两个人,他的同

---

① 陈徒手:《人有病 天知否》,生活·读书·新知三联书店,2013年,第430页。
② 汪朗、汪明、汪朝:《老头儿汪曾祺:我们眼中的父亲》,中国人民大学出版社,2000年,第306—307页。
③ 邓友梅:《再说汪曾祺》,《永远的汪曾祺》,上海远东出版社,2008年,第95页。

事都不知道汪曾祺曾是个作家。

爸爸自己不写反映"大好形势"的小说,还不让别人写。爸爸去世之后,一次我们和林斤澜叔叔聊天时,谈起他在"文革"之前写的一些反映北京郊区农民生活的小说很有特点。他说:"你爸爸当时就有不同看法,让我别再写了,多看看多想想再说。现在看,他是怕我常写这样的东西,思想创作上进'套'。"这就是爸爸的真实一面!①

一方面,要写样板戏,写批判文章,那是自己的工作,是他生活的主导部分;另一方面,他清醒地意识到什么样的文学才是真正的文学,什么样的文学才有持久的生命力。他在承受着实践与理念分裂的困惑,他回忆道:"我这十七年是在'三突出'统治之下过了很多时候,深受其苦,我的痛苦是别人所不能理解的,因为逼得我非得按那办、按那写不可。什么'主题先行'啦,我都尝试过,对我来说它不是理论问题,也不是一个概念,而是你必须这样去搞。原来我有个朴素的想法,在个别发言或者文章里都讲到从生活出发,后来有的同志说,现在不是这个提法了,现在是从主题出发。"②

(一)现代意味的诗歌创作

汪曾祺不是逆势而动的时代批判者,但他是一个真正的艺术家;无论外界如何变化,政治如何激烈,他都不曾放弃个性和审美这两个维度。只要有机会,他艺术探索的欲望就要施展一下,有时是创作一点表现性情的小作品,有时是在政治化作品中注入尽量多的审美内容——即使一部"样板戏"脱颖而出,获得普遍认可,最终依靠的也不是时兴的政治观念,而是艺术水准。一颗属于艺术家的心,从来没有在汪曾祺的体内消亡过,尽管审美标准在潜移默化中会发生某种巨变。"双百"时期,汪曾祺在《诗刊》1957年6月号上发表了一组总题为《早春》③的组诗,包括《彩旗》《早春》《黄昏》《杏花》《火车》五首。《彩旗》这样写:"当风的彩旗,/像一片被缚住的波浪。"这是一个极为形象的比喻,是流动的波浪,但却被缚住,内涵相当丰富。《早春》这样写:"(新绿是朦胧的,飘浮在树杪,/完全不像是叶子……)//远树的绿色的呼吸。"诗句的跳跃性很大,想象奇特,写出了一种诗意的生命感觉。《黄昏》这样写道:"青灰色的黄昏,/下班的时候。/暗绿的道旁的柏树,/银红的骑

---

① 汪朗、汪明、汪朝:《老头儿汪曾祺:我们眼中的父亲》,中国人民大学出版社,2000年,第130页。
② 汪曾祺、林斤澜、邓友梅:《关于现阶段的文学——答〈当代文艺思潮〉编辑部问》,《林斤澜文集》第6卷,北京师范大学出版社,2000年,第384页。
③ 汪曾祺:《早春》,《汪曾祺全集》第8卷,北京师范大学出版社,1998年,第3页。

车女郎的帽子,/橘黄色的电车灯。/忽然路灯亮了,/(像是轻轻地拍了拍手……)/空气里扩散着早春的湿润。"一个个充满色彩的意象组合在一起,一种对美的神往,一种生命的欣喜,一种对生活的热爱。另外两首《杏花》《火车》,大致是同一路子。《早春》在当时曾让很多文人佩服,甚至有人认为单凭这几个诗句,汪曾祺就配得上诗人的桂冠。他们大概不知道,早在1940年代,汪曾祺就是一个品位很高的诗人。不知道当时汪曾祺是否能意识到这样的诗句与政治环境之间的巨大差距。时过不久,这组诗招来了公开批评,"《诗刊》一九五八年第八期以综述读者来信的方式对汪曾祺的《早春》一诗加以批评,编者说'这首充满阴暗情绪的诗,在读者中引起强烈的反感'"①。当然,他成为"右派"的证据里,也包含着这组诗。

(二)民间文学的收集整理

自从进入北京文联,汪曾祺的写作生涯就和社会角色紧紧地联系在一起了,很多时候要从工作需要、刊物导向出发,写什么几乎成了规定动作。从文艺创作的角度着眼,除去诗歌创作,汪曾祺在"二十七年"里主要干过四件事:民间文学搜集整理;写作了一批表现新社会的散文和小说;参与样板戏的创作;搞了若干政论式文学批判。在这些文学活动中,我们能清晰地感受到他如何去融入主流文化,直至作为主力创作出京剧《沙家浜》那样的主流文学代表性作品。

对于汪曾祺的八年编辑生涯的生活状态,邓友梅有过概括:"五十年奉命再回到北京,从此当起了编辑。大家查查他的作品集就明白,从参加革命起到他定为'右派'止,没有再写过一篇小说。他全部精力都奉献给编辑工作了。那时期《说说唱唱》和《民间文学》的原稿上,每一篇都能看到他的劳动痕迹。他从不为自己失去写作时间叫苦,更不肯把编辑工作付出的辛劳外传。有的作者出名多年,仍不知自己出道与汪曾祺有关。"②但总的说来,调到《民间文学》之后,汪曾祺个人写作的东西还是明显增多了。自《在延安文艺座谈会上的讲话》发表之后,民间文学实际上构成了新文学最核心的文学资源了。设立《民间文学》这样一个刊物绝非偶然,从中可以看出国家对于民间文化的高度重视。出于工作的需要,汪曾祺不仅每天都要修改编辑投稿,而且不时参与搜集和整理民间文学作品,有据可查的经他修改整理过的作品就有《阿龙寻父》《程咬金卖柴笆》《逃婚调》《赵州桥》《锅大家伙》《兜头

---

① 徐强:《汪曾祺文学年谱》,《东吴学术》2015年第4期,第132页。
② 邓友梅:《漫忆汪曾祺》,段春娟、张秋红编:《你好,汪曾祺》,山东画报出版社,2007年,第50页。

敲他两下》《牛郎织女》等。这些作品,语言水准之高,表达方式之新奇,内心刻画之细腻,我们今天读来也深感心旷神怡。比如傈僳族民歌《逃婚调》,"女"唱的一段:

> 去年我们没有遇着,
> 前年我们没有相见。——
> 在我不懂事的时候,
> 爸爸把我在背衫里就许了人,
> 妈妈把我在抱被里就配了人。
> 到我懂了事,
> 这就成了我的苦心药;
> 到我长大了,
> 这就成了我的伤心藤。
> 现在我懂事了,
> 要自己许人也不行了;
> 现在我长大了,
> 要自己配人也不成了。
> 在丈夫的那个家屋里啊,
> 在婆婆的那个廊檐下啊,
> 我成天拿啼哭当口粮,
> 我整日用眼泪当茶饭,
> 种地也提不起劲头,
> 织布也打不起精神。
> 我这一生过得委屈死了,
> 我这一世活得冤枉死了,
> 我的一生不如人,
> 我的一世不如人。
> 这都因为父亲养了我,
> 这都因为母亲带过我,
> 为父亲我痛苦死了,
> 为母亲我伤心死了。
> 内心不痛苦的不要来跟我对唱;
> 内心不悲伤的不要来跟我调笑。
> 明天啊,
> 就怕你不能跟我一同跳河,

就怕你不能跟我一起服毒。
……①

在那个年代,当众多作家正在努力学习政治化的豪言壮语时,汪曾祺每天都沉浸在民间文学的艺术天地之中,获得如此丰厚的文学滋养,真是太幸运了!这也是等到极"左"年代结束之后,众多老作家纷纷失去创造力而独独汪曾祺的文学功力不降反升的重要原因之一。和1940年代的创作相比,在他的《受戒》中,在他的《大淖记事》中,我们分明可以感受到民间文学给他带来的脱胎换骨的变化,那些作品已然进入一个新的艺术境界了。

当然,民间文学的采集者整理什么样的作品,时代意识又如何影响记录的内容变化,编者又选择哪个作品发表在刊物上,实际上都打着时代的烙印,但毕竟,民间文学是历史的创造之物,独特的审美趣味弥漫其中。

对于民间文化,毛泽东是颇有好感的。在他看来民间文化带有反封建的色彩。毛泽东在1960年12月对两个外国代表团的谈话中曾做此论述:"反封建主义的文化也不是全部可以无批判地利用的。封建时代的民间作品,也多少都还带有封建统治阶级的影响。"②由此可以看出,在他眼里,民间文化在总体上带有反封建色彩,带有革命性。当然,民间文学是通俗的,每每为老百姓所喜闻乐见,向民间文学学习自然是大众化运动的一个方向。《在延安文艺座谈会上的讲话》从对中国作风和中国气派的倡导,到要求学习人民群众丰富生动的语言,都包含着对民间文化的关注。对于诗歌创作,毛泽东更是直接要求向民歌学习,他在和陈毅通信中认为,"用白话写诗,几十年来,迄无成功。民歌中倒有一些好的。将来趋势,很可能从民歌中吸引养料和形式,发展成为一套吸引广大读者的新体诗歌"③。实际上,从《说说唱唱》的设置,到后来《民间文学》的创刊,在某种程度上都是在贯彻文化的大众化要求。这种编辑生涯和当时对民间文学的强调,显然极大地影响了汪曾祺的创作和文学观念。他在1956年就写出了《鲁迅对于民间文学的一些基本看法》,1958年写出了《仇恨·轻蔑·自豪——读"义和团的传说故事"札记》《读民歌札记》,这些文章都是研究民间文学的。"向民歌学习是很重要的。我甚至觉得一个戏剧作者不学习民歌,是写不出好唱词的。"④汪曾祺现身说法:"我是搞了几年民间文学的,我觉得民间文学是个了不起的海洋,了不得

---

① 徐琳、木玉璋、曾芃搜集翻译:《逃婚调》,云南人民出版社编:《逃婚调·重逢调·生产调》,云南人民出版社,1980年,第4—5页。
② 中共中央文献研究室编:《毛泽东文艺论集》,中央文献出版社,2002年,第212页。
③ 毛泽东:《毛主席给陈毅同志谈诗的一封信》,《人民日报》1977年12月31日。
④ 汪曾祺:《用韵文想》,《汪曾祺全集》第4卷,北京师范大学出版社,第2页。

的宝库。"①汪曾祺还说过更极端的话,他认为不懂民间文学,就成不了一个好作家。汪曾祺的这些观点,实际上和当时文坛持续的大众化倾向密不可分。"五十年代至六十年代之间,由国家文化部门主持的民间文艺,成为大陆唯一的通俗文艺。"②民间文艺逐步上升为主流,"人们对中国现代文学史有一个共识,即从瞿秋白三十年代论大众文艺,到毛泽东1942年的《在延安文艺座谈会上的讲话》,现代文学创作和文艺批评呈现的发展轨迹基本上是:民间文艺逐步上升为主流……"③

(三)展示社会新风貌的小说与散文

中华人民共和国成立之初的许多作家,在如何表现当下生活方面陷入困惑。这不光是对现实生活了解不足,更重要的是一时找不准价值立场。汪曾祺似乎逐渐适应了新时代,从最初的几篇纪实作品中可以看出来这一点。

在《北京文艺》工作时期,汪曾祺写过纪实文学《一个邮件的复活——访问北京邮政管理局无差邮件股》(1951年)、《怀念一个朝鲜驾驶员同志》(1951年)、《从国防战士到文艺战士——记王凤鸣》(1952年),这三篇都可以视为颂歌,歌颂普通劳动者,歌颂英雄战士。

《一个邮件的复活——访问北京邮政管理局无差邮件股》发表在1951年3月25日出版的《北京文艺》第2卷第1期上。这是一篇访问记,通过邮电部门劳动模范的敬业爱岗精神,表现新社会新风尚。爪哇归侨林老师在一所学校工作,因急需教学参考书,遂让在国外生活的父亲帮助搜购。可是邮局收到的邮件只有一个名字,没有具体地址。为了能顺利送达这个死件,邮局职工跑了一个又一个学校,询问了一个又一个人,最后终于投递成功。邵燕祥当年阅读这篇文章时就把它与众多叙事文字区分开来,几十年后经久不忘。④ 这部作品颂扬了社会主义新道德,颂扬了社会主义新人,是当时"颂歌"潮流中的一朵浪花,带有那个时代特有的健康、明朗、向上的审美风貌。

1950年10月至1953年7月中国人民志愿军入朝作战,全国范围内掀起了"抗美援朝、保家卫国"的总动员。1951年汪曾祺写作了《怀念一个朝鲜驾驶员同志》一文,虽是属于新闻题材的人物特写,但文学性极强。"四野"南

---

① 汪曾祺:《文学语言杂谈》,《汪曾祺全集》第4卷,北京师范大学出版社,第233—234页。
② 刘禾:《一场难断的"山歌"案:民俗学与现代通俗文艺》,王晓明主编:《批评空间的开创:二十世纪中国文学研究》,东方出版中心,1998年,第371页。
③ 同上书,第370页。
④ 邵燕祥:《汪曾祺小记》,段春娟、张秋红编:《你好,汪曾祺》,山东画报出版社,2007年,第57页。

下工作团去汉口,有一位朝鲜籍战士做驾驶员——他是全连最优秀的驾驶手、修械手。在四平战役中,左手指头全没了,车头上被扔了炸弹,他没往外跳,而是冒死拯救汽车和汽车上的人,结果手被汽油烧伤了。因为残疾,开车时他要用带子把自己固定在车上,借助这些带子用仅存的一只手开车。在这支队伍中,朝鲜友人还不止这一位,他们的政治立场十分坚定,"我记得你们也像我们一样的,有机会就过组织生活,我记得你们在路上学习的材料是译成朝鲜文的《新民主主义论》",所唱的歌曲是"东方红,太阳升,中国出了个毛泽东……"①这篇文章还透露了一个信息:来自朝鲜的国际主义战士,对于中国革命曾作出重要贡献,参加过解放战争的就逾万人。文章写作、发表于抗美援朝期间,它突出的是朝鲜人民在革命战争年代对中国人民解放事业的援助,说明中朝人民历来有着鲜血凝成的友谊,洋溢着国际主义精神。1952年8月号的《说说唱唱》上,发表了汪曾祺撰稿的人物特写《从国防战士到文艺战士——记王凤鸣》。王凤鸣服从组织安排,哪个岗位需要就到哪个岗位去,从一个战斗英雄到文艺工作者;他大公无私,为工作曾经三过家门而不入;他业务精湛,既有对民间艺术的继承,单弦、鼓词、影子戏样样学习,又坚持"从战士的需要出发,跟战士学习"②的路线,不断加以创新。从他的身上我们可以看到时代精神的闪光:英雄主义、"学一行爱一行"、大公无私、从群众来到群众中去、为工农兵服务等。

这些作品写的都是真人真事,原则上都属于新闻题材的作品,但每个作品的文学性都相当强,特别是《怀念一个朝鲜驾驶员同志》,完全是一篇抒情性很强的写人散文,即使放在今天也堪称艺术精品。

1950年代初期,汪曾祺主要通过纪实文学的形式,表现劳模、战斗英雄这些时代典范融入当时的"颂歌"潮流之中。1950年代中期,他探索的侧重点发生了转移,主要表现新社会带给普通人的心理变化,从他们生命体验的角度投射时代精神。1955年,汪曾祺调往《民间文艺》,此后似乎有了一点个人时间,创作量明显增加。汪曾祺的写作方式显然发生了变化,试图从日常生活的微末之处表现民众心理状况,反映时代精神风貌。即便是涉及重大题材的时候,他也要落脚于普通人的日常生活。1956年12月他在《人民文学》上发表了总题为《冬天的树》的一组散文。《冬天的树》表现树在寒冷中的生命力,那些芽包中正孕育着繁花和绿叶。《标语》写了一次政治游行,但绝不口号化、概念化,而是要把集体主义精神、国际主义精神落实为真切的生命体验。人们在游行中感受到群体的力量,"人们从自己身上感觉到别人的紧张

---

① 光明日报社编:《我们的血曾流在一起》,光明日报出版社,1951年,第51页。
② 汪曾祺:《从国防战士到文艺战士——记王凤鸣》,《说说唱唱》1952年第8期,第15页。

的肌肉和饱满的肺,从别人的眼睛里看到自己的发光的眼睛"①。这种政治激情又带来生活意义的变化,"标语留下来,标语贴在墙上,贴在日常生活里面。标语一天一天地变得更加切实,更加深刻:我们坚决支援埃及人民。"②至于如何更加切实、更加深刻,没有解释,但是表达的意思很明确:生活因为政治斗争而充满意义。这篇文章健康向上的格调,体现了那个时代特有的昂扬的战斗精神。《公共汽车》颂扬了社会主义新风尚、新道德。一个劳动模范司机,他热情服务,真诚助人,没有一件大事情,没有豪言壮语,真实可信。文章的高明之处在于写了我和儿子的感受,儿子从对开车工作的迷恋进而希望长大以后做一名司机;我则被司机全心全意为人民服务的具体行动感化,开始支持儿子的理想。作品以这样含蓄的方式抒发了自己对普通劳动者的热爱,对工人阶级优秀品质的赞美。③ 同年,汪曾祺还写作了散文《下水道和孩子》,这部作品写孩子们的幸福感,依然回到了生命感受上。和这些内容相近的是以《星期天》为总题的两篇发表于《人民文学》1957 年 2 月号上的散文。第一篇是《海绵球拍》。作者透过一个公共汽车小站,写候车点设计为回廊,给生活带来了美感;而在此候车的小伙子,拿着新购买的乒乓球拍,模仿着击球的动作,"他完全沉浸在乒乓球的音乐和诗意里了"④。回廊中握球拍的小伙子的勃勃向上的生命力,体现了新一代劳动者生命的活力和对新生活的热爱。《竹壶热水瓶》写路旁的一个修鞋匠。回家吃饭了,就让来取鞋的自行捡出拿走;急着带走的鞋,他就加紧修好。这些小事反映了在社会主义环境下,人与人彼此信任、互帮互助的关系。他干活的时候带着鸟笼,劳动间隙从容地从精致的竹壳热水壶里倒水喝,这些细节表现出了小人物实实在在的满足感。最后归结为对新社会的赞美——"感谢我们这个充满温情的社会"⑤。这些作品都从平凡的生活中捕捉那些别人不易觉察的细节,表现和谐的社会关系。这些人都是社会中的普通成员,他们都在工作生活中获得了平等和尊严。

《标语》写了激昂的政治情绪,但不一味空喊,而是落实到生命意志的扩张;《公共汽车》写社会主义新风尚,突出的是助人为乐的伦理温情赋予人甘于奉献的冲动;《海绵球拍》《竹壶热水瓶》表现了对和平、宽松的日常生活的

---

① 汪曾祺:《冬天的树·标语》,《汪曾祺全集》第 3 卷,北京师范大学出版社,1998 年,第 79 页。
② 同上。
③ 汪曾祺:《冬天的公树·公共汽车》,《汪曾祺全集》第 3 卷,北京师范大学出版社,1998 年,第 79—84 页。
④ 汪曾祺:《海绵球拍》,《汪曾祺全集》第 3 卷,北京师范大学出版社,1998 年,第 93 页。
⑤ 汪曾祺:《竹壶热水瓶》,《汪曾祺全集》第 3 卷,北京师范大学出版社,1998 年,第 94 页。

赞美。前者写的是普通人的休闲娱乐,突出的是生命中焕发出的诗意;后者表现了彼此之间的信任和理解,这种和谐的关系以及微末的乐趣给普通百姓带来的愉悦和满足——用整个生命去感受体验那个时代,一切社会主义文化因子最后都落实到生命体验之中,落实为实实在在的幸福感,这是汪曾祺明显超出同时代众多作家的原因。

1956年底,中国的农村集体化已经基本完成,这样一个重大历史事件给文学提出了新的要求,表现农民的集体生活、抒发农民对集体的热爱,成了当时文学创作义不容辞的责任。1958年末,汪曾祺以"右派"的身份下放张家口沙岭子农业科学研究所劳动,这样的经历使他更深刻地理解农民,更深刻地理解集体化对于农村生活的巨大影响,因此产生了创作冲动。这是他的又一次创作转型,试图以更为宏阔的视野把握时代重大问题,表现集体化以后农民的生活状态和精神风貌。

1961年11月25日汪曾祺完成了《羊舍一夕》的创作。沈从文给予其极高的评价,萧也牧及整个《人民文学》编辑部对这一作品非常重视,安排在1962年6月号上刊发。这一作品说明汪曾祺已经掌握了表现新生活的独特方式,在政治与文学之间找到了比较好的结合点,既能传达主流意识形态又不失艺术品位。

作品充分体现了当时的价值追求,劳动最光荣。五六十年代,中国正试图改变一穷二白的社会状况,社会主义伦理中有牢固的"劳动最光荣"的观念。这一作品中的小吕、丁贵甲和秦老九,都是热爱劳动的人。小吕上到六年级,就自己决定停学去果园干活;他父亲同意了,心中犹存疑虑:"继续上学?还是让他在这个农场里长大起来?"[①]小吕在果园里,对有农业技术的劳动模范张士林敬佩不已,决心向他看齐,一心钻研技术,不仅用公家配给的剪子学习修剪果枝,还自己买了嫁接刀练习嫁接技术。小吕的健康成长似乎在暗示,和学校相比,一个孩子在社会这所大学里更能健康成长。秦老九热爱放羊,但是,当有机会去做炼钢工人的时候,他毫不犹豫地踏上了新的征程,"谁都知道炼钢好,光荣,工人阶级是老大哥"[②]。在时代风尚中,工人阶级是领导阶级,工人的劳动能给国家带来繁荣和富强,工人成为大家最为羡慕的对象。劳动光荣的观念并无过错,但是,因劳动而挤压教育,又用阶级差别分出劳动的等级,恐怕对劳动的理解就出现了问题。

新旧社会两重天。在这里面,作家没有忘记进行新旧社会对比,没忘记

---

① 汪曾祺:《羊舍一夕》,《汪曾祺全集》第1卷,北京师范大学出版社,1998年,第210—211页。
② 同上书,第217页。

写阶级分析,写地主阶级对农民的残酷:

> 真渴呀。这会,农场里给预备了行军壶,自然是好了。若是在旧社会,给地主家放羊,他不给你带水。给你一袋炒面,你就上山吧!你一个人,又不敢走远了去弄水,狼把羊吃了怎么办?渴急了,就只好自己喝自己的尿。这在放羊的不是稀罕事。老羊倌就喝过,丁贵甲小时当小羊伴子,也喝过,老九没喝过。不过他知道这些事。就是有行军壶,你也不敢多喝。若是敞开来,由着性儿喝,好家伙,那得多少水?只好抿一点儿,抿一点儿,叫嗓子眼潮润一下就行。①

忆苦思甜,新旧对比,激发人们对新社会、新时代的热爱,这是当时爱国主义教育普遍采用的模式。

组织的关怀和集体的温暖。上面引文已经表现了农场对丁贵甲的关心爱护。丁贵甲是孤儿,被安排在农场里工作;他身体发育迟缓,支部书记带他去检查,送他住院一年,治好了肺结核,那以后简直长成一只小马驹。支部书记代表了党组织,这个形象经常在那个时代文学作品中出现。在集体的培养下,他热爱劳动,不怕苦不怕累,积极参加集体排戏,还有强烈的责任心。农场的羊羔丢了,他找到深夜,终于在山间的棺木里找到了,还脱下自己的皮袄给羊羔穿。他缺少文化,有点愣,农场送他参军,让军队帮助打磨这块璞玉。这是一个孤儿在社会关怀下成长为社会主义劳动者的故事,党和集体承担了父母的角色,由此体现了社会主义制度的优越性。

对革命领袖的忠诚与崇敬。《羊舍一夕》还表现了普通百姓对于革命领袖毛主席的无限忠诚与热爱。农场的葡萄质量很高,"葡萄还给毛主席送去过。有个大干部要路过这里,毛主席跟他说,'你要过沙岭子,那里葡萄很好啊!'毛主席都知道的"②。因为连毛主席都知道这个葡萄园,这里的一切都因此而变得神圣,他们的劳动就更光荣了,整个生活就更有意义了。作品中还这样描述:"夜在进行着,夜和昼在渗入、交递,开往北京的 216 次列车也正在轨道上奔驰。"③这是一个政治隐喻,意指颗颗红心向北京。作品的结尾处,四个孩子并排睡着了,作家不由地抒情道:"在党无远弗及的阳光照煦下,经历一些必要的风风雨雨,都将迅速、结实、精壮地成长起来。"④汪曾祺最忌"点题",可是那个时代文风所向,他还是直白地表明了作品的主题。

劳动最光荣的价值追求,新旧社会两重天的认识,"我把党来比母亲"的

---

① 汪曾祺:《羊舍一夕》,《汪曾祺全集》第 1 卷,北京师范大学出版社,1998 年,第 219 页。
② 同上书,第 212 页。
③ 同上书,第 238 页。
④ 同上书,第 239 页。

感受,集体大家庭里充满温暖的观念,对革命领袖的无限忠诚,这些都属于时代精神的表现,也确实体现了当时群众的真实心理。汪曾祺虽然把时代的政治伦理观念灌注到作品之中,但是由于人物生活气息浓郁,环境充满诗情画意,阅读起来丝毫没有图解政治观念的感觉。难怪郭小川在读到这篇小说之后,兴奋地说:"汪曾祺变了。"①

1962年,汪曾祺又先后创作出了《王全》和《看水》两篇农村题材作品。《看水》写小吕第一次独自承担夜间守水渠浇农田的任务,经历了紧张、恐惧、疲倦、兴奋的复杂心理历程。这次劳动仿佛是他的成人礼,他收获更强的生产能力、更重的责任心和自尊感,自此由一个孩子成长为一个整劳力。更能表现汪曾祺理性思考能力的作品是《王全》。小说开篇设了两个悬念:一是王全坚决不喂牲口,却不说原因;二是王全打了王升。前者写了领导官僚主义,无端放弃了种黑豆,实则是不懂黑豆对于养牲口的重要意义,缺乏集体关怀,从而引发了王全对领导的不满;后者写接替王全养牲口的王升总是偷工减料,夜里不给牲口喂料,自己煮料吃,还要偷料回家,王全愤怒至极,打了王升。后来,领导解决了所里不种黑豆的错误,拿掉了王升,王全重新回到了喂牲口的岗位上。这篇作品写出了人民内部矛盾,既有官僚主义和集体主义之间的对抗,又有小农意识与集体主义之间的冲突,这是农村集体化过程中遇到的带有普遍性的难题和困惑,思考相当全面和深入。

在小说和散文创作中,显示出汪曾祺表现新社会、新生活、新人物的能力不断增强,很好地融入了当时的创作潮流。从赞美劳动模范和英雄战士的"颂歌",到表现市民日常生活中投射的崭新精神风貌,再到思索农村集体化生产带来的内部矛盾和农民的精神成长,汪曾祺的艺术探索不断深入,逐渐融入主流文学的创作潮流,融入表现社会主义文化的大潮中。但从1963年开始,汪曾祺接受了创作"样板戏"的政治任务,他散文小说创作的步伐也就被彻底打断了。

(四)政治钳制下的戏剧创作

"文革"前后,汪曾祺的命运和江青发生了戏剧性关联。江青要以艺术创作为突破口,夺取政治权力,于是狠抓"样板戏"。江青是演员出身,有一定的艺术素养,抓"样板戏"能找到核心环节,在《谈京剧革命:一九六四年七月在京剧现代戏观摩演出人员的座谈会上的讲话》中,她曾说:"我认为,关键是剧本。没有剧本,光有导演、演员,是导不出什么,也演不出什么来的。

---

① 汪朗、汪明、汪朝:《老头儿汪曾祺:我们眼中的父亲》,中国人民大学出版社,2000年,第96页。

有人说:'剧本,剧本,一剧之本。'这话是很对的。所以,一定要抓创作。"①
1963年下半年,江青从上海拿回了两个沪剧剧本,其中的《芦荡火种》分给北京京剧团改编。汪曾祺时任北京京剧团编剧,自然是创作班子成员,此剧后来更名,这就是赫赫有名的《沙家浜》。在"文革"中,汪曾祺以脱帽"右派"的身份,被江青以限制利用的方式留在样板团里搞编剧。这以后,汪曾祺还分别参加了《红岩》《山城旭日》《平原游击队》《杜鹃山》《决裂》等剧本的创作和改编,直到1976年"四人帮"倒台。

样板戏就是"文革"时期主流文艺的典范,是"三结合""三突出"等这些创作原则的最初实践者,在某种程度上是样板戏引领着"文革"文学的创作。汪曾祺就在样板团里生活,生活在这个畸形文艺潮流的风口浪尖之上,因此他对当时的文艺政策、创作方法烂熟于心。当然,给汪曾祺赢得巨大声誉的是《沙家浜》的改编。下文将集中分析《沙家浜》的改编过程和文本特点,看一看政治权力如何束缚汪曾祺等的创作,汪曾祺又如何在政治镣铐中施展自己的才华。

1. "三结合"——权力支配下的改编过程

《沙家浜》历来被看成"三结合"创作的典范,李希凡曾这样评价:"《沙家浜》的'几次易稿,几次重排',都得到了党的领导同志在创作上的具体帮助,以及虚心地听取了各方面群众的意见,因此应当说,《沙家浜》的成功,首先是创作上'三结合'的成功。"②"三结合"就是所谓的"领导出思想,群众出生活,作者出技巧"。"三结合"真正要强调的,不是群众的生活,不是作家的技巧,而是领导的思想,是权力对创作的绝对支配权。《沙家浜》的改编过程,就充分体现了这一点。

京剧《沙家浜》的最初源头是一首由过鉴清作词、黄苇谱曲的抗日歌曲《你是游击兵团》。为探究歌曲描述的事迹,1957年,崔左夫在深入采访的基础上,写出了纪实文学《血染着的姓名——三十六个伤病员的斗争纪实》。③1959年,由文牧主笔,以《血染着的姓名》及相关史料为蓝本,写出沪剧《芦荡火种》初稿,剧本经修改后排演,1960年上演,引起广泛轰动。

1963年初冬,江青看过沪剧《芦荡火种》后颇为欣赏,就把剧本带给北京京剧团,责令改编为京剧。汪曾祺、杨毓珉受命执笔改编,肖甲、薛恩厚也参

---

① 《人民日报》1967年5月10日。
② 李希凡:《毛泽东思想照亮了革命现代戏的创作——评京剧〈沙家浜〉再创造的成就》,《中国戏剧》1965年第7期,第25页。
③ 参见袁成亮:《革命现代京剧〈沙家浜〉诞生记》,《党史纵览》2005年第2期,第28—33页。

与创作。剧本很快改毕,延续了原剧突出地下工作的主题,更名为《地下联络员》。彩排时演出效果不佳,江青大失所望,遂撒手不再过问。革命年代长期从事地下工作的彭真,对这个剧本情有独钟,征调了汪曾祺、薛恩厚等对剧本进行修改。此次修改,剧本大有起色,其中《智斗》《授计》等精彩场次,多出自汪曾祺之手,剧本改回原名《芦荡火种》。此剧不久公演,盛况空前。江青得知这一情形后,认为自己的功劳被别人夺去,勒令停止公演,给剧团下达了若干修改指示,遂重新掌控北京京剧团。"1964年4月27日,党和国家领导人刘少奇、周恩来、朱德、邓小平、董必武、陈毅等,观看了京剧《芦荡火种》,并盛赞了因尚未(按江青指示)修改定稿而按原样演出的这出戏。以刘少奇为首的高层领导的表态,微妙地令颐指气使的江青不能不有所收敛。加上全国京剧现代戏观摩大会已迫在眉睫,也不允许《芦荡火种》再节外生枝作过多的修改了,江青只好悻悻然表示:'算了,等有了时间,再慢慢磨吧。'"①在全国京剧现代戏观摩演出大会(1964年6月5日至7月31日)上,毛泽东观看了《芦荡火种》,随后提出具体的修改意见,集中到一点便是突出武装斗争。有人认为这是江青借助毛泽东的权威压刘少奇,因为在战争年代,毛泽东负责正面战场指挥,刘少奇负责地下工作。至此,如何改编《芦荡火种》的问题已经演化为武装斗争和地下斗争的地位之争,蕴含最高层领导人之间的权力较量。1965年江青征调肖甲、杨毓珉、李慕良等人,遵照毛泽东的意见再次全面修改,更名为《沙家浜》,最后经由汪曾祺通稿。这次修改排演后于1965年春推出,在北京公演了两场后移至上海公演。②"一九六五年五一节,《沙家浜》在上海演出,经江青审查批准,作为'样板'。'样板戏'的名称大概就是这时叫开了的。"③"文革"开始后不久,汪曾祺即因"右派"问题被关进"牛棚",但1968年江青要进一步完善样板戏,遂以"控制使用"的方式把汪曾祺调进"样板团",再度对剧本进行修改。1970年现代京剧《沙家浜》的定稿会在人民大会堂的一个大厅举行,定本全文发表于1970年第6期《红旗》杂志上。作为八块"样板戏"中的顶梁柱,此剧为江青借助文化艺术登上政治舞台累积了重要资本。

从京剧《沙家浜》的改编过程我们可以看出,所谓的"三结合",实质不过是政治权力对文艺进行掌控,实行思想专制。文艺不仅是意识形态的宣传工具,而且沦落为政治斗争的直接工具。在政治文化笼罩的氛围之下,作家不是一个真正的创作主体,写什么、如何写都不出自他的个人意志,他们只是政

---

① 王彬彬:《"样板戏"〈沙家浜〉的风风雨雨》,《文史博览》2006年第19期,第60页。
② 迟金声:《从〈芦荡火种〉到〈沙家浜〉》,《中国戏剧》2009年第10期,第57页。
③ 汪曾祺:《"样板戏"谈往》,《汪曾祺全集》第5卷,北京师范大学出版社,1998年,第376页。

治权力博弈中一颗卑微的棋子。

2. 主题先行——突出武装斗争

就外部环境而言,复杂的政治博弈贯穿了《沙家浜》改编的整个过程,就具体内容而言,《沙家浜》也充满了政治隐喻。对京剧《芦荡火种》进行修改的依据是毛泽东的指示①,主要内容是:"兵的音乐形象不饱满;后面要正面打进去,现在后面是闹剧,戏是两截;改起来不困难,不改,就这样演也可以,戏是好戏;剧名可叫《沙家浜》,故事都发生在这里。"②其中的核心问题,就是要突出武装斗争,把地下工作放在从属地位。关于这一点,当时的评论文章说得更为明白:"在《芦荡火种》里,过分强调了地下工作者阿庆嫂的个人作用,其他情节和人物都处于陪衬的地位,甚至连最后聚歼敌人,捣毁伪司令部的胜利,也是全靠她巧妙部署而十分轻易地取得的。这样,便把武装斗争摆在了一个不太重要的地位,不能正确地表现出武装斗争和地下斗争的关系。这不大符合当时的历史情况,也就不能很好地帮助观众正确地认识人民战争。"③主题已经规定好了,汪曾祺等就要循着这样的主题对京剧《芦荡火种》进一步修改。为了实现这一主题,剧本把连指导员郭建光提升为一号人物,把代表地下工作者的阿庆嫂由原先的核心人物降为二号人物,把原剧中作为副线的伤病员的故事上升为主线,大幅度增加了篇幅,地下斗争和武装斗争双线并置,但最终落脚在武装斗争上。其中变动最大的是剧本的结尾,无论沪剧《芦荡火种》还是京剧《芦荡火种》第一、二稿,都大大渲染了"闹喜堂",胡传魁举行了盛大的婚礼,乘此机会,在阿庆嫂的策划下,郭建光等扮成戏班子混进胡府,配合大部队一举歼灭敌人。但是,"喜堂《聚歼》一场,十八个伤病员虽然参加了战斗,但这场突然袭击明显的是服从地下斗争的需要,渲染着传奇性的特点,在那个众星捧月的场面里,实际上仍然是烘托了阿庆嫂的巧妙布置,不只武装斗争的思想表现得很薄弱,由于对这种斗争方式的极力布置和渲染,渗透着惊险情节的内容,给人的感受,也是传奇性强于真实性"④。《沙

---

① 关于毛泽东的指示,普遍的说法是由江青亲自到剧团传达的,另一种说法来自迟金声:1964年全国现代京剧观摩演出大会后,剧团"先是去部队为战士演出,而后是去电子管厂为工人演出,再接着是到昌平为农民演出,这时,已到了'十一'前秋风送爽的季节了。就在此时,文化局局长张梦庚不期而至来到昌平演出现场,向大家传达了中央政治局委员、市委书记彭真转达的毛主席在八九月份中央北戴河会议期间,对《芦荡火种》这出戏的重要指示"。(迟金声:《从〈芦荡火种〉到〈沙家浜〉》,《中国戏剧》2009年第10期,第57页)

② 汪曾祺:《关于〈沙家浜〉》,《汪曾祺全集》第5卷,北京师范大学出版社,1998年,第238页。

③ 江之水:《从〈芦荡火种〉到〈沙家浜〉》,《中国戏剧》1965年第2期,第34页。

④ 李希凡:《毛泽东思想照亮了革命现代戏的创作——评京剧〈沙家浜〉再创造的成就》,《中国戏剧》1965年第7期,第26页。

家浜》进行了大幅度改写,"闹喜堂"的情节荡然无存,改成了郭建光率领突击排采用奇袭战术,从正面打了进去。在当时看来这样的修改引起了主题的重大变化:"从情节的再创造来看,担负着战斗任务出现在舞台上的虽然还是这十八个伤病员,但他们不再是传奇英雄的扮演者,而是配合新四军主力部队大举反攻的突击排。《奔袭》《突破》《聚歼》三场戏,以京剧特有的刚健雄壮的舞蹈、开打场面,充满必胜豪情的齐唱,生动地刻画了抗日健儿的英雄气概。这样,它虽然失去了《芦荡火种》喜堂聚歼的那种浓郁的传奇色彩,却以强烈的历史真实取得了'枪杆子改造世界'的激荡人心的艺术效果。"①在当时的评论者看来,这种修改不仅获得了政治上的加分,而且在艺术上也同样获得了巨大的成功,因为这样一来,"充分发挥了京剧翻、腾、搏、击的武功,表现出战士们矫健灵活、英勇善战的英武姿态,同时也衬托出郭建光周密果断的指挥才能"②。在许多年之后,改编者汪曾祺再次从京剧表演体制的角度肯定了这种修改:

……原剧的结尾是乘胡传魁结婚之机,新四军战士化装成厨师、吹鼓手,混进刁德一的家,开打。厨师念数板,有这样的词句:"烤全羊,烧小猪,样样咱都不含糊。要问什么最拿手,就数小葱拌豆腐!"而且是"怯口",说山东话。吹鼓手只有让乐队的同志上场,吹了一通唢呐。这简直是起哄。改成正面打进去。就可以"走边"("奔袭"),"跟头过城",翻进刁宅后院,可以发挥京剧特长。③

但是,单就剧本的文学性而言,京剧《沙家浜》的后三场多是舞台动作,台词很少,看不出什么过人的文学色彩,而沪剧《沙家浜》相关部分《瓮中捉鳖》则很热闹,富有民间趣味和传奇色彩;这样的改编大大消减了剧作的传奇性,降低了剧作的精彩程度和艺术水准。"主题先行"的结果无疑是破坏了剧作的结构,削弱了人物形象的生动性,人物成了政治概念的传声筒。

3. "三突出"——英雄人物的塑造

关于"三突出",最初是在1968年由于会泳演绎了江青的观点,在《让文艺舞台永远成为宣传毛泽东思想的阵地》一文中提出来的,1969年在经姚文元修改后发表的《努力塑造无产阶级英雄人物的光辉形象——对塑造杨子荣等英雄形象的一些体会》一文中形成了此后影响深远的固定说法,即"在

---

① 李希凡:《毛泽东思想照亮了革命现代戏的创作——评京剧〈沙家浜〉再创造的成就》,《中国戏剧》1965年第7期,第26页。
② 郭汉城:《试评京剧〈沙家浜〉的改编》,《人民日报》1965年3月18日。
③ 汪曾祺:《关于〈沙家浜〉》,《汪曾祺全集》第5卷,北京师范大学出版社,1998年,第239页。

所有人物中突出正面人物；在正面人物中突出英雄人物；在英雄人物中突出主要英雄人物"。《沙家浜》的剧本在 1965 年就基本定型，就时间而言，用"三突出"来阐释《沙家浜》似乎有些牵强。据汪曾祺回忆，关于"三突出"，连江青都觉得有些勉强。"她说过：'我没有说过"三突出"，我只说过"一突出"。'江青所说的'一突出'即突出主要英雄，即她不断强调的'一号人物'。"①真正支配《沙家浜》创作的，实际上是"一突出"。但无论是"一突出"，还是"三突出"，精神实质非常一致，谈的都是如何塑造英雄形象的问题。

我们首先看阿庆嫂这个形象。阿庆嫂形象在沪剧中就极有生气，对此《沙家浜》很好地继承了下来。阿庆嫂对党无限忠诚，无论在何种艰难的情形之下，她都想方设法做对党有益的事情，无论是转移伤员，还是拯救沙奶奶，都表现了这一点。她十分勇敢而充满了智慧，在《智斗》《授计》《审沙》三场戏中表现得淋漓尽致，她的斗争充满了策略性，总能充分利用敌人的内部矛盾：刁德一对胡传魁有所依靠又有所猜忌，胡传魁想夺取刁德一的权力又有所忌惮，借助自己曾救过刁德一性命的交情，阿庆嫂抓住胡传魁的"草包"性格和江湖义气作为"挡风墙"，同阴险狠毒的胡传魁对抗，并一次次化险为夷，完成任务。阿庆嫂具有双重身份，其一是党的地下交通员，这是她的政治身份；其二是江南小镇上的茶馆老板娘，这是她的民间身份。她处处以民间身份作掩护进行革命行动，她说话做事圆通泼辣，所谓"眼观六路，耳听八方，胆大心细，遇事不慌"（刁德一台词），完全符合她的民间身份。比如那个著名的唱段就很能体现这一点："垒起七星灶，铜湖煮三江。摆开八仙桌，招待十六方。来的都是客，全凭嘴一张。相逢开口笑，过后不思量。人一走，茶就凉……有什么周详不周详！"汪曾祺曾经就此做过分析："阿庆嫂的'垒起七星灶'有职业特点的表现出她的性格的，除了'人一走，茶就凉'这一句洞达世态的'炼话'，还在最后一句'有什么周详不周详！'这一句软中带硬的结束语，把刁德一的进攻性的敲打顶了回去，顶了一个脆。"②当年江青差一点把这一段删除了，因为她认为这一段"江湖口太多了！"③江青说得很准，但恰恰是这种江湖气，才使得这个形象活了起来。

同沪剧或同名京剧《芦荡火种》相比较，京剧《沙家浜》按照江青的要求

---

① 汪曾祺：《"样板戏"谈往》，《汪曾祺全集》第 5 卷，北京师范大学出版社，1998 年，第 377—378 页。
② 汪曾祺：《浅处见才——谈写唱词》，《汪曾祺全集》第 6 卷，北京师范大学出版社，1998 年，第 422—423 页。
③ 汪曾祺：《关于〈沙家浜〉》，《汪曾祺全集》第 5 卷，北京师范大学出版社，1998 年，第 241 页。

发生了一个重大变化,阿庆嫂由原来的核心人物变为二号人物,郭建光上升为一号人物。要突出某些人物,就意味着要淡化另一些人物。在沪剧《芦荡火种》中,不仅作为核心人物的阿庆嫂占的戏份最大,而且作为她意志的体现者的七龙,也占着相当的篇幅。阿庆嫂的戏份在京剧《沙家浜》做了一些消减,但由于她的枢纽位置,做更多的删节非常困难,于是,改编者就大幅度地压缩了四龙(七龙在《沙家浜》中改名为四龙)的戏份,有人做过统计,在沪剧《芦荡火种》中,"连'序幕'在内的12场戏中,七龙8场有戏,第4场还主要是表现他的机智勇敢和担任的送粮任务的艰巨。他参与了57轮对话,有67句唱词。可是在'样板戏'中,七龙的戏份被减到只有4场戏,4句唱词,尽管参与了18轮对话,可有10轮都是以独词句的结构形式来参与的"①。

在《芦荡火种》中,郭建光这个人物没有多少故事情节,在《沙家浜》中要强行把他树立成一号人物,这就给改编工作带来许多困难。为了增加他的戏份,主要采取了两种手段:一是用大量的唱词表现他崇高的精神境界;二是增加成套的舞蹈动作,表现他的英勇无畏。在第二场《转移》中,给了郭建光的一大段豪言壮语的唱腔:"祖国的好河山寸土不让,岂容日寇逞凶狂!……军民们准备反'扫荡',何日里奋臂挥刀斩豺狼?!伤员们日夜盼望身健壮,为的是早早回前方!"②表现他的顽强意志、牺牲精神、乐观主义精神、民族气节;在第五场《坚持》中,郭建光有一段唱词达到二十二句:"……战士们要杀敌人,冒险出荡,你一言,我一语,慷慨激昂。这样的心情不难体谅,阶级仇民族恨燃烧在胸膛。要防止焦躁的情绪蔓延滋长,要鼓励战士,察全局,观敌情,坚守待命,紧握手中枪。(转'原板')毛主席党中央指引方向,鼓舞着我们奋战在水乡。要沉着冷静,坚持在芦荡。"③当然,这些唱词都是空洞的豪言壮语,政治色彩非常浓重。第五场(《坚持》)郭建光与战士齐声高唱《要学那泰山顶上一青松》,还以雄健的舞姿,"和战士们共同与暴风雨搏斗",表现他的革命意志;第八场(《奔袭》)野外奔袭,"跨腿""踢腿""扫堂腿""旋子"等武打动作,表现郭建光的雄姿英发;第九场(《突破》)的越墙;第十场(《聚歼》)郭建光与敌人的打斗,弹无虚发,脚踩敌人的亮相,表现了他的英勇无畏,各种强劲潇洒的舞蹈打斗动作,无不表现了郭建光光辉的英雄形象。

当时评论界普遍认为郭建光的形象塑造非常成功,"在《芦荡火种》里本来处于陪衬地位的郭建光,到了《沙家浜》里,在新的主题思想的照耀下,经过不断地丰富和创造,一个英雄指挥员的多方面的优秀品质被生动而深刻地

---

① 祝克懿:《语言学视野中的"样板戏"》,河南大学出版社,2004年,第283页。
② 汪曾祺:《沙家浜》,《汪曾祺全集》第7卷,北京师范大学出版社,1998年,第123页。
③ 同上书,第149页。

发掘出来了"①。今天看来,郭建光新增了不少戏份,但由于既没有完整曲折的情节,也缺乏鲜明生动的个性,新增的戏不是热热闹闹的武戏,就是政治化的豪言壮语,郭建光不是血肉之躯,没有儿女之情,不过是"党性"的化身,是共产主义伦理的化身,是神圣化的高大全形象,他最终不过是一个概念化人物、一个政治符号,因此,无论唱腔多么漂亮,也无论场景多么热闹,都不能给他注入生命力。正是在此意义上,剧作者之一杨毓珉认为,《沙家浜》"剧中人阿庆嫂是塑造成功的,而郭建光则黯然失色。原因是阿庆嫂是在激化了的矛盾中成长起来的,而郭建光只是个被保护的伤病员,不管你给他多少个静场独唱,也无助于这个人物的成长。相反,却占用了不少篇幅,使戏剧结构不够完整,因此,我算它半个精品"②。

(五)政论式的文学批评

新中国成立之初,汪曾祺先是参加了"四野"的南下工作团,又费了一些周折进了文化单位北京文联,终于被国家的文化体制接纳,获得了多年来一直没有过的安定感。再加上编《说说唱唱》又是在与文艺打交道,这一时期的他总的来讲还是意气风发的,有激扬文字的兴致。他试探着写了一点文学批评文章,以求逐渐适应崭新的文化环境。发表在1951年5月15日出版的《北京文艺》第2卷第3期上的《丹娘不死》,就是他最初的尝试之一。这个评论对作品并不做过多的道德评判和政治定性,而致力于作品艺术性的分析。在汪曾祺看来,这个剧的结尾非常高明,表现丹娘视死如归避免了俗套的鲜血淋漓的场景,而是借助回忆、幻想等手段,对献身过程做了诗意化处理。赵坚是老舍等发现和培养的文学新人,在1951年8月15日的《北京文艺》第2卷第3期上,汪曾祺又发表了他的另一篇评论文章《赵坚同志的〈磨刀〉和〈检查站〉》,称赞赵坚语言的朴实简练和人物的个性鲜明,亦是从艺术着眼。他并不希望随着时代的潮流一路喝彩,有的应时的文章在蜻蜓点水之后,就顾左右而言他。

1958年3月召开的成都会议上,中央筹备发动"大跃进",毛泽东在会上号召大家收集和创作民歌,各地党委闻风而动。云南省委宣传部发布了"立即组织收集民歌"的通知,4月9日的《人民日报》对此专门进行了报道。紧接着,4月14日的《人民日报》以社论的方式发布了题为《大规模地收集全国民歌》的倡议书,全国各地遂掀起了声势浩大的新民歌运动,大规模收集、创

---

① 李希凡:《毛泽东思想照亮了革命现代戏的创作——评京剧〈沙家浜〉再创造的成就》,《中国戏剧》1965年第7期,第28页。
② 杨毓珉:《法乎其上 取乎其中》,《中国戏剧》1992年第8期,第37页。

作民歌。汪曾祺以表彰一位农民诗人为主题的《关于"路永修快板抄"》(《民间文学》1958年6月号)一文,就是在这样时代氛围之下写出来的。当时浮夸风盛行,创作上推崇满是虚假想象的浪漫主义,汪曾祺给路永修的快板做了一个符合时代主流的定性:"老路的快板能够使人在艰苦中明确地看到远景,奋发鼓舞,信心坚定,这说明了他的快板中的革命的浪漫主义的素质。"①但是,此后他的评论只抓住民间文学的一般特征做客观描述,如确认他的快板诗属于口头创作,"是用嘴创作的,不是用笔创作的";强调"在流传中产生变异"的特点,并用了三分之一以上的篇幅指出在不同场合下都出现变体这一事实……这些其实都是关于民间文学一般常识的客观描述,并无价值判断。说着说着,他忍不住地指出了存在的缺陷:"因为是口头即兴地创作,不能作周密的构思,在没有经过较长时期的集体琢磨之前有些地方是显得粗糙和杂乱的"。② 汪曾祺是诗人出身,对于这样贫瘠的快板诗他恐怕从骨子里瞧不上眼,因此绝不肯降低身段胡吹乱捧,但是,在那样的时代热潮中,他又不能不说点东西,就不痛不痒地在周边逛了一圈,打了一套太极拳,然后以这样的一句收尾:"至于路永修快板的艺术特点,这篇短文很难说清,请大家自己分析评断吧。"③于是,就有了这样一篇看似智商偏低实则潜藏智慧的妙文!

但是,在日益紧张的文化环境之下,身处体制之内而要置身政治之外,恐怕是绝无可能的,对于一个特定位置上的知识分子而言,写特定类型的文章是政治任务。就在汪曾祺书写以探讨文学规律为目标的艺术批评的同时,他被迫开始了用大批判的调子写政论式批评。孙瑜编导、赵丹主演的电影《武训传》放映之后,社会评价良好。不过,客观地说,《武训传》中不乏思想糟粕。透过这个作品和作品的社会反响,毛泽东发现文化界存在令他不安的思想倾向。于是,他亲自起稿,写出了社论《应当重视电影〈武训传〉的讨论》,发表在1951年5月20日的《人民日报》上。他严厉指出:"电影《武训传》的出现,特别是对于武训和电影《武训传》的歌颂竟至如此之多,说明了我国文化界的思想混乱达到了何等的程度!"要求大家展开讨论,彻底澄清思想。毛泽东亲自执笔的这篇社论也震惊了《北京文艺》编辑部,因为在该刊的第2卷第1期上曾发表了杨雨明、端木蕻良撰写的文章《论〈武训传〉》,此文所持的是赞扬的态度。整个单位的气氛瞬间凝重了起来,危机公关的最好策略当

---

① 汪曾祺:《关于"路永修快板抄"》,《汪曾祺全集》第8卷,北京师范大学出版社,1998年,第216页。
② 同上书,第217页。
③ 同上书,第218页。

然是由本单位的人出现响应,迅速扭转姿态,激烈地批判《武训传》。这个任务就落在了单位的笔杆子汪曾祺的头上,北京市委宣传部部长李伯钊亲自做了安排,"要他写批评电影《武训传》的文章,头天下午布置任务,第二天就要交稿。逼得他只好彻夜不眠,总算按时交了卷"①。汪曾祺这篇题为《武训的错误》的文章在1951年5月27日《人民日报》就登载了出来。在《应当重视电影〈武训传〉的讨论》中,毛泽东批判了武训"狂热地宣传封建文化,并为了取得自己所没有的宣传封建文化的地位,就对反动的封建统治者竭尽奴颜婢膝的能事",不仅如此,还"用革命的农民斗争的失败作为反衬来歌颂"。汪曾祺就由这个观点立论,展开文章:从武训办义学的教学内容和教育结果看,纯然是为封建统治者服务的,"他模糊了、弄乱了、掩蔽了当时人民斗争的目标,麻痹了人民的思想,减弱了革命的力量,冲淡了阶级的矛盾,他对于革命、对于历史起的是消极的、阻碍的作用"。封建统治者宣扬他是为了"叫老百姓都来学武训服服帖帖的样子",放弃造反,放弃革命。而且他把改良主义和《武训传》挂起钩来,认为改良派宣扬他是因为"改良主义的办法之一就是'普及教育'"。由此,文章得出的结论是对于武训"这样一个对人民并无利益的人物,我们今天再不应该对他崇拜,为他宣传了"。汪曾祺熟练地以阶级分析的方法和历史唯物论的观点切入问题,把能否维护人民的利益看成衡量历史人物的唯一标准,高度评价了农民起义的革命作用。

《沙家浜》在1970年5月15日完成定稿,刊发在《红旗》杂志6月号上,此时发表是为了配合《在延安文艺座谈会上的讲话》发表纪念日。据汪曾祺的儿子汪朗等回忆,"定稿之后,爸爸还有一项任务,给《红旗》杂志赶写一篇文章,这可不是他所擅长的。他正为此而伤脑筋时,5月19日晚10点半,江青的秘书忽然打电话到京剧团,通知爸爸第二天上天安门,参加声援柬埔寨人民的群众大会。……对于上天安门,爸爸当时并没有很在意,他跟剧团的军代表田广文说:'那文章怎么办? 能不能叫杨毓珉去?'"②由这段话大致可以推断,发表于1970年第6期《红旗》杂志上署名为"北京京剧团《沙家浜》剧组"的《〈在延安文艺座谈会上的讲话〉照耀着〈沙家浜〉的成长》一文,执笔者应该是汪曾祺。此文还发表于1970年6月1日的《人民日报》上。围绕着《沙家浜》,汪曾祺此前已经连续发表过两篇文章了。在1970年1月11日《人民日报》上发表过一篇题为《人民战争的胜利凯歌——革命现代京剧〈沙家浜〉修改过程中的一些体会》的文章,作者署名"红光",这是汪曾祺的一个

---

① 汪朗、汪明、汪朝:《老头儿汪曾祺:我们眼中的父亲》,中国人民大学出版社,2000年,第67页。

② 同上书,第122页。

笔名。陈徒手在《汪曾祺的"文革"十年》中写道:"他曾先后为《沙家浜》写过三篇文章,其中一篇《披荆斩棘 推陈出新》刊登在1970年2月8日《人民日报》,执笔之前领导指示要突出宣传江青在样板戏中的功绩,一切功劳归功于江青。一位领导还叮嘱道:'千万不要记错了账。'"①此文的完整标题是《披荆斩棘 推陈出新——谈〈沙家浜〉唱腔和舞蹈创作的几点体会》,署名也是"红光"。这三篇文章都是政论式的文学批评,留有阶级斗争时代特殊的文化痕迹,政治领先,剑拔弩张,火药味十足,在性质上与评论界的时文没有任何差别。汪曾祺写这样的文章,都是在完成政治任务,必须持那样的观点,也必须诉诸那样的文辞,政治的高压之下,一切都是规定动作,容不得半点虚与委蛇。从另一个侧面看,这样的政论式文章至少说明汪曾祺已经具备了相当高的政治理论水平,无论是对当时主流意识形态的把握,还是对政论式的语言和逻辑的运用,都已相当娴熟。他几篇文章都是在《红旗》和《人民日报》上登载的,这些报刊是全国最权威的政治理论平台,达不到一定的高度是不会允许发表的。

中国革命时期,已经开始了对知识分子的改造工作,在《在延安文艺座谈会上的讲话》中,毛泽东已经更明确地提出了这个问题:"我们是站在无产阶级的和人民大众的立场。对于共产党员来说,也就是要站在党的立场,站在党性和党的政策的立场。在这个问题上,我们的文艺工作者中是否还有认识不正确或者认识不明确的呢?我看是有的。许多同志常常失掉了自己的正确的立场。"②在《要有益于世道人心》等文章中,汪曾祺有过类似的描述。汪曾祺曾经描述过自己的思想改造过程:"离开学校后,不得不正视现实,对现实进行一些自己的思考。但是因为没有正确的思想作指导,我的世界观是混乱的。解放前一二年,我的作品是寂寞和苦闷的产物,对生活的态度是:无可奈何。作品中流露出揶揄,嘲讽,甚至是玩世不恭。解放后三十多年来,接受了党的教育,接受了马列主义思想,解放前思想中的那些乱七八糟的东西基本没有了。解放后我的生活道路也给了我很深的教育,不平坦的生活道路对我个人来说也不是没有好处的。经过长久的学习和磨炼,我的人生观比较稳定,比较清楚了,因此对过去的生活看得比较真切了。"③他认为和存在主义等现代文化潮流比起来,"我感到还是马克思主义好些,因为它能解决我

---

① 陈徒手:《人有病 天知否》,生活·读书·新知三联书店,2013年,第416页。
② 毛泽东:《在延安文艺座谈会上的讲话》,《毛泽东论文艺》,人民文学出版社,1983年,第47页。
③ 汪曾祺:《美学感情的需要和社会效果》,《汪曾祺全集》第3卷,北京师范大学出版社,1998年,第283页。

们生活中所碰到的问题"①。知识分子的改造过程,颇似中国儒家的"修身",伴随着不断的反省和净化。因做了"右派"而被下放的汪曾祺,归来之后于1962年创作了一个剧本《凌烟阁》,选择这么一个题材绝不是偶然的,汪朗有一个非常客观的记录:"爸爸又写了一部戏《凌烟阁》,讲的是唐太宗时的一个功臣侯君集居功自傲,不知自省,最后发展到企图发动兵变,身败名裂的故事。此事史书倒是有明确记载。爸爸之所以写这个题材,是出于自我反省。他认为,自己就是心存傲气,没有与党同心同德,因而成了右派。彭德怀也是由于骄傲,才从革命的功臣变成了罪臣。他想借凌烟阁功臣谱中有过一席之地的侯君集的大起大落,告诫人们,为人一定要谨慎,不能与'当今'闹独立性,否则不会有好下场。现在看来,这种认识自然很可笑,但是当时他确实是很认真的。一个人的思想认识,很难脱离当时的社会大环境。能保持自己独立见解的毕竟是凤毛麟角。"②1971年,汪曾祺参与改编《杜泉山》(后更名为《杜鹃山》)。他在写雷刚犯错误的剧情时颇为动情,因为和自己当年犯了错误被流放沙子口的经历颇为相似。通过这些文字不难理解,当时汪曾祺的思想改造是真诚的,在客观上引发了世界观、人生观、价值观和思维方式的深刻变化,很多变化一旦形成就再难改变,并不会因社会环境的变易而重归于零。如果不能了解这一点,汪曾祺在"文革"之后文学方向的选择就难以理解;不能了解这一点,他在风起云涌的文学新潮面前不为所动而固守自己当时显得有些"落伍"的文学观念的事实就不易理解。

三、对"文革"文化的批判

现在,在许多人的眼里,汪曾祺淡泊名利,超脱清高,不问世事,特别是晚年,更是远离政治,带有大隐隐于市的色彩。实际上,汪曾祺对人们给他塑造的这尊雕像并不满意,他本人对这种人也并不赞许,他说过这样一段话:"我不是不食人间烟火的,不动感情的人。我不喜欢那种口不臧否人物,绝不议论朝政,无爱无憎,无是无非,胆小怕事,除了猪肉白菜的价钱什么也不关心的离退休干部。这种人有的是。"③1980年代,也许出于对政治运动的疲劳与

---

① 汪曾祺:《美学感情的需要和社会效果》,《汪曾祺全集》第3卷,北京师范大学出版社,1998年,第283页。
② 汪朗、汪明、汪朝:《老头儿汪曾祺:我们眼中的父亲》,中国人民大学出版社,2000年,第99页。
③ 汪曾祺:《老年的爱憎》,《汪曾祺全集》第6卷,北京师范大学出版社,1998年,第116页。

厌倦,此时汪曾祺的笔触或沉浸于对衣食住行的描摹,或沉湎于对过去时光的回忆,总是和现实政治保持比较远的距离,而此时的文学,却以暴露伤痕、反思政治为主潮,对"文革"以及此前的一些政治事件进行了一次清算;到了1990年代以后,政治反思已经渐渐淡出了人们的视野,这个时候,汪曾祺才转过身来,对"文革"及其此前的极"左"政治,进行了较为集中的反思与批判,这也意味着他再次疏远了文学主流。只是事移时易,1980年代以疏离主流而声名鹊起的汪曾祺,在1990年代却在市场经济的潮头中随着文学的边缘化而影响变小,他那些切近政治的作品也就未能引起人们的广泛关注。

汪曾祺认为,对"文革"进行反思,具有重要价值。他曾经写了一组以"文革"为背景的小说,用"当代野人系列"的总题命名。其中,《当代野人系列三篇》发表在《小说》1997年第1期上,他在后面特地加了一个题记,说明了这类作品的价值:"我最近写的小说,背景都是'文化大革命'。是不是'文化大革命'不让再提了?或者,'最好'少写或不写?不会吧。'文化大革命'怎么能从历史上,从人的记忆上抹去呢?'文化大革命'是我们这个民族的扭曲的文化心理的一次大暴露。盲从、自私、残忍、野蛮……"①这种呼吁是冷峻的、深刻的,这是对全民族普遍缺乏忏悔意义的反诘,是对全民族历史意识普遍匮乏的焦虑,这种呼吁的背后,搏动着一颗知识分子的良心。

在"文革"中,因卓越的创作才能,汪曾祺曾以"摘帽右派"的身份,被江青调进了样板团,在那里,他以"控制使用"的形式,参与了部分样板戏的创作与修改。当然,在客观上,汪曾祺也确实因这种高层人物的赏识,大大改善了自己的政治处境。但是,创作上带着镣铐般的束缚,精神上高度的紧张与压抑,"忍看朋辈成新鬼"的痛楚,人沦为嗜血动物的触目,混乱与动荡局势的冲击,又不能不对他的心灵造成巨大的震撼。这一切,使他对"文化大革命"的性质有了一个总的判断,他认为,"文化大革命是大倒退、大破坏、大自私。最大的自私是当革命派,最大的怯懦是怕当当权派,当反动派。简单地说,为了利己大家狠毒地损人"②。在这样的总体判断之下,他开始对"文革"进行较为全面的反思。

"文革"1976年结束,过往的一切现在都已经成为历史。1970年代出生的人,对"文革"的记忆就已经相当淡漠,出生更晚的人,对"文革"的了解便只能借助文字记录,更缺乏刻骨铭心的真切感受。如果没有切实的反思,一场用民族的泪水和鲜血濡染的历史大悲剧,就这样轻轻地滑了过去,那就沦

---

① 汪曾祺:《〈当代野人系列三篇〉题记》,《汪曾祺全集》第2卷,北京师范大学出版社,1998年,第499—500页。
② 汪曾祺:《唐门三杰》,《汪曾祺全集》第2卷,北京师范大学出版社,1998年,第458页。

为另一场悲剧,因为这是历史的亏空,血的代价什么也不曾换回。没有对历史的深刻忏悔与反思,历史就可能轮回,悲剧就可能重演,尽管上演的形式也许不尽相同。历史的使命感,促使晚年的汪曾祺以文学的形式,记录下了"文革"中社会的种种失控,以及这种混乱中人性的种种迷失、卑劣与残忍、脆弱与可鄙,以对抗遗忘,唤起整个民族的惨痛记忆,引发更深刻的反思与忏悔。

"文革"发生时汪曾祺在京剧团工作,他对本单位的政治运动过程特别熟悉。他的一些小说,就是借助对剧团这个小天地的回忆,展示了历史的过往风云。在小说《云致秋》中,他描述了"文革"的发生引发的天翻地覆的动荡:"'文化大革命'一来,什么全乱了。京剧团是个凡事落后的地方,这回可是跑到前面去了。一夜之间,剧团变了模样。成立了各色各样,名称奇奇怪怪的战斗组。所有的办公室、练功厅、会议室、传达室,甚至堆煤的屋子、烧暖气的锅炉间、做刀枪靶子的作坊……全都给瓜分占领了。不管是什么人,找一个地方,打扫一番,搬来一些箱箱柜柜,都贴了封条,在门口挂出一块牌子,这就是他们的领地了。——只有会计办公室留下了,因为大家知道每个月月初还得'拿顶',得有个地方让会计算账。大标语,大字报,高音喇叭,语录歌,五颜六色,乱七八糟。所有的人都变了人性。'小心干活,大胆拿钱','不多说,不少道',全都不时兴了。平常挺斯文的小姑娘,会站在板凳上跳着脚跟人辩论,口沫横飞,满嘴脏字,完全成了一个泼妇。"①转瞬间,社会的秩序颠覆了,人的理性丧失了,空前的混乱像洪水一般地淹没了大地。

在那种特殊的情势下,人们上演着一场政治狂欢,疯狂、痴醉、翻天倒地,引发这种狂欢的,是人性深处狂躁的破坏欲望。《八月骄阳》写了造反派对文艺界的领导的辱打:"火边上还围了一圈人,都是文艺界的头头脑脑。有跪着的,有撅着的。有的挂着牌子,有的脊背贴了一张大纸,写着字。都是满头大汗,您想想:这么热的天,又烤着大火,能不出汗吗?一群红卫兵,攥着宽皮带,挨着个抽他们。劈头盖脸!有的,一皮带下去,登时,脑袋就开了,血就下来了。——皮带上带着大铜头子哪!"②这些行径,恐怕也只有当年的法西斯集中营能与之媲美。造反派头目耿四喜,精读各种版本的政治读本,成了一个变态的怪物,他最大的爱好就是给黑帮讲话,每每饮酒过度,就要发泄一下,"黑帮对耿四喜还真有点怵。不是怕他大喊大叫,而是怕他的'个别教练'。他每天晚上提出一个黑帮,给他们轮流讲马列主义。……耿四喜坐着,黑帮站着。每次讲一个小时,十二点开始,一点下课。耿四喜真是个'大

---

① 汪曾祺:《云致秋行状》,《汪曾祺全集》第 2 卷,北京师范大学出版社,1998 年,第 85 页。
② 汪曾祺:《八月骄阳》,《汪曾祺全集》第 2 卷,北京师范大学出版社,1998 年,第 210 页。

学问'，他把十二本'干部必读'都精读了一遍……《矛盾论》《实践论》更不在话下"①。对他人的控制欲，对他人的折磨与戏耍，竟成了他宣泄个人情绪的方式。

人们的聪明才智，都成了动物欲望的俘虏，人与人的撕咬，成了生活的真正主题："从学员班毕业出来的这帮小爷可真是神仙一样的快活。他们这辈子没有这样自由过，没有这样随心所欲，想干什么就干什么过。他们跟社会上的造反团体挂钩，跟'三司'，跟'西纠'，跟'全艺造'，到处拉关系。他们学得很快。社会上有什么，剧团里有什么。不过什么事到了他们手里，就都还有所发明，有所创造，有所前进，就都带上了京剧团的特点，也更加闹剧化。京剧团真是藏龙卧虎哇！一下子出了那么多司令、副司令，出了那么多理论家，出了那么多笔杆子(他们被称为刀笔)和那么多'浆子手'。——这称谓是京剧团以外所没有的，即专门刷大字报浆糊的。戏台上有'牢子手''刽子手'，专刷浆子的于是被称为'浆子手'。赵旺就是一名'浆子手'。外面兴给黑帮挂牌子了，他们也挂！可是他们给黑帮挂的牌子却是外面见不到的：《拿高登》里的石锁，《空城计》诸葛亮抚的瑶琴，《女起解》苏三戴的鱼枷。——这些'砌末'上自然都写了黑帮的姓名过犯。外面兴游街，他们也得让黑帮游游。几个战斗组开了联席会议，会上决定，给黑帮'扮上'，给这些'敌人'勾上阴阳脸，戴上反王盔，插一根翎子，穿上各色各样古怪戏装，让黑帮打着锣，自己大声报名，谁声音小了，就从后腰眼狠狠地杵一锣槌。"②这动物般的残忍背后，往往隐藏着踩着别人的尸体爬上去的个人目的。在小说《大尾巴猫》中，剧团的造反派头头郝大锣(他是打大锣的)专门想找别人的问题，"'文化大革命'胜利了，咱们还不都弄个局长、处长的当当？"他想通过挖反革命，来建立自己的功勋。剧团上演《小翠》，剧本中有一个孩子认定狐狸是"大尾巴猫"，另一个善于罗织罪名的打手范宜之，调动了出奇的洞察力和想象力，认定这是影射毛主席。抓住这样的时机，郝大罗就组织起了大批判，以图置编剧于死地，自己也借此立功往上爬。汪曾祺这样反讽："有人看出一人的枕头上的褶皱很像国民党党徽——反革命！有人从小说《欧阳海之歌》的封面下面的丛草寻出一条反革命标语：'蒋介石万岁！'有人从塑料凉鞋的鞋底的压纹里认出一个'毛'字，越看越像。风声鹤唳，草木皆兵，神经过敏，疑神疑鬼。有人上班，不干别的事，就传播听信这种莫须有的谣言，

---

① 汪曾祺：《三列马》，《汪曾祺全集》第 2 卷，北京师范大学出版社，1998 年，第 493—494 页。
② 汪曾祺：《云致秋行状》，《汪曾祺全集》第 2 卷，北京师范大学出版社，1998 年，第 86 页。

并希望自己也能发现奇迹,好立一功。"①冠冕堂皇的政治招牌后面,是不可告人的目的和无所不用其极的手段。《天鹅之死》中,白蕤是一个漂亮姑娘,一个出色的芭蕾舞演员。"文革"中受到迫害,是因为某某看上了她的姿色,"某某去看了芭蕾。他用猥亵的声音说:'这他妈的小妞儿!那胸脯,那小腰,那么好看的大腿!……'他满嘴喷着酒气。他做了一个淫荡的梦。"②他不能得到的,就要毁灭。一旦他掌握了权力,当了"工宣队员",就每天晚上想出一种折磨演员的新花样,他叫她们背着床板在大街上跑步,叫她们做折损骨骼的苦工。他迫使白蕤成夜地跳舞,左腿骨折,每到阴天下雨,就隐隐发痛,毁掉了她的艺术前程。"文革""把一些人变坏了,变得心狠了!不知爱惜美好的东西了!"③借着"文革"的各种政治运动,谭凌霄、高宗汉等造反派随着形式的变化给高大头挂上各种罪名,"高大头是个修鞋的,是个平头百姓,并无一官半职,虽有点走资本主义道路,却不当权,'文化大革命'怎么会触及到他,会把他也拿来挂牌、游街、批斗呢?答曰:因为他是牛鬼蛇神,故在横扫之列。此'文化大革命'之所以为'大'也"。这政治罪名的背后,掩盖的实质是两个造反派头子千方百计想侵占他家的房子。高大头在运动中没被整死,"文革"后还在台上的谭凌霄、高宗汉依然旧愤难平,"倒是谭凌霄、高宗汉因为白整了高大头几年,没有整出个名堂来,觉得很不甘心。世界上竟有这等怪事:挨整的已经觉得无所谓,整人的人倒耿耿于怀,总想跟挨整的人过不去,好像挨整的对不起他"④。不是真的为了路线斗争,不是为了党的事业,也和保证社会主义的纯洁无关,这些人蝇营狗苟,或出于现实功利,或出于变态心理,各种政治名目的背后,都隐藏着无尽的私欲。罗织罪名的过程,汪曾祺在小说《当代野人系列三篇·三列马》中曾做过简洁的概括:"中国的事情也真是怪,先给犯错误、有问题的人定了性,确立了罪名,然后发动群众,对'分子'围攻,迫使'有'问题的人自己承认各种莫须有的问题,轮番轰炸,疲劳战术,七斗八斗,斗得'该人'心力交瘁,只好胡说八道,把自己说成狗屎堆,才休会一两天,听候处理。这种办法叫做'搞运动'。这大概是中国的一大发明。"⑤在小说《寂寞和温暖》中,汪曾祺为我们留下一个"大批判"的剪

---

① 汪曾祺:《当代野人系列三篇·大尾巴猫》,《汪曾祺全集》第 2 卷,北京师范大学出版社,1998 年,第 494 页。
② 汪曾祺:《天鹅之死》,《汪曾祺全集》第 1 卷,北京师范大学出版社,1998 年,第 389 页。
③ 同上书,第 392 页。
④ 汪曾祺:《皮凤三楦房子》,《汪曾祺全集》第 1 卷,北京师范大学出版社,1998 年,第 537 页。
⑤ 汪曾祺:《当代野人系列三篇》,《汪曾祺全集》第 2 卷,北京师范大学出版社,1998 年,第 493 页。

影:"发言是各式各样的,大家分题作文。王作祜带着强烈的仇恨,用炸弹一样的语言和充满戏剧性的姿态大喊大叫。有一些发言把一些不相干的小事和一些本人平时没有觉察到的个人恩怨拉扯成了很长的一篇,而且都说成是严重的政治问题、世界观问题、立场问题。屠格涅夫、列宾和她的白脸盆都受到牵连,连她的长相、走路的姿势都受到批判。写了无数次检查,听了无数次批判,在毫无自卫能力的情况下,忍受着各种离奇而难堪的侮辱,沈沉的精神完全垮了。"①在汪曾祺的笔下,"文革"的荒诞图景,一幕又一幕地组接在一起,共同构成了乾坤倒转、群魔乱舞的疯狂世界。牵强附会,上纲扣帽,实质是借助对他人的精神折磨和虐待,发泄自己的兽欲,一切好听的名目,摆的不过是鲁迅先生所说的"无物之阵"。

非理性的混乱时代,包容着人的动物的破坏欲望,引起了兽性的泛滥,支撑着个人私欲的任意横流,也塑造了种种畸形的人物。汪曾祺的"当代野人形象系列",就塑造了一批这样的"时代英雄"。一个叫庹世荣的人,为了派系的利益,敢于拦汽车,俨然是黄继光、董存瑞,进进出出,趾高气扬(《可有可无的人》)。夏㧅丕虽智商低下,不识字,连自己名字也不知道,竟然也去"破四旧",试图在别人的剧本中发现蛛丝马迹,后来"夏㧅丕成了红人,各战斗组都想吸收他"(《去年属马》)。② 在《非往事·无缘无故的恨》中,一个造反派小头目,无缘无故地对黑帮训话,在阶级感情的驱使下,凭空生出恨意,"他把我们劈头盖脸,没头没脑地臭骂了一顿,大意是说:你们竟敢反对毛主席,反党,是可忍孰不可忍!他忽然跳得老高,对'革命群众'大叫:'你们应该恨他们!'忽然咕咚一声倒在地下,休克了,死过去了"③。阴暗而变态,滑稽而可憎,一切跃然纸上。这些故事多出于现实,少有虚构,保留了特殊历史阶段的信息,因此也就像现在的"文革"邮票一样,以其不可复制性获得了独特的价值。这些人物不仅在文学史上绝无仅有,在思想史上恐怕也有其独特的意义。

在历史的悖谬中,一曲曲悲剧在不断上演。《八月骄阳》中的老舍先生,就是在被殴打之后,带着士可杀不可辱的悲怆,跳太平湖自杀了。实际上,"文革"时期,有成千上万的人,人格尊严遭到了践踏,不要说自由、平等,就是生命的权利,也遭受到了侵犯。一些人的肉体虽然没有受到直接摧毁,但也在政治的高压和权利的剥夺中陷入了精神困境。在小说《名优之死》中,

---

① 汪曾祺:《寂寞和温暖》,《汪曾祺全集》第 1 卷,北京师范大学出版社,1998 年,第 374 页。
② 汪曾祺:《去年属马》,《汪曾祺全集》第 2 卷,北京师范大学出版社,1998 年,第 499 页。
③ 汪曾祺:《非往事·无缘无故的恨》,《汪曾祺全集》第 2 卷,北京师范大学出版社,1998 年,第 530 页。

一个著名的京剧演员,在长期的政治动乱中没有戏唱,最后闷死了。叙述者发出这样的感慨:"十年动乱,折损了多少人才!有的是身体上受了摧残,更多的是死于精神上的压抑。"①精神的创伤,也许才是"文革"留下的最大创伤。政治的高压、畸形的阶级路线,改变了人们认识生活的方式,对人们正常的伦理关系和自然情感造成了严重的伤害。萨其马的母亲用毛主席像剪了鞋底,"萨其马到家属委员会找到陆阿姨,告发他妈是反革命"②,最后,因为这件事,她的母亲被批判,罚扫楼梯,在畸形政治的扭曲之下,母女之间的亲密关系被扭曲、疏远了,变成了一方对另一方的监控关系。在"文革"中,人人自危,为了苟延残喘,往往是借揭发别人,保全自己。在平时,云致秋深得领导的信赖,可是在政治运动中,他揭发了党委书记,讲出的话也显得那么无奈:"你还叫我保你——我保你,谁保我呀!"出卖朋友的反道德行为中,蕴藏对恶劣生存环境的恐惧。一个个不能左右自己命运的小人物,思想感情都被意识形态所过滤,为政治高压所异化,令人怜悯与辛酸。

汪曾祺还有一些作品,揭露了"文革"的反文化性。"文革"中造反派还惯于抄家,不但对公民住宅公然侵犯,还以浅薄愚昧的姿态,对各种带有传统文化色彩的东西进行扫荡。所谓的"破四旧",实际上是带有强烈文化虚无主义的破坏运动。对此,汪曾祺的小说也有描述,《子孙万代》有这样一段描写:"红卫兵到傅玉涛家来破四旧,把他的小文物装进一个麻袋,呼啸而去。"③《皮凤三楦房子》,写得则更为真实,"谭凌霄、高宗汉带着一伙造反派到朱雪桥家去抄家。叫高大头也一同去,因为他身体好,力气大,作为劳力,可以帮着搬东西。朱家的'四旧'不少。霁红胆瓶,摔了;康熙青花全套餐具,砸了;铜器锡器,踹扁了;硬木家具,劈了;朱雪桥的父母睡的一张红木宁式大床,是传了几代的东西,谭凌霄说:'抬走!'堂屋板壁上有四幅徐子兼画的猴"④,也被他们抢走了。"破四旧"是对中国优秀传统文化的一次大摧毁,执行者不仅借机发泄了自己的破坏欲望,而且还以土匪的逻辑,为所欲为地占有别人的财产。

汪曾祺是一位文学家,"文革"中,他生活在文人圈子里,还时常接触当时能左右文艺政策的高层人士,对于一些理论政策的来龙去脉,比一般人了解得更清楚。"文革"之后,他曾经写了不少回忆性的文章,对各种文艺政策

---

① 汪曾祺:《名优之死》,《汪曾祺全集》第3卷,北京师范大学出版社,1998年,第181页。
② 汪曾祺:《非往事·鞋底》,《汪曾祺全集》第2卷,北京师范大学出版社,1998年,第531页。
③ 汪曾祺:《子孙万代》,《汪曾祺全集》第2卷,北京师范大学出版社,1998年,第390页。
④ 汪曾祺:《皮凤三楦房子》,《汪曾祺全集》第1卷,北京师范大学出版社,1998年,第539—540页。

的渊源进行了梳理,并对相关的人物给予了较为中肯的评价。在《认识到的和没有认识的自己》《"样板戏"谈往》等文章中,他对"社会主义现实主义""两结合""主题先行""三突出"等文艺政策的演化和实质,进行了深入的分析。在《认识到的和没有认识的自己》一文中,他借着自己对知识分子改造的真实体会,说出了自己的理解,而这个理解,恰巧是对这些文艺政策实质的揭示,他这样解释"两结合"的创作方法:"有一位老作家说了一句话:有没有浪漫主义是个立场问题。我琢磨了一下,是这么一个理儿。你不能写你看到的那样的生活,不能照那样写,你得'浪漫主义'起来,就是写得比实际生活更美一些,更理想一些。我是真诚地相信这条真理的,而且很高兴地认为这是我下乡劳动、思想改造的收获。……什么是'革命的现实主义和革命的浪漫主义相结合'?咋'结合'?典型的作品,就是'样板戏'。理论则是'主题先行''三突出'。从'两结合'到'主题先行''三突出'是历史发展的必然。"①他还结合自己的创作经历,说明"四人帮"文艺政策对艺术生命的扼杀,他进行了自我批判,认为自己在被打成右派劳动结束后所写的《羊舍一夕》《看水》《王全》,以及后来写的《寂寞和温暖》,都有这种"浪漫主义"的痕迹。应该说,这种检讨是切合实际的,也是真诚的。

在"文革"的大部分时间里,汪曾祺都在参与样板戏的创作,所以他对样板戏最为了解,因此他在这方面的反思也最为深刻有力。他对样板戏的历史定位是很低的,认为"'文化大革命'是中国政治史上一场噩梦。'样板戏'也是中国文艺史上一场噩梦"②。具体说来,包括以下几点,首先,"三突出"的创作原则就是对样板戏的总结。"三突出"是于会泳的创造,见于《智取威虎山》的总结。把人物划分三个阶梯,为全世界文艺理论中所未见,实在是一大发明。其次,主题先行导致人物的概念化倾向。"'样板戏'的人物,严格说不是人物,不是活人,只是概念的化身,共产主义伦理道德规范的化身,'党性'的化身。"③这两个理论,都是于会泳提出来的,汪曾祺认为,他提出的"主题先行、'三突出',这两大'理论'影响很大,遗祸无穷"④。他曾结合自己的创作经历,检点了这种创作方法的危害。其一是阻碍作家发挥创作个性。"我曾经在所谓的样板团里呆过十年,写过样板戏,在江青直接领导下搞过剧本。她就提出来要'大江东去',不要'小桥流水'。哎呀,我就是'小

---

① 汪曾祺:《认识到的和没有认识的自己》,《汪曾祺全集》第 4 卷,北京师范大学出版社,1998 年,第 295—296 页。
② 汪曾祺:《"样板戏"谈往》,《汪曾祺全集》第 5 卷,北京师范大学出版社,1998 年,第 376 页。
③ 同上书,第 378 页。
④ 汪曾祺:《关于于会泳》,《汪曾祺全集》第 6 卷,北京师范大学出版社,1998 年,第 266 页。

桥流水',我不能'大江东去',硬要我这个写小桥流水的写大江东去,我只好跟他们喊那种假大空的豪言壮语,喊了十年,真是累得慌。"①其二是导致创作枯萎。汪曾祺曾按江青的要求,写一个关于内蒙古草原的戏,他四下内蒙古,做了广泛的调查访问,结果发现剧情和现实生活的情况相距很远。回来后,他把这种情况向于会泳做了汇报,认为剧情脱离历史的真实,无法创作。于会泳答复说:"没有那样的生活更好,你们可以海阔天空。"②向壁虚构的结果是实在干不下去了。

如果仅仅这样总结,汪曾祺的判断也只是随大流,因为他写这些文章时所处的"文革"时代已经被全面否定。汪曾祺的可贵之处在于,他不为时代评价所左右,而是持非常辩证的态度。一方面,他认为在总体上,"样板戏实在是把中国文学带上了一条绝径。从某一方面说,这也是好事。十年浩劫,使很多人对一系列问题不得不进行比较彻底的反思,包括四十多年来文学的得失"③。另一方面他认为,在思想艺术上,样板戏也并非一无是处,汪曾祺还认真地总结了它们的创作经验:"一个是重视质量……一个是唱腔、音乐,有创新、突破;把京剧音乐发展了。于会泳把曲艺、地方戏的音乐语言揉进京剧里,是成功的。《海港》里的二黄宽板,《杜鹃山》'家住安源'的西皮慢二六,都是老戏里所没有的板式,很好听。"④得出这个结论很需要勇气,因为第一条是由江青提出的,第二条大都应归功于于会泳。从政治上说,这两个人恐怕永无翻身之日了。

说到样板戏,就不能不说样板戏的操作者于会泳,也就不能不牵扯到对他的评价问题。在政治上,于会泳已经被钉在历史的屈辱架上了。现有的评论,也因他政治上的反动而对其进行了简单的否定。但汪曾祺对他的批评是中肯的,坚持了两点论。对于于会泳不讲人情、喜怒无常的性格,汪曾祺持否定态度;对他的逢迎江青,也很不齿,他说:"于会泳善于把江青的片言只句加以敷衍,使得它更加'周密',更加深化,更带有'理论'色彩。"⑤语气里不无嘲讽。于会泳由一个学者,最后成了文化部部长,靠的也不仅仅是投机钻营,作为一个艺术家,他在戏曲音乐唱腔的贡献上,事实上是非常巨大的。在

---

① 汪曾祺:《文学语言杂谈》,《汪曾祺全集》第 4 卷,北京师范大学出版社,1998 年,第 228 页。
② 汪曾祺:《认识到的和没有认识的自己》,《汪曾祺全集》第 4 卷,北京师范大学出版社,1998 年,第 296 页。
③ 同上。
④ 汪曾祺:《"样板戏"谈往》,《汪曾祺全集》第 5 卷,北京师范大学出版社,1998 年,第 381—382 页。
⑤ 汪曾祺:《关于于会泳》,《汪曾祺全集》第 6 卷,北京师范大学出版社,1998 年,第 265 页。

《关于于会泳》一文中,汪曾祺这样评价:"他对戏曲音乐唱腔是有贡献的。他的贡献可以说是前无古人。……(他)把地方戏曲、曲艺的腔吸收进京剧。他对地方戏、曲艺的确下过一番功夫,据说他曾分析过几十种地方戏、曲艺,积累了很多音乐素材,把它吸收进来,并与京剧的西皮、二黄融合在一起,使京剧的音乐语言大大丰富了。听起来很新鲜,不别扭。"①应该说,在艺术上,于会泳的成就是相当辉煌的,能对一个被历史否定的人物下一个如此评价,实在是难能可贵,由此可见汪曾祺的人格魅力。汪曾祺不因政治的堕落就否定一个人的所有成就,这在中国的文化环境中往往是不易做到的。在中国的书法史上,"苏黄米蔡"的"蔡",若以书法水平论的话,应该是蔡京,可是蔡京是奸臣,就排不上了,上去的是并非奸臣的蔡襄,成为书法史上一个争议的问题。

江青在政治上是千古罪人,但是汪曾祺也能根据自己的接触,给她以公正的评价。汪曾祺批判了她借样板戏影射政治的险恶用心。《山城旭日》演出后,在座谈会上,江青坐下后,第一句话是:"你们开幕的天幕上写的是'向大西南进军'(这个戏开幕后是大红的天幕,上写六个白色大字:'向大西南进军'),我们这两天正在研究向大西南进军。"当时汪曾祺等在场的人就明白了,所谓"向大西南进军",就是要搞垮大西南的党政领导,把"革命"的烈火在大西南烧得更猛。后来西南几省,尤其是四川,果然乱得一塌糊涂。②应该说,汪曾祺的这种历史记录,很有史料价值。汪曾祺还从艺术的角度,对江青提出"抒情专场"进行了批评,说这样导致了满篇豪言壮语,其原因在于她对京剧的体制不够了解。江青倒台以后,关于样板戏,大家众口一词的说法是,江青沽名钓誉,窃取了别人的劳动成果,现在的文学史上,依然延续着这种观点。汪曾祺力排众议,认为这种说法是不公正的:"我历来反对一种说法:'样板戏'是群众创作的,江青只是剽窃了群众创作成果。这样说不是实事求是的。……江青在'样板戏'上还是花了心血,下了功夫的,至于她利用'样板戏'反党害人,那是另一回事。"③他还以具体事例,列举了江青在参与剧本修改时的正误两方面的事例。

另外,汪曾祺还为我们保留了许多有关其他历史人物的资料,例如:最初发现《芦荡火种》的名字不合适的是谭震林。对于样板戏,毛泽东提了很多中肯的意见,认为京剧要有大段唱,老是散板、摇板,会把人的胃口唱倒,他还对《芦荡火种》提了一些具体修改意见:兵的音乐形象不饱满;后面要正面打

---

① 汪曾祺:《关于于会泳》,《汪曾祺全集》第6卷,北京师范大学出版社,1998年,第266页。
② 汪曾祺:《我的"解放"》,《汪曾祺全集》第4卷,北京师范大学出版社,1998年,第367页。
③ 汪曾祺:《关于〈沙家浜〉》,《汪曾祺全集》第5卷,北京师范大学出版社,1998年,第240页。

进去,现在后面的是闹剧,戏是两截;改起来不困难,不改,就这样演也可以,戏是好戏;剧名可叫《沙家浜》,故事都发生在这里。"① 这些历史史实,若没有知情者记录,恐怕将永远湮没。

汪曾祺还用自己的方式,概括出新时期文学与"文革"文学的本质区别,那就是"信"与"思"。"三十多年来,直到'文化大革命'结束,中国文艺的主要问题也是强调'信',忽略'思'。十一届三中全会以后,新时期十年文学的转机,也正是由'信'回复到'思',作家可以真正地独立思考,可以用自己的眼睛观察生活,用自己的脑和心思索生活,用自己的手表现生活了。"②这种概括是简明的,也是准确的,很有说服力。

当然,汪曾祺的历史反思并不局限于"文化大革命",他还对"大跃进"、办食堂问题进行了思索,对反右运动进行了批判。"大跃进运动",在指导思想上,要彻底废弃个体私有,废除家庭生活带来的精力上的浪费,动机不坏,但这种构想有太多的浪漫成分,不切合实际。在《荷兰奶牛肉》一文中,他写了"五八年折腾了一年,五九年就不行了"的历史真相。在这种背景下,工人大食堂和干部的小食堂之间,待遇的差别非常大,干部依靠手中的权力,可以任意使用公家的东西,实际上是非常标准的以权谋私。干部和群众之间的关系,出现了尖锐的对立。这种情况在小说《黄油烙饼》中得到了更为充分的反映。"萧胜满七岁,进八岁了。他这些年一直跟着奶奶过。他爸爸的工作一直不固定。一会儿修水库啦,一会儿大炼钢铁啦。她妈也是调来调去。奶奶一个人在家乡,说是冷清得很。他三岁那年,就被送回老家来了。他在家乡吃了好些萝卜白菜,小米面饼子,玉米面饼子,长高了。"③但是,由于后来办了食堂,生活每况愈下,群众吃糠咽菜,开始挨饿,奶奶为了省下粮食给孙子吃,最后饿死。但是,即使在这种情况下,干部依旧能吃上黄油烙饼。这干群之间的巨大反差,反映了历史的悖谬。这个小说是1980年创作的,和时代的反思还是同步的,汪曾祺作品中和时代吻合的并不多。

汪曾祺本身有被打成右派的经历,1958年夏,因本单位的右派指标没有达到要求,汪曾祺被补划为右派。同年秋天,下放到张家口沙岭子农业科学研究所劳动。1960年才被摘去右派帽子结束劳动,但北京又没有接收单位。经历了这次政治的沉浮,汪曾祺充分感受到在荒谬的政治运动面前,个人的

---

① 汪曾祺:《关于〈沙家浜〉》,《汪曾祺全集》第5卷,北京师范大学出版社,1998年,第238—239页。
② 汪曾祺:《沈从文转业之谜》,《汪曾祺全集》第4卷,北京师范大学出版社,1998年,第312页。
③ 汪曾祺:《黄油烙饼》,《汪曾祺全集》第1卷,北京师范大学出版社,1998年,第300页。

孤独与痛苦。《寂寞和温暖》就是借沈沅的经历,反映当时的生活情形。沈沅的个人愿望非常单纯,就是从事她所擅长的农业科研工作,为在海外劳作一生的父亲在家乡立一块墓碑。生活目标如此简单,但她还是被打成了右派分子,遭受了一段不堪忍受的政治迫害。她被打成右派的具体原因,竟不得而知,叙述者以设问的方式提了一大串问题,认为可能因为给领导提了意见,政治运动在很多情况下就是某些领导人打击异己分子的武器,"也许什么都不为,就因为她在这个农业科学研究所。研究所,顾名思义,是知识分子成堆的地方,怎么也得抓出一两个右派,才能完成'指标'。经过领导上研究,认为派她当右派合适"①。这时候,她连最起码的人格尊严也保证不了,有人给她画了一幅漫画,她被画成一个只穿了乳罩和三角裤的少女,向蒋介石低头屈膝。而父亲死后,她竟被剥夺了奔丧的权利。《七里茶坊》则描绘群众已经被阶级斗争的意识形态所异化,无论何时,都荒谬地用阶级的变色眼镜看待右派分子,看待黑五类。连让这些人清理厕所他们都不放心,还要进行一番政治资格审查,"他的意思我其实很明白,他是问他们政治上可靠不可靠。他怕万一我带来的人会在公共厕所的粪池子里放一颗定时炸弹"②。历史的荒谬竟至于此。干部群众之间的关系的对立,知识分子所受到的政治迫害,在他的笔下都被生动深刻地描述了出来,这时,汪曾祺的笔端带有锋利的批判和辛辣的讽刺。汪曾祺曾说,自己对于现实感情还是相当浮躁的,实际上也正是如此。

一般都认为,汪曾祺是一位很有人道主义精神的作家,他总是把自己的温爱,献给笔下的小人物,对他们的欢乐无比欣悦,对他们的苦难又充满了悲伤。这种人道主义情怀,恰恰是因为对"文革"非人道性的反思。他曾说:"说老实话,不是十年'文化大革命'的惨痛教训,不是经过三中全会的拨乱反正,我是不会产生对于人道主义的追求,不会用充满温情的眼睛看人,去发掘普通人身上的美和诗意的。"③"文革"以它的冷酷,使汪曾祺看到了人道主义温暖的重要性,是历史的悲剧,成就了一个作家博大慈爱的胸怀。

四、新中国成立后的文化实践对"文革"后创作的影响

汪曾祺在"文革"后的文学创作,并不像有些人描述的那样,简单地按了

---

① 汪曾祺:《寂寞和温暖》,《汪曾祺全集》第1卷,北京师范大学出版社,1998年,第372页。
② 汪曾祺:《七里茶坊》,《汪曾祺全集》第1卷,北京师范大学出版社,1998年,第436页。
③ 汪曾祺:《我是一个中国人》,《汪曾祺全集》第3卷,北京师范大学出版社,1998年,第301页。

一下恢复键,就重拾了1940年代的创作经验。新时期之初,无论在理论上,还是在创作上,汪曾祺都有一个对"二十七年文学"继承与挣脱的过程。事实上,经过27年的社会主义文化熏陶,汪曾祺的思想已经发生了巨大改变。"文革"以后,他选择什么,放弃什么,如何发展,都受到这种思想的影响。

无论从创作实践还是从文学观念看,相较于1940年代,"文革"以后的汪曾祺都发生了巨大改变。尽管在创作上汪曾祺声名日隆,很少有人敢于蔑视他的巨大创作成就,但从文学观念的角度看,相对当时流行的"西化"味道十足的文学潮流,汪曾祺的观念一点也不时髦,甚至显得有些陈旧和落伍。

崇尚民间文化和民间文艺。毛泽东在1938年10月《中国共产党在民族战争中的地位》一文中就说过这样的话:"洋八股必须废止,空洞抽象的调头必须少唱,教条主义必须休息,而代之以新鲜活泼的,为中国老百姓所喜闻乐见的中国作风和中国气派。"①《在延安文艺座谈会上的讲话》中,毛泽东讨论了普及与提高的联系,认为"普及的东西比较简单浅显,因此也比较容易为目前广大群众所迅速接受"②。自此以后,解放区对民间文化资源日渐推重,作家学习采用民间形式,蔚然成风,与西方文学渐趋隔绝。有人对中国现代文学史的发展轨迹做过这样的评价:"人们对中国现代文学史有一个共识,即从瞿秋白三十年代论大众文艺,到毛泽东1942年的《在延安文艺座谈会上的讲话》,现代文学创作和文学批评呈现的发展轨迹基本上是:民间文艺逐步上升为主流,五四的新文艺则逐渐被当做小布尔乔亚情调而遭到抛弃。"③不光民间文学成了新文学的主要资源,民间文化也被视为中国社会主义文化建设的重要资源。农民是中国革命的主力军,民间文化理应成为发展新文化的重要基点。《在延安文艺座谈会上的讲话》中,毛泽东倡导中国作风和中国气派,要求学习人民群众丰富生动的语言,包含着对民间文化资源的重视。文艺的大众化,实际上就是要求文艺通俗化和民间化。周扬曾认为:"'文艺座谈会'讲话以后,学习民间语言,民间形式的努力,产生了很多的优秀的结果。"④向民间文艺学习,是社会主义文艺的一个重要特征。汪曾祺拿民歌作为评论的对象,并借此开始在新时期文坛上亮相,除了他曾做民间曲艺期刊《说说唱唱》《民间文艺》的编辑,积累了丰富的知识便于下笔之外,不能说没

---

① 毛泽东:《毛泽东论文艺》,人民文学出版社,1983年,第5页。
② 毛泽东:《在延安文艺座谈会上的讲话》,《毛泽东论文艺》,人民文学出版社,1983年,第59页。
③ 刘禾:《一场难断的"山歌"案:民俗学与现代通俗文艺》,《批评空间的开创:二十世纪中国文学研究》,东方出版中心,1998年,第370页。
④ 周扬:《论赵树理的创作》,钱理群编:《二十世纪中国小说理论资料》第四卷,北京大学出版社,1997年,第398页。

有政治上安全的考量。

汪曾祺在长达八九年的时间里,阅读、编辑的民间文学作品不计其数,对于民间文学有着极为深刻的理解并报以极端欣赏的态度。这样的文化滋养极大地改变了汪曾祺的文学观念,也改变了他创作的文化倾向。"文革"结束以后,当作家的主体把目光投向西方文学资源的时候,汪曾祺丝毫不为所动,对自己的判断毫不怀疑。在不同的场合,他不断结合自己的体会给予民间文学高度评价,他说:"我是搞了几年民间文学的,我觉得民间文学是个了不起的海洋,了不得的宝库。"[1]他认为在剧本的创作中,"向民歌学习是很重要的。我甚至觉得一个戏剧作者不学习民歌,是写不出好唱词的"[2]。有时说得更为极端,甚至认为不懂民间文学,就成不了一个好作家。从汪曾祺创作的实际情况看,从情节设计到伦理取向,再到文学选择,无不带上了民间文学的深刻印记;特别是他把民俗文化拓展为自己所表现的主要内容,从物质民俗、社会民俗,到精神民俗、游娱民俗,林林总总,无所不包,在中国文学史上似乎很少有人像他那样对民俗文化做如此深入的借鉴和书写。可以这样说,作为社会主义文化建设资源的民间文化和民间文学,在很大程度上影响了汪曾祺"文革"后的整个创作方向。

在"二十七年"时期,很多人都在借鉴民间文学,但为此在创作上大获成功的人毕竟不多。汪曾祺实在太聪明了,抱着积极吸收民间文化营养的态度,不断吸收其中蕴含的丰富养料,做到了极端,发挥到了极致,把时代的限制变成了时代的馈赠,极大增强了自己的功力。这才使得他能够在"文革"之后创作出《受戒》《大淖记事》这样周身充盈着民间韵味的经典作品。

坚守现实主义创作方法。中国"左翼"文学兴起以来,从新现实主义到唯物辩证法,从社会主义现实主义到两结合,这些思潮始终是以"现实主义"命名,"现实主义"实际上成了"左翼"文学唯一的创作方法。"二十七年"时期,无论是社会主义现实主义,还是革命现实主义和革命浪漫主义相结合,主流文学从来不曾离开过"现实主义"。当然,在极为混乱的特殊时期,现实主义未免只剩下一个空壳,变成"新古典主义"。汪曾祺曾经反思过现实主义问题,认为社会主义现实主义是把作为政治概念的"社会主义"和作为文学概念的现实主义搅和在一起,不伦不类;"中国也曾经提过社会主义现实主义,后来又修改成革命的现实主义和革命的浪漫主义相结合,叫做'两结合'。怎么结合?我在当了右派分子下放劳动期间,忽然悟通了。有一位老

---

[1] 汪曾祺:《文学语言杂谈》,《汪曾祺全集》第4卷,北京师范大学出版社,1998年,第233—234页。
[2] 汪曾祺:《用韵文想》,《汪曾祺全集》第4卷,北京师范大学出版社,1998年,第2页。

作家说了一句话:有没有浪漫主义是个立场问题。我琢磨了一下,是这么一个理儿。你不能写你看到的那样的生活,不能照那样写,你得'浪漫主义'起来,就是写得比实际生活更美一些,更理想一些。我是真诚地相信这条真理的,而且很高兴地认为这是我下乡劳动、思想改造的收获"①。他认为"两结合"的典范是样板戏。在"样板团"中被"两结合"的写作方式折磨多年的汪曾祺,被迫说了若干年"假大空"的话,"文革"之后,他对于反映真实生活、袒露真实内心无比期待。汪曾祺在对现实主义的各种畸变类型否定之后,并没有因此而否定现实主义本身,他要寻找真正的现实主义,因此他提出了"我还是要回到现实主义,回到民族传统"②的主张。当然他的现实主义具有开放性,是容纳各种流派的现实主义。

那么,汪曾祺1940年代的小说现代主义味道浓重,他否定种种畸变了的现实主义,为什么没有重新回到现代主义那里去呢?汪曾祺曾悔其少作,认为早期自己深受西方现代主义影响的作品,"实在太幼稚,而且和人民的疾苦距离太远"③。长期以来都要求文艺反映人民生活,那些不能直接表现普通百姓生活的现代主义作品,自然应该在疏远的行列。

总之,对于"二十七年"时期的文学观,汪曾祺否定一味"浪漫主义"的虚假文学、过分依附政治的歌功颂德文学,但是接受了文学表现人民生活的现实主义方法。在他看来,现实主义是一切艺术之根,"任何艺术,想要完全摆脱现实主义,是几乎不可能的事"④。

汪曾祺在"二十七年"时期的创作,带有革命现实主义和革命浪漫主义相结合的影子,他自己也认为《羊舍一夕》《看水》《王全》有着过分美化生活的嫌疑。但是,这样浪漫主义的影子并未随着"文革"的结束而结束,他新时期创作的小说《寂寞和温暖》等,依然"都有这种'浪漫主义'的痕迹"⑤。沈沅一再受到打击迫害,一旦换了领导,一切问题瞬间解决,这模式与"二十七年文学"恐怕思路也极为近似。"文革"后汪曾祺发表的第一篇小说是《骑兵列传》,这篇作品是根据当年未能写成的样板戏剧本《草原烽火》所积累的素材写成的,写法上尽管突破了"三突出"模式,但是依然带有强烈的"革命英

---

① 汪曾祺:《认识到的和没有认识的自己》,《汪曾祺全集》第4卷,北京师范大学出版社,1998年,第295—296页。
② 汪曾祺:《回到现实主义,回到民族传统》,《汪曾祺全集》第3卷,北京师范大学出版社,1998年,第289页。
③ 汪曾祺:《自报家门》,《汪曾祺全集》第4卷,北京师范大学出版社,1998年,第290页。
④ 汪曾祺:《旅途杂记》,《汪曾祺全集》第3卷,北京师范大学出版社,1998年,第230页。
⑤ 汪曾祺:《认识到的和没有认识的自己》,《汪曾祺全集》第4卷,北京师范大学出版社,1998年,第296页。

雄传奇"的印记。此小说是应《人民文学》之约写成的,也正因未能真正冲破固有模式,发表之后反应平淡。《在延安文艺座谈会上的讲话》发表之后逐渐被僵化理解,一度文学只允许写工农兵题材,产生了"题材决定论"。那些表现工人和农民生活的作品,除了写他们的阶级立场之外,多赞美他们对劳动的热爱,赞美他们的生产智慧。因为他们是体力劳动者而不是脑力劳动者,所以生产智慧未达到形而上的思维高度,而是体力劳动技巧上显示的睿智。《陈银娃》中的主人公是一个劳动模范车把式,有着超群的赶车技术;《乡下的阿基米德》表现的是一个老工人,他设计了一套相当复杂的杠杆,能拔出夹在钻洞中的钻头;《俩老头》中的主角是两个种田能手。我们的国家政权是工人阶级领导的、以工农联盟为基础的,工人和农民是国家物质财富的生产者,他们所从事的体力劳动理应受到尊重,而对他们劳动的尊重就是对他们国家主人地位的确认。"在某种意义上,中国革命实际上同时也是一种有关劳动群众的尊严的革命,或者说,它本身即是一种尊严政治的社会实践。"①此后,汪曾祺的创作越来越自由,叙事模式、题材类型上逐步冲破了"二十七年"文学规范的限制,但是,有些观念经过思索、批判和权衡,他所认定的方向就绝不动摇,现实主义就是他所认定的一个文学基本方向。汪曾祺所谓的恢复现实主义,就是从反映生活的角度倡导的。他说:"我觉得从这方面说,恢复现实主义的传统,在当时是符合实际情况的,因为'四人帮'搞的那一套,是根本违反现实主义的基本规律的。以后可能有许多新的现象,但是我觉一开始,文学必须在现实主义基础上去发展,这个道路我觉得还是对的,这是由从理念出发,从思想出发,开始回到从生活出发,因此,这就使开拓文学领域的广阔天地的这种发展要求变成了可能。"②

《在延安文艺座谈会上的讲话》中,毛泽东批判了那种认为运用马克思主义指导创作就会破坏正常的创作情绪的观点,认为学习马克思主义不是照搬教条,而是学会运用辩证唯物论和历史唯物论的方法观察世界,观察文艺。他随即笔锋一转:"那么,马克思主义就不破坏创作情绪了吗?要破坏的,它决定地要破坏那些封建的、资产阶级的、小资产阶级的、自由主义的、个人主义的、虚无主义的、为艺术而艺术的、贵族式的、颓废的、悲观的以及其他种种非人民大众非无产阶级的创作情绪。对于无产阶级文艺家,这些情绪应不应该破坏呢?我以为是应该的,应该彻底地破坏它们,而在破坏的同时,就可以

---

① 蔡翔:《革命/叙述:中国社会主义文学—文化想象(1949—1966)》,北京大学出版社,2010年,第20页。
② 汪曾祺、林斤澜、邓友梅对话:《关于现阶段的文学——答〈当代文艺思潮〉编辑部问》,《林斤澜文集》第6卷,北京师范大学出版社,2000年,第386页。

建设起新东西来。"①在新时期,汪曾祺认为文学应该坚持乐观主义,他说,"我对生活,基本上是一个乐观主义者,我认为人类是有前途的,中国是会好起来的。我愿意把这些朴素的信念传达给人。我没有那么多失落感、孤独感、荒谬感、绝望感。我写不出卡夫卡的《变形记》那样痛苦的作品,我认为中国也不具备产生那样的作品的条件"②。类似的话汪曾祺说过绝不止一次,在《认识到的和没有认识的自己》中,他认为如果真有那种感受,可以写出来,但是,"如果为了赢得读者,故意去表现本来没有、或者有也不多的荒谬感、失落感和孤独感,我以为不仅是不负责任,而且是不道德的"③。

早年的汪曾祺的文学理想是写"纯小说",他这样描述创作过程:"小说家在安排他的小说时他也不能想得太多,他得沉酣于他的工作。他只知道如何能不颠不簸,不滞不滑,求其所安,不摔下来跌死了。"④关于小说的本质,他如此描述:"一个短篇小说,是一种思索方式,一种情感形式,是人类智慧的一种模样。"⑤他声称暂时不讨论小说家的责任,事实上他在持守艺术自律的观念。所以,他判断自己的文学观念会被定性为"唯美主义":"我看出有人脸上颇不耐烦了,他心里泛起了一阵酸,许多过了时的标准口号在他耳根雷鸣,他随便抓得一块砖头,'唯美主义',要往我脑袋上砸。"⑥中国文学有一个重要传统,那就是"文以载道",特别讲究文学的社会教化功能。中国社会主义文学继承了这一特点,特别强调文艺为工农兵服务,在承认文学多种功能的同时,更希望文艺承担起传递政治意识形态观念的作用。汪曾祺对于新中国成立之后主流文艺关于文学的要求非常清楚,早年那种无功利的文学功能观显然已经有了极大的改变,他接受了文学多种功能的观点:"据说周总理曾在广州会议上提出,文艺有四大功能:第一是教育作用,第二是认识作用,第三是美感作用,第四是娱乐作用。听说在美学界有一种理论,认为不存在这四种功能,只存在一种功能,只存在审美作用。我不了解这种理论,我还是同意文艺有这四种功能。"⑦对于文艺的这四个功能,汪曾祺完全认可,但

---

① 毛泽东:《在延安文艺座谈会上的讲话》,《毛泽东论文艺》,人民文学出版社,1983年,第71页。
② 汪曾祺:《我的创作生涯》,《汪曾祺全集》第6卷,北京师范大学出版社,1998年,第494页。
③ 汪曾祺:《认识到的和没有认识的自己》,《汪曾祺全集》第4卷,北京师范大学出版社,1998年,第304页。
④ 汪曾祺:《短篇小说的本质》,《汪曾祺全集》第3卷,北京师范大学出版社,1998年,第31页。
⑤ 同上书,第31页。
⑥ 同上书,第30页。
⑦ 汪曾祺:《戏剧和小说杂谈》,《汪曾祺全集》第6卷,北京师范大学出版社,1998年,第394页。

是,他认为创作实践上对这四个功能有所偏废:"我觉得长期以来,比较片面地强调了文艺的教育作用,而比较忽视文艺的认识作用。"①他对文学的社会功能一再强调,对作家的责任感极为重视。"我的作品反映的是解放前的生活,对当前的现实有多大的影响,很难说,但我有个朴素的古典的中国式的想法,就是作品要有益于世道人心。过去有人说,文章千古事,得失寸心知。得失首先是社会的得失。作者写作时对自己的作品的效果不可能估计得十分准确,但你总应有个良好的写作愿望。有些作者不愿谈社会效果,我是要考虑这个问题的。一个作品写出来放着,是个人的事情;发表了,就是社会现象。作者要有'良心',要对读者负责。"②实际上,1985年以后先锋文学风起云涌,文学与社会职能剥离观念在中国文坛影响普遍,"纯文学"成了很多人追求的目标,这恐怕和汪曾祺1940年代的文学观念不无相通之处。但是物是人非,汪曾祺不为所动,经历这么多年社会主义文艺思想的熏陶,他不可能放弃文学的社会职能。类似的话他一说再说,在《要有益于世道人心》《戏台天地》《漫话作家的责任感》《小说的思想和语言》《却顾所来径,苍苍横翠微》《社会性·小说技巧》这些文章中反复强调作家的责任感,强调文学应该发挥社会职能。在国外也毫不避讳自己的这种观念,他有一次在美国的演讲题目就叫《谈作家的社会责任感》。

暴露黑暗和歌颂光明问题是文学史上的一桩公案。汪曾祺无疑接受了时代文学观念的影响,在他的文学观念中,文学的主要职能是传达"美",而不是暴露"丑"。"我想把生活中美好的东西、真实的东西,人的美、人的诗意告诉别人,使人们的心得到滋润,从而提高对生活的信念。"③他还从作品对读者生活态度影响的角度,探讨了创造美的重要性,"我认为作家的责任是给读者以喜悦,让读者感觉到活着是美的,有诗意的,生活是可欣赏的。这样他就会觉得自己也应该活得更好一些,更高尚一些,更优美一些,更有诗意一些。小说应该使人在文化素养上有所提高。小说的作用是使这个世界更诗化"④。汪曾祺说这样的话,显然经历了一番自己的理解与思索。但是,从1940年代那种对自我生存意义的不断叩问,转入到对生活之美、人生诗意的

---

① 汪曾祺:《戏剧和小说杂谈》,《汪曾祺全集》第6卷,北京师范大学出版社,1998年,第394页。
② 汪曾祺:《美学感情的需要和社会效果》,《汪曾祺全集》第3卷,北京师范大学出版社,1998年,第286页。
③ 汪曾祺:《要有益于世道人心》,《汪曾祺全集》第3卷,北京师范大学出版社,1998年,第221页。
④ 汪曾祺:《使这个世界更诗化》,《汪曾祺全集》第6卷,北京师范大学出版社,1998年,第181—182页。

抒发,发生这种巨大变化的原因是否和"二十七年"时期主流文化的要求有着某种内在关联呢?汪曾祺不会像很多人那样,一批"极左"政治,就把过去的一切都否定了,认为那时所有文学理论全都一无是处。他在文学上是非常有主见的,他认为正确的东西就会去坚守,去实践。总的讲,汪曾祺希望表现美的文学观固然与汪曾祺的儒家文化底蕴及少有攻击性的平和性格有关,但恐怕与时代文艺思想的长期熏陶不无关系。他的创作切实地挖掘生活之美、挖掘人生的诗意、挖掘人性之美,在客观上创造了一个美的世界。

在谈到文学艺术的源与流关系时,毛泽东的《在延安文艺座谈会上的讲话》说:"人民生活中本来存在着文学艺术原料的矿藏,这是自然形态的东西,是粗糙的东西,但也是最生动、最丰富、最基本的东西;在这点上说,它们使一切文学艺术相形见绌,它们是一切文学艺术的取之不尽、用之不竭的唯一的源泉。"①这一论断当然带有真理性,对于没有任何生活经验的人来说,创作自然是不可思议的事情。关于生活与创作的关系,早期的汪曾祺就不排斥生活基础,但是他反对对生活亦步亦趋的模仿,认为创作应该和生活保持一段距离。在1947年写作的《短篇小说的本质》中说:"毕加索给我们举了一个例。他用同一'对象'画了三张画,第一张人像个人,狗像条狗;第二张不顶像了,不过还大体认得出来;第三张,简直不知道是什么东西了。人应当最能从第三张得到'快乐',不过常识每每把人谋害在第一张之前。小说也许不该像这三张,但至少该往第二张上走一走吧?"②他的若干向他的"纯小说"理想逼近的作品,如《复仇》《绿猫》《牙疼》《囚犯》等,都以表现生活的真实性见长,不是对生活现象的摹写,而是进行了抽象化处理,实际上,它们遵循的恐怕根本就不是现实主义原则。但是,新中国成立后的汪曾祺不仅接受了"反映论",而且几近变成文化无意识。"文革"刚刚结束之后,《人民文学》的编辑王扶到汪曾祺家里约稿,据汪朗等回忆,汪曾祺与妻子施松卿谈起此事,"妈倒是十分冷静:'你还会写吗?写什么呀?又没有生活!'老头儿愁眉苦脸地说:'我也正想着这句话呢'"③。在汪曾祺看来,文学就是要表现社会生活。假如他还持1940年代的创作方式,个人的生活、情绪体验都可以诉诸创作,就算是整日生活在书斋里,也应该是有生活的。可见,他的生活指群众的生产劳动和社会活动之类。据林斤澜回忆:"我给曾祺介绍人家的东西,

---

① 毛泽东:《在延安文艺座谈会上的讲话》,《毛泽东论文艺》,人民文学出版社,1983年,第58页。
② 汪曾祺:《短篇小说的本质》,《汪曾祺全集》第3卷,北京师范大学出版社,1998年,第30页。
③ 汪朗、汪明、汪朝:《老头儿汪曾祺:我们眼中的父亲》,中国人民大学出版社,2000年,第346页。

别人的作品,我说谁谁谁写了一个什么什么,他老是反问我,他在生活里见过这样的人没有？他重视生活,他问的意思,是不是从生活里来的,还是从概念里来。"①在不同的场合,汪曾祺反复强调生活对于创作的重要性,在《小说创作随谈》中,他说:"文学是反映生活的,所以作者必须有深厚的生活基础。"②《道是无情却有情》等文章中,他也说过类似的话。在他眼里,只有对表现的生活烂熟于心,创作起来才能左右逢源,他说:"我认为这个'创作自由'不只是说政策尺度的宽窄,容许写什么,不容许写什么。我认为要获得创作自由,有一个前提,那就是一个作家对生活要非常熟悉,熟悉得可以随心所欲,可以挥洒自如,那才有了真正创作自由了。你有那么多生活可以让你想象、虚构、概括、集中,这样你也就有了创作自由了。而且你也有了创作自信。"③

"二十七年"时期的创作,对汪曾祺的另一个重大影响是语言的操练。对于汪曾祺"文革"以后的创作,有人认为他是直接把1940年代的创作经验复活。汪曾祺自己也说过类似的话,1986年他曾这样回顾自己新中国成立后的生涯:"三十多年来,我和文学保持一个若即若离的关系。有时甚至完全隔绝,这也是好处。……我当然也会受到占统治地位的带有庸俗社会学色彩的文艺思想的左右,但是并不'应时当令',较易摆脱,可以少走一些痛苦的弯路。文艺思想一解放,我年轻时读过的,受过影响的,解放后被别人也被我自己批判的一些中外作品在我的心里复苏了。"④看上去,汪曾祺把京剧创作特别是写作样板戏的经历,完全排斥在"文学"之外了。但是,这些评价恐怕不够准确,据我看来,1949年后的戏剧写作包括样板戏的写作,极大地磨砺了汪曾祺的语言,增强了他的文字功力,为"文革"后他写出那种炉火纯青的文学语言提供必要的积淀。戏剧创作生涯至少在如下两个方面给了他帮助:一是口语和文言的有机融合,二是对语言音乐性的高度自觉。

汪曾祺早年爱听大伯的留声机京剧唱片,父亲又常常拉胡琴,他学唱。在西南联大,汪曾祺又参加了曲社活动,学会了几出昆曲。心慕手追,有时不免尝试着创作。1954年,在北京市文联工作的汪曾祺根据《儒林外史》编出一部《范进中举》,北京市副市长王昆仑发现后非常欣赏,把它推荐给四大须生之一的奚啸伯排演,该剧一飞冲天,1956年获得了北京市戏曲会演剧本一等奖。这个剧本后来成了他人生的一个拐点。汪曾祺被打成右派后下放到

---

① 汪曾祺、林斤澜、邓友梅对话:《关于现阶段的文学——答〈当代文艺思潮〉编辑部问》,《林斤澜文集》第6卷,北京师范大学出版社,2000年,第403页。
② 汪曾祺:《小说创作随谈》,《汪曾祺全集》第3卷,北京师范大学出版社,1998年,第305页。
③ 同上书,第306页。
④ 汪曾祺:《〈晚翠文谈〉自序》,《汪曾祺全集》第4卷,北京师范大学出版社,1998年,第50页。

了张家口,"脱帽"后原单位竟然拒绝接收。正是凭借着这个剧本,汪曾祺才侥幸被北京京剧院接纳,从此回京做了编剧。

汪曾祺早期创作,语言很有特色,比喻新鲜,好用奇句,很有诗性,但是比较欧化,受翻译体影响较大。但是,自从1945年《老鲁》这篇小说之后,文风大变,"其中许多句子脱胎于鲜活的口语,已经很难用欧式语法去规范了"①。李陀推测,或许受了当时文坛舆论的影响。此时,包括瞿秋白在内的一批左翼理论家批判五四后形成的文学,认为它脱离了群众,走上了贵族化道路。"我们今天已经不能知道汪曾祺在1944年前后是否读过瞿秋白的这类文字,也不知道关于大众语的讨论是否引起过他的注意和思考。无论如何,自1945年之后,汪曾祺毅然和欧化的白话文分了手,再没有回头。"②汪曾祺这种善用口语的特长,后来在戏剧创作中得到了发挥。相较于小说等文体,戏剧人物形象的刻画对语言要求更高,对于语言性格化的要求也更高。在创作中,汪曾祺发现,"性格化的语言,这在念白里比较容易做到,在唱词里,就很难了"③。为什么念白相对容易做到呢?因为念白中多用方言口语。在《读剧小札》《〈中国京剧〉序》《太监念京白》等文中,汪曾祺曾专门对念白做过研究。比如,他曾对丑的念白很感兴趣,说:"从前唱丑的都要会说几种方言。比如'荡湖船'是要念苏白的。后来唱丑的大都不会了。只有'打砂锅'还念山西话,'野猪林'里的解差说山东话。丑应该会说几个省的方言,否则叫什么丑呢。"④所以,汪曾祺认为,掌握方言土语是京剧编剧的一个基本素养,"一个戏曲作者,最好能像浪子燕青一样,'能打各省乡谈'。至少对方言有兴趣,能欣赏各地方言的美。戏曲作者应该对语言有特殊的敏感"⑤。运用方言口语,是把人物形象写活的重要手段,"要使唱词性格化,首先要使唱词口语化"⑥。在创作中,汪曾祺在此方面相当自觉,1954年创作的第一个剧本《范进中举》中,汪曾祺就竭力用生动方言口语表现人物的性格。如范进考上秀才回到家中,有这样一段:

胡氏　相公中了一名秀才,他晕倒了!
顾白　怎么中了秀才就晕倒了?这是怎么说的,咱俩来瞧瞧。

---

① 李陀:《汪曾祺与现代汉语写作——兼谈毛文体》,《花城》1998年第5期,第132页。
② 同上书,第133页。
③ 汪曾祺:《浅处见才——谈写歌词》,《汪曾祺全集》第6卷,北京师范大学出版社,1998年,第421页。
④ 汪曾祺:《读剧小札》,《汪曾祺全集》第5卷,北京师范大学出版社,1998年,第319页。
⑤ 汪曾祺:《浅处见才——谈写歌词》,《汪曾祺全集》第6卷,北京师范大学出版社,1998年,第424—425页。
⑥ 同上书,第423页。

关清　不要紧,老伯母,他这是饿着啦。我们这儿给您带来了二升多米,您叫大嫂子赶紧给他煮点饭,他吃上两碗,就好啦!

范进　(睁目)你们讲些什么?

顾白　给你带来了一点米,要大嫂子煮饭哩!

范进　啊母亲,孩儿这时觉得有些气力了。啊关大哥,顾大哥,你们可好哇?

关清　范大哥你好!听说你考了秀才啦,这可好啦!中了秀才,就能教几个小学生了,明年托人找上一个家馆,每年能挣上十二三两银子,这可抵得上种三亩地哩,往后的日月就好过多啦。我们这儿给你道喜!

范进　是啊,若是找下一家家馆,就好了。

关清　大嫂子,你就煮饭去吧!噢,要是柴禾不够,你隔着后墙嚷一声,叫我家里的扔一捆过来。①

这一段全用方言口语,语言当行本色。样板戏本是政治产物,除了那些政治口号、豪言壮语,创作者还是竭力写出艺术个性。实际上,样板戏产生如此大的影响,不是光靠政治影响力,没有相当的艺术水准是绝不可能获得广泛认可的。《沙家浜》的念白,就非常注重方言口语的自觉运用,我们随便找一段:

郭建光　乡亲们待我们太好了!
　　　　〔沙四龙提了两条鱼和螃蟹、虾米上。〕

沙四龙　妈!我摸了两条鱼,还有螃蟹、虾米!

沙奶奶　四龙,刚干完活就下湖去了?

沙四龙　好给指导员下饭哪!

郭建光　哈…哈…

沙奶奶　好啊,拿来,我拾掇去。

郭建光　我来吧。

沙四龙　妈,您甭管了,我去拾掇。(进屋)

郭建光　沙奶奶,您坐。②

京剧就是这样一种特殊的剧种,雅和俗高度融合的艺术,一种大俗大雅的艺术。唱词主要用韵文,实际上来源于诗歌;宾白以散文为主,实则是生发自民间口语。尽管汪曾祺曾认为京剧是一种没有文化之人的文化,但是有些

---

① 汪曾祺:《范进中举》,《汪曾祺全集》第7卷,北京师范大学出版社,1998年,第8页。
② 汪曾祺:《沙家浜》,《汪曾祺全集》第7卷,北京师范大学出版社,1998年,第124页。

剧本是文人参与修改创作的,还是相当雅的。阅读汪曾祺创作的剧本,完全可以感受到背后强大的古典功底。他认为,"写一个时代的戏曲,能够多读一点当时的作品,在这些作品里'熏'一'熏',从中吸取一点语言,哪怕是点缀点缀,也可以使一出戏多少有点时代的色彩,有点历史感"①。汪曾祺是这么说的,也是这么干的。读一下《范进中举》,马上就明白他对《儒林外史》中的语言已经了如指掌了,他的戏剧语言已经达到了与原著逼似的程度。不仅如此,汪曾祺在创作中还根据需要自觉地融入文言成分。范进是一书生,所说语言文雅一些更合乎身份。他有这样一段范进的唱词:

(唱)艄翁说得确,
范进心似灰。
费尽心和血,
终成铩羽归,
近乡情更怯,
眼前泰山颓。②

这一段主要是文言,有两处化用名句名篇。"近乡情更怯",是宋之问《渡汉江》中的诗句,原诗为:"岭外音书断,经冬复历春。近乡情更怯,不敢问来人。""眼前泰山颓"亦有典故。《礼记·檀弓上》载:"孔子蚤(早)作,负手曳杖,消摇(逍遥)于门,歌曰:'泰山其颓乎!梁木其坏乎!哲人其萎乎!'既歌而入,当户而坐。子贡闻之,曰:'泰山其颓,则吾将安仰?梁木其坏,哲人其萎,则吾将安放?夫子殆将病也?'遂趋而入。"据说此事之后,孔子过了七天就去世了。用这样的典故,既合乎范进的身份,又能表现范进落第后的沮丧,真是再恰当不过了。《范进中举》《沙家浜》在口语运用的探索方面表现得相当突出。写到《杜鹃山》,口语大大削弱了,政治话语比重增加,但语言更整饬,更规范,多押韵,风格更典雅了,融入了更多的文言。如《杜鹃山》第四场"青竹吐翠",有一句李石坚的唱词:"虽然是冰消雪化春雷响,只怕春寒有严霜。谨防隔山烟尘涨,必须要时刻勤擦手中枪。"③关于这一段台词,还有一段故事。《沙家浜》编剧时,江青亲自抓,但主要管音乐和舞美,剧本的创作相对自由度较高。但到创作《杜鹃山》时,江青已经指派于会泳主管了。于会泳曾怀疑汪曾祺的文字能力,指责"仅防隔山烟尘涨"一句不通,认

---

① 汪曾祺:《浅处见才——谈写歌词》,《汪曾祺全集》第 6 卷,北京师范大学出版社,1998 年,第 424 页。
② 汪曾祺:《范进中举》,《汪曾祺全集》第 7 卷,北京师范大学出版社,1998 年,第 27 页。
③ 王树元等编剧:《革命现代京剧 杜鹃山(一九七一年九月北京京剧团演出本)》,人民文学出版社,1975 年,第 40 页。

为"烟尘"不能与"涨"搭配。汪曾祺很恼火,回到家里找来《杜工部诗集》,把书页摊在于会泳面前,指着一句诗说:"你看看!"①在沙岭子下放劳动时,汪曾祺曾躺在和工人共住的大铺上,把一部《杜工部诗集》读得烂熟。由此可见,汪曾祺遣词造句,借鉴古诗句是行家里手。《杜鹃山》上柯湘所唱"乱云飞渡"部分,也是汪曾祺的得意之作,其中一段如下:

【原板】
(那)毒蛇胆施诡计险恶阴狠,
须提防内生隐患,腹背受敌,危及全军,危及全军。
面临着胜败存亡,我的心、心沉重(背身踱步)
幕后女声(齐唱)
心沉重,
望长空,
望长空,
想五井。②

据汪朗说,唱词中循环往复式的写法借鉴的是元杂剧《汉宫秋》中汉元帝的唱词"……他部从入穷荒,我銮舆返咸阳。返咸阳,过宫墙;过宫墙,绕回廊;绕回廊,近椒房;近椒房,月昏黄……"③从上面这些例子可以看出,汪曾祺对于古典文学,多有假借,或挪用句式,或化用诗句,或脱化字词。有的舞台说明,干脆用骈文写作,比如《杜鹃山》第二场"春催杜鹃"这样介绍场景:

[幕启:天低云暗;祠堂门墙,敝旧阴森;古柏丛竹,探出墙外;门前一侧,有石座旗杆一柱。

[墟场上,冷落萧条。李石坚及战士若干,或扮买者,或扮卖者,背向观众,夹杂在人群中。罗成虎背身坐于小车上。④

由于样板戏是戏,和一般文章不同,唱词有特殊要求,有的实为诗句,这样的特殊文体给汪曾祺发挥深厚的古文功底创造了条件。若是在其他文体中,这种文白间杂的句子在当时是一大禁忌。毛泽东曾做过批判:"我们的许多同

---

① 汪朗、汪明、汪朝:《老头儿汪曾祺:我们眼中的父亲》,中国人民大学出版社,2000年,第134页。
② 王树元等编剧:《革命现代京剧 杜鹃山(一九七一年九月北京京剧团演出本)》,人民文学出版社,1975年,第62页。
③ 汪朗、汪明、汪朝:《老头儿汪曾祺:我们眼中的父亲》,中国人民大学出版社,2000年,第135页。
④ 王树元等编剧:《革命现代京剧 杜鹃山(一九七一年九月北京京剧团演出本)》,人民文学出版社,1975年,第18页。

志,在写文章的时候……爱好一种半文言半白话的体裁,有时废话连篇,有时又尽量简古,好像他们是立志要让读者受苦似的。"①在毛泽东看来,半文半白是党八股的表现。若不是躲在样板戏里,汪曾祺恐怕没有做语言实验的胆量,看看他的《王全》《羊舍一夕》,哪里敢用文言词句?写样板戏固然让人痛苦,但万幸的是,在那些唱词可以施展一下传统文笔,让自己保持着语言的弹性。

在某种意义上可以说,多年撰写戏剧剧本的生涯,把汪曾祺运用语言的能力练到了极致。戏曲的曲词源于诗歌,很多唱词至今也还是诗歌。《范进中举》第十三场题为"掴治",范进癫狂之中,唱了这样几句:"天上有座九曲桥,昆仑山上白云高,东海日出红杲杲,飘飘天地一羽毛。"②这就是一首诗。写剧本唱词在某种意义上就是依照固定格式填词写诗。

京剧采用不是"曲牌体"而是"板腔体","板腔体"有固定的语言形式,"唱词多以七字、十字为一句,每两句唱词为一个完整的相互呼应的乐句,也称上下句,上句押压仄声,下句押平声。平仄在一句之内是两两相闻,在两句和两联之间是两两相对"③。七字或十个字,结构方式是二二三或三三四,在用韵上,一般依据《中原音韵》。板腔体的写作难度极高,汪曾祺深有体会,他认为"板腔体取代了曲牌体,从文学角度看,是一个倒退。曲牌体所能表现的内容要比板腔体丰富一些,人物感情层次要更多一些,更曲折一些,形式上的限制也少一些。一般都以为昆曲难写,其实昆曲比京剧自由。越是简单的形式越不好崴咕。我始终觉得昆曲比京剧会更有前途,别看它现在的观众比京剧还少"④。汪曾祺就在这样局促的"板腔体"里演绎情节、抒情写事,真真是戴着镣铐跳舞,实在束缚急了,他试着创制新的格律,还大胆地借用曲牌,他"文革"后创作的《擂鼓战金山》就借用了两个曲牌体,一个是《唱鼓歌》,一个是《粉蝶儿》。他就在平仄和音韵中操练,把语言当作魔板,推拉扭拽,测试弹性,考验韧性,意欲找到最美妙的造型。

音乐性是汉语的一大特色,古人对此特别重视,能熟练填词作诗的人,无不经过格律的严格训练。但是随着白话文的推行,韵律一度被视为禁锢,轻易放弃了。格律音韵,过于苛求固然是一种桎梏,但弃之如敝屣,语言则丧失音乐之美。汪曾祺长期搞现代京剧,对音韵格律之纯熟、敏感,已然出神入

---

① 毛泽东:《〈中国农村的社会主义高潮·合作社的政治工作〉的按语》,《毛泽东论文艺》,人民文学出版社,1983年,第87页。
② 汪曾祺:《范进中举》,《汪曾祺全集》第7卷,北京师范大学出版社,1998年,第46页。
③ 祝克懿:《语言学视野中的"样板戏"》,河南大学出版社,2004年,第92页。
④ 汪曾祺:《京剧杞言》,《汪曾祺全集》第6卷,北京师范大学出版社,1998年,第391页。

化。到"文革"之后,汪曾祺所到之处,信手题诗,甚至一写数首,可见对格律全然驾轻就熟。他曾致信范用,不无自信地说:"近读《水浒》一过,随手写了一些诗,录奉一笑。这样写下去,可写几百首。"①他为潘金莲、王婆、燕青、林冲、扈三娘、李逵、鲁智深各写了一首七律。哪里的韵律出现问题,他一下子就能察觉到,《老学闲抄·毛泽东用乡音押韵》探讨了毛泽东的《西江月·井冈山》一诗,认为这首诗压的不是"平水韵",也不是北方通俗韵文"十三辙",而是用湖南话押韵。② 他对《中原音韵》等律书已经熟练到信手拈来、融会贯通的程度了。汪曾祺多次引用杜甫的"晚节渐于诗律细",甚至有一篇文章就用它做了标题,实际上说的就是他自己。更为可贵的是,汪曾祺把这种超凡的音乐之美带进了小说散文的创作。汪曾祺曾不无得意地说:"国内有一位评论家评论我的作品,说汪曾祺的语言很怪,拆开来每一句都是平平常常的话,放在一起,就有点味道。"③那味道很大一方面来自音乐性。汪曾祺晚年曾一再提及中国的"文气"概念,强调的还是语言的音乐规律。音乐性是汉语最具特色的部分,是汉语最为微妙精微的神秘之处,抓住了它也许才能抓住了汉语的本质。因此,汪曾祺一再告诫作家,"要培养自己的'语感',感觉到声俊不俊。中国语言有四声,构成中国语言特有的音乐性,一个写小说的人要懂得四声平仄,要读一点诗词,这样才能使自己的语言'俊'一点。"④汪曾祺这样的说法是建立在他对汉语深切理解的基础之上的,当然,对于那些毫无音律修养的年轻一代而言,这也许几近奢侈,也正因为如此,恐怕今后也很少有人能抵达汪曾祺所触摸到的汉语高度了。

　　戏剧文本非常复杂,有唱词,有念白,有舞台说明;就表述方式而言,有口语,有文言,有散文,有韵文,驳杂斑驳,五光十色。但是,这些东西混杂在一起,仅仅是一种芜杂混合物,还是化合成一种超级材料?汪曾祺不断地探求一种获得和谐的方式。比如,念白多用散文,虽然有时也用合辙押韵的旁白,曲词则全用韵文,二者交替出现,在语言形式方面总体上差距过大,交接处难免突兀,显得脱节。在写《杜鹃山》的时候,汪曾祺与他的合作者们开始把念白加上韵脚,由散文变为韵文,增强音乐感,这样唱词和念白二者语言上差距缩小了。当然,这也造成一些负面影响,远离了口语,削弱了语言的性格化。

---

① 汪曾祺:《致范用》,《汪曾祺全集》第 8 卷,北京师范大学出版社,1998 年,第 194 页。
② 汪曾祺:《老学闲抄》,《汪曾祺全集》第 5 卷,北京师范大学出版社,1998 年,第 78—79 页。
③ 汪曾祺:《中国文学的语言问题》,《汪曾祺全集》第 4 卷,北京师范大学出版社,1998 年,第 221 页。
④ 汪曾祺:《思想·语言·结构》,《汪曾祺全集》第 6 卷,北京师范大学出版社,1998 年,第 79—80 页。

据说这样的念白引起了江青的兴趣,她还曾经让汪曾祺和杨毓珉把《沙家浜》的念白全部改为韵文。汪曾祺在雅语和俗语糅合、文言和口语互渗方面的探索一直没有停止,真正成功恐怕是在他"文革"以后创作的那些小说里。在那里,一个整句往往包含了白话和文言、散文和韵文的有机融合,如《八千岁》有这样一段:

> 虞小兰有时出来走走,逛逛宜园。夏天的傍晚,穿了一身剪裁合体的白绸衫裤,拿一柄生丝白团扇,站在柳树下面,或倚定红桥栏杆,看人捕鱼踩藕。她长得像一颗水蜜桃,皮肤非常白嫩,腰身、手、脚都好看。路上行人看见,就不禁放慢了脚步,或者停下来装做看天上的晚霞,好好地看她几眼。他们在心里想:这样的人,这样的命,深深为她惋惜;有人不免想到家中洗衣做饭的黄脸老婆,为自己感到一点不平;或在心里轻轻吟道:"牡丹绝色三春暖,不是梅花处士妻",情绪相当复杂。①

此段民间叙事的味道很浓,时用口语句式,时用文言句式,主要为散文,兼用诗句,是多种语言元素的有机融合,表现力相当强。《岁寒三友》有这样一句,独立成段:"岁暮天寒,彤云酿雪,陶虎臣无路可走,他到阴城去上吊。"②《徙》中描写谈甓渔行踪:"他常常傍花随柳,信步所之,喝得半醉,找不到自己的家。"③不一而足,这些语言全是文白结合,调和自然,全无生涩之感。这样的语言,在汪曾祺的小说中不是个案,而是常态。这样的语言,如果没有长期创作戏剧的磨砺,不见得能运用自如。实现了文言和俗语的有机融合,是汪氏语言的一个突出特色。不仅仅在词句上采用方言俗语,而且还采用口语化的句式、口语化的语态。在某种程度上,创作样板戏对于汪曾祺而言是一段痛苦的记忆,但作用并不全是反面的,它在某种程度上为汪曾祺操练语言创造了条件。

毛泽东在《反对党八股》中,对学习语言提出了三项要求,"要向人民群众学习语言","要从外国语言中吸收我们所需要的成分","学习古代语言中有生命的东西"。④ 这当然是非常正确的。"二十七年"时期,正处东西冷战,国家在整体上趋于封闭,很少有人理直气壮地学习外国语言,剩下的民间语言和古代语言就成了当时学习语言的必选项。汪曾祺以他卓越的才华,把口语和雅语的张力发挥到了极致,走出了一条成功的探索之路。

避免对西方文学的生吞活剥,以吸纳民间文化等方式推进创作民族化;

---

① 汪曾祺:《八千岁》,《汪曾祺全集》第 2 卷,北京师范大学出版社,1998 年,第 42—43 页。
② 汪曾祺:《岁寒三友》,《汪曾祺全集》第 1 卷,北京师范大学出版社,1998 年,第 362 页。
③ 汪曾祺:《徙》,《汪曾祺全集》第 1 卷,北京师范大学出版社,1998 年,第 482 页。
④ 周申明主编:《毛泽东文艺思想研究概览》,河北人民出版社,1992 年,第 20—21 页。

不再回归1940年代的现代主义的写作路线,认同现实主义创作方法;拒绝表现孤独、绝望等个人情绪,坚持乐观主义精神;重视文学的社会职能,不像早年那样奉行"唯美主义"偏好;不以激进的态度暴露现实,而主张展示生活的美感和诗意;不再要求创作和生活保持一定的距离,而是坚持创作要反映生活;放弃欧化的语言倾向,确立雅俗骈散的语言风格,带着戏剧创作留下的痕迹。从这些文学选择可以看出,汪曾祺与"二十七年"文学观念之间确实存在某种程度的精神契合,或者说在批判和放弃某些畸变因素之后,汪曾祺大量继承和吸收了毛泽东时代的文学精神,并取得了辉煌的艺术成就。

第五章　儒家风范

汪曾祺曾对自己思想倾向做过这样的评价："有何思想？实近儒家。人道其里，抒情其华。"①可以说，儒家文化在他的整个思想构成中占据举足轻重的地位。汪曾祺有这样的思想倾向，绝非偶然，这与他的家庭渊源和教育背景不无关联。出于对孙子的偏爱，祖父在他上小学五年级时，开始对他进行儒学启蒙："我的祖父不知道为什么一高兴，要亲自教我这个孙子。每天早饭后，讲《论语》一节，要读熟，读后，要写一篇叫做'义'体的短文。'义'是把《论语》的几句话发挥一通，这其实是八股文的初阶，祖父很欣赏我的文笔，说是若在'前清'，进学是不成问题的。"②汪曾祺的祖父可不是一般人物，旧学功力极为深厚，他是清朝末科的"拔贡"，父亲曾告诉他，"祖父的那份墨卷是出名的，那种章法叫做'夹凤股'"③。若不是科举废除，以他的学识应该能够获得更高的功名。家庭教育在他心中埋下了亲近儒家的种子。小学毕业后的暑假，跟随张仲陶先生读《史记》，跟随韦子廉先生读桐城派古文，桐城派是正统的儒家文派，特别尊崇程朱理学。汪曾祺对于桐城派古文极为推崇，认为是中国古代散文之集大成的派别。在西南联大，《大一国文》"文言文部分突出地选了《论语》，其中最突出的是《子路曾皙冉有公西华侍坐》"④。这时他已经摆脱了儿时半懂不懂的状态，开始真正领悟儒家思想的精神真谛，认为孔子并不刻板，而是"很通人情的人，他很有点诗人气质"⑤。有这样的教育和学习背景，汪曾祺的思想中当然不会缺少儒家文化。

---

① 汪曾祺：《我为什么写作》，《汪曾祺全集》第8卷，北京师范大学出版社，1998年，第55页。
② 汪曾祺：《文章杂事　写字·画画·做饭》，《汪曾祺全集》第6卷，北京师范大学出版社，1998年，第83页。
③ 汪曾祺：《我的祖父祖母》，《汪曾祺全集》第5卷，北京师范大学出版社，1998年，第122页。
④ 汪曾祺：《西南联大中文系》，《汪曾祺全集》第4卷，北京师范大学出版社，1998年，第355页。
⑤ 汪曾祺：《寻根》，《汪曾祺全集》第6卷，北京师范大学出版社，1998年，第361页。

一、对"人情味"的倾心

西南联大在 1940 年代是传承五四传统的文化圣地,在这里待了五年的汪曾祺自然深受新文化浸染。因此对于封建文化糟粕,不仅能清晰地分辨,而且批判态度十分决绝。小说《珠子灯》堪称这方面的典范。按照当地风俗,富裕人家的小姐出嫁的第二年,娘家要送去珠子灯以祈愿多子多福。但是,孙淑芸小姐出嫁以后,珠子灯却只点过一次。孙小姐嫁给了大学生王常生,本是夫妻琴瑟和谐,但婚后不久,丈夫忽染重病,不治身亡。临终前留下遗言,让妻子切勿守节,但是,像孙小姐这样出身封建大家庭的人,深受正统教育影响,又怎么能走再醮之路呢?在极度悲伤压抑之中,平日不见她出门,窗外只偶尔听到灯上珠子坠落的声音。她这样一躺十年,直至香消玉殒。借助这样一个悲惨的故事,汪曾祺揭示了封建礼教以礼杀人的实质。在另外的文章中,汪曾祺对封建贞节观予以正面批判,认为"宋儒提出过'饿死事小,失节事大'这种不通人情,悖乎人性的酷论"①。汪曾祺多次论及"高邮八景"中的"露筋晓月",每次都带着愤愤不平之气。"露筋晓月"的名字来自一个典故:相传姑嫂二人赶路至天黑,只能在草丛中过夜。周围蚊子极多,小姑子受不了,就到附近小庙里投宿。嫂子执意不肯,露宿野外,结果身上的肉尽被蚊子吃去,露出了筋来。汪曾祺认为蚊子未尝吃肉,故事全是毫无心肝的卫道士为了捍卫贞洁观杜撰出来的,态度残酷,"这比'饿死事小,失节事大',还要灭绝人性"②。自己朝思暮想的故乡竟有如此违背人性的传说,令汪曾祺愤懑不已。

汪曾祺欣赏儒家,但并非对儒家思想照单全收,而是去糟粕、取精华。他曾说:"我不是从道理上,而是从感情上接受儒家思想的。我认为儒家是讲人情的,是一种富于人情味的思想。"③汪曾祺曾认为孔孟之道的核心是"大人者不失其赤子之心"④,这个赤子之心就是"仁人"之心。在另外一篇文章中,汪曾祺认为儒家思想中最为重要的是"仁心"和"恕道"。⑤"仁"的意思是什么?孟子说:"亲亲,仁也。"(《孟子·尽心上》)"仁之实,事亲是也。"(《孟

---

① 汪曾祺:《平心静气》,《汪曾祺全集》第 6 卷,北京师范大学出版社,1998 年,第 262 页。
② 汪曾祺:《露筋晓月》,《汪曾祺全集》第 6 卷,北京师范大学出版社,1998 年,第 42 页。
③ 汪曾祺:《我是一个中国人》,《汪曾祺全集》第 3 卷,北京师范大学出版社,1998 年,第 301 页。
④ 汪曾祺:《寻根》,《汪曾祺全集》第 6 卷,北京师范大学出版社,1998 年,第 369 页。
⑤ 汪曾祺:《继母》,《汪曾祺全集》第 6 卷,北京师范大学出版社,1998 年,第 119 页。

子·离娄上》)"仁"原本指"亲亲"之爱,基础是血缘亲情。可贵的是,仁学思想并没有局限于"亲亲"的狭小范围。"樊迟问仁。子曰:'爱人'。"(《论语·颜渊》)这里的"仁"已经是由"亲"推及"人"了。不止如此,"仁"的外延继续扩大:"入则孝,出则弟,谨而信,泛爱众而亲仁。"(《论语·学而》)进而,"仁"被纳入社会治理框架之中,上升到政治理性的高度,倡导"仁政","因民之所利而利之"(《论语·尧曰》),"博施于民而能济众"(《论语·雍也》),强调统治者要考虑到人民的利益,从而发展成一套"养民也惠"(《论语·公冶长》)的德治思想。儒家的人性论、道德观乃至政治学说,都是从"仁学"生发而来的,因此,"仁"是儒家思想的核心。"仁"是儒家之"爱"的基础,即所谓"仁者爱人","这种'爱人'出自内心深处的平和、谦恭和亲热之情,虽然它可能最早来自血缘亲情,不过在此时已经扩展为一种相当普遍的感情,'出门如见大宾,使民如承大祭'这还只是外在的礼节,接下去就是将心比心的内心体验……所谓'己所不欲,勿施于人',就是出自内心深处的一种对'人'的平等与亲切之情,这种把'人'与'己'视如一体的感情显然会引出一种'人'应当尊重'人'的观念"①。汪曾祺所说的人情,就是这样一种伦理情感。

尽管汪曾祺认为自己是一个人道主义者,但启蒙主义的人道主义的思想武器,汪曾祺恐怕还是有点疑问的。早在1942年,汪曾祺就写了一篇题为《唤车》的作品,通过对车夫夫妇真情实感的描述,对那些在书斋中高谈阔论"人道主义"而乏真实情感的知识分子进行了反思。在汪曾祺看来,没有感情的人道主义是丧失了生命的人道主义,或许正因如此,他才会对儒家的人情味赞赏不已。

汪曾祺对《诗经》非常看重,他认为中华民族伦理情感的稳定和传承,离不开《诗经》这样一个媒介。"《诗经》对许多中国人的性格,产生很广泛的、潜在的作用。'温柔敦厚,诗之教也。'我就是在这样的诗教里长大的。"②中国人具有人情味,《诗经》居功甚伟,"《诗经》作为中国人道德情感的教科书,起着陶冶性情的主观修养作用"③。正因如此,汪曾祺认为人们评价孔子,从来不把编辑和删节《诗经》与他联系起来,这是有失公平的。

儒家的人情味,首先表现在亲情之中。孔子说:"君子务本,本立而道生,孝弟也者,其为仁之本与。"(《论语·学而》)儿子爱他的父亲,弟弟爱他

---

① 葛兆光:《中国思想史》第1卷,复旦大学出版社,2001年,第95页。
② 汪曾祺:《认识到的和没有认识的自己》,《汪曾祺全集》第4卷,北京师范大学出版社,1998年,第299页。
③ 邓晓芒、易中天:《黄与蓝的交响:中西美学比较论》,人民文学出版社,1999年,第85页。

的哥哥,这都是源于血缘亲情,自生自发,无可置疑,这种爱具体体现为"孝"和"悌"。这是儒家仁学原初、最核心的内容,儒家的其他伦理情感,均由此扩展推广而来。早在1940年代的创作中,汪曾祺就表现出对亲情的信赖与迷恋,《囚犯》中"我"对于父亲的那种无限依赖和绝对信任感,《唤车》中车夫夫妇的那种相濡以沫,《邂逅》中那对卖唱父女之间的默契与和谐,都写得相当温暖。后期创作的散文,如《多年父子成兄弟》《我的祖父祖母》《我的父亲》《我的母亲》等,也都表现了浓浓的亲情。汪曾祺有一篇随笔叫《继母》,就回到这个原点上对儒家的人情进行阐释。作品主要说了两件事:其一是林则徐女儿临终之际,写下遗联,对丈夫与女儿做最后嘱托。这副对联是:

我别良人去矣。大丈夫何患无妻。若他年重结丝罗,莫对生妻谈死妇。　汝从严父戒哉。小妮子终当有母。倘异日得蒙抚养,须知继母即亲娘。

这里的下联,实际上包含了让女儿孝敬继母的意思。其二是民间戏曲《鞭打芦花》。闵子骞跟随继母生活,一天下大雪,闵子骞的父亲命三个儿子驾车外出。父亲看见大儿子闵子骞抱肩耸背,不使劲,很生气,抽了他一鞭,上袄被打裂,父亲怔了:袄里絮的不是棉花,是芦花!父亲醒悟原来妻子在虐待前房的儿子,就要把她休了。闵子骞跪在雪地上求情,说道:"母在一子单,母去三子寒。"这句话表达了闵子骞对异母兄弟的情感,体现了儒家"己所不欲,勿施于人"的伦理精神。对于这两则故事,汪曾祺分析道:"林则徐的女儿的遗联,《鞭打芦花》的情节,直接间接都受了儒家思想的影响",体现了"儒家思想最精粹的内核:人情"[①]。汪曾祺认为,儒家的这种文化传统对于当代社会有着重要意义,"一个国家,一个民族,一个时代,总要有它的伦理道德观念。我们今天的伦理道德观念从什么地方取得? 我看只有从孔夫子那里借鉴,曰仁心,曰恕道,或者如老百姓所说:讲人情。如果一个时代没有道德支柱,只剩下赤裸裸的自私和无情,将是极其可怕的事"[②]。

美和善是统一的,富有良知的作家在创作的时候会把自己的伦理情感带进虚构的世界,表现出一种博大的悲悯情怀。在评价《边城》的时候,汪曾祺认为沈从文之所以能把人物写活,"首先要有一颗仁者之心,爱人物,爱这些女孩子,才能体会到她们的许多飘飘忽忽的、跳动的心事"[③]。在自评创作的时候,汪曾祺说了类似的话:"我的小说所写的都是一些小人物、'小儿女',

---

[①] 汪曾祺:《继母》,《汪曾祺全集》第6卷,北京师范大学出版社,1998年,第118页。
[②] 同上书,第119页。
[③] 汪曾祺:《沈从文和他的〈边城〉》,《汪曾祺全集》第3卷,北京师范大学出版社,1998年,第156页。

我对他们充满了温爱,充满了同情。"①沈从文曾告诫他创作时要"贴到人物写",说的大概就是带着同情之心和悲悯情怀,深入人物的内在世界,体验人物的情感和情绪,然后诉诸笔端。汪曾祺讲述了一个又一个小人物被挤压、被盘剥的故事,在叙述态度上无不对他们的不幸报以同情,设身处地,感同身受。《大淖记事》中的十一子和巧云自由恋爱,反倒被强行占有巧云的"刘号长"毒打;《徙》中的高北溟被势利小人解职而陷入困顿;《故里三陈·陈小手》中的陈小手善于接生,救了团长太太孩子的性命反被团长无辜杀害;《故里三陈·陈四》中的陈四善踩高跷,因下雨误点,会首乔三太爷就掌他的嘴,当众罚跪了;《皮凤三楦房子》中的高大头,房产被恶棍夺走,始终无法索回;《天鹅之死》中的主人公纯洁如天鹅,却被人折磨致残。这种仁者之爱,有时转化为沉郁,有时体现为愤怒。

如果懂得了汪曾祺的悲悯情怀,也就不难明白汪曾祺把自己的作品称为"抒情的现实主义"的原因了。他曾借自评《晚饭花》加以说明:"我所写的人物都像王玉英一样,是我每天要看的一幅画。这些画幅吸引着我,使我对生活产生兴趣,使我的心柔软而充实。而当我所倾心的画中人遭到命运的不公平的簸弄时,我也像李小龙那样觉得很气愤。便是现在,我也还常常为一些与我无关的事而发出带孩子气的气愤。这种倾心和气愤,大概就是我自己称之为抒情现实主义的心理基础。"②汪曾祺用对待"现实世界"的方式体验"纸上世界",然后把喜怒哀乐诉诸文字,这样就让自己的作品带上了抒情的调子。

万俊人先生指出:"孟子所谓'义',即指人伦等差的伦理规范,它由'亲亲仁爱'的人伦本原伦理要求直接演化而来。"③儒家的人情味虽然从亲情出发,但却不局限在亲情之中,而是推己及人,生发开来,对他人带有同情心。冯友兰认为:"义是事之'宜',即'应该'。它是绝对的命令。社会中每个人都有一定的应该做的事,必须为做而做,因为这些事在道德上是对的。"④也就是说,"义"只服从于道德律令,不问涉及对象的身份,不问现实功利,因此带有很大的普遍性。孟子说:"仁,人心也。义,人路也。"(《孟子·告子上》)路自然是走出来的,因此"义"带有很强的社会实践性,后来就有了所谓的"侠义"。对这种超功利的"义",汪曾祺在作品中屡有表现。在《大淖记事》

---

① 汪曾祺:《我的创作生涯》,《汪曾祺全集》第6卷,北京师范大学出版社,1998年,第495页。
② 汪曾祺:《〈晚饭花集〉自序》,《汪曾祺全集》第3卷,北京师范大学出版社,1998年,第324页。
③ 万俊人:《寻求普世伦理》,商务印书馆,2001年,第190—191页。
④ 冯友兰:《中国哲学简史》,北京大学出版社,1996年,第37—38页。

中，十一子受了毒打，所有的锡匠都停下工来，"顶香游行"，为他声援，伸张正义。《故乡人·钓鱼的医生》写了一个叫王淡人的民间郎中，他做了两件事。一件是给破落子弟王炳治病。王炳不名一文，还吃喝嫖赌抽大烟，得了一种叫"搭背"的重病。王淡人把他收容家中，用了很多祖传的麝香、冰片为他治病，直至痊愈。另一件是冒死泅渡急流，到一个被大水围困的孤村里，救治病倒的村民。急人所急，救人危难，都称得上"义举"。《塞下人物记》中的王大力更是"舍生而取义"。一段铁轨被一堆杉篙堵塞，火车越来越近，千钧一发之际，王大力奋力抛掷，最后一根杉篙扔上去，他也脱力死去。他的同伴们同样见义勇为，共同养活他留下的孤儿寡母。由"仁"而"义"，儒家的人情味从狭小的家族圈子辐射到了广大社会，体现了更为博大、深厚的人道主义精神。

说到"义"，自然要涉及中国历史上争论不休的"义利之辨"。在儒家伦理中，"利"和"义"是相互对立的，彼此排斥。孔子说："君子喻于义，小人喻于利。"（《论语·里仁》）儒家思想可谓立场鲜明，毫不犹豫地站在"义"的一侧，对"利"采取了决绝和蔑视的姿态。这种姿态虽然崇高，但也有脱离实际之嫌，"利"是生存之本，用"义"轻轻地将之抹杀，似乎也过于轻率了。在这一点上，墨家似乎更通世故，他们虽然痛恨唯利是图，却并不一味清高，一味鄙视"利"，而是追求"利"与"义"的统一。汪曾祺固然对"舍生取义"的英雄行为不无向往，对"因义废利"的道德举动不无嘉许，但在更多的作品中，他比较认同墨家的做法，刻画了若干既好利也好义的普通人物。"利"是现实生活的根基，"义"是人情味的表征，"义""利"兼顾，才真正体现出芸芸众生的烟火之气。《岁寒三友》表现的是王瘦吾、陶虎臣和靳彝甫三个朋友的义气。他们全都为人善良，热心公益。画师靳彝甫有了挣钱的机会，王瘦吾和陶虎臣就凑钱资助。王瘦吾帽厂倒闭，陶虎臣卖女糊口，都濒临绝境，靳彝甫就变卖爱如性命的三块田黄石章，接济二人。相濡以沫，义薄云天。王瘦吾想方设法做各种生意，陶虎臣靠卖鞭炮获益，靳彝甫用斗蟋蟀的方式挣钱，但都谋利而不伤义。《故里三陈·陈泥鳅》中的陈泥鳅，水性极好，他"也好义，也好利"，打捞死尸，讨价还价，救急救难，则不计报酬。一次冒险捞尸，从"公益会"获取高价，要了十元。这十块钱，他转手就送给了寡妇陈五奶奶，让她救治病重的孙子。好利成了他好义前提，以利衬义，更显出他人性人情的光辉。汪曾祺就这样舍弃了儒家的清高之气，让他笔下的人物更具现实感。对于那些过分好利的人，汪曾祺不无嘲讽，《金冬心》以戏谑的语气，写在南方商业文化的影响下，金冬心那样的文人已经开始改变以义为上的信念，斯文的外表下涌动的是想方设法捞钱的心思。对于那些见利忘义的行径,汪曾祺总是深恶痛绝的,文笔也绝不温柔敦厚:《瞎鸟》中的"大裤裆"是无义之徒,蒙骗"老王",用一只瞎鸟换了一只好鸟;《八千岁》中的八千岁,门上的对联是"僧道无缘""概不做保",因利废义;《唐门三杰》中的大俞潮存心害人,唐氏兄弟彼此冷漠,薄情寡义;等等。

  关于人性问题,汪曾祺有过一段议论:"中国对于性善、性恶,长期以来,争论不休。比较占上风的还是性善说。我们小时候读启蒙的科教书《三字经》,开头第一句话便是'人之初,性本善'。性善的标准是保持孩子一样纯洁的心,保持对人、对物的同情,即'童心''赤子之心'。孟子说:'大人者不失其赤子之心者也'。"①孔子认为每个人都有"仁人之心",其中似乎已经隐含着人性论了。孟子对这个问题做了明确的解释,提出了有名的性善论。他的这一观点主要体现为"四端"说:"恻隐之心,仁之端也;羞恶之心,义之端也;辞让之心,礼之端也;是非之心,智之端也。人之有是四端也,犹其有四体也。"(《孟子·公孙丑上》)一切道德情感就是从这"四心"中生发而来,只要人能发挥主观能动性,"反身而诚",按照本心行事,一切行为就都会是伦理行为。后人对性善论有很高的评价,认为"他发现了人性的善,第一次指出人类理性的尊严"②。孟子并不是看不到人性中的丑恶现象,他下过一个并不让人乐观的判断——"人之所以异于禽兽者几希"(《孟子·离娄下》)。只是他认为人和动物性所共有的一面,属于人的动物性,而不同于动物的部分就在于性善之处,因此只有善的部分才真正属于人。关于人性之恶,汪曾祺早有洞察,他有一篇小说叫《钓人的孩子》,写的是一个孩子,在钓鱼竿上拴上钞票,甩到大街上钓人。他认为这个孩子是个小魔鬼,对他长大成人之后变成何种人物表示担忧。中国传统文化认为孩子是洁白无瑕、未受污染的,因此最崇尚"赤子之心"和"童心",认为这种本心最贴近道德。在这篇小说中,汪曾祺写了一个儿童依照本性作恶的故事,这显然是在揭示人性中恶的一面。1990年代后,汪曾祺发表了一系列作品批判和反思"文革"。他曾创作了"当代野人系列",列数了各种恶行。《三列马》刻画了一个叫耿四喜的人,在政治运动中喜欢搞大批判,动不动就把某个政治上有疑问的人找出来"单练"。《大尾巴猫》中的郝大锣和范宜之,大搞文字狱,牵强附会,诬陷同事。《去年属马》中的夏构丕,借帮助"破四旧"的名义,搜查反革命罪证。批判"文革"人性之恶的作品还不止这些,《无缘无故的恨》中的一个"造反派"给"黑帮"训话时阶级仇恨太深,怒气冲天,竟然忽然休克。《吃饭》中的叶德

---

① 汪曾祺:《使这个世界更诗化》,《汪曾祺全集》第 6 卷,北京师范大学出版社,1998 年,第 182 页。
② 宗白华:《中国哲学史提纲》,重庆大学出版社,2014,第 45 页。

麟,当了演员队长,谁想演角色就得先给他送礼。《可有可无的人》中的庹世荣在派斗之中敢于用身体拦下汽车,明明是蛮野的痞性流露,当时却被奉为英雄。人性是善恶同在的,如果只有恶,那人类就太绝望了。汪曾祺有一个小说题为《虐猫》,写的是几个儿童弃恶向善的故事。《虐猫》的背景是"文化大革命",此时武斗不断,耳濡目染,李小斌等四个孩子为身体深处泛起的恶性控制,想出了种种虐待猫的方法,把猫的胡子剪了,在猫尾巴上拴了一挂鞭炮,用乳胶把猫爪子粘在瓶盖上,甚至把猫从六楼扔下来摔死,并在暴虐中体验到了残忍的快感。但有一天当他们又抓到一只大猫,准备从六楼扔下去的时候,李小斌的爸爸从六楼上跳下来了。四个小伙伴,在李小斌父亲蒙难的切肤之痛中,"恻隐之心"复活了,由人及物,他们立刻收了手,把猫放走了。这种情节的"惊奇"只是一个外部表现,深层原因在于人物内心的"突转",这是孩子人性中善的因子战胜了邪恶的意念,人性复归了。事实上,这不仅是关于孩子的故事,也是一个民族的寓言,他意在揭示"不断地搞运动,使人心变了,变得粗硬寡情了"①,"人性有恶的一面。'文化大革命'把一些人的恶德发展到了极致,因此有人提出'人性的回归'"②。他希望在兽性膨胀之后,整个民族能在惨痛的教训之中恢复"赤子之心"。从解决方法看,汪曾祺的思维方式完全是儒家式的。儒家认为,人做坏事是因为善良秉性被欲望蒙蔽,只要把附着其上的东西清除了,人就能恢复善良的本性,这就是"复性"。

晚年时汪曾祺开始对儒家思想有所反思,1987 年他应安格尔、聂华苓邀请,参加"国际写作计划"活动,在美国生活了三个月。由于亲身接触了异域的文化环境,获得了一个审视中国文化的新视角,思想发生了一些变化。据汪曾祺回忆:"我老伴写信来说我整个人开放了,突破了儒家的许多东西。"③这个说法并非虚夸,在《美国短简·夜光马杆》一文中,汪曾祺甚至对他最为欣赏的"仁人之心"进行了反思,他说:"中国近年也颇重视对残疾人的工作。但我觉得中国人对残疾人的态度总带有怜悯色彩,'恻隐之心'。这跟儒家思想有些关系。美国人对残疾人则是尊重。这是不同的态度。怜悯在某种意义上是侮辱。"④应该说,这种反思站在个体平等的基础之上,还是相当深刻的,遗憾的是只有只言片语,点到为止,没有更深一步的思索。

---

① 汪曾祺:《哀哀父母,生我劬劳》,《汪曾祺全集》第 6 卷,北京师范大学出版社,1998 年,第 226 页。
② 汪曾祺:《使这个世界更诗化》,《汪曾祺全集》第 6 卷,北京师范大学出版社,1998 年,第 182 页。
③ 汪曾祺:《美国家书》,《汪曾祺全集》第 8 卷,北京师范大学出版社,1998 年,第 120 页。
④ 汪曾祺:《美国短简·夜光马杆》,《汪曾祺全集》第 4 卷,北京师范大学出版社,1998 年,第 317 页。

二、群体意识的自觉

中国文化主流自是儒家,关于儒学的核心概念,目前说法不同,有人认为是"礼",更多的人认为是"仁",但无论是"礼"还是"仁",就性质而言,都体现为群体精神。

礼是儒家文化的核心基因之一。就儒家文化生成的过程看,殷周贵族文化在性质上基本上可视为一种"礼"文化,直到孔子出现,才在这种文化中注入了"仁"的观念,让儒家思想的人文性获得了极大的提升。对于"礼",汪曾祺有两重态度,一方面对繁文缛节极为反感,表现出名士气,另一方面他认为对于普通人物的评价,礼是一个重要的衡量标准,流露出儒家重礼的趣味。汪曾祺对裘派传人方荣翔的赞誉,就把他能恪守"礼"作为一个重要的评价依据。汪曾祺认为:"在戏曲界,荣翔是一位极其难得的恂恂君子。"①何以见得?从他与老师裘盛荣之间的关系上可以看出,"盛戎生前,他随时照顾,执礼甚恭。盛戎生病,随侍在侧"②。"盛戎去世后,荣翔每到北京,必要到裘家去。他对师娘、师弟、师妹一直照顾得很周到。荣翔在香港演出时,还特地写信给自己的孩子,让他在某一天寄一笔钱到裘家去,那一天是盛戎的生日。"③礼节之中,透着恭敬。汪曾祺做了一番议论:"'四人帮'时期,曾批判'克己复礼'。其实克己复礼并没有什么不好。荣翔正是做到这一点。"④"克己复礼"语出《论语·颜渊》,"颜渊问仁。子曰:克己复礼为仁。一日克己复礼,天下归仁焉。为仁由己,而由人乎哉?"当然,孔子非常注重礼和仁的统一,希望外在之"礼"是内在之"仁"的体现,否则就流于虚伪。所以,孔子曾说:"礼云礼云,玉帛云乎哉?"(《论语·阳货》)玉器和锦帛是行礼时所用之物,孔子这句话的意思是对于"礼"而言,重要的不是外在的形式,而是内在真情。阅读《论语》,我们发现孔子执礼时,总是带着内心的虔敬。孔子认为,"礼之用,和为贵。"(《论语·学而》)人人守礼,才能真正做到社会关系和谐。礼,是人与人之间建立关系的基本规则,是规避冲突的准绳和依据,因此对于维护群体关系至关重要。

儒家的另一个重要概念是"仁"。有人对儒家文化中的情感世界进行了

---

① 汪曾祺:《艺术和人品》,《汪曾祺全集》第4卷,北京师范大学出版社,1998年,第425页。
② 同上书,第425—426页。
③ 同上书,第425页。
④ 同上。

考察，发现伦理情感几乎涵盖一切。考究这个问题可以从"心"这个概念的意义着手。"作为中国人精神世界的'心'虽然也被认为具有理智的功能（《孟子》中说'心之官则思'），但其主体部分和主要功能却是'情'，而且这种'情'还不是喜、怒、哀、乐、忧、思之类纯属于个人精神境遇性质的情绪，而是对于他人的感情。"①为什么这样说呢？"在孟子看来就是恻隐、羞恶、辞让、是非等'四心'，他说没有这'四心'就'非人也'。而这'四心'，全部属于人对于他人的感情范畴。"②"四心"的总和就是"仁"。从字形上辨识，"仁"从"二"从"人"，蕴含着多个人的意思，带有群体的意味。正因为儒家文化源头就是这样设定的，所以说"一个人离开了他人，离开了人伦，就谈不到'仁'，就没有了'心'，没有了精神世界。"③更具体地说，人与人之间的关系无非是君臣、父子、兄弟、夫妻、朋友所构成的五伦，那么，人的情感也就主要指向这五伦。因此，从儒家观念上看，中国传统文化中的情感缺乏个性色彩，通常带有普遍化、伦理化的特点。《寂寞与温暖》写了这样一个故事，年轻的女主人公沈沉，不知道什么缘故被错划为"右派"，导致了她在工作单位挨整，遭受大字报的污辱，这时候，面对突然袭击，她一时措手不及，神经麻木，丧失思维，一片茫然。为什么她会瞬间崩溃呢？被划为另类，政治身份一落千丈，工作条件急转直下，当然令人不安。但是，这还不是问题的核心，最可怕的事情在于她被大家孤立、隔绝了，陷入孤独之中。西方文化中有"人是原子"的传统，个体性本就意味着孤独，更何况他们心中还大都有一个上帝，孤独时可以对他祈祷，似乎能耐得住寂寞。但是，对于习惯于在群体中获得精神安顿的中国人而言，孤立就意味着价值失落，甚至觉得孤独是可耻的，因此难免崩溃。中国知识分子失意之时，总要回到民间，以在新的群体之中寻求精神栖息之地。马夫王全等庄户人接纳了她，让她落脚于另一个群体之中，暂时逃离了孤独的深渊，打消了自杀的念头。然而，人以群分，作为知识分子，沈沉不可能完全融入"庄户人"之中，她无时无刻不在期待着回归以知识分子、干部为构成的那个优雅人群。这个希望随着正面人物赵所长的出现而成为可能。作为新的权力核心的赵所长上任之后，开始关注这个日渐消瘦的柔弱女子，为她摘掉了右派帽子。当沈沉走进她阔别五年的办公室，首先参加的是这个群体的"评先会"，同事傻哥儿李拉开一张椅子，亲切地招呼她坐下："这还是你的那张椅子。"一旦回到会议现场，一旦坐回这种张椅子，就意味着恢复了位置，重新被这个优雅的群体认可和接纳，也意味着那个依靠

---

① 魏光奇：《天人之际：中西文化观念比较》，首都师范大学出版社，2000年，第137页。
② 同上。
③ 同上书，第138—139页。

群体滋养的精神完成了复活。① 沈沉在政治运动经历的虽然是一个命运的圆环,但是作为精神世界走的却是一条直线,以群体主义为核心的传统思维模式始终未变。很多人都看出,《寂寞与温暖》有汪曾祺的自传色彩,包含着他个人1958年被打成右派下放张家口沙岭子的人生经历和内心体验。古人往往以香草美人自喻,汪曾祺在小说中就化身为女性沈沉了。

儒家思想的另一个重要概念是"和"。《中庸》中有言:"万物并育而不相害,道并行而不相悖。"这是对世界万事万物之间关系的一个基本判断,在此基础上,提出了"致中和"的思想:"中也者,天下之大本也;和也者,天下之达道也。致中和,天地位焉,万物育焉。"(《中庸》)"仁"与"礼"所要达到的社会目标,当然也是人与人之间关系的和谐。汪曾祺对于"人和"之境心动不已,在《自报家门》中,汪曾祺写了这么一段:

> ……我很喜欢《论语·子路曾皙冉有公西华侍坐章》。他让在坐的四位学生谈谈自己的志愿,最后问到曾皙(点)。
>
> "点,尔何如?"
>
> 鼓瑟希,铿尔,舍瑟而作,对曰:"异乎三子得之撰。"
>
> 子曰:"何伤乎?亦各言其志也。"
>
> 曰:"暮春者,春服既成,冠者五六人,童子六七人,浴乎沂,风乎舞雩,咏而归。"
>
> 夫子喟然叹曰:"吾与点也。"②

孔子在和一群学生畅所欲言,曾点的乐事是带着一大群人野外漫步,他们都要在群体中获得兴致。对于《论语》中的这一段对话,汪曾祺非常神往,反复引用,在《我是一个中国人》《西南联大中文系》《晚翠园曲会》《寻根》《我的创作生涯》《致刘锡诚》等一批文章,不厌其烦地重复。这里是儒家所向往的"人和"的境界,人从中获得的幸福感是个体融入群体之后其乐融融、如鱼得水的快感,是在群体中找到位置的安适感。在小说创作中,他对那种能搞好人际关系、人气旺盛的人总是不无欣赏。在1940年代所写的《老鲁》中,校警老鲁和一帮人时常喝酒的热闹景象,就让他颇感温暖。在《云致秋行状》中,云致秋与各路名角、各层领导、广大群众之间的融洽关系,更令他赞叹不已。汪曾祺本身也表现出喜欢悠游于群体之中的特征,晚年的汪曾祺不断参加活动、出席会议、外出旅行,他喜欢"宴乐",很多人聚在一起,自然是其乐融融;他爱好游山览胜,但须群体游览,呼朋引伴。各种群体场合,他都兴致盎然。

---

① 参见孟庆澍《仁爱与抒情——汪曾祺气质论》,《小说评论》1998年第5期,第76页。
② 汪曾祺:《自报家门》,《汪曾祺全集》第4卷,北京师范大学出版社,1998年,第291页。

据黄裳回忆,他和晚年的汪曾祺"结伴赴港访问,苏南共游。我发现曾祺兴致很好,随处演讲,题诗,作画,不知疲倦"①。汪曾祺在群体生活中的勃勃兴致,由此可见一斑。

人是万物的尺度,人用什么样的眼光看待自己,就会用什么样的眼光看待世界,审美视野也不例外。"儒家美学强调'和',主要在人和,与天地的同构也基本落实为人际的谐和。"②儒家的群体精神,不仅表现在人际关系之中,也辐射到人与自然的关系之中。中国传统文人所喜欢的自然也多是平和的、安详的、幽静的,与人际关系和谐的理想取向一致。汪曾祺曾说:"我认为陶渊明是一个纯正的儒家。'暧暧远人村,依依墟里烟。狗吠深巷中,鸡鸣桑树颠。'我很熟悉这样的充满人的气息的'人境',我觉得很亲切。"③陶渊明《饮酒》诗云:"结庐在人境,而无车马喧。"成为千古名句,为大家所传诵,就是因为他准确地传达了儒家关于自然的理想,自然环境一定能够容纳人。汪曾祺曾写一首题为《山居》的诗歌:"结庐在人境,性本爱丘山。隔户闻鸡犬,何似在人间。"④这首诗几乎是集句。"结庐在人境"摘自陶渊明的《饮酒二十首》。"性本爱丘山"录自陶渊明的《归园田居五首》。陶渊明的《桃花源记》有言:"土地平旷,屋舍俨然,有良田美池桑竹之属。阡陌交通,鸡犬相闻。""隔户闻鸡犬"一句大概由此段化出。"何似在人间"是苏东坡《水调歌头·明月几时有》上的诗句。这首诗歌反映了汪曾祺的人生情趣:生活于"人境",在大自然的怀抱里,但周围必须有人。汪曾祺非常欣赏果子沟,他对清新和谐之境赞叹不已:"新雨初晴,日色斜照,细草丰茸,光泽柔和,在深深浅浅的绿山绿谷中,星星点点地散牧着白羊、黄犊、枣红的马,十分悠闲安静。"如此美景,他又不满足,而要在美轮美奂的地方再加上一个仙女:"我觉得这里该出现一个小小的仙女,穿着雪白的纱衣,披散着头发,手里拿一根细长的牧羊杖,赤着脚,唱着歌,歌声悠远,回绕在山谷之间……"⑤仙界自然要配仙女,然而这个仙界完全是按照人间的模式创造的,美丽的自然要有人生活于其中的踪迹。汪曾祺非常喜欢昆明的翠湖,在作品中多次书写:"一进了翠湖,即刻就会觉得浑身轻松下来;生活的重压、柴米油盐、委屈烦恼,就会冲淡一些。人们不知不觉地放慢了脚步,甚至可以停下来,在路边

---

① 黄裳:《故人书简》,《你好,汪曾祺》,山东画报出版社,2007 年,第 12 页。
② 李泽厚:《美学三书·华夏美学》,安徽文艺出版社,1999 年,第 298 页。
③ 汪曾祺:《我是一个中国人》,《汪曾祺全集》第 3 卷,北京师范大学出版社,1998 年,第 301 页。
④ 金实秋:《汪曾祺诗联品读》,大众文艺出版社,2009 年,第 79 页。
⑤ 汪曾祺:《天山行色·赛里木湖·果子沟》,《汪曾祺全集》第 3 卷,北京师范大学出版社,1998 年,第 248 页。

的石凳上坐一坐,抽一支烟,四边看看。即使仍在匆忙地赶路,人在湖光树影中,精神也很不一样了。翠湖每天每日,给了昆明人多少浮世的安慰和精神的疗养啊。"①翠湖招人喜欢,不仅在于它具有自然之美,更在于让人陶醉其中,暂时摆脱了功利,摆脱了争斗,获得了休憩。没有人在这里,翠湖又有什么可爱的?"对中国知识分子来说,自然不止是他们观赏愉悦的对象,更是亲身生活于其中的处所。""它是充满了烟火味的温暖的大自然。"②他们只有在这样的自然环境之下,才能体会到人生之乐。"知者乐水,仁者乐山。"(《论语·雍也》)这山这水都必须是带着人间情味的山水。

现实中对"人境"的欣赏也影响到他对艺术的鉴赏态度,影响到他的艺术趣味。北宋郭熙、郭思论画云:"世之笃论,谓山水有可行者,有可望者,有可游者,有可居者。画凡至此,皆入妙品。"③诗、文与画同理,因为背后的文化心理是一致的。汪曾祺无论是点评文章,还是鉴赏诗句,总以能不能创造"人境"作为鉴别艺术水准高下的重要标准。在《沈从文的寂寞》一文中,汪曾祺曾引用沈从文《沅陵的人》中的一段话,加以评价:"这不令人想到郦道元的《水经注》?我觉得沈先生写得比郦道元还要好些,因为《水经注》没有这样的生活气息,他多写景,少写人。"④汪曾祺曾描述,在西南联大的时候,沈从文常常用毛笔在竹纸上书写的两句诗:"绿树连村暗,黄花入麦稀。"⑤他就是从"这两句诗(当然不止两句)里解悟到应该怎样用少量文字描写一种安静而活泼,充满生气的'人境'的"⑥。汪曾祺认同宋文人的人生态度,最欣赏这样一副对联:"万物静观皆自得,四时佳兴与人同。"⑦他认为:"'与人同',尤其说得好,善与人乐,匪止独乐,只真得佳兴。"⑧自然风景的美好固然重要,与人同乐的境界却是必不可少的,否则,就不能得到此中真意。在中国传统文化中,"自然于人,无论是真实的自然还是书画中的自然,总是与人的生活、情感相关联相交通和相亲近的"⑨。

---

① 汪曾祺:《翠湖心影》,《汪曾祺全集》第 3 卷,北京师范大学出版社,1998 年,第 362 页。
② 李泽厚:《美学三书·华夏美学》,安徽文艺出版社,1999 年,第 311 页。
③ [宋]郭熙、郭思:《林泉高致》,周积寅编著:《中国历代画论 掇英类编注释研究》(下编),江苏美术出版社,2013 年,第 858 页。
④ 汪曾祺:《沈从文的寂寞》,《汪曾祺全集》第 3 卷,北京师范大学出版社,1998 年,第 267 页。
⑤ [唐]司空图《独望》中句,原诗为:"绿树连村暗,黄花入麦稀。远陂春草绿,犹有水禽飞。"
⑥ 汪曾祺:《沈从文的寂寞》,《汪曾祺全集》第 3 卷,北京师范大学出版社,1998 年,第 262 页。
⑦ [宋]程颢《秋日偶成》中诗句,原诗为:"闲来无事不从容,睡觉东窗日已红。万物静观皆自得,四时佳兴与人同。道通天地有形外,思入风云变态中。富贵不淫贫贱乐,男儿到此是豪雄。"
⑧ 汪曾祺:《平心静气》,《汪曾祺全集》第 6 卷,北京师范大学出版社,1998 年,第 262 页。
⑨ 李泽厚:《美学三书·华夏美学》,安徽文艺出版社,1999 年,第 311 页。

与之相应,对于那种了无人气的境界,他分外排斥。在寂寥无人的天山,面对凄清的湖面,他顿生去意,"塞里木湖的水不是蓝的呀。我们看到的湖水是铁灰色的。风雨交加,湖里浪很大。灰黑色的巨浪,一浪接着一浪,扑面涌来。撞碎在岸边,溅起白沫。不像是湖,像是海。荒凉的,没有人迹的,冷酷的海。没有船,没有飞鸟。赛里木湖使人觉得很神秘,甚至恐怖。赛里木湖是超人性的。它没有人的气息。湖边很冷,不可久留。"①对于这一段,胡河清先生曾有过精彩分析:"汪曾祺讨厌赛里木湖的'超人性'气质,正说明了他审美方式体现了儒家人文文化的价值体系。儒家以血缘崇拜为价值体系构成的核心,所以其伦理情感的形态特征便表现为'恋家'。天下的山水,大凡能使儒者感到宾至如归、温煦如家的,就是上乘。"②面对浩瀚的大戈壁,他体会到的不是阔大雄浑的壮美,而是无尽的荒凉,"这里什么都没有。没有飞鸟的影子,没有虫声,连苔藓的痕迹都没有。就是一片大平地,平极了。地面都是砾石。都差不多大,好像是筛选过的。有黑的、有白的。铺得很均匀。远看像铺了一地炉灰渣子。一望无际。真是荒凉。太古洪荒。真像是到了一个什么别的星球上"③。冷湖戈壁,非人居之所,无论是多么安静,还是多么宏阔,都不能勾起他的留恋。

三、"知命乐天"的豁达

孟子说:"莫之为而为者,天也;莫之致而至者,命也。"(《孟子·万章上》)世间有太多的不确定性,古人感受到冥冥之中似乎有一种不可预测的力量在掌控着人生。汪曾祺半生颠沛,抗战时期见惯了难民的流离失所,1949年后屡屡在政治漩涡中沉浮,在大时代面前的那种渺小感应该是比较强烈的,对儒家那种无可奈何的命运感应该是认同的,这种感受自然而然地就会投射到作品之中。无论是扬州人,还是南京人,不管多么精明勤劳,都不免随社会局势的恶化而落魄(《落魄》);孟老板的炮仗生意十分兴隆,但是随着破除迷信,经济衰败,硝磺统售,官方禁止,本来如日中天的店铺被迫关闭,负债累累(《最响的炮仗》);戴车匠的木工手艺无论如何精良,也不免随着机

---

① 汪曾祺:《天上行色·赛里木湖·果子沟》,《汪曾祺全集》第3卷,北京师范大学出版社,1998年,第247页。
② 胡河清:《灵地的缅想》,学林出版社,1994年,第62页。
③ 汪曾祺:《天上行色·大戈壁·火焰山·葡萄沟》,《汪曾祺全集》第3卷,北京师范大学出版社,1998年,第251页。

器工业时代的到来而陷入危机(《戴车匠》);年轻有为的蔡德惠有志于生物分类研究,但连年战乱,身患疾病,不仅理想落空,而且英年早逝(《日规》)……世间恍如有一台隐形的碾压机,个人随时都可能被它压成粉末。

周代有"以德配天"的观念,意思是人可以用完满的品德取悦上天,从而改变命运,获得安福。在孔子看来,道德和命运之间的联系恐怕十分可疑。《论语》中这样一段故事:"伯牛有疾,子问之,自牖执其手曰:亡之,命矣夫!斯人也而有斯疾也!斯人也而有斯疾也!"(《论语·雍也》)像伯牛这样道德完善的人都可能生癞疾致死,说明命运和道德并无关联。命运是一种不可抗拒的独立力量,左右着人的生死穷达,"死生有命,富贵在天"(《论语·颜渊》)。汪曾祺时时感受到这种力量的恣意横行,千万次面对鲜活生命的戛然离去,自然会生出人生无常的感慨。小姑姑谢淑媛不顾一切,与谢普天同居,承受乱伦的罪感和社会舆论的压力,被迫离家流离,又死于难产血崩(《小娘娘》);寡妇文嫂母女受当司机的女婿的照顾,活得有滋有味,但女婿出车祸葬身沟底,生活一下子破碎了(《鸡毛》);两个卖艺的穷人,一弹一唱,配合默契,做了几天露水夫妻,但好景不长,男的终得绞肠痧送命(《露水》);管又萍善画遗像,最后的作品画的不免是自己(《喜神》);杨渔隐不顾世俗,娶了丫鬟小莲子,夫妻恩爱,一朝急病死去,断了一段美好姻缘(《名士和狐仙》);吕虎臣精于婚丧嫁娶的礼仪,终不免一日中风死去(《礼俗大全》)……幸福、愿望、奋斗,都在命运的冲决中烟消云散,除了坦然接受,人还有更好的选择吗?这些小说,喟叹了命运的强大,流露了些许同情与苦涩,似乎也带着看透了造化把戏的顿悟。荀子说:"节遇谓之命。"(《荀子》)不光生死不可测,生活的轨迹也不可预测、不可掌控、无法逆料,某一个偶然因素或人为因素介入,生活的方向就可能瞬即改变。郭庆春学京戏,因"倒了仓"而沦落到靠卖西瓜为生,恋人招弟移情别嫁,一次灾难,生活轨迹急转直下(《晚饭后的故事》);"我"希望翠子做继母,翠子恋着大驹子,而翠子父母则把她许给了一个跛子(《翠子》);李小龙暗恋王玉英,王玉英却嫁给了品行不端的钱老五(《晚饭花》)。人生际遇,阴差阳错,处于"错位"的境况之中,就会导致"不巧"的悲剧。

孔子云:"未知生,焉知死。"(《论语·先进》)虽然是不知始终,但生老病死这种残酷的生命规律,却是任何人所不能违背的,人无力对抗,于是,儒家就采取一种坦然接受的态度。汪曾祺显然继承了儒家这种豁达的姿态。汪曾祺曾写总题为《旧病杂忆》的系列散文。《对口》写自己生了恶疮,被迫进行手术,尽管疼痛,但他一声不吭。《疟疾》写自己的疟疾每年复发一次,他都采取"忍过事则喜"的顺应态度。《牙疼》写牙疼剧烈,自己采取了一种近乎旁观的态度,他谈笑自如,"我倒看你疼出一朵什么花来!我不会疼得'五心烦躁',该咋着还咋着。照样活动。腮帮子肿得老高,还能谈笑风生,语惊一座"①。后来找寻牙医不遇,他就拿这笔医疗费到牛肉馆美美地吃了一顿。最后的结论是"凡事都是这样,要能适应、习惯、凑合"②。这是儒家"知命乐天"的态度,也近乎道家的"安时处顺"。《易·系辞上》也说:"乐天知命故不忧。"在《祈难老》中,汪曾祺抱有一种蔑视衰老的超脱心态。太原晋祠中有一泓"难老泉",汪曾祺认为,"难老"之名甚佳,"难老"胜于"不老"。这里所谓难老,是希望老得缓慢一点,从容一点,不是"焉得不速老"的速老,也不是"人命危浅,朝不虑夕"那样的衰老,而是尽力延长生命,提高生活的质量。人应该对命运有一个基本判断,走向死亡自然是人类共同命运,自然要正视。他欣赏那种无拘无束的生活方式和超脱通达的姿态,带着欣赏的口吻引述唐宪宗时宰相裴度的话——"鸡猪鱼蒜,逢着则吃;生老病死,时至则行"③,老和死是自然规律,谁也逃不脱的,既然逃不脱,也就不用耿耿于怀,而要坦然面对,人所能做的,只是尽量地享用现世的生活。话虽然这样说,但是面对衰老而无动于心的豁达毕竟是难以抵达的。他的《七十书怀出律不改》中有诗句云:"假我十年闲粥饭,未知留得几囊诗。"④这是对生的自信与执着,但也是对于生命将尽的无奈与叹惋。他曾用超凡拔俗的书法,题一幅《冬日菊花图》:"新沏清茶饭后烟,自搔短发负晴暄。枝头残菊开还好,留得秋光过小年。"⑤菊花虽好,但也毕竟是秋光,自信与乐观的背后流露的是夕阳残照的惆怅。汪曾祺晚年的诗文,每每写到自己的年老,内心深处,时时显露出死亡的阴影,面对生命大限,恐怕很少有人真正达到"不知老之将至"的境界。所有的通脱,不过是对死亡的无奈,对自我的劝慰。

孔子说,"不知命,无以为君子"(《论语·尧曰》),皇侃注为:"命,谓穷通夭寿也。人生而有命,受之由天,故不可不知也。若知而强求,则不成为君子之德,故云无以为君子也。"⑥对于不能完全从心理深处顺应命运的,汪曾祺不免要提出质疑。他在《随遇而安》中说:"丁玲同志曾说她从被划为右派到北大荒劳动,是'逆来顺受'。我觉得这太苦涩了,'随遇而安',更轻松一些。'遇',当然是不顺的境遇,'安',也是不得已。不'安',又怎么着呢?既

---

① 汪曾祺:《旧病杂忆》,《汪曾祺全集》第5卷,北京师范大学出版社,1998年,第295页。
② 同上书,第298页。
③ 汪曾祺:《祈难老》,《汪曾祺全集》第5卷,北京师范大学出版社,1998年,第491页。
④ 金实秋:《汪曾祺诗联品读》,大众文艺出版社,2009年,第130页。
⑤ 同上书,第49页。
⑥ 朱可泓:《论语直解》,复旦大学出版社,2000年,第561页。

已如此,何不想开些。"①表面看是对丁玲的批评,实是带着莫大同情,对"随遇而安"的态度充满无奈、愤懑和悲哀。《徙》中的高雪,生于下层知识分子家庭,却总是希望一路求学直至完成大学学业,可谓心比天高。上完师范,嫁了爱自己的丈夫,但是那颗心总要飞翔,在理想与现实的无望对抗中终于忧郁而死,从反面印证了顺应命运的重要性。

当然,对于顺应命运的做法,汪曾祺不是看不到负面影响,因为一味顺应,不平等、不公正的现象就无法改善,社会就难以进步,有时他也做出反思:"随遇而安不是一种好的心态,这对民族的亲和力和凝聚力是会产生消极作用的。"②随遇而安之"安",有时是大度,有时是阿Q精神,有时是忍耐。当然,汪曾祺也并非一味悠闲,偶然之间也会展示血性,表现出鲁迅式的激愤,他曾说:"中国人有一种哲学,叫做'忍'。我小时候听过'百忍堂'张家的故事,就非常讨厌。现在一些名胜古迹卖碑帖的文物商店卖的书法拓本最多的一是郑板桥的'难得糊涂',二是一个大字:'忍'。这是一种非常庸俗的人生哲学。"③

儒家非常了解命运的无情,因此往往采取一种超然的态度,坦然受之。汪曾祺承袭了这样的态度,不过顺应中又不乏怅惘和无奈。他作品中的一大群人物,或因社会的动荡,或因贫穷的钳制,或因天分的局限,或因情感的挫败,或因疾病的困厄,或因生死的无常,在命运的流程里,经历着创伤、挫败和死亡,一切如流水一般自然,几多超脱,几多惆怅,但绝对没有西方作品中那种充满激情的决绝反抗。汪曾祺就以一颗悲悯之心,带着隐隐的心痛,看造化弄人。

四、"游于艺"的迷醉

孔子说:"志于道,据于德,依于仁,游于艺。"(《论语·述而》)这里的艺,指的是礼、乐、射、御、书、数,即所谓"六艺"。在汪曾祺看来,"游于艺"显然是人生的一种理想状态,从创作上看,汪曾祺的这种观念1940年代已经形成,到晚年也未改变。

汪曾祺笔下那群性格健康的小人物,无论是知识分子还是普通百姓,总喜欢"呆"在某样东西里面,这些东西可以是艺术,可以是技能,可以是一种

---

① 汪曾祺:《随遇而安》,《汪曾祺全集》第5卷,北京师范大学出版社,1998年,第140页。
② 同上书,第140—141页。
③ 汪曾祺:《老年的爱憎》,《汪曾祺全集》第6卷,北京师范大学出版社,1998年,第116页。

劳动,也可以是一种爱好。麻皮匠精熟快捷地缝着鞋,大福子用琵琶弹出了古曲,吴颐福麻利地捏出糖兔子(《晚饭花·三姊妹出嫁》);季匋民屏气凝神,挥毫泼墨,沉潜于艺术世界(《鉴赏家》);管又萍嗜画,画技精湛,能画出"传神阿堵、颊上三毫"的喜神(《喜神》);王小玉飞针走线,能刺绣出惟妙惟肖的"百蝶图"(《百蝶图》)……这样的生活方式,就是儒家所谓的"游于艺"。这些技艺爱好,或纯为消遣,或赖以糊口,但总是释放了人的审美之维。"对技能的熟练掌握,是产生自由感的基础。所谓'游于艺'的'游',正是突出了这种掌握中的自由感。这种自由感与艺术创作和其他活动中的创造性感受是直接相关的,因为这感受就其实质说,即是合目的性与合规律性相统一的审美自由感。"①在这种自由境界里,人们对抗着日常生活的枯燥与单调,滋润着情感,陶冶着情操。可以设想,如果没有"游于艺",生活会何等荒芜,人生会何等单调!这种境界,就是日常生活的审美化,就是"诗意的栖居"。

"游于艺""表现了孔子对于人由于物质现实地掌握客观世界从而获得多面发展的要求,对于人在驾驭客观世界的进程中感受到和获取身心自由的主张,同时也说明了孔子对掌握技艺在实现人格理想中的作用的重视"②。在汪曾祺的笔下,优游于各种艺术或技艺中的人,往往拥有良好的德行。《岁寒三友》中的靳彝甫,冬养水仙、春放风筝、夏养荷花、秋养蟋蟀,平时沉醉于绘画世界,工笔、写意、浅绛、重彩,不拘一格,对三块田黄石章爱若性命,这样的人,一旦朋友有难,总能慷慨相助,危难时刻,他竟能卖章救急(《岁寒三友》)。锡匠们个个工艺纯熟,先浇铸锡片,然后剪剪焊焊、敲敲打打,一两顿饭的工夫就能做成各种锡器,这些人都很重义气,"扶持疾病,互通有无,从不抢生意"(《大淖记事》)。郎中王淡人,平日以钓鱼为乐,"一庭春雨瓢儿菜,满架秋风扁豆花",一旦发生了水灾,瘟疫流行,他能泅渡急流,冒险救人(《故乡人·钓鱼的医生》)。祁茂顺拥有"糊烧活、裱糊顶棚"的娴熟技巧,热心助人,人缘很好,邻里有求必应(《祁茂顺》)……这些能"游于艺"的人,也多热爱生活,性情朴实,人格健康,道德良好。似乎在技艺与品行之间,存在内在的联系。这种联系是微妙的,然而也是真实的,唐君毅对此有过论述:"人必依仁而游艺,即人之道德性必表现为人文,且由文化以陶养。""人能以德性涵盖人文,人文陶养德性,依仁而游艺,则内心之仁与外表之艺,交相护持,而人之精神亦宽平舒展矣。"③李泽厚的分析则更为具体:"'游于艺'

---

① 李泽厚:《美学三书·华夏美学》,安徽文艺出版社,1999年,第261页。
② 同上。
③ 唐君毅:《人文精神之重建》,《唐君毅全集》,九州出版社,2016年,第198页。

和'从心所欲不逾矩',虽然似乎前者只讲技艺熟练,后者只讲心理欲求,但从合规律性和合目的性相统一的角度看,这二者是有贯串脉络和共同精神的。只有现实地能够作到'游于艺',才能在人格上完成'从心所欲不逾矩'。这个'不逾矩'便不只是道德的教条,而是一种人生的自由。前者是外在技艺的熟练,后者是内在人格的完成,但在孔学里,二者又有其深刻的关联。"[1]实际上,这个论题就是美学上美与善之间的关系问题。总之,在汪曾祺笔下,一种劳动、一种技艺、一种艺术、一种活动,日用常行和人的自由创造发生了联系,和人格品行发生了联系。游于艺而进乎道,成了一种理想的人生境界。

五、"思无邪"的向往

《论语·为政》上说:"诗三百,一言以蔽之,曰:思无邪。"但"思无邪"到底是什么意思?孔子并没有做出具体的解释。这就造成了很大的麻烦,后世多从封建正统观念的角度加以阐释,但对那些违背封建礼教、涉及两性关系的诗篇大感头疼,都用各种方法牵强附会。如朱熹就从读者的角度回避矛盾,《朱子语类》上说:"思无邪,乃是要使读诗人思无邪耳,读三百篇诗,善为可法,恶为可戒,故使人思无邪也。若以为作诗者思无邪,则《桑中》《溱洧》之诗,果无邪耶?"这样的解释不见得符合孔子的原意。

汪曾祺对《诗经》相当熟悉,据陈光愣在《昨天的故事》中回忆,汪曾祺被打成右派下放到张家口沙岭子劳动,"他的床头小桌上,堆满书籍,古籍为多。晚上,汪多数时间是坐在小桌前读书,读的多是《诗经》。汪有时说,如果能有那么一天的话,就去专门研究《诗经》"[2]。在《认识到的和没有认识的自己》一文中,他有一个非常独特的评价:"孔子编选了一部《诗经》(删诗),究竟是为了什么?我不认为'国风'和治国平天下有什么关系。"[3]汪曾祺独独拿出了"国风",认为同治国平天下没有很多关联,这可以说同历代的阐释观点都不相同。从《尚书》《左传》《国语》等古籍看,当时公卿大夫阶层外交、言谈多引用《诗经》中诗句曲折地表达自己的思想,"不学诗,无以言"绝非夸张,但是,他们所引用的多是"雅""颂"里的诗句,很少涉及"风",因

---

[1] 李泽厚:《美学三书·华夏美学》,安徽文艺出版社,1999年,第262页。
[2] 苏北:《汪曾祺在张家口》,陈克海主编:《2014年散文随笔选粹》,北岳文艺出版社,2014年,第197页。
[3] 汪曾祺:《认识到的和没有认识的自己》,《汪曾祺全集》第4卷,北京师范大学出版社,1998年,第299页。

此,汪曾祺对"国风"的评价绝非空穴来风。"风"是带有地方色彩的音乐,十五"国风"就是十五个地区的土风歌谣,内容多涉男女关系,大大溢出后来所谓"礼教"的边界。出于对《诗经》的深入理解,汪曾祺对于"思无邪"内涵有自己独特的理解,完全从传统伦理的束缚中跳了出来。在阐释沈从文的名作《边城》时,他这样评价翠翠自然萌发的爱情:"这样的爱情叫人想起古人说得很好,但不大为人所理解的一句话:思无邪。"①他自评《受戒》和《大淖记事》,认为它们都写了"纯洁的、朴实的爱情",共同的主题是"思无邪"。② 这样一来,他就把纯朴无瑕的理想爱情与"思无邪"挂了钩,"思无邪"也就有了新的含义。

那么这种"思无邪"的感情到底是一种什么样的感情呢?汪曾祺在与香港女作家施叔青的对话中这样说:"我有一种看法,像小英子这种乡村女孩,她们感情的发育是非常健康的,没有经过扭曲,跟城市教育的女孩不同,她们比较纯,在性的观念上比较解放。《大淖记事》里那些姑娘媳妇敢于脱光了下河洗澡,有人说怎么可能呀?怎么不可能,我都亲眼看到过。""这是思无邪,诗经里的境界。""读书人表面上清规戒律,没乡下人健康,其实他们暧昧关系还是很多。我写《受戒》,主要想说明人是不能受压抑的,应当发掘人身上美的诗意的东西,肯定人的价值,我写了人性的解放。"③在《〈大淖记事〉是怎样写出来的》一文中,他也说过类似的话:"'这里的一切和街里不一样','这里的人也不一样。他们的生活,他们的风俗,他们的是非标准、伦理道德观念和街里的穿长衣念过"子曰"的人完全不同'。只有在这样的环境里,才有可能出现这样的人和事。"④在《美学感情的需要和社会效果》中,他又对小英子的思想感情加以解释:"我感到作品中小英子那个农村女孩子情绪的发育是正常的、健康的,感情没有被扭曲。"⑤很明显,这些文字里包含着"思无邪"的具体内涵:未经道德文明扭曲,情感真挚无伪,性观念上比较解放。这样说来,《诗经》里那些历代被排斥在"思无邪"之外的爱情诗,在汪曾祺看来可能恰恰是"思无邪"的代表。当然,这种阐释也不见得绝对准确,用

---

① 汪曾祺:《沈从文和他的〈边城〉》,《汪曾祺全集》第3卷,北京师范大学出版社,1998年,第152页。
② 汪曾祺:《戏曲和小说杂谈》,《汪曾祺全集》第6卷,北京师范大学出版社,1998年,第396页。
③ 汪曾祺:《作为抒情诗的散文化小说》,《汪曾祺全集》第8卷,北京师范大学出版社,1998年,第75—76页。
④ 汪曾祺:《〈大淖记事〉是怎样写出来的》,《汪曾祺全集》第3卷,北京师范大学出版社,1998年,第219页。
⑤ 汪曾祺:《美学感情的需要和社会效果》,《汪曾祺全集》第3卷,北京师范大学出版社,1998年,第284页。

它来对"诗三百""一言以蔽之",恐怕也不一定能实现,但它至少开拓了思路。汪曾祺的这些观点,和近现代的一些大师们有相同之处。钱穆认为,"作者三百篇之思,皆归于无邪,又能使天下后世之凡有思者同归无邪。""三百篇之作者,无论其为孝子忠臣,怨男愁女,其言皆出于至情流溢,直写衷曲,毫无伪托虚假,此即所谓《诗》言志,乃三百篇所同。"①王国维则从审美效果的角度肯定那些淫鄙之词的功效,说《诗经》诗句"可谓淫鄙之尤。然无视为淫词、鄙词者,以其真也"。"非无淫词,读之但觉其亲切动人。非无鄙词,但觉其精力弥满。"②

汪曾祺的创作,特别是写到爱情的作品,完全是按照他所解释的"思无邪"的精神气质写的。《受戒》中明海对英子的感情,是自然生发的,"她挎着一篮子荸荠回去了,在柔软的田埂上留了一串脚印。明海看着她的脚印,傻了。五个小小的趾头,脚掌平平的,脚跟细细的,脚弓部分缺了一块。明海身上有一种从来没有过的感觉,他觉得心里痒痒的。这一串美丽的脚印把小和尚的心搞乱了"③。在传统文学中,女性的脚是一个带有性意味的部位,这一段描述的是刚刚进入青春期的明海对英子产生了朦胧的性意识,爱情自然萌动。明海受戒回来,他们把船划进了芦花荡,那些富有寓意的景物描写,暗示他们发生了性关系。这两个人的感情由自然生发而来,健康明朗,毫不造作,不受繁文缛节约束,不受外界礼教干扰,自是"思无邪"的典范之作。

汪曾祺后期的创作,在两性关系描写上比较自由,有时甚至被斥责为"邪僻",这恐怕在某种程度上与他对"思无邪"的独特理解有关。不过《受戒》《大淖记事》都是少男少女的故事,环境相对单纯,因此显得纯净。后期"思无邪"的观念变化不大,不过置于成人、婚姻、血亲等复杂的社会关系中推进故事,从道德的眼光看,时或乱伦,时或背叛,时或不合礼仪,时或颠覆责任,有时难免让人难以接受。这是唯美对道德的尖锐挑战,仔细分析下来,有一些本质性的东西没有变。首先对爱情极为看重,把性看成两情相悦的自然延伸。《黄开榜的一家》中的黄家三儿子,从五里坝带来了新媳妇,完全不合礼仪,但因两情相悦,得到作家的嘉许。《薛大娘》薛大娘喜欢上了保全堂的新管事吕三,就坦然与他发生了关系,婚姻家庭全然不在话下。《迟开的玫瑰或胡闹》中的邱韵龙,不甘为婚姻窒息,六十多岁忽然打碎了家庭,搞起了婚外恋。他抱定的人生信条是:"我宁可精精致致地过几个月,也不愿窝窝

---

① 钱穆:《论语新解》,生活·读书·新知三联书店,2002年,第24—25页。待查。
② 王国维:《人间词话》,上海古籍出版社,2014年,第14页。
③ 汪曾祺:《受戒》,《汪曾祺全集》第1卷,北京师范大学出版社,1998年,第336—337页。

囊囊地过几年。"①看似荒唐,但作家对他也采取了较为宽容的态度,不简单地用忘恩负义、背叛家庭等道德信条批判。其次,对美的欣赏视作爱情的重要条件,伦理之类的全被置于次要位置。《画壁》中的朱守素,迷恋壁画中天女的貌美,竟然飘入画中,与少女交好。《八千岁》虞小兰的外貌羞花闭月,宋侉子与她在一起觉得两情相悦,因此甘愿为她一掷千金,哪里还去忌讳什么妓女身份。在《窥浴》里,面对岑明青春期的躁动,老师虞芳用自己美丽的身体抚慰他,年龄身份差距全然不顾。《受戒》中的英子和明海,《大淖记事》中的巧云和十一子,都是美丽少女与英俊少男的故事。《小娘娘》谢普天和貌美如花的小姑妈谢淑媛发生了关系,但谢普天多年以后还要拿出自己为她画的人体素描赞叹不已,唯美主义的纯洁竟然压过了乱伦的污浊。这些两性关系中,有美,有爱,有欲望满足,以唯美主义挑战道德主义。这大概和汪曾祺对于"思无邪"更为极端的理解有关。在对待男女关系方面,汪曾祺与沈从文的立场非常一致,都带有强烈的生命意识,都试图以自然健康的性爱,对抗萎靡乏力的两性关系。不过,在文化策略上汪曾祺似乎比沈从文更为巧妙,沈从文要在湘西化外民族中找到理想范型,而汪曾祺则把这种理想直接嫁接到儒家的诗教传统之中了。

六、中和之美的持守

孔子在审美方面,讲究中和之美。孔子评论"《关雎》乐而不淫,哀而不伤"(《论语·八佾》)。徐复观认为,"不淫不伤的乐,是合乎'中'的乐"②。就其原初的意思看,似乎强调的是其曲调,而不是词句中蕴含的情感。朱熹《诗集传》中说:"此言为此诗者,得其性情之正,声气之和也。"③这是从情感和音乐两个方面加以解释;张少康认为:"从音乐上说,中和是一种中正平和的乐曲,也即儒家传统雅乐的主要美学特征。从文学作品来说,它要求从思想内容,到文学语言,都不能过于激烈,应当尽量做到委婉曲折,而不要过于直露。"④"中和之美"作为美学原则,在荀子那里得到了发展完善,"《诗》者,中声之所止也"(《荀子·劝学》)。"中声"就是中和,既指诗歌的乐章,也指

---

① 汪曾祺:《迟开的玫瑰或胡闹》,《汪曾祺全集》第 2 卷,北京师范大学出版社,1998 年,第 294 页。
② 徐复观:《中国艺术精神》,《徐复观文集》第 4 卷,湖北人民出版社,2002 年,第 12 页。
③ 儒家经典编委会编:《儒家经典》(上册),团结出版社,1997 年,第 78 页。
④ 张少康:《中国文学理论批评史教程》,北京大学出版社,1999 年,第 21 页。

诗歌的内容风格。汪曾祺曾认为自己追求的不是深刻,而是和谐,他所谓的和谐,就蕴含着中和之美。

汪曾祺作品中的中和之美,主要体现在三个方面。一是汪曾祺作品中所赞赏的人物,情绪不走极端,有中和之美。《大淖记事》有这样一段:"巧云破了身子,她没有淌眼泪,更没有想到跳到淖里淹死。人生在世,总有这么一遭!只是为什么是这个人?真不该是这个人!怎么办?拿把菜刀杀了他?放火烧了炼阳观?不行!她还有个残废爹。她怔怔地坐在床上,心里乱糟糟的。她想起该起来烧早饭了。她还得结网,织席,还得上街。……"①没有呼天抢地,没有寻死觅活,没有极端化情感。汪曾祺所喜爱的其他人物,也都极少大喜大悲,一切都自然从容。二是作家对人物的评价不走极端,做到了温柔敦厚。汪曾祺曾说,"我写的人物,有一些是可笑的,但是连这些可笑处也是值得同情的,我对他们的嘲笑不能过于尖刻。我的小说大都带有一点抒情色彩,因此,我曾自称是一个通俗抒情诗人,称我的现实主义为抒情现实主义。我的小说有一些优美的东西,可以使人得到安慰,得到温暖。"②三是他的叙述语言克制平和。汪曾祺的叙述语言往往是不假评论,少露声色,很少强化叙述者的情感,有些抒情色彩,但"抒情,不要流于感伤。一篇短篇小说,有一句抒情诗就足够了。抒情就像菜里的味精一样,不能多放"③。在用词方面,他不追求奇崛,力避生僻。这一切,就是汪曾祺所谓的"平淡",体现了儒家的中和之美。

七、"诗教"的承续

儒家的诗教传统,对汪曾祺也影响颇深。诗教,源于《论语·阳货》的一段话:"诗,可以兴,可以观,可以群,可以怨。迩之事父,远之事君;识于鸟兽草木之名。""观"指统治者通过诗歌观风俗之盛衰;"群"指通过交流以达到团结的目的;"怨"指"怨刺上政"达到与上层社会交流的目的。"事父""事君",则明确地规定了诗歌服务于礼教的作用和从属于政治的地位。何晏的《论语集注》中引包咸注云:"兴,起也。言修身当先学《诗》。"④这是为什

---

① 汪曾祺:《大淖记事》,《汪曾祺全集》第 1 卷,北京师范大学出版社,1998 年,第 428 页。
② 汪曾祺:《认识到的和没有认识的自己》,《汪曾祺全集》第 4 卷,北京师范大学出版社,1998 年,第 300 页。
③ 汪曾祺:《说短》,《汪曾祺全集》第 3 卷,北京师范大学出版社,1998 年,第 225 页。
④ 转引自张少康《中国文学理论批评史教程》,北京大学出版社,2011 年,第 12 页。

呢？古人认为，人的道德修养要从具体的感性的榜样学起，《诗经》就是最好的范本。对此，汪曾祺并不陌生，他在一篇文章中说："《诗经》对许多中国人的性格，产生很广泛的、潜在的作用。'温柔敦厚，诗之教也。'我就是在这样的诗教里长大的。我很奇怪，为什么论孔子的学者从来不把孔子和《诗经》联系起来。"①

诗教传统，固然带来了文学过于功利性的一面，有损于艺术自律，但是在对人性的熏陶和提升，特别是情感的定型方面，也起到了很好的作用。人的情感并不是先天具有的，而是后天学会的，文学欣赏就是最好的学习情感的方式。李泽厚在《华夏美学》中曾认为，"生死离别（'送别'便是华夏抒情诗篇中的突出主题）、感新怀旧、婚丧吊贺、国难家灾、历史变故……被经常地、大量地、细腻地、反复地咏叹着、描述着、品味着"②，不断地出现在文学作品中，在阅读中，通过移情作用，这些典雅的情感被慢慢内化，逐渐转化为我们自己的情感。汪曾祺希望文学作用于人们的感情，潜移默化，他经常引用的诗是"随风潜入夜，润物细无声"，要说的就是这种作用。

诗教传统，影响到汪曾祺的创作观，他始终把有益于世道人心作为自己的创作目的。他曾说："我想把生活中美好的东西、真实的东西，人的美、人的诗意告诉别人，使人们的心得到滋润，从而提高对生活的信念。"③他希望通过作用于人心，进而作用于社会，"'文章千古事，得失寸心知'，得失，首先是社会的得失。我有一个朴素的、古典的想法：总得有益于世道人心"④。在一封信中，他把干预社会的功利目的表述得更为明确，目标更为高远，"我的理想是：'致君尧舜上，再使风俗淳'，是换人心，正风俗。……也许有一天我能把儒家的'赤子之心'和马克思主义之间的墙壁沟通"⑤。从这里看来，有人把汪曾祺看成一个唯美主义者，恐怕是站不住脚的。

---

① 汪曾祺：《认识到的和没有认识的自己》，《汪曾祺全集》第4卷，北京师范大学出版社，1998年，第299页。
② 李泽厚：《美学三书·华夏美学》，安徽文艺出版社，1999年，第259页。
③ 汪曾祺：《要有益于世道人心》，《汪曾祺全集》第3卷，北京师范大学出版社，1998年，第221页。
④ 同上书，第222页。
⑤ 汪曾祺：《致刘锡诚》，《汪曾祺全集》第8卷，北京师范大学出版社，1998年，第198—199页。

第六章　佛禅滋味

一、佛教文化的熏陶

中国南方佛教信仰较为普遍,据汪曾祺回忆,"我的家乡有很多大大小小的庙"①。相传高邮城区,原有八座大的庙宇。原先汪家隔壁就是佛院,佛院的门常关着,钟鼓整日敲,那么悠徐;门开时,小尼姑出来抱一捆草,②有时"可以看见小尼姑从井里汲水浇菜。这尼庵的尼姑是带发修行的。因此我看的小尼姑是一头黑发"③。城北的大寺共有三座:"一座善因寺,庙产甚多,最为鲜明华丽,就是小说《受戒》里写的明海受戒的那座寺。"④汪曾祺读初中时,天天从此经过,"寺里放戒,一天去看几回"⑤。"一座是天王寺,就是陈小手被打死的寺。天王寺佛事较盛。"⑥此庙最有名的是曾收藏一幅吴道子画的观音。⑦ 汪曾祺读小学时,倘走后街,必经此地,他常常进去看"烧房子"⑧。第三座就是承天寺。汪曾祺所读的县立第五小学,就在承天寺的旁边,原先就是寺院的一个部分⑨。相传张士诚就是在这里称王的,院内有一口大钟——《幽冥钟》里所说的那口钟。汪曾祺小时候还曾到镇国寺玩,寺

---

① 汪曾祺:《关于〈受戒〉》,《汪曾祺全集》第6卷,北京师范大学出版社,1998年,第336页。
② 汪曾祺:《花园——茱萸小集二》,《汪曾祺全集》第3卷,北京师范大学出版社,1998年,第9页。
③ 汪曾祺:《我的家》,《汪曾祺全集》第5卷,北京师范大学出版社,1998年,第221页。
④ 汪曾祺:《桥边小说三篇·幽冥钟》,《汪曾祺全集》第2卷,北京师范大学出版社,1998年,第194页。
⑤ 汪曾祺:《关于〈受戒〉》,《汪曾祺全集》第6卷,北京师范大学出版社,1998年,第336页。
⑥ 汪曾祺:《桥边小说三篇·幽冥钟》,《汪曾祺全集》第2卷,北京师范大学出版社,1998年,第194页。
⑦ 汪曾祺:《一辈古人·靳德斋》,《汪曾祺全集》第5卷,北京师范大学出版社,1998年,第263页。
⑧ 同上书,第264页。
⑨ 汪曾祺:《我的小学》,《汪曾祺全集》第5卷,北京师范大学出版社,1998年,第411页。

内有一尊和尚坐化后漆成的菩萨坐像,还有一座唐塔。汪曾祺曾为其作诗一首,题为《镇国寺塔偈》:"海水照壁倾不圮,高邮城西镇国寺。至今留得方砖塔,塔影河心流不去。"①高邮还有一座净土寺,整体虽已湮没,却留下一座建于明代的净土寺塔。② 此庙后来得以重建,苦于无人任名誉会长,汪曾祺毛遂自荐。③ 1937年暑假后,日本攻占江阴,汪曾祺随祖父、父亲到城外庵赵庄的小庵里避难,住了半年。可惜那些伴着童年经验的古寺院,现今几乎荡然无存,汪曾祺自然不无遗憾,曾赋诗《佛寺》:"吴生亲笔久朦胧,古刹声消夜半钟。欲问高邮余几寺,不妨留照夕阳红。"④生活环境中有如此多的寺庙,汪曾祺自然会受佛教文化影响。寺院的建筑、雕塑,无形中对他形成艺术熏陶,他后来回忆道:"我们小时候经常去玩的地方,便是这些庙。我们去看佛像。看释迦牟尼,和他两旁的侍者(有一个侍者岁数很大了,还老那么站着,我常为他不平)。看降龙罗汉、伏虎罗汉、长眉罗汉。看释迦牟尼的背后塑在墙壁上的'海水观音'。观音站在一个鳌鱼的头上,四周都是卷着漩涡的海水。我没有见过海,却从这一壁泥塑上听到了大海的声音。一个中小城市的寺庙,实际上就是一个美术馆。它同时又是一所公园。庙里大都有广庭、大树、高楼。"⑤在《自报家门》等文章里,都有类似文字。

据汪曾祺回忆,自己小时候是个"惯宝宝"。"怕我长不大,于是认了好几个干妈,在和尚庙、道士观里都记了名,我的法名叫'海鳌'。我还记得在我父亲的卧室的一壁墙上贴着一张八寸高五寸宽的梅红纸,当中一行字'三宝弟子求取法名海鳌',两边各有一个字,一边是'皈',一边是'依'。"⑥也因为是"惯宝宝",才有一个保姆专门照看——这保姆就是大莲姐姐。后来,这个大莲姐姐住在臭河边一个白衣庵里,笃信佛教,还受过戒,成了"道婆子"。⑦ 汪曾祺的家人,也有不少读经念佛的。他的祖父学佛,"在教我读《论语》的桌上有一函《南无妙法莲华经》。他是印光法师的弟子"⑧。祖母更是笃信佛教,有一年祖父生了一场大病,她在佛前许愿,自此吃了长斋,"有时她唱'偈',声音哑哑的:'观音老母站桥头……'这是我听她唱过的唯一的'歌'"⑨。汪曾祺的第一位继母张氏也有佛缘,她有时念《金刚经》《心经》

---

① 金实秋:《汪曾祺诗联品读》,大众文艺出版社,2009年,第142页。
② 汪曾祺:《我的家乡》,《汪曾祺全集》第5卷,北京师范大学出版社,1998年,第191页。
③ 金实秋:《汪曾祺诗联品读》,大众文艺出版社,2009年,第149页。
④ 同上书,第148页。
⑤ 汪曾祺:《关于〈受戒〉》,《汪曾祺全集》第6卷,北京师范大学出版社,1998年,第336页。
⑥ 汪曾祺:《大莲姐姐》,《汪曾祺全集》第5卷,北京师范大学出版社,1998年,第403页。
⑦ 同上书,第404页。
⑧ 汪曾祺:《我的祖父祖母》,《汪曾祺全集》第5卷,北京师范大学出版社,1998年,第127页。
⑨ 同上书,第129页。

《高王经》,那是为超度她不幸的姑妈。① 不仅生活在他身边的人多信仰佛教,他自小还与一些僧人有过交往。在《关于〈受戒〉》《三圣庵》等文章中,汪曾祺反复回忆自号"八指头陀"的指南和尚。这是一个修行严苦的和尚,几乎过着与世隔绝的生活,祖父多次带年幼的汪曾祺去拜访他。另一个他多次回忆的和尚是父亲的朋友铁桥,此人是善因寺的主持,能书擅画,狂放不羁。汪家常做法事,因为是长子,他常在法事的开头和当中被叫去磕头,但也因此结识了一些以念经为职业的普通和尚。② 与僧人直接接触,无疑增加了汪曾祺对寺院生活的认识。知道汪曾祺有这样的经历,我们也就不难理解他的诸多作品为何涉及佛教了。汪曾祺对佛理也并不陌生,有人这样评价:"他对佛学颇有研究。我就亲耳听过他和何洁即圆各居士探讨佛、禅方面的学问。汪先生的作品从最初的《复仇》到他后来的名篇《受戒》,经常写到寺庙、小庵、禅房、斋戒、经文。晚年他以优美的文笔为《世界名人画传》写过一本《释迦牟尼》。他的慈悲、平和、富有同情心,是和他喜研佛学分不开的。"③

二、佛教艺术的品鉴

汪曾祺对寺院里的雕像,鉴赏品位极高。汪曾祺对于佛家雕塑艺术的关注自童年就已经开始了,上小学时,"我几乎每天放学都要到佛寺里逛一逛,看看哼哈二将、四大天王、释迦牟尼、迦叶阿难、十八罗汉、南海观音。这些佛像塑得生动。这是我的雕塑艺术馆"④。有这样早的艺术启蒙,自然培养了他高超的艺术鉴赏力。在他的游记中,我们可以看到汪氏每到佛院,都要对雕塑品鉴一番,对各处的佛教雕塑艺术进行深入分析。

在系列散文《旅行杂记》中,汪曾祺以《伏小六、伏小八》为题,描绘了大足唐宋摩崖石刻。十二尊圆觉雕像,他们都是沉思默想,但同中见异,从眼梢嘴角可以看出他们会心之处颇有差异。千手观音,背上伸出了几只手,这些手之外又伸出好多只手,宛如佛光,但这些手是怎样伸出来的,全不交代,断而未断,形断意联。释迦涅槃像,长达三十余米,只刻头和胸,肩手无交代,下肢伸入岩石;环绕他的弟子们也只露出半身,腹部以下在石头里,也不知所

---

① 汪曾祺:《我的母亲》,《汪曾祺全集》第5卷,北京师范大学出版社,1998年,第401页。
② 汪曾祺:《关于〈受戒〉》,《汪曾祺全集》第6卷,北京师范大学出版社,1998年,第337页。
③ 张守仁:《最后一位文人作家汪曾祺》,金实秋主编:《永远的汪曾祺》,上海远东出版社,2008年,第222页。
④ 汪曾祺:《自报家门》,《汪曾祺全集》第4卷,北京师范大学出版社,1998年,第284—285页。

终。这样的艺术构思极具匠心,于有限的空间造无限的境界,形有尽,意无穷。每个雕像,汪曾祺都能以传神之笔,准确地抓住各自在艺术上最为动人的环节,三言两语,神态毕现,如他写普贤和媚态观音,只短短数语:"普贤像被人称为东方的维纳斯。数珠手观音被称为媚态观音,全身的线条都非常柔软。"①写毕《伏小六、伏小八》这篇散文,汪曾祺大约余兴未尽,又写了一首现代诗,专门描述"媚态观音",其中有这样的诗句:"使人息其心意。威猛慑人难,柔软感人易。迩后佛象造形,遂多取意于儿童少女。少女无邪,儿童无虑,即此便是佛意。"②诗颇朴素,却揭示佛以"柔软"化人的道理。在系列散文《四川杂忆》中,汪曾祺又以《大足》为题,对《伏小六、伏小八》中的内容进行了补充和改写,文章更为丰盈。通过与云冈、龙门的石刻作对比,他点明了大足石刻的独特之处:"清秀潇洒,很美,一种人间的美,人的美。"③

汪曾祺另一篇名为《罗汉》的散文,也以繁细的笔致品鉴佛教雕塑。罗汉有两种,一种是装金,一种是彩塑。精彩的罗汉像都是彩塑,筇竹寺的罗汉彩塑尤为出色:

> 筇竹寺的罗汉与其说是现实主义的不如说是一组浪漫主义的作品。它的设计很奇特。不是把罗汉一尊一尊放在高出地面的台子上,而是于两壁的半空支出很结实的木板,罗汉塑在板上。罗汉都塑得极精细。有一个罗汉赤足穿草鞋,草鞋上的一根一根的草茎都看得清清楚楚,跟真草鞋一样。但又不流于琐细,整堂(两壁)有一个通盘的,完整的构思。这是一个群体,不是各自为政,十八人或坐或卧,或支颐,或抱膝,或垂眉,或凝视,或欲语,或谛听,情绪交流,彼此感应,增一人则太多,减一人则太少,气足神完,自成首尾。

汪曾祺扣住这组雕塑的浪漫主义风格,清晰地描摹出了其设计的奇特、塑形的精细、神态的互异、彼此的感应等特征,指出了艺术精髓之所在。汪曾祺写各处罗汉,都能穷形尽相。苏州紫金庵的罗汉,安静沉思,神情肃穆,有书生气,如苏州人。泰山后山宝善寺的罗汉,体格高大,面目浑朴,刺绣针脚、肌肉的纹理历历在目,粗犷中不乏精细,如山东人。苏州甪直的罗汉,分散地趺坐在岩头或洞穴,衣纹简练,色调单纯。从风格到布局,从造型到神态,他每每能抓住特点,三言两语,形神毕肖。对于这些罗汉像的文化价值,汪曾祺定位极高,他认为"中国的雕塑艺术主要是佛像,罗汉尤为杰出的代表"。

---

① 汪曾祺:《旅行杂记》,《汪曾祺全集》第3卷,北京师范大学出版社,1998年,第232页。
② 汪曾祺:《媚态观音》,《汪曾祺全集》第8卷,北京师范大学出版社,1998年,第51页。
③ 汪曾祺:《四川杂忆》,《汪曾祺全集》第5卷,北京师范大学出版社,1998年,第327页。

"这是一宗非常重要的文化遗产,不论是从宗教史角度,美术史角度乃至工艺史角度、民俗学角度来看,我们对于罗汉的重视程度是很不够的。"①

佛教文化与文学关系密切。汪曾祺曾多次述及废名与禅宗的关系,在《谈风格》中,他这样评价废名晚期创作:"他后来受了佛教思想的影响,作品中有见道之言,很不好懂。"②《从哀愁到沉郁》又提及废名"潜心于佛学"的事情。③ 汪曾祺曾经在1989年8月17日复解志熙函中承认,"在创作方法上,与其说我受沈从文的影响较大,不如说受废名的影响更深"④。他诸多作品中的禅意,恐怕与他对废名的欣赏与学习不无关联。当然,另一个关注经文艺术的人对汪曾祺的影响也不能忽视,这个人就是他的老师沈从文。汪曾祺认为沈从文创作注重形式探索,有的作品借鉴过佛经的翻译体,"《月下小景》故事取于《法苑珠林》等书。在语言上仿照佛经的偈语,多四字为句;在叙事方法上也竭力铺排,重复华丽,如六朝译经体格。我们不妨说,这是沈先生对不同文体所作的尝试"⑤。汪曾祺本人对佛经文体亦有借鉴,长文《释迦牟尼》,不仅内容上禅味十足,而且文字句式乃至语调均颇似佛经。《螺蛳姑娘》更是一篇专门进行佛经文体实验的作品,他曾自评:"比如说佛经的文体,它并不故作深奥,相反的,为了使听经的人能听懂,它形成独特的文体,主要以四个字为主体,我尝试用通俗佛经文体写了一篇小说《螺蛳姑娘》……"⑥对于宗教题材,汪曾祺亦有涉猎,他曾写《沙弥思老虎》一文,学了"文抄公"体,故事是从袁子才《子不语》中录出,略加点染而独立成篇,可见对于这个充满人文色彩的佛家故事之喜爱。汪曾祺对佛教传说亦有兴致,诗作《吐鲁番的联想》中有诗句云:"异国守城的士兵,一箭射穿了玄奘的水袋。于是有了坎儿井。"

汪曾祺不但欣赏带有佛学意味的作品,也颇能推崇佛教文学的艺术奥秘。据传,释迦牟尼有三十二"相",七十(或八十)种"好",若对他的外貌、德行做正面描写,当极为烦琐,根本难以产生美感。汪曾祺极欣赏《佛本行经·瓶沙王问事品》(朱凉州沙门释宝云译)中关于释迦牟尼外貌描写的高明,避开正面呈现而作侧面描写,从众人的反映中写出释迦牟尼之美:

---

① 汪曾祺:《罗汉》,《汪曾祺全集》第6卷,北京师范大学出版社,1998年,第435页。
② 汪曾祺:《谈风格》,《汪曾祺全集》第3卷,北京师范大学出版社,1998年,第339页。
③ 汪曾祺:《从哀愁到沉郁》,《汪曾祺全集》第3卷,北京师范大学出版社,1998年,第457页。
④ 解志熙:《考文叙事录——中国现代文学文献校读论丛》,中华书局,2009年,第285页。
⑤ 汪曾祺:《与友人谈沈从文》,《汪曾祺全集》第6卷,北京师范大学出版社,1998年,第347页。
⑥ 汪曾祺:《作为抒情诗的散文化小说》,《汪曾祺全集》第8卷,北京师范大学出版社,1998年,第81页。

见太子体相,功德耀巍巍。所服寂灭衣,色应清净行。人民皆愕然,扰动怀欢喜。熟视菩萨行,眼睛如显著。聚观是菩萨,其心无厌极。宿界功德备,众相悉具足。犹如妙芙蓉,杂色千种藕。众人往自观,如蜂集莲表。……抱上婴孩儿,口皆放母乳。熟视观菩萨,忘不还求乳。举城中人民,皆共竞欢喜。

汪曾祺曾以不无夸张的语言对此段描写给予称赞:"这写得实在很生动。'众人往自观,如蜂集莲表(花)',比喻极新鲜。尤其动人的是:'抱上婴孩儿,口皆放母乳。熟视观菩萨,忘不还求乳',真是亏他想得出!这不但是美,而且有神秘感。在世界文学中,我还没见到过写婴孩对于美的感应有如此者!"[1]可见,汪曾祺颇能欣赏佛教文学的妙处。

书法是书写者内在精神的投射,因此往往字如其人。对经石峪书写《金刚经》的书法,汪曾祺认为字写得极稳,定是"一个心平而志坚的学佛的人所写的字",因为"经字有佛性"。[2] 汪曾祺文中曾记录这样一件事:北京智化寺的和尚作法事,演奏的音乐据说是唐代的"燕乐"。"所用乐谱别人不能识,记谱的符号不是工尺,而是一些奇奇怪怪的笔道。乐器倒也和现在常见的差不多,但主要的乐器却是管。"[3]新中国成立后人员流散,老舍先生试图加以保护,曾把他们聚到一起,演奏了一次,音乐界的同志极感兴趣。汪曾祺记录这样一个故事,足见他对佛教音乐的关心。汪曾祺的书画创作,有时也涉及宗教题材。据苏叔阳回忆,有一年他们应《大连日报》之邀到棒槌岛开会,晚间汪曾祺趁着酒兴挥毫作了一幅达摩图送给他。[4]

三、佛教风习的记录

汪曾祺还偶有文字涉及与佛教有关的风习。往日北京人过春节,家家都在神案上摆一盘"供"。所谓"供"是一种甜食,先做出指头粗的面条,放油里炸透,蘸上蜂蜜,堆成宝塔造型。汪曾祺认为,"这大概本来是佛教敬奉释迦

---

[1] 汪曾祺:《美在众人反映中》,《汪曾祺全集》第5卷,北京师范大学出版社,1998年,第143—144页。
[2] 汪曾祺:《泰山片石·泰山石刻》,《汪曾祺全集》第5卷,北京师范大学出版社,1998年,第199页。
[3] 汪曾祺:《老舍先生》,《汪曾祺全集》第3卷,北京师范大学出版社,1998年,第346—347页。
[4] 苏叔阳:《迟到的谢忱——悼汪曾祺先生》,金实秋主编:《永远的汪曾祺》,上海远东出版社,2008年,第137页。

牟尼的东西,而且本来可能是庙里制作的"①。汪曾祺认为中国咸菜种类之多,制作之精,应该与佛教盛行有关。"佛教徒不茹荤,又不一定一年四季都能吃到新鲜蔬菜,于是就在咸菜上打主意。"②在《滇游新记·大等喊》中,汪曾祺记录信奉小乘佛教的傣族人的一次葬礼,还谈及他们在"奘房"中举行的赕佛仪式:"傣族的赕佛,大体上是有一个男人跪在佛的前面诵念经文,很多信佛的跪在他身后听着。诵经人穿着如常人,也并无钟鼓法器,只是他一个人念,声音平直。偶尔拖长,大概是到了一个段落。傣族的跪,实系中国古代人的坐。古人席地而坐。膝着地,臀部落于脚跟,谓之坐——如果直身,即为'长跪'。傣族赕佛时的姿势正是这样。"③这些仪式都有抒情诗的味道,颇能显示傣族人的精神风貌。

四、僧人群像的塑造

汪曾祺颇具佛缘,一生结交僧人甚多。因此,他笔下的和尚形象,可以构成一个画廊。小说《复仇》《仁慧》《庙与僧》《鹿井丹泉》《幽冥钟》《受戒》等,散文《早茶笔记(三则)·八指头陀》《罗汉》《观音寺》《和尚》(包括《铁桥》《静融法师》《阎和尚》三篇)等,这些作品为我们塑造了各式各样的僧人形象。他笔下的和尚,总体上可以分为三类:

其一是身份特殊的和尚。对于此类人物,汪曾祺颇有说道一番的兴致。这类和尚具多重身份,或为帝王,或为名人,因另一身份的特殊而广为人知。《建文帝的下落》一文,写的是建文帝。相传建文帝出家于正续禅寺,因有这一传说,正续禅寺得以烟火鼎盛。汪曾祺分析这一现象背后的民族文化心理,认为"来烧香的善男信女当中,有人未必知道这位皇帝是建文帝,更不知道建文帝是怎样的一个皇帝,反正只要是皇帝就好。中国的农民始终对皇帝保持着崇敬。何况这位皇帝又当了和尚,或者这位和尚曾经是皇帝,这就在他们的崇敬心理上更增加了一个层次"④。《〈吃的自由〉序》中,汪曾祺写另

---

① 汪曾祺:《玉渊潭的传说》,《汪曾祺全集》第3卷,北京师范大学出版社,1998年,第477页。
② 汪曾祺:《吃食和文学·咸菜和文化》,《汪曾祺全集》第4卷,北京师范大学出版社,1998年,第60页。
③ 汪曾祺:《滇游新记·大等喊》,《汪曾祺全集》第4卷,北京师范大学出版社,1998年,第158页。
④ 汪曾祺:《建文帝的下落》,《汪曾祺全集》第4卷,北京师范大学出版社,1998年,第173—174页。

一位帝王僧人梁武帝萧衍。做了和尚,应该一心向善,但梁武帝却表现出了分裂性格,一方面对农民非常残酷,另一方面"萧衍虔信佛律,曾三次舍身入寺为僧"①。李叔同颇具传奇色彩,出身富贵之家,一度声色犬马,各种艺术造诣深厚,集音乐家、美术教育家、书法家、戏剧活动家各类头衔于一身,在当时文化界影响巨大;一旦看破红尘,遂变身为弘一法师,成为一代高僧。《〈汪曾祺自选集〉重印后记》中曾对他点染了几笔,还引述他临终的偈语:"悲欣交集"②。

其二是戒行严苦的和尚。对于这类和尚,汪曾祺带有崇敬之情。在《早茶笔记(三则)·八指头陀》《和尚·铁桥》《关于〈受戒〉》等多篇文章中,汪曾祺反复提及指南和尚。大概是为了考验自己的坚韧,指南和尚曾在香炉里烧掉自己的两个食指,遂自号"八指头陀"。后由善因寺住持的位上退隐,在三圣庵静修,深居简出。在《四川杂忆》中,汪曾祺记录了自己在洪椿坪的寺院里邂逅两个年轻僧人的经历。为增进修为,他们发愿朝圣佛教四大名山。他们每遇寺院,"进庙先拜佛,得拜一百八十拜"③。由此可见他们信仰之虔诚。据称,他们在洪椿坪看到了普贤的法相,在普陀山看到过观音的法相。佛家信徒心里自有一个佛的世界。

其三是善于经营庙宇或以做僧人为职业的和尚。对于此类僧人,汪曾祺多持欣赏或理解的态度。《仁慧》写了一个通达灵活、不拘一格的尼姑仁慧。她专擅经营,曾广开门路,给人送咸菜、做素斋、做道场,收拾幽静院落吸引香客;她还曾募化到一笔巨款,给佛像装金。种种作为,让自己掌管的寺院烟火鼎盛。尔后不为政治运动所羁绊,以洒脱的姿态,云游名山大川。汪曾祺曾说:"我写过一篇小说《受戒》,里面提到一个和尚石桥,原型就是铁桥。"铁桥一度云游,后来做了善因寺的方丈,扩建庙宇,开挖水渠,很有作为。"他的字写石鼓,学吴昌硕,很有功力。画法任伯年,但比任伯年放得开。"④还有一个美人媳妇,也带到庙中,狂放不羁,风流倜傥。汪曾祺还写过一个和他一起参加土改的和尚静融,也颇有工作能力。⑤

汪曾祺还写了一些普通和尚,他们并非信仰佛教,而是以念经为职业养

---

① 汪曾祺:《〈吃的自由〉序》,《汪曾祺全集》第6卷,北京师范大学出版社,1998年,第202页。
② 汪曾祺:《〈汪曾祺自选集〉重印后记》,《汪曾祺全集》第5卷,北京师范大学出版社,1998年,第163页。
③ 汪曾祺:《四川杂忆·洪椿坪》,《汪曾祺全集》第5卷,北京师范大学出版社,1998年,第324页。
④ 汪曾祺:《和尚·铁桥》,《汪曾祺全集》第4卷,北京师范大学出版社,1998年,第398—399页。
⑤ 汪曾祺:《和尚·静融法师》,《汪曾祺全集》第4卷,北京师范大学出版社,1998年,第399—401页。

家糊口。如阎和尚一类的僧人,"他们不出家,不住庙,有家,有老婆孩子。他们骑自行车到人家去念佛。他们穿了家常衣服,在自行车后架上夹了一个包袱,里面是一件行头——袈裟,到了约好的人家,把袈裟一披,就和别的和尚一同坐下念经。事毕得钱,骑车回家吃炸酱面"①。《受戒》中的描述几乎全是这种和尚。这类作品,虽在题材上与佛教有关,关注点却不在阐释教义。有人认为《受戒》等有禅宗思想,恐怕属于过度阐释。《受戒》中的那些和尚们,可以唱情歌、恋相好、娶娇妻、佛堂杀猪、喝酒吃肉、打牌赌博、玩铜蜻蜓,毫无规矩,行为举止,完全是普通人。禅宗自道生以来,讲究"顿悟成佛",核心在"悟"字上。这些和尚们,不过是"以念经为职业的普通的和尚",和尚仅仅是职业而已,而非出于信仰,更谈不上开悟。法事经卷、劳作饮食,只是他们生活方式,与禅宗所谓的"担水砍柴,无非妙道"(《传灯录》卷八)实则相去甚远。对于这样的和尚,汪曾祺态度开明,从不视为骗子:"我认为和尚也是一种人,他们的生活也是一种生活,凡作为人的七情六欲,他们皆不缺少,只是表现方式不同而已。"②但是,他对现代大型寺庙里的那些庸俗和尚,则明显流露不屑。在南普陀寺,汪曾祺看到那里的普陀一切皆新,金碧辉煌,但周围氛围却全无肃穆庄严之感。上百人正做功课,一个年轻的和尚敲木鱼以齐节奏,他的敲击技巧娴熟,有板无眼,毫无虔诚之心。汪曾祺忍不住讽刺道:"我觉得他会升成和尚里的干部的。"③在涌泉寺,汪曾祺亦有同感。涌泉寺始建于唐代,是座古刹了,现在经过数度重建,殿宇精整。汪曾祺看僧人穿一种特制的僧鞋,遂产生好奇,一个和尚说:"这种鞋很贵,比社会上的鞋要贵得多。"④在西禅寺,一家子追荐亡灵,和尚们快速走动,草草了事。⑤ 这些职业和尚,已经沾染了机巧、虚荣和草率等社会陋习,如此庸俗,恐怕难以虔诚向佛。

五、佛学精神的渗透

汪曾祺作品,并不能看出竭力宣扬佛教文化的痕迹,但佛学精神还是如水中之盐,无形之中就弥漫于他的作品之中。"缘起论""中道观""生死轮

---

① 汪曾祺:《和尚·阎和尚》,《汪曾祺全集》第4卷,北京师范大学出版社,1998年,第401—402页
② 汪曾祺:《关于〈受戒〉》,《汪曾祺全集》第6卷,北京师范大学出版社,1998年,第337页
③ 汪曾祺:《初访福建·厦门》,《汪曾祺全集》第4卷,北京师范大学出版社,1998年,第448页。
④ 同上书,第449页
⑤ 同上。

回""十二因缘""因果业报""四圣谛""八正道""三法印""三宝""五欲""三毒"等,所涉及内容不可谓不深广。

汪曾祺曾经创作过总题名为《聊斋新义》的一组作品。这些作品全是对《聊斋志异》中篇章的改编,虽是改编,但选择哪篇,如何改动,却都能反映汪曾祺的思想。《双灯》①系"聊斋新义"系列中的一篇。写一狐女爱上魏小二,遂与他一起生活,经历一段鱼水情缘,却不打算白头偕老,一日忽决然离去。佛家讲究"色即是空",断然否认男女之情,此篇不同意佛教的禁欲主义,偏偏用佛理阐释爱情,显示出了对人性的独特理解。少年书生送狐女与魏小二约会,说:"我妹妹和你有缘,应该让她和你作伴。"后来,狐女离去,只说"缘尽了"。要讲清"缘",需从佛家的"缘起论"说起。在佛家看来,"'缘'是'因'(原因、条件)的意思,'起'是生起之意,表示'缘'的功能与结果"②。《杂阿含经》上说:"若见缘起便见法,若见法便见缘起。""法"和"色"相通,指世俗世界的各种现象。"缘"就是爱,"法"和"色"本由"缘"和合而成,"因缘聚则色生,因缘散则色灭"③。两人有了爱,就开始了一段同居生活,因丧失爱,这段同居生活就要结束。为什么爱会丧失?作为佛家价值论的"三法印"似乎可以提供答案,所谓"三法印",指的是三个认识世界人生的基本观点:"诸行无常""诸法无我"和"涅槃寂静"。"佛教认为,人们的各种恬适、愉快、欢乐,不是一得永得的,而是不断交化,并终归要坏灭的。"④"诸行无常",一切色法都处于流转变化之中,无恒常之自体,爱情自然也不能永恒;"诸法无我",万事万物尽皆变化,人就不可以执着于无常,执守于自我。由此看来,狐女放弃这段恋情,所持的竟是佛家的态度。佛教对欢乐美感都持否定态度,汪曾祺却对一切美好事物都心向往之,他虽然不见得相信地老天荒的爱情,但绝不会否认瞬间永恒的伟大力量。因此,这短短的一段爱情,在他笔下格外让人倾心。

改编自《聊斋志异》的另一篇作品《画壁》⑤,主要情节阐释了佛家的世界观。年轻商人朱守素,夜宿佛寺,见壁画上一个拈花天女,垂发在肩,遂心动意摇,想入非非,朦胧之中,飘进墙里,与天女发生一段奇妙情缘。不料为天女同伴发现,出于顽皮和戏谑,她们改了天女长发蓬蓬的处女样式,给她盘起了"云髻高簇、凤鬟低垂"的少妇发型。第二天商队出发,同伙呼叫,朱守

---

① 汪曾祺:《双灯》,《汪曾祺全集》第2卷,北京师范大学出版社,1998年,第249—251页。
② 祁志祥:《中国美学的文化精神》,上海文艺出版社,1996年,第198页。
③ 同上。
④ 方立天:《佛教哲学》,中国人民大学出版社,2012年,第100页。
⑤ 汪曾祺:《画壁》,《汪曾祺全集》第2卷,北京师范大学出版社,1998年,第252—255页。

素才从墙上飘了下来。待到仔细看画壁,原来拈花的少女已经高梳云髻,不再垂发了。在认识论上,此篇反映了佛教"中道观"的思维方式——其要义是"二谛"说,即所谓"俗谛"和"真谛"。龙树在《中论·观四谛品》中有一偈语,对"中道"做了概括:"众因缘生法,我说即是空,亦为是假名,亦是中道义。"这段话很好地体现了"二谛"观念。具体地说,"因缘所生法,从'俗谛'看是'有'(假名),从'真谛'看是'空',观察事物就要圆融二谛,同时看到其'空'与'假'两面"①。从"俗谛"看,朱守素与拈花天女之间的浪漫爱情,确有其事;但从"真谛"观之,不过是一个梦幻。佛家缘起论认为,"若有不自有,待缘而后有者,故知有非真有"(僧肇《不真空论》)。朱守素因爱慕天女的姿色,而与她发生一段故事,即是因"缘"而"起"事,这样的"有"都是非"真"的。佛家认为"诸法如幻"(《般若道行经》),"一切有为法,如梦幻泡影,如露亦如电"(《金刚般若经》)。这里的法就是各种因缘而成的事物和现象。《画壁》中说得明白,朱守素与天女的际遇是真的,是"有",画中天女的发髻已经改为少妇的发型;但是,这一切毕竟又都是在梦中发生的,梦是幻觉,"色是幻,幻是色"(《般若道行经》)。佛家认为,"一切法如镜中像,无体可得,唯心虚妄,以心生则种种法生,心灭则种种法灭故"(《大乘起信论》)。《画壁》中的长老也点破禅机,说的是"幻由心生。心之所想,皆是真实",其中道理不难明白。佛家坚持"色即是空",认为声色之美都是幻影,还用"不净观"对"色"加以否定,认为无论何等美人,从生到死都很肮脏,种子不净、住处不净、自相不净、终竟不净,这样"透过现象看本质",美人哪还有半点可爱之处?汪曾祺可不这样看,对朱守素的短暂爱的得而复失,虽觉得不可执着,但究竟是不无怅惘的。《聊斋新义》另一篇《蛐蛐》,说的是主人公黑子,昏沉之中化为蟋蟀,连战连胜,为父亲赢得了秀才功名,还得了赏银,改变了窘迫的生活状况。黑子明明躺在床上,却能以蟋蟀现身,也如佛家所言:"一切唯心造。"一切是真实的,但一切犹如梦幻,思路上亦是"中道观"。《同梦》中凤阳士人、妻子、三郎梦到同样的故事,而这个故事就在现实中几乎发生了一遍,不是现实决定了梦,而是梦造就了现实,更是印证了佛家一切皆由心造的观念。何为幻,何为真?真假难辨,幻色相生。

汪曾祺有诗《赠星云》:"出家还在家,含笑指琼花。慈悲千万户,天地一袈裟。"②此处所用"慈悲"一词,确实抓住了佛家精神的精髓。佛家最讲究"慈悲为怀",《观无量寿经》上说:"佛心者大慈悲是。"在梵语中慈悲原是两个词,"慈"是给予他人快乐,"悲"是解除他人痛苦;更具体地说,"慈心是希

---

① 祁志祥:《中国美学的文化精神》,上海文艺出版社,1996年,第196页。
② 金实秋:《汪曾祺诗联品读》,大众文艺出版社,2009年,第17页。

望他人得到快乐,慈行是帮助他人得到快乐。悲心是希望他人解除痛苦,悲行是帮助他人解除痛苦。要帮助他人得到快乐,就应该把他人的快乐,视同自己的快乐;要帮助他人解除痛苦,就应该把他人的痛苦,视同自己的痛苦。这就是佛教提倡的'无缘大慈,同体大悲'"①。汪曾祺《瑞云》中的贺生,就有佛家的慈悲情怀。瑞云生于妓院,容貌极佳,年逾十五,准备接客,王孙公子、达官贵人、富商巨贾都来求见。贺生也为她姿色所吸引,遂备了赞礼求见,二人渐生爱情。贺生虽然素负才名,但家道中衰,无力为她赎身。后一秀才用指头在瑞云额头按了一下,留一黑指印,印迹渐渐扩大,瑞云遂变得丑陋,不能见客,被发落成粗使丫鬟。贺生就以几亩地的身价,把她赎出,娶为妻子。贺生对于瑞云之爱,此前主要是贪恋美色,属于普通的男欢女爱;但瑞云毁容后,贺生的感情发生了变化,已经变为体察对方痛苦的同情与牺牲,即是慈悲。有一段话评价这个故事特别适合:"真正的慈悲也称为'理智的爱'。平凡的爱,总是与欲望和执着牵扯在一起。执著的爱是有限而又不稳定的,而且基于对对方的想象。譬如,有一位美女出现了,你希望她能属于你,这种爱是根源于幻觉。一旦情况改变,她拒绝了你的求爱,态度也就跟着改变。今天你陷入爱河中,明天却可能充满敌意。有了真正的慈悲心,你能够看见他人的痛苦,你的爱随之而起。怀抱着这种爱,你能面对他人的痛苦,激发出同情、善心或舍己利人的美德。慈悲是一种无限的、绝对的、无条件的爱。"②

一般寺院是"晨钟暮鼓",在《幽冥钟》(1985年)一文中,汪曾祺却说故乡的承天寺有夜半钟声,这就是所谓的"幽冥钟"。在佛家观念中,人生有"四圣谛",即苦、集、灭、道四谛。"苦谛"是说人生充满了痛苦,总括起来为"八苦":生苦、老苦、病苦、死苦、怨憎会苦、爱别离苦、求不得苦、五阴炽盛苦。孩子出世,要经过十月胎狱之苦,挤出生门之苦,初次遭受外界刺激之苦,但长成已经完全不记得了;但生孩子的母亲却经历极大疼痛,甚至会难产而死,是真正的大苦。"人们以为血崩而死的女鬼是居住在最黑最黑的地狱里的——大概以为这样的死是不洁的,罪过最深。"③"幽冥钟"专门为难产血崩而死的妇女撞响,这钟声传入地狱就可化为光晕,穿透黑暗。这不是彻底的拯救,真正的拯救要靠超度。在中国佛教文化中,承担度人职责的是菩萨。"在佛教的菩萨里,老百姓最有好感的是两位,一位是观世音菩萨,因为他

---

① 魏承思:《现生说法看佛教》,东方出版社,2010年,第110页。
② 同上书,第111—112页。
③ 汪曾祺:《桥边小说三篇·幽冥钟》,《汪曾祺全集》第2卷,北京师范大学出版社,1998年,第196页。

（她）救苦救难。另一位便是地藏菩萨。他是释迦灭后至弥勒出现之间的救度天上以至地狱一切众生的菩萨。他像大地一样，含藏无量善根种子。他是地之神，是一位好心的菩萨。"①"幽冥钟"前供奉一地藏菩萨像，是祈求他拯救坠入地狱深处的女鬼。据说地藏菩萨常常不避艰险，深入地狱，救赎恶道中的众生，还曾发下宏愿："地狱未空，誓不成佛。"地藏菩萨救赎的不仅仅是人，更是无量的母爱——听到钟声，"孩子向母亲的身边依偎得更紧了"。地藏菩萨行他人之难行的自我牺牲精神，是真正的大慈大悲。

　　大慈悲心，还表现在忍他人所不能忍。汪曾祺在《释迦牟尼》一章中，专门设"长生童子喻"一部分。这个故事是佛陀为教诲积怨争吵的弟子而讲述的：骄赏弥国的长寿王战败并生擒来犯的波罗奈国的梵豫王，宽容地释放了他；梵豫王不甘心，再来侵犯，长寿王虽稳操胜券，但为生灵免遭涂炭，让出国土并带家人隐居。梵豫王并不就此罢手，查知了他的去处，囚禁并杀害了他，长寿王的儿子长生童子侥幸逃脱。刑前，长生童子化装樵夫，潜入监狱探视。长寿王对长生童子说："儿！忍即孝道。含凶、怀毒、结恨、惹怨，徒种万载祸根。千万不能结怨，要行慈悲大愿，否则即是不孝。诸佛慈悲，包含天地，冤亲平等，切勿为我起报仇结怨心。儿速去！"②后长生童子化装伎乐，得以接近梵豫王，觅得行刺良机，举刀之时忽忆起父亲的话，遂止。梵豫王得知真情，深受感化，把自己的女儿嫁给了他。讲完故事，佛陀总结："诸比丘！你们聆此故事，作何感想？骄赏弥国长寿王行忍辱，具大慈悲心，施恩惠于其仇人。诸比丘！你们背井离乡，辞亲割爱，来此探求宇宙真理，人生实相，你们当行忍辱，赞叹忍辱；行慈悲，赞叹慈悲，布施恩惠，予一切众生，不应再有争执。"③长寿王让出国家，甘愿被囚禁杀戮，是忍他人之不可忍之辱，是慈悲；长生童子贵为王子却要做伶人，忍辱负重，最终放弃复仇，也是慈悲。《复仇》这篇小说，是公认的汪曾祺早期的代表作，对他进行阐释的文章很多，解志熙先生在《生的执著》一书中从存在主义哲学的角度进行了深入的解读。汪曾祺在《捡石子儿（代序）》一文中有一段自我评价，对于阐释这篇小说不无启发："《复仇》是现实生活的折射。这是一篇寓言性的小说。只要联系一九四四年前后的中国的现实生活背景，不难寻出这篇小说的寓意。台湾佛光出版社把这篇小说选入《佛教小说选》，我起初很纳闷。去年读了一点佛经，发现我写这篇小说是不很自觉地接受了佛教的'冤亲平等'思想的影响的。

---

①　汪曾祺：《桥边小说三篇·幽冥钟》，《汪曾祺全集》第2卷，北京师范大学出版社，1998年，第195—196页。
②　汪曾祺：《释迦牟尼》，《汪曾祺全集》第8卷，北京师范大学出版社，1998年，第259页。
③　同上书，第261页。

但是,最后两个仇人共同开凿山路,则是我对中国乃至人类所寄予的希望。"①促进汪曾祺醒悟的,大概是长生童子的故事。佛教认为,众生遵循三世因果,上一世的业决定此生的命运,而此生的业又决定来世的果。因果循环,遂在地狱、鬼、畜生、阿修罗、人、天界之间生死流转,不仅陌路之人可能是前世亲人,而且牲畜抑或为近亲。《梵网经》上说:"一切男子是我父,一切女子是我母。我生生无不从之受生,故六道众生皆是我父母。"所以声称众生平等,现世冤家,或为前世亲人,自当平等相处。道理虽然说得明白,但是要放弃现世怨恨,视敌人如亲人,需要何等慈悲胸怀来容纳一切?

  1948年,汪曾祺创作了一篇小说《邂逅》,写"我"与两对卖唱者的不期而遇,也写出了两对男女卖唱者之间的不期而遇。十年以前"我"在渡船上,时常见一男一女卖唱者,一个鸦片鬼,一个麻脸女人,各自表演,"我"颇想给他们做媒,设想如果他们在一起,总会有一点温暖,甚至生一个孩子。可是,他们同在一条船上,都是卖唱,彼此却形同陌路,毫无同类意识。我对他们的无缘极为遗憾,俨然是他们错过了一场幸福。现在,"我"又在同样的渡船上,邂逅了一对卖唱的父女。父亲是个瞎子,"他自己唱的时候他拍板,女儿唱的时候他为女儿拍板,他从头没有离开过曲子一步。他为女儿拍板时也跟为自己拍板时一样,好像他女儿唱的时候有两起声音,一起直接散出去,一起流过他,再出去。不,这两条路亦分亦合,还有一条路,不管是他和她所发的声音都似乎不是从这里,不是由这两个人,不是在我们眼前这个方寸之地传来的,不复是一个现实,这两个声音本身已经连成一个单位。——不是连成,本是一体,如藕于花,如花于镜,无所凭借,亦无落着,在虚空中,在天地水土之间……"②父女配合默契,相得益彰。演唱结束了,女儿去收了钱,最后,女儿拉起父亲的手离去。他们在这个世界上邂逅了,成了父女,似乎就是为了彼此照应,父亲做女儿的师父,女儿做父亲的拐杖。他们的邂逅,创造了和谐,创造了温暖,创造了艺术,创造了美。佛家讲究"缘起",即所谓"此有故彼有,此无故彼无"(《杂阿含经》)。"缘"是因,"起"是发生。那个鸦片鬼和麻脸女人,虽属于同类,可从不相交,便是无缘;那对父女——既是父女,便是有缘,相辅相成,恍若一体,有缘构成了"法"——佛教把彼此影响而产生的事物或现象叫作"法"——"若见缘起便见法,若见法便见缘起"(《杂阿含经》)。佛教认为,凡是"缘起"的东西,都属于"色","色"即"空",可见佛家对缘起之物取否定态度。汪曾祺不这样看,对于那两位无缘的卖唱者,汪曾

---

① 汪曾祺:《〈捡石子儿〉代序》,《汪曾祺全集》第5卷,北京师范大学出版社,1998年,第244—245页。
② 汪曾祺:《邂逅》,《汪曾祺全集》第1卷,北京师范大学出版社,1998年,第192—193页。

祺报以遗憾;对于那双相依相靠的父女,汪曾祺抱以欣赏。汪氏显然没有由"色"悟"空",而是看到了"色"之美。到了1993年,汪曾祺把鸦片鬼和麻脸女人的故事加以改编,写成了《露水》——何为露水?是指"露水"夫妻,更指"露水"易干,时间仓促。一男一女同在船上卖唱,彼此都曾有过家庭,但现在都是独身。互通了身世,决定一处唱,成了临时夫妻——《邂逅》中没有实现的理想在这个小说中实现了——男的买了胡琴给女的伴奏,还帮她吊嗓子,于是她在轮船上唱红了。可是,佛家认为"诸行无常",一切处于流转之中,没有什么是可靠的、永恒的,这是人生痛苦的重要来源。一个月后,男的暴病而亡。安葬完他,第二天女的一个人在轮渡上唱。经过这番改写,完全符合佛家观念:男女欢爱,是"十二因缘"中的"爱"——佛家把它看成贪欲,贪求生命和生命繁殖的快乐,是阻碍人超越生死轮回的负面力量。两个人发生了故事,"缘"聚"色"生,"色"自然等同于"空"。就创作情形来看,晚年的汪曾祺对佛家思想似乎有不小的兴致。

佛教认为:"业有三报,一曰现报,二曰生报,三曰后报。现报者,善恶始于此身,即此身受。"(慧远:《三报论》)《螺蛳姑娘》写了一个农夫,受螺蛳姑娘垂青,螺蛳姑娘先是给他做饭,后是与他结为夫妻。农夫受宠若惊,怕日久生变,藏了她的螺壳。随着时间的推移,渐生轻慢之心,言语行动,颇多歧视和侮辱,螺蛳姑娘终于不堪其辱,找了机会拿到螺壳,弃他而去,农夫后悔不迭。有人认为,这篇小说表现了佛家的现世报应观念。① 另外,他作品中关于人生的苦难意识,不时流露出来的隐逸情趣,恐怕也与佛教不无关联。但汪曾祺反对创作的概念化,佛家精神已经融化于作品的神韵之中,如花中之香,虽觉其味,难见其形。

汪曾祺曾为《世界历史名人画传·释迦牟尼》撰写了文稿,此书于1992年7月由江苏教育出版社出版。从篇幅上看,除剧本外,这几乎是汪曾祺篇幅最长的创作了,大约三万七千字。这部作品虽然收在《汪曾祺全集》中,但不见录于汪朗、汪明、汪潮编写的《汪曾祺年表》(北京师范大学出版社1998年版《汪曾祺全集》第8卷附录一),亦不见录于陆建华所著《汪曾祺传》(江苏文艺出版社1997年版)和《汪曾祺的春夏秋冬》(河南人民出版社2005年版)所附录的《汪曾祺年谱》中,这说明大家对它的重视程度还很不够。为了写这部作品,汪曾祺大约在1990年阅读了一批佛经。尽管汪曾祺几乎没有在公开场合高度评价佛家思想,但从此后发表的作品中可以看出,这次阅读对他产生了巨大冲击,给他增加了若干新的思想资源,甚至在某种程度上影

---

① 石杰:《汪曾祺小说中的儒道佛》(上),《十堰大学学报》1995年第1期,第44页。

响到了他的世界观。《释迦牟尼》是如来佛的传记,核心自然是他的修行、悟道和布道的整个过程。作品的高明之处除了语言上的高度成就之外,还在于汪曾祺通过讲述故事对佛教思想做了纲举目张的介绍。

释迦牟尼修炼日久,一日黎明顿然大彻大悟,成就无上正觉。他洞察生死轮回的奥秘,破除了执着。"百十万年,生死往来,清楚了然。他觉悟到自己以及一切众生,从无量劫以来,轮转在生死界中,有时作人父母,有时作人儿女,有时作人师长,有时为人弟子,彼此都是因缘。"相逢陌路,或者前世是眷属,故此众生平等;六道流转,生死不二,不须执着。①

他总结生命现象,归结人类痛苦根源,将宇宙人生的真理归纳为"十二因缘"。"仔细观察世界,流传经过是十二因缘(无明、行、识、名色、六入、触、受、爱、取、有、生、老死),流转主体是苦。由此主体展开,故有生老病死。"②佛陀自"老死"追溯其原因,一个环节又一个环节,推导出的结论是"无明"是生死的根本。"据佛教史载,释迦牟尼在快得道成佛时,逆观十二因缘,即从后往前推,由老死逐渐逆观到无明,得出了这样的结论:人生现象的真正原动力和人生痛苦的最后总根源是'无明',即对人生实相的盲目无知。"③此后佛陀在菩提树下静思二十一日,发出正觉宣言:"如想不死,唯有不生,唯断无明。无明灭则行灭,行灭则识灭,识灭则名色灭,名色灭则六入灭,六入灭则触灭,触灭则受灭,受灭则爱灭,爱灭则取灭,取灭则有灭,有灭则生灭,生灭则老、死、忧悲苦恼皆灭。诸垢既净,自心清净,则无碍光明普照,进入真实悟界,得不生不死解脱自在。"④超脱生死,实际上就是涅槃境界。当然,这其中暗含了因果业报的观念。目犍连在弘法途中,为裸形外道击杀,比丘们认为这是"业报现前",佛陀认为"肉体本无常,业报须了结",死时不迷不惑,故入于涅槃。

释迦牟尼"初转法轮",超度的是骄陈如等,教化的内容就是"四圣谛"和"八正道"。"四圣谛"即苦、集、灭、道四谛。世间无处不苦,"水、火、风、震是苦。人情不平,事不如意,又使人身心不安。生此世间,随处皆苦"⑤。这是苦谛。"凡苦,皆以'我'为本。众生执著有我,由我而生贪、瞋、痴,此即是

---

① 汪曾祺:《释迦牟尼》,《汪曾祺全集》第 8 卷,北京师范大学出版社,1998 年,第 241—242 页。
② 同上书,第 242 页。
③ 方立天:《佛教哲学》,中国人民大学出版社,2012 年,第 68 页。
④ 汪曾祺:《释迦牟尼》,《汪曾祺全集》第 8 卷,北京师范大学出版社,1998 年,第 423 页。
⑤ 同上书,第 245 页。

'集'。"①这是集谛。"要解除苦,必须修'道',修道则入'灭'。"②这是灭谛和道谛。对于这两谛,汪曾祺解释得比较简略。"灭谛的'灭',是指人生苦难的灭寂、解脱。这是人生的理想归宿、最高境界、最终目的,也就是佛教教人追求的方向、目标。灭谛也称为'爱灭苦灭圣谛'和'苦尽谛'。'爱',即贪欲。灭尽贪欲就是灭除痛苦的根源,而灭尽贪欲也就灭除了痛苦。灭谛是阐述灭尽贪欲,灭除痛苦,不再生起的道理。"③"道谛的'道',指道路、途径、方法。所谓道谛就是引向灭除痛苦、证得涅槃的正道。"④对于修行而言,"四圣谛"至关重要,"若不解四圣谛,终不得解脱"⑤。只有做到知苦、断集、证灭、修道,才能修得正果。释迦牟尼认为修行方法至关重要,不得门径,难有大成,"凡是修行,不可偏执。偏于受苦,使心恼乱;偏于享乐,耽于爱著。舍弃苦乐,方是'中道'"。佛陀在对当时普遍的修行状况深入了解的基础上,批判了苦行和纵欲两种错误倾向,提出正确的修行方式。"要进正觉之门,须以正道修行,即正见、正思维、正语、正业、正命、正精进、正念、正定,似此方能解脱无明集聚诸般烦恼,入清净寂灭境界。"⑥后人称之为"八正道"。"八正道"属于主观努力的方式。除此之外,其实还需要具备更多的条件,这就是佛陀所谓的三宝,佛宝、法宝、僧宝。这里的"法宝"主要指"四圣谛"。⑦"三宝"具备,可称"福田"。有了"福田",便可广被天下,接引众生,让他们步入光明大道,获得圆满解脱。

佛教教义的另一个重要观点是"三法印"。"三法印"的内容有所变化,原始佛教认为人生无常、无我,可归结为"诸行无常""诸法无我""诸受皆苦"三条;后来内容上略有变更,最后一条变为"涅槃寂静"。《释迦牟尼》中贯穿着"诸行无常"的观念。佛家认为,"生生死死,死死生生,分分段段,来来去去,非仅人类如此,山川草木,皆是无常之相"⑧。"诸法无我",原是高深的道理,佛陀却借助比喻,做了浅易晓畅的解释:"当心与境相遇时,只是空与空相聚合。譬如石与石相碰,可以碰出火花。然而火花是石之质欤?人间在生我之前,即已有我乎?抑或死后是我乎?睡时是我乎?抑醒时是我乎?心无罣碍是我乎?抑身有故障是我乎?凡此一切,皆与石块相碰而迸出瞬息火花

---

① 汪曾祺:《释迦牟尼》,《汪曾祺全集》第 8 卷,北京师范大学出版社,1998 年,第 245 页。
② 同上。
③ 方立天:《佛教哲学》,中国人民大学出版社,2012 年,第 77 页。
④ 同上书,第 82 页。
⑤ 汪曾祺:《释迦牟尼》,《汪曾祺全集》第 8 卷,北京师范大学出版社,1998 年,第 246 页。
⑥ 同上书,第 245 页。
⑦ 同上书,第 246 页。
⑧ 同上书,第 234 页。

相似。石可以迸出火花,水可以起泡沫,但石块并非即是火花,水亦并非泡沫。"①处处无"我",但是人处于"不明"之中,处处"我执"。"由于心与境相遇,而有六识,因此,由不如意之'我',即生出老、死、病,循环不已。凡贪、瞋、痴,一切无明,都源自'我',如石块相碰,或起火花,或不起。石不相碰,则绝不会起火花。"②勘破"我"之虚假性,方能成就正觉,进入到"涅槃寂静"之境。"忘'我'而为一切众生,更忘我及一切众生而进入不动心境界,心与宇宙为一体,即'我'进入涅槃之时,此方是人间本来实相,于此处方无生死。"③

人的种种劣性,在佛陀看来主要来自"五欲""三毒"。佛家认为,人的痛苦直接来自欲望,"人之贪欲,犹如风中烈火,投入薪柴愈多,愈加不能满足"④。人有五欲,财、色、名、食、睡。摩登伽女迷恋阿难,穷追不舍,最后听了佛陀的佛法,顿然开悟,认识到"五欲乃众苦之源,犹飞蛾投火,春蚕自缚,愚痴自取。去除五欲,乃能清净"⑤。周利槃陀伽脑如坚石,愚笨无比,记不住佛法。佛陀让他持诵"拂尘除垢"偈语,于是渐渐体悟偈意义,"内心尘垢,是贪瞋无明烦恼,须大智慧方能清除。人欲即尘垢,智者必除欲,不除欲,不能了生死。以欲生种种灾难苦恼因缘,人为束缚,不能自由。无欲,心才清净,得自由解脱"⑥。周利槃陀伽遂欲望尽除,渐息"三毒"之心,不起爱憎好恶之念,脱出"无明"。与"五欲"紧密相关,佛家另一种概念为"三毒",佛陀解释:"种种妄想,譬如打火燧石,轻轻一敲,即会引起愚痴黑烟,燃起贪欲瞋恚猛火,愚痴、贪欲、瞋恚,即三毒烦恼之火,因燃三毒之火,即轮回于老、病、死苦恼中,在生生死死世界中无法解脱。"⑦"三毒"是苦的根源,之所以会产生"三毒",是因为以"我"为本,因此,"欲灭除三毒猛火,首先要毁除'我执'。'我执'断除,三毒之火自灭,轮回于三界中之一切苦,自消失矣"⑧。消除"我执",落实在生活中有更为具体的修行方法,那就是布施、忍辱和造善。"若人能布施,断除于悭贪。若人能忍辱,永离于瞋恚。若人能造善,则远于愚痴。能具此三行,速至于涅槃。"⑨借助《释迦牟尼》一篇,汪曾祺清楚而系统地阐释了佛教的基本教义:"生死轮回""十二因缘""业报""四圣谛"

---

① 汪曾祺:《释迦牟尼》,《汪曾祺全集》第 8 卷,北京师范大学出版社,1998 年,第 252 页。
② 同上书,第 252—253 页。
③ 同上书,第 253 页。
④ 同上书,第 237 页。
⑤ 同上书,第 265 页。
⑥ 同上书,第 267 页。
⑦ 同上书,第 250 页。
⑧ 同上。
⑨ 同上书,第 253 页。

"八正道""三法印""三宝"等,言近旨远,融会贯通。

汪曾祺《读史杂咏》中有诗句云:"禅心寂寂似童心。"[1]读汪曾祺的文章,我们至今能时时感受到他那颗寂寂的禅心。

---

[1] 汪曾祺:《读史杂咏》,《汪曾祺全集》第8卷,北京师范大学出版社,1998年,第40页。

第七章 道家人格

一、道家文化的谙熟

汪曾祺曾经认为,影响自己的主要是儒家思想,道家思想和自己关系不大。后来在别人的启发之下,他才开始重新审视自己。他曾说过一段很有意思的话:"今天评论有许多新的论点引起我深思。比如季红真同志说,我写的旧知识分子有传统的道家思想,过去我没听到过这个意见,值得我深思。"①他知道"一个真正有中国色彩的人物,与中国的传统文化是不能分开的"②。出生于中国,即使不念《道德经》《庄子》,也会受道家思想的影响,因为普通人的言谈举止中就不免会包含一些道家文化因子。更何况汪曾祺不属于这种情况,从童年环境,到读书生涯,他时常受道家文化濡染。

汪曾祺年少时的生活环境,多有道家氛围。他上初中的校址,就在破败了的赞化宫,赞化宫原来是一座道观,遗留有放生池,小楼上还供奉着吕祖。③ 汪家附近,还有一座名为"五坛"的道观。据汪曾祺回忆,这里的道士不是普通道士,而是有身份的人,有家有业,出于信仰才到坛里诵经。所读经文也与别处异样,主要是《南华经》。④ 汪曾祺还曾谈及故乡的炼阳观,那里住着一位马道士,"马道士在梅花丛中的小楼上读道书,读医书",他超凡脱俗,深居简出,与混吃混喝的道士不同。⑤ 这样的生活环境,自然造就了汪曾

---

① 汪曾祺:《回到现实主义,回到民族传统》,《汪曾祺全集》第3卷,北京师范大学出版社,1998年,第288页。
② 同上。
③ 汪曾祺:《我的初中》,《汪曾祺全集》第5卷,北京师范大学出版社,1998年,第421页。
④ 汪曾祺:《道士二题·五坛》,《汪曾祺全集》第6卷,北京师范大学出版社,1998年,第140—141页。
⑤ 汪曾祺:《道士二题·马道士》,《汪曾祺全集》第6卷,北京师范大学出版社,1998年,第139页。

祺对于道家文化的亲和性。

汪曾祺在西南联大求学,刘文典先生讲了一年庄子,但他常常东拉西扯。① 大一教自己国文作文的陶光先生是刘文典的学生,曾经研究过道家经典《淮南子》。② 这些专家做老师,自觉不自觉地就会把道家思想带入课堂。在昆明教中学时,汪曾祺一度迷恋庄子的文章,案头常放一部《庄子集解》。③ 这样的读书历程显然对汪曾祺产生了深刻的影响。他对《庄子》非常熟悉,甚至对注释也了然于心。要考察灶王的长相,他随手引出《庄子·达生》原文及其注解:"'灶有髻',司马彪注:'髻,灶神,著赤衣,状如美女。'"④ 谈及灰藋菜,他马上判断"藋"字很古,因为可见于《庄子》。⑤ 汪曾祺早年创作的《复仇》第二稿,前面有题辞"复仇者不折镆干",语出《庄子·达生》。1980年代写小说《徙》,题辞为:"北溟有鱼,其名为鲲。鲲之大,不知其几千里也;化而为鸟,其名为鹏,鹏之背,不知其几千里也。怒而飞,其翼若垂天之云。是鸟也,海运则将徙于南溟。"⑥语出《庄子·逍遥游》。汪曾祺的作品极少有题辞,两则题辞全出自《庄子》,又可见他的偏爱程度。

汪曾祺不仅对《庄子》非常熟悉,而且对道教的历史、掌故甚至物质遗产也相当了解。他认为"中国的山不是属于佛教就是属于道教"⑦。泰山、青城山、武当山都是道教的山⑧,武夷山亦属道教,汪曾祺还专门介绍过道观武夷宫。⑨ 他对道教人物如数家珍,《泰山片石》对碧霞元君身世、封号来源做了考察,还涉及东岳大帝。⑩ 两篇同名异文的《八仙》考证了"八仙"的身世及

---

① 汪曾祺:《西南联大中文系》,《汪曾祺全集》第4卷,北京师范大学出版社,1998年,第356—357页。
② 汪曾祺:《未尽才——故人偶记》,《汪曾祺全集》第6卷,北京师范大学出版社,1998年,第365页。
③ 汪曾祺:《自报家门》,《汪曾祺全集》第4卷,北京师范大学出版社,1998年,第290页。
④ 汪曾祺:《城隍·土地·灶王爷》,《汪曾祺全集》第5卷,北京师范大学出版社,1998年,第104页。
⑤ 汪曾祺:《七载云烟·采薇》,《汪曾祺全集》第6卷,北京师范大学出版社,1998年,第129页。
⑥ 汪曾祺:《徙》,《汪曾祺全集》第1卷,北京师范大学出版社,1998年,第479页。
⑦ 汪曾祺:《泰山拾零·泰山老奶奶》,《汪曾祺全集》第4卷,北京师范大学出版社,1998年,第168—169页。
⑧ 同上。
⑨ 汪曾祺:《初访福建·武夷山》,《汪曾祺全集》第4卷,北京师范大学出版社,1998年,第452页。
⑩ 汪曾祺:《泰山片石·碧霞元君》,《汪曾祺全集》第5卷,北京师范大学出版社,1998年,第196—197页。

来龙去脉。① 汪曾祺借游览陶公洞,评价了道教名人陶弘景,认为他的观点源出老庄,兼收葛洪的神仙道教思想,还多次引用他题为《诏问山中何所有》的诗:"山中何所有?岭上多白云。只可自怡悦,不堪持赠君。"②《早茶笔记》记录了一个道士的传说,相传西山龙门山顶台阶及魁星阁全是他一人之力凿成,只可惜最后凿断了魁星手中的笔,令他失望至极,愤而自杀。③《吴三桂》一文述及陈圆圆晚年做道士的事,对莲花池畔那尊把她塑成比丘尼的雕像颇感疑惑。掌故轶闻,信手拈来,可见他对道家知识的渊博。

汪曾祺曾说:"我读过一点子部书,有一阵对庄子很迷。但是我感兴趣的是其文章,不是他的思想。"④没有脱离思想的文章,也没有脱离文章的思想,就实际情形看,汪曾祺既有对于《庄子》语言章法自觉主动的学习,又有对道家思想习焉不察的继承。汪曾祺提出"写小说或就是写语言"的著名观点,他的佐证就是《庄子》,他还引述了自己老师的一段话:"闻一多先生在《庄子》一文中说过:'他的文字不仅是表现思想的工具!似乎也是一种目的。'"⑤汪曾祺对于小说采用固定的结构模式非常反感,而对于中国传统随机而变的"文气""行云流水"等概念则心向往之,他说:"'气韵生动'是文章内在的规律性的东西。庄子是大诗人、大散文家,说我的结构受他一些影响,我是同意的。"⑥庄子极具诗人气质,道家哲学在很多人眼里纯然是美学。汪曾祺这样天生艺术气质浓重的作家,对于道家思想恐怕是极易产生共鸣的。汪曾祺曾写散文《滇游新记·滇南草木状》,其中一段时是:"大青树不成材,连烧火都不燃,故能不遭斧斤,保其天年,唯堪与过往行人遮荫,此不材之材。滇南大青树多'一树成林'。"⑦《庄子·人间世》上有一个故事,说有一棵栎社树,高可参天,枝繁叶茂,观者如市,但是一个名为石的木匠连看都不看,原因是这种树的木头是"散木",用来做船会沉底,做棺椁会速朽,做门户会渗

---

① 汪曾祺:《八仙》,一篇载《汪曾祺全集》第3卷,北京师范大学出版社,1998年,第440—450页,另一篇载《汪曾祺全集》第4卷,北京师范大学出版社,1998年,第86—88页。
② 汪曾祺:《初识楠溪江》,《汪曾祺全集》第5卷,北京师范大学出版社,1998年,第228页。
③ 汪曾祺:《早茶笔记(三则)》,《汪曾祺全集》第4卷,北京师范大学出版社,1998年,第331—332页。
④ 汪曾祺:《认识到的和没有认识的自己》,《汪曾祺全集》第4卷,北京师范大学出版社,1998年,第299页。
⑤ 汪曾祺:《思想·语言·结构》,《汪曾祺全集》第6卷,北京师范大学出版社,1998年,第74页。
⑥ 汪曾祺:《回到现实主义,回到民族传统》,《汪曾祺全集》第3卷,北京师范大学出版社,1998年,第289页。
⑦ 汪曾祺:《滇游新记·滇南草木状》,《汪曾祺全集》第4卷,北京师范大学出版社,1998年,第152页。

透出汁液,做柱子会招来虫子蛀蚀,"是不材之木也,无所可用,故能若是之寿"①。两相对照,我们不难看出汪曾祺直接挪用了庄子的思想。汪曾祺一再说自己喜好的是儒家,儒家思想阔大,他究竟喜欢哪一部分? 他有一段回忆,其间大致可以窥出奥秘:"如果说西南联大中文系有一点什么'派',那就只能说是'京派'。西南联大有一本《大一国文》,是各系共同必修。这本书编得很有倾向性。文言文部分突出地选了《论语》,其中最突出的是《子路曾晳冉有公西华侍坐》。'暮春者,春服既成,冠者五六人,童子六七人,浴乎沂,风乎舞雩,咏而归',这种超功利的生活态度,接近庄子思想的率性自然的儒家思想对联大学生有相当深广的潜在影响。"②因为"这不仅是训练学生的文字表达能力,这种重个性,轻利禄,潇洒自如的人生态度,对于联大学生的思想素质的形成,有很大的关系,这段文章的影响是很深远的。联大学生为人处世不俗,夸大一点说,是因为读了这样的文章。这是真正的教育作用,也是选文的教授的用心所在"③。这段文字提供了两重信息,一层意思是"京派"对西南联大颇有影响,京派对道家思想偏爱有加,有人已写出专著《京派小说与道家之因缘》④,言之凿凿,毋庸置疑;另一层意思,中国传统文化结构中早就有"儒道互补"的定论,之所以能互补,实则因为二者多有相通之处。这句话还透露了西南联大学生所喜欢的儒家思想,是"接近庄子思想的率性自然"的部分,汪曾祺对这段的评价更像道家趣味,"这写得实在非常美。曾点的超功利的率性自然的思想是生活境界的美的极致"⑤。虽不能据此判定道家影响占主导位置,但却可以推断道家思想是当时众多学人的思想底色之一。

汪曾祺对于鲁迅非常熟悉,一度甚至希望能像金圣叹评点《水浒》那样评点他的著作。鲁迅对道家思想向来怀有警惕之心,他曾多次反省自己未尝不中了庄周、韩非的毒。再加上长期以来鲁迅一直得到主流文化认可,因此他的观点恐怕不能不影响到汪曾祺对于道家思想的评价。在理性层面上,汪曾祺对于道家思想还是相当谨慎的,比如他在评论《棋王》的时候,就不无善意地告诫道:"我不希望阿城一头扎进道家里出不来。"⑥但是,从人格到创

---

① 陈鼓应注译:《庄子今注今译》(上册),商务印书馆,2007年,第156页。
② 汪曾祺:《西南联大中文系》,《汪曾祺全集》第4卷,北京师范大学出版社,1998年,第355—356页。
③ 汪曾祺:《晚翠园曲会》,《汪曾祺全集》第6卷,北京师范大学出版社,1998年,第206—207页。
④ 冯晖:《京派小说与道家之因缘》,暨南大学出版社,2012年。
⑤ 汪曾祺:《自报家门》,《汪曾祺全集》第4卷,北京师范大学出版社,1998年,第291页。
⑥ 汪曾祺:《人之所以为人》,《汪曾祺全集》第3卷,北京师范大学出版社,1998年,第415页。

作,又让人时常觉得老庄思想已经沉入汪曾祺灵魂深处,不经意间就会以文化无意识的方式流露出来。

二、三重人格的迷恋

(一) 超脱放达的社会人格

道家有自己理想的人格模式,"尽管老庄心目中的理想人格在内涵和外显上也存在一定的差异,但在根本精神上则同样并无二致,即都须具备超脱和放达的品格。'超脱'指人身处人伦世界却非'与人为徒',身处世俗社会却不为世俗社会的繁文缛节所缚,而是拨开迷雾,'与天为徒',超越有形有相界,认清真我,提升自我;'放达'指人在人生实践中能够适其意,遂其情,安其性,定其心,使身心获得最大限度的放松和解放。在道家看来,'超脱'和'放达'在一个人身上的完美结合,即意味着该人之理想人格之完成"①。汪曾祺的理想人格比道家更入世一些,有在世俗伦理中寻找精神慰藉的成分,但是很明显保持对道家自由人格的倾慕。同是超脱通达的人格,大致表现为两种倾向:一种是追求在艺术学术中诗意生存,获得自我满足;另一种则或以顺应命运的方式保持生命韧性,或者是以"无为"精神成就"有为"的事业,悠游于社会事务之中。

1. 超脱世俗

汪曾祺写的一些旧知识分子多寄情艺术,趣味高雅,通达脱俗,并且有隐逸思想,或多或少带有汪曾祺本人心理自传的成分。谈甓渔年轻时追求过功名,"中举之后,累考不进,无意仕途,就在江南江北,沭阳溧阳等地就馆"。他对功利采用淡泊的态度,竟然不会数钱;晚年连馆也辞了,"闭户著书。书是著了,门却是大开着的"。"他没有架子,没大没小,无分贵贱,三教九流,贩夫走卒,都谈得来,是个很通达的人。"②儒家追求"人和"境界,道家亦有追求"人和"的一面,《庄子·天道》曰:"与人和者,谓之人乐。"在个人性情上,谈甓渔表现出率性而为、随顺自然的特点,"他常常傍花随柳,信步所之,喝得半醉,找不到自己的家"。他追求清闲适意,"两个螃蟹能吃三四个小时,热了凉,凉了又热。他一边吃蟹,一边喝酒,一边看书"③。置身世俗社

---

① 公木、邵汉明:《道家哲学》,长春出版社,2007年,第120页。
② 汪曾祺:《徙》,《汪曾祺全集》第1卷,北京师范大学出版社,1998年,第482—483页。
③ 同上书,第482页。

会,但是能不为功名利禄所困扰,追求一种适性自然的生活,达到了道家"放达"的人生理想。《合锦》中的魏小坡,也是深居简出,但这里的隐逸,绝不是遁迹山林、与世隔绝,而是与儒家"吾与点也"的境界一致,亦合乎道家的隐逸情趣。谈甓渔、魏小坡虽深得道家精神,但似乎儒家入世的成分还嫌过重,汪曾祺笔下另外一些旧知识分子,隐逸倾向更为明显,也更追求生存的艺术化。汪曾祺曾写过一首诗,题目叫《应小爷命书》:"汪家宗族未凋零,奕奕犹存旧巷名。独羡小爷真淡泊,临河闲读《南华经》。"①这里的《南华经》就是《庄子》,《南华经》这个名字是唐玄宗诏封的。这首诗借对"小爷"临河闲读《南华经》的艳羡,表明了自己对隐逸生活的崇尚。从精神源头看,"道家渊源于隐士思想,演变为老、庄或黄、老"②。因此,在它的文化基因中天生就带有某种隐逸倾向。《名士和狐仙》中的杨渔隐,住的地方比较偏僻,"为了清净,可以远离官衙闹市",他家连侧门也不常开。《鉴赏家》中的季匋民,"他很少到亲戚家应酬。实在不得不去的,他也是到一到,喝半盏茶就道别"。身居俗世却不为世俗礼仪所羁绊,表现超脱的风范;平日寄情绘画,更表现出一种艺术人格。就其精神实质而言,是希望能在这样的环境中,追慕魏晋风度,做到文雅风流,率性而为,自由自在,在这一点上,持的是新道家"主情派"的人生理想。

2. 适意放达

道家讲究"无情",但不能理解成冷漠残忍。庄子说:"吾所谓无情者,言人之不以好恶内伤其身,常因自然而不益生也。"(《庄子·德充符》)这个"无情"就是要人消泯欲望,放弃好恶之心,这样才不因外界事物好坏而产生不良情绪,以致从内部伤害自己的生命。这种观点推到极端,就是所谓"死生无变于己,而况利害之端乎"(《庄子·齐物论》)。要做到适意放达,首先要"无情",在汪曾祺笔下,顺应命运,柔弱不争,都是达到这种"无情"的表现。

在道家看来,命运强大,不会因主观意识而变动,"死生存亡,穷达贫富,贤与不肖,毁誉、饥渴、寒暑,是事之变,命之行也。日夜相代乎前,而知不能规乎其始者也。故不足以滑和,不可入于灵府"(《庄子·德充符》)。命运如日夜轮转一般,我们辨不清它是如何起始的,因此也就不应该因为它而扰乱内心的平和。汪曾祺笔下的一些人物,面对命运的碾压常常表现出恬淡不争、安然处之的心态。《大淖记事》中的黄海蛟,本是挑夫中的好手,不幸摔

---

① 汪曾祺:《应小爷命书》,《汪曾祺全集》第 8 卷,北京师范大学出版社,1998 年,第 32 页。
② 南怀瑾:《禅宗与道家》,复旦大学出版社,1991 年,第 142 页。

断了腰,但他反应平淡,不能挑粮食就在床上绩麻线。巧云被刘号长强奸,她也没有剧烈的反应,而是该干什么还干什么。十一子被毒打,家中的两个男人不能劳作,她就找出父亲用过的箩筐做起了挑夫,养家糊口。"知其不可奈何而安之若命,德之至也。"(《庄子·人间世》)不与命争,面对生活的苦难坦然处之,可不是一种大德?《故乡人·打鱼的》写了一对捕鱼为生的夫妇,"男的张网,女的赶鱼。奇怪的是,他们打了一天的鱼,却听不到他们说一句话。他们的脸上既看不出高兴,也看不出失望、忧愁,总是那样平平淡淡的,平淡得近于木然。"①女的死了,女儿补上,继续生活。可谓"不乐寿,不哀夭;不荣通,不丑穷"(《庄子·天地》)。一切淡然处之,反显示出承担苦难的生命韧性。另外一篇名为《吃饭》的作品中,汪曾祺写许多人被打成右派,下放劳动,如坐针毡,独独靳元戎处之泰然,有时还游戏调侃一番,"活得有滋有味,自得其乐"②。丁玲形容自己"文革"前后是逆来顺受,汪曾祺认为这样太过苦楚,自己则采取了随遇而安的态度,过得就非常坦然。可见汪曾祺本人是赞赏道家顺应命运的生活姿态的。

道家讲究柔弱不争,知足知止。《故乡人》中的金大力是一个瓦匠,技术差,但善于包工揽活、备料结账,故招揽了一帮兄弟一起干活。他本是工头,却按照"干什么活,拿什么钱"的原则,给自己规定了很低的工钱。但是,于退让不争之中凝聚了人气,穷弟兄们都愿跟着他干,大家都得以养家糊口,也算是成就了一番小小的事业。柔弱退让,却实现了不争之争。

3. 人乐天乐

与命不争,可与天和;与人不争,可与人和。"与人和者,谓之人乐;与天和者,谓之天乐。"(《庄子·天道》)实现了超脱放达,也就实现了天乐人乐。这种自然生成的自足情绪,非欲望刺激引发,一切都顺乎自然,合乎天性,无任何扭曲。可见"无情"之中,实际上蕴含着人乐,蕴含着天乐,无纷争困扰,以内心平和而常乐,这才是真正的大欢乐。

从超脱世俗,到适意放达,再到实现人乐天乐,大致可以勾勒出汪曾祺笔下人物的社会人格递进层次。

(二) 含真抱朴的自然人格

道家追求自然,《老子》有言:"人法地,地法天,天法道,道法自然。"这里的自然不是指大自然,而是指事物本来的面貌,道法自然就是依照事物固有

---

① 汪曾祺:《故乡人·打鱼的》,《汪曾祺全集》第 1 卷,北京师范大学出版社,1998 年,第 505 页。
② 汪曾祺:《吃饭》,《汪曾祺全集》第 2 卷,北京师范大学出版社,1998 年,第 511 页。

的规律演化,不对其施加任何外力。对于人而言,自然的状态就是"含真抱朴",知识未曾付诸机巧,礼法未曾给予约束。总之,对"自然"构成扭曲和遮蔽的事物,道家都反对,欲望强烈、情感过盛,在道家看来都违背人自然素朴的本性。

1. 不为物役

汪曾祺的小说《故里杂记·榆树》,写的是一个为物所累的悲剧。庄子认为,"自三代以下者,天下莫不以物易其性矣。小人则以身殉利,士则以身殉名,大夫则以身殉家,圣人则以身殉天下。故此数子者,事业不同,名声异号,其于伤性以身为殉,一也"(《庄子·骈拇》)。从反面阐释这一个问题,侉奶奶一日三顿都是粥,吃的是最糙的米,菜是自己腌的红胡萝卜,家里从不点灯,靠纳鞋底为生,纳了鞋底"也不讲个价钱。给多,给少,她从不争"①。无欲无求,活得很好。可是一旦为物所役,丧己于物,"久湛于物即忘其本",不仅未能全性保真,还会以物伤身。后来,因为养了一头放生牛,她又是忙饲养,又是收养牛基金的印子钱,常常累得骨头疼,不久便死去。道家追求"全性保真,不以物累形"(《淮南子·汜论训》)。性与命通,保全性命至关重要。《庄子·让王》有一段话:"帝王之功,圣人之余事也,非所以完身养生也。今世俗之君子,多危身弃生以殉物,岂不悲哉?"可见,道家是以"完身养生"为价值中心,其余任何事情都应该处于从属的位置。

2. 少私寡欲

道家对欲望持质疑态度。老子认为,"罪莫大于可欲,祸莫大于不知足,咎莫憯于欲得"(《老子》第 46 章)。但是,老子并不是反对一切欲望,不是要求人们无欲,而是要求节制,"去甚,去奢,去泰"(《老子》第 29 章)。庄子对欲望更为反感,认为无欲才能接近人的自然本性,"同乎无欲,是谓素朴,素朴而民性得矣"(《庄子·马蹄》)。相反,如果贪得无厌,则说明天机肤浅,"将盈耆欲,长好恶,则性命之情病矣"(《庄子·徐无鬼》)。汪曾祺的一些作品,体现了道家的这些观念。他有一篇题为《闲市闲民》的散文,写了一位老人,不问世事,"他平平静静,没有大喜大忧,没有烦恼,无欲望亦无追求,天然恬淡,每天只是吃抻条面、拨鱼儿,抱膝闲看,带着笑意,用孩子一样天真的眼睛。这是一个活庄子"②。恬淡无为,无知无欲,这就所谓"见素抱朴,少私寡欲"(《老子》第 19 章)的状态。道家认为无欲无求是养生之道,所以"老人

---

① 汪曾祺:《故里杂记·榆树》,《汪曾祺全集》第 1 卷,北京师范大学出版社,1998 年,第 470 页。

② 汪曾祺:《闲市闲民》,《汪曾祺全集》第 5 卷,北京师范大学出版社,1998 年,第 22 页。

七十八岁了,看起来不像,顶多七十岁"①。《故人往事·收字纸的老人》中的老白,靠收字纸为生,"老白粗茶淡饭,怡然自得。化纸之后,关门独坐。门外长流水,日长如小年"②。老白活到九十七岁,无疾而终。无欲,则能保持虚静,"以虚静推于天地,通于万物,此之谓天乐"(《庄子·天道》)。所以老人能自得其乐,清净无为,不以外物易其性,"能尊生者,虽富贵不以养伤身,虽贫贱不以利累形"(《庄子·让王》)。老白没有以身殉利,故能养其天年。

不慕名利,不为物役,从外部保证了人格不受扭曲;少私寡欲,见素抱朴,从内部保全了人的自然秉性;内外两道防线守护,人才能保存天性,顺乎自然。

(三) 静极生动的艺术人格

1. 心斋坐忘

汪曾祺创作于 1946 年 10 月的《花园》中写道:"祖父年轻时建造的几进,是灰清色与褐色的。我自小育于这种安定与寂寞里。"③后来他回忆,祖父曾有几间用以待客的空房,墙壁上挂一横幅,上书:"无事此静坐。"这是摘自苏轼《司命宫杨道士息轩》的诗句。"事实上,外祖父也很少到这里来。倒是我常常拿了一本闲书,悄悄走进去,坐下来一看半天,看起来,我小小年纪,就已经有一点隐逸之气了。"④汪曾祺认为"'习静'可能是道家的一种功夫"⑤。习静确实是道家的一种修为,追求"心斋"和"坐忘"。所谓"心斋","若一志。无听之以耳而听之以心。无听之以心而听之以气。耳止于听,心止于符。气也者,虚而待物者也。唯道集虚。虚者,心斋也"(《庄子·人间世》)。所谓"坐忘","堕肢体,黜聪明,离形去知,同于大通,此谓坐忘。"(《庄子》)庄子所描述的心斋与坐忘,一般在审美活动中最能体察。

在进入艺术创作之前,审美主体要排除外界干扰。古人就懂得这一点,"梓庆制镰"先要"斋戒","齐(通斋)三日,而不敢庆赏爵禄;齐五日,不敢怀非誉巧拙;齐七日,辄然忘吾有四枝形体也"(《庄子·达生》)。摒弃功利是非观念,排除欲望肉体干扰,一切郑重其事,才能真正完成心理准备,达到入静的状态。"静是要经过锻炼的,古人叫做'习静'。"⑥对于现代人而言,入

---

① 汪曾祺:《闲市闲民》,《汪曾祺全集》第 5 卷,北京师范大学出版社,1998 年,第 20 页。
② 汪曾祺:《故人往事·收字纸的老人》,《汪曾祺全集》第 2 卷,北京师范大学出版社,1998 年,第 166 页。
③ 汪曾祺:《花园》,《汪曾祺全集》第 3 卷,北京师范大学出版社,1998 年,第 1 页。
④ 汪曾祺:《"无事此静坐"》,《汪曾祺全集》第 4 卷,北京师范大学出版社,1998 年,第 395 页。
⑤ 同上书,第 395 页。
⑥ 同上。

静就更难了,世界更为喧嚣,随时都有干扰,又无法避居山林,只能闹中取静。汪曾祺下放到张家口劳动时,曾经与三十个工人大铺同眠。闲暇时工人们敲锣打鼓,高唱山西梆子,热闹一番;汪曾祺兀自读书、著文,竟能做到心如止水。这就是"习静"的功效。后来,汪曾祺写作之前都要"静坐"。他每每泡上一壶茶,坐在自家旧沙发上,静思往事,如在目前,一切酝酿得当,方才提起笔来,一气呵成。

汪曾祺迷恋入静状态,他在评阿城的《棋王》时说:"我欣赏王一生对下棋的看法:'我迷象棋。一下棋,就什么都忘了。待在棋里舒服。'人总要呆在一种什么东西里,沉溺其中。"①赞王一生,其实也是说他个人的精神追求。痴迷之中,主客统一,物我无间,精神逍遥。汪曾祺说:"我很欣赏这样的境界:万物静观皆自得,四时佳兴与人同。用一种超功利的眼睛看世界,则凡事皆悠然。"②汪曾祺还认为,在入静之后的审美心境之中,"看此世界的人也就得到一种愉快,物我同春,了无黏滞,其精要处乃在一'静'字。道家重'习静','山中习静朝观槿',能静,则虽只活一早上的槿花,亦有无穷生意矣"③。"物我同春",意义深邃。《庄子·德充符》有言:"使日夜无郤,而与物为春。"所谓"无郤",就是精神与天地相流通。心静如水,世界为之一新,不仅一草一木生机盎然,而且能感受到整个宇宙都是一个巨大的生命体,进入天地与我并存的大境界。对于这种境界,汪曾祺其实早就心动不已了。在《绿猫》中,汪曾祺还让主人公柏背诵了《文心雕龙·神思》中的一段话:"是以陶钧文思,贵在虚静。疏瀹五藏,澡雪精神","夫神思方运,万涂竞萌,规矩虚位,刻镂无形:登山则情满于山,观海则意溢于海,我才之多少,将与风云而并驱矣!……"④这些话虽然出自刘勰之口,但内在精神恐怕全是庄子的。汪曾祺对这样的境界心荡神驰,认为"静是顺乎自然,也是合乎人道的"⑤。

2. 神与物游

汪曾祺乐于写各种艺术、劳动技能或工艺技艺,在《鸡鸭名家》《锁匠之死》《塞下人物》《受戒》《岁寒三友》《天鹅之死》《皮凤三楦房子》《鉴赏家》《星期天》《故里三陈》《百蝶图》《侯银匠》《一技》等一批作品中,汪曾祺都津津乐道。写技能绝不是为了单纯写技能,而是为了写人,写精神自由的生存

---

① 汪曾祺:《人之所以为人》,《汪曾祺全集》第 3 卷,北京师范大学出版社,1998 年,第 415 页。
② 汪曾祺:《平心静气》,《汪曾祺全集》第 6 卷,北京师范大学出版社,1998 年,第 262 页。
③ 同上。
④ 汪曾祺:《绿猫》,《汪曾祺全集》第 1 卷,北京师范大学出版社,1998 年,第 129 页。
⑤ 汪曾祺:《"无事此静坐"》,《汪曾祺全集》第 4 卷,北京师范大学出版社,1998 年,第 396 页。

境界。典型的就是小说《戴木匠》,戴木匠上了车床,就立刻进入物我合一的精神状态:"坐在与车床连在一起的高凳上,戴车匠也就与车床连在一起,是一体了。人走到他的工作之中去,是可感动的。先试试,踹两下踏板,看牛皮带活不活;迎亮看一看旋刀,装上去,敲两下;拿起一块材料,估量一下,眼睛细一细,这就起手。旋刀割削着木料,发出轻快柔驯的细细声音,狭狭长长,轻轻薄薄的木花吐出来。……木花吐出来,车床的铁轴无声而精亮,滑滑润润转动,牛皮带往来牵动,戴车匠的两脚一上一下。木花吐出来,旋刀服从他的意志,受他多年经验的指导,旋成圆球,旋成瓶颈状,旋苗条的腰身,旋出一笔难以描画的弧线,一个悬胆,一个羊角弯,一个螺纹,一个杵脚,一个瓢状的,铲状的空槽,一个银锭元宝形,一个云头如意形……狭狭长长轻轻薄薄木花吐出来,如兰叶,如书带草,如新韭,如番瓜瓣,戴车匠的背佝偻着,左眉低一点,右眉挑一点,嘴唇微微翕合,好像总在轻声吹着口哨。"①这时候,物我两忘,游刃有余,以神遇而不以目视,达到了"以天合天"(《庄子·达生》)的境界。这时候,劳动已经超出了劳动本身,而上升到美的创造的层次,"这也就是'技进乎道'。庄子经常强调'圣人原天地之美而达万物之理',也是这个意思。……达到这种合目的性与规律性的熟练统一,便是美的创造"②。道家对这种审美境界有诸多描述,"'用志不分,乃凝于神'的专注精神,'数存胸中,得心应手'的高超技艺,'以神遇而不以目视'的灵感状态,但其关键又在其'以天合天'的内在本质和'既雕既琢,复归于朴'的得道境界。这些'技',正是'道'的境界的一种表现,正因此,这种境界在后世都被引用为一种审美和艺术的最高境界"③。"偻者承蜩""梓庆削木""轮扁运斤"等,都强调在运用技能时的这种审美心态。工业化大生产把人变成机器,对人的自由与创造予以扼杀;而这样的劳动则截然不同,这种劳动也是一种解放,在创造中实现了人的生命,实现了人诗意的栖居。

  这里谈到的神与物合的过程,还是比较外在的;关于这种"技"施展过程或者干脆说艺术创造过程中主体的心理体验,汪曾祺在诸多作品中都有精细描述。这是一个动态的过程,他曾用道士做法事"降神"来做类比:"有道行道士则必虔诚恭敬,收视返听,匍匐坛前,良久良久,庶可脱去自己,化为太乙。""如果降请既毕,得到灵感——他们也叫灵感,即凡俗人,若谛细观察,亦可以觉出与平常神色不凡,端正凝祥,具好容貌,有大威仪。"④表面是写道

---

① 汪曾祺:《戴车匠》,《汪曾祺全集》第1卷,北京师范大学出版社,1998年,第141页。
② 李泽厚:《美学三书·华夏美学》,安徽文艺出版社,1999年,第320页。
③ 张法:《中国美学史》,上海人民出版社,2000年,第77页。
④ 汪曾祺:《猫》,《汪曾祺全集》第1卷,北京师范大学出版社,1998年,第132页。

家的"灵感",实则是写创作中诱发和获得"灵感"的过程。这是一个由至静而至动的过程,"虚则静,静则动,动则得矣"(《庄子·天道》)。动起来,才能进入极度自由的状态,艺术创造力得到爆发式的激发,生命处于亢奋的沉酣状态,这是一种醉,一种狂,一种沉迷。早在发表于1948年的《艺术家》中,汪曾祺写出了这种灵感喷薄的"醉心"状态,写出了这种生命的"沉酣":

> 只有一次,我有一次近于"完全"的经验。在一个展览会中,我一下子没到很高的情绪里。我眼睛睁大,眯住;胸部开张,腹下收小,我的确感到我的踝骨细起来;我走近,退后一点,猿行虎步,意气扬扬;我想把衣服全脱了,平贴着卧在地下。沉酣了,直是"尔时觉一座无人"。我对艺术的要求是能给我一种高度的欢乐,一种仙意,一种狂:我想一下子砸碎在它面前,化为一阵青烟,想死,想"没有"了。这种感情只有恋爱可与之比拟。①

"我"已经忽视了外界的干扰,入于虚静,进入"心斋"状态;对自己的眼神、身形、体态全然不顾,只被一种审美快感的洪流所控制,这是"解衣槃礴"的境界。这种亢奋状态就是创作的灵感。在自己的作品中,自我的本质已经实现了对象化,那个精彩的艺术品就是自己创造的,创造者通过艺术品实现了自我确证,在这一刻他对自我高度欣赏,他看到自己天才的创造能力无与伦比,极度张扬,极度满足,极度自信:

> ……真不容易,不说别的,四尺长的一条线从头到底在一个力量上,不踌躇,不衰竭!如果刚才花坛后面的还有稿样的意思,深浅出入多少有可以商量地方,这一幅则作者已做到至矣尽矣地步。他一边洗手,一边依次的看一看,又看一看自己作品,大概还几度把湿的手在衣服上随便哪里擦一擦,拉起笔又过去描那么两下的;但那都只是细节,极不重要,是作者舍不得离开自己作品的表示而已,他此时"提刀却立,踌躇满志",得意达于极点,真正是"虽南面王不与易也"。这点得意与这点不舍,是他下次作画的本钱。②

在各种艺术欣赏中,汪曾祺对这种生命大"沉酣"的状态心旷神怡。在《道具树》中,他描写戏剧表演饱满的生命状态:"每一个时候你都觉得有所为,清清楚楚的知道你的存在的意义。"③在阅读中,他也能体验到这种让心醉神迷的审美体验:"阅读,痛快地阅读,就是这个境界的复现,俯仰浮沉,随

---

① 汪曾祺:《艺术家》,《汪曾祺全集》第1卷,北京师范大学出版社,1998年,第175页。
② 同上书,第181页。
③ 汪曾祺:《道具树》,《汪曾祺全集》第3卷,北京师范大学出版社,1998年,第57页。

波逐浪,庄生化蝶,列子御风,味飘飘而轻举,情晔晔而更新。……"①艺术,也只有艺术能给人这样的满足,徐复观有这样一段话,道出了其中的奥秘:

> 正如雅斯柏斯(Karl Jaspers 1883—　)所说:"哲学不允许给人以任何满足;艺术则以满足为其本质,不仅可允许其提供以满足,并且也是其目标。"因为在艺术精神的境界中,是一种圆满具足,而又与宇宙相通感、相调和的状态,所以庄子便用"不食五谷,吸风饮露"来加以形容。在此状态中,精神是大超脱,大自由;所以便用"乘云气,御飞龙,而游乎四海之外"来加以形容。李普斯以为"美的感情"是"生的感情"。而关于感情移入的目标,他认为是"生的完成"(Sichausleben)。道家与儒家,同样是体现群性于个性之中;故一己之"生的完成",同时即是万物之"生的完成",所以便用"其神凝,使物不疵疠而年谷熟"来加以形容。这也是"和"的极致。②

汪曾祺也把这种审美快感看成"生的完成"。在《猫》中,他借主人公柏之口讨论阅读创作的意义:"为什么写?为什么读?最大理由还是要写,要读。可以得到一种'快乐',你知道我所谓快乐即指一切比较精美,纯粹,高度的情绪。瑞恰滋叫它'最丰富的生活'。你不是写过:写的时候要沉酣?我以为就是那样的意思。我自己的经验,只有在读在写的时候,我才觉得自己活得比较有价值,像回事。"③如果没有这种感觉,没有这种审美体验,汪曾祺断然否定作家的价值:"当他写出了一个作品,自己觉得:嘿,这正是我希望写成的那样,他就可以觉得无憾。一个作家能得到的最大的快感,无非是这点无憾,如庄子所说:'提刀而立,为之四顾,为之踌躇满志。'否则,一个作家当作家,当个什么劲儿呢?"④

汪曾祺究竟是一个真正的艺术家,为审美而生,也带着审美而死。在《记终年》一文中,林斤澜这样描述汪曾祺弥留之际的感觉,他就是从那样的境界步入天堂的:"曾祺静默了一会儿,觑着眼,小声说,前天看屋子是绿色的,豆绿?草绿?不像今天的奶黄……我想着房间要是绿色可阴暗多了,另外一个天地了。曾祺慢慢说道,不是迷糊,那是第二思维……""曾祺只管说自己的,这儿那儿,尽是镜头。""我这才惊觉:第二思维!一个艺术家的鲜活想象。曾祺觑着眼,思索——凝视绿色,思索——凝视闪闪的镜头,他走进审

---

① 汪曾祺:《绿猫》,《汪曾祺全集》第1卷,北京师范大学出版社,1998年,第128页。
② 徐复观:《中国艺术精神》,湖北人民出版社,2002年,第60页。
③ 汪曾祺:《绿猫》,《汪曾祺全集》第1卷,北京师范大学出版社,1998年,第128页。
④ 汪曾祺:《〈汪曾祺自选集〉自序》,《汪曾祺全集》第4卷,北京师范大学出版社,1998年,第93页。

美境界了。在生与死的'大限'地方,迷糊,却看见了美。"①这是一个艺术家的"生命的完成"!

由艺术、技能而实现了生命的大"沉酣",带来了美妙绝伦的迷醉。这种沉酣与迷醉不仅仅是自我感受,技近乎道,是技涵养出的生命力量。汪曾祺希望这种力量凝聚起来,于某一时刻,让生命像焰火喷薄而出,划破平淡的夜空。

《庄子·达生》上有这样一个故事:"东野稷以御见庄公,进退中绳,左右旋中规。庄子以为文弗过也,使之钩百而反。颜阖遇之,入见曰:'稷之马将败。'公密而不应。少焉,果败而反。公曰:'子何以知之?'曰:'其马力竭矣,而犹求焉,故曰败。'"②汪曾祺的《塞下人物记》里,同样有一则御马的故事,与这篇极为神似。不过,他以高超的驾驭技术,让那匹陷入绝境的马"倾力一搏",完成了飞跃:一匹马拉了车陷到泥坑里,怎么也出不去,驾驭者请陈银娃帮忙。陈银娃观察了一下,说:"牲口打毛了,他不知道往哪里使劲,让它缓一缓。""三锅烟抽罢,他接过鞭子,腾地跳上车辕,甩了一个响鞭,'叭——!'三匹牲口的耳朵都竖得直直的。'喔嗬!'辕马的肌肉直颤。紧接着,他照着辕马的两肩之间狠抽了一鞭,辕马全身力量都集中在两只前腿上,往前猛力一蹬,挽套的马就势往前一冲,——车上来了。"③《棋王》中的王一生,天天待在棋里,积聚着生命的精气。一旦出现在连环大战现场,他就用他那出神入化的技艺轻而易举地摧毁了所有的棋局。汪曾祺给这个故事下了一个结论:"人总要把自己生命的精华都调动出来,倾力一搏,像干将、莫邪一样,把自己炼进自己的剑里,这,才叫活着。"④

汪曾祺对道家文化虽有批判,但更多的是欣赏,他欣赏一种超脱豁达的社会人格,一种守素抱朴的自然人格,一种自我沉醉的艺术人格。这三种人格叠合在一处,几乎包含着汪曾祺对生命、对人生的全部理解。社会人格,要求不为外界环境所束缚;自然人格,要求不为欲望所羁绊;艺术人格,要求个体生命力的创造与实现。汪曾祺的这三重人格,都可以归结到一点,那就是对于自由生命的无限向往,对于诗意生命的无限憧憬。

---

① 林斤澜:《记终年》,段春娟、张秋红编:《你好,汪曾祺》,山东画报出版社,2007年,第45—46页。
② 陈鼓应注译:《庄子今注今译》(下册),商务印书馆,2007年,第570页。
③ 汪曾祺:《塞下人物记》,《汪曾祺全集》第1卷,北京师范大学出版社,1998年,第288页。
④ 汪曾祺:《人之所以为人》,《汪曾祺全集》第3卷,北京师范大学出版社,1998年,第414页。

第八章　民俗风致

　　中国传统文化不仅包括儒释道文化，还包括无比丰富的民俗文化。儒释道文化渗透到民俗之中，但绝对无法囊括我们民族丰富无比的民俗文化。对于一个民族来说，民俗承续着一个民族的原始文化意识团，蕴含着一个民族的文化基因，代代相传，不仅维持了历史的连续性，也潜藏着文化再创造的密码；民俗是群体共同心愿的显现，往往潜藏着一个民族的精神原型；民俗是群体认同的形式，表现为重复性的行为模式，拥有规范作用和道德感召力。对于一个民族来讲，民俗具有重要地位，各种习俗"构成一个民族的面貌，没有了它们，这民族就好比是一个没有脸的人物"①。作为文学表现的对象，民俗具有得天独厚的条件，"民俗生活相，本身就是介于文化和生活的中间环节，是有文化型的生活特征，或者说，它是不脱离生活，与生活混同一体的传统的本质文化"②。民俗既有感性的生活形态，又有本质性的文化内涵，非常适合于在文学中表现。民俗文化的分类在学术界差异很大，根据研究内容需要，本章把民俗文化分为物质民俗、社会民俗、精神民俗和游娱民俗四类，并在此框架下展开论述。

一、物质民俗

　　"物质民俗，指人民在创造和消费物质财富过程中所不断重复的、带有模式性的活动，以及由这种活动所产生的带有类型性的产品形式。它主要包括生产民俗、商贸民俗、饮食民俗、服饰民俗、居住民俗、交通民俗和医药保健民俗，等等。"③本部分根据汪曾祺所描述物质民俗的具体情况，分别从生产民俗、消费民俗、交通民俗、市商民俗四个角度加以考察。

---

① 〔苏〕别林斯基：《别林斯基选集》第1卷，满涛译，上海译文出版社，1980年，第239页。
② 陈勤建：《文艺民俗学》，上海文化出版社，2009年，第262页。
③ 钟敬文主编：《民俗学概论》，高等教育出版社，2010年，第6页。

(一) 生产民俗

生产劳动是人类生存的基础,不可谓不重要。汪曾祺惯于从职业角度切入,写生产工具的特点,劳动技巧的圆熟,劳动产品的新奇。当然,汪曾祺是文学家,人是他聚焦的核心,写生产劳动都是为表现人的生存状态,显示人的精神世界,揭示人的奥秘。

一类是工匠民俗。在汪曾祺看来,工匠们的劳动和艺术家的创作大概是相通的,都带有自由创造的特性。因此,汪曾祺往往以抒情的方式写各种工匠的劳动,对他们娴熟的技法甚至是"技进乎道"的状态津津乐道。《戴车匠》中戴车匠的旋刀旋成圆球状、瓶颈状等各色器皿,神乎其技。《百蝶图》中王小玉分针走线,绣出栩栩如生的蝴蝶。《锁匠之死》中王锁匠配钥匙、打铜器、修机器,出神入化。《一技》描述了三种手工艺绝技。其一是穿珠花。用"花丝"穿过"米珠"做成一个个珠串,又把花丝连在一起,扭一扭,别一别,加上铜托,精美的珠花就做成了,如同魔法。其二是发蓝和点翠。银首饰装饰通常蕴含着两道工序:发蓝与点翠。发蓝过程繁复,需要錾花纹、填彩料、用铜管吹近灯火熔合彩料和银器、打磨、洗净;所谓点翠,就是把翠鸟羽毛剪成特定形状,嵌在银器上,加热,不使脱落。其三是做喷粉葡萄。常姓姐妹善做玻璃葡萄,人称"葡萄常",她们的绝活在于葡萄表面竟然做出一层轻轻的粉。《大淖记事》中锡匠们敲敲打打之中就做出一个漂亮实用的锡器,劳动过程比较详尽:

> 一副锡匠担子,一头是风箱,绳系里夹着几块锡板;一头是炭炉和两块二尺见方、一面裱着好几层表芯纸的方砖。锡器是打出来的,不是铸出来的。人家叫锡匠来打锡器,一般都是自己备料,——把几件残旧的锡器回炉重打。锡匠在人家门道里或是街边空地上,支起担子,拉动风箱,在锅里把旧锡化成锡水,——锡的熔点很低,不大一会就化了;然后把两块方砖对合着(裱纸的一面朝里),在两砖之间压一条绳子,绳子按照要打的锡器圈成近似的形状,绳头留在砖外,把锡水由绳口倾倒过去,两砖一压,就成了锡片;然后,用一个大剪子剪剪,焊好接口,用一个木槌在铁砧上敲敲打打,大约一两顿饭工夫就成型了。锡是软的,打锡器不像打铜器那样费劲,也不那样吵人。粗使的锡器,就这样就能交活。若是细巧的,就还要用刮刀刮一遍,用砂纸打一打,用竹节草(这种草中药

店有卖的)磨得锃亮。①

这些都是劳动,但不是人被工具化的工业劳动,劳动过程并没有把人异化为机器上的一个零件,人与劳动对象俨然合为一体。这些产品就是人的本质的对象化,体现了人的价值,体现了人的创造。在劳动过程中,个体的智慧、能力得到了发挥,劳动过程成了一个体验自由、获得自我满足的过程。劳动和自由有机结合起来,劳动被充分艺术化,个体真正实现了诗意栖居。汪曾祺反复书写这样的劳动,他本人最为欣赏这种劳动中的生命状态。

另一类是农业和渔业等生产活动中的民俗。汪曾祺曾经被打成"右派",下放到张家口的一个农业科学研究所劳动,对北方的农业生产过程并不陌生。农业生产有两个基本环节,一个土,一个水。要想土地高产,就需要增加肥力,积肥就成了农业生产的一个重要环节。小说《七里茶坊》带有很强的写实性,记录了汪曾祺在下放期间的一次拉粪过程。"我"带了几个人,赶着马车到张家口挖公厕。如何凿结了冰的大粪,如何把大粪块装到车上,又如何运输,作品中有详尽描述。汪曾祺还曾写一个题为《看水》的小说,作品描述了小吕第一次为生产队夜间看守渠道浇地,描述了北方的灌溉过程。南方河道纵横,灌溉条件便利,灌溉方式不同于北方。汪曾祺是江苏高邮人,曾对故乡踩水车的农业生产过程习俗进行了详尽的描述:

> 大工钱不是好拿的,好茶饭不是好吃的。到车水的日子,你到车逻来看看,那真叫"紧张热烈"。到处是水车,一挂一挂的长龙。锣鼓敲得震天响。看,是很好看的:车水的都脱光了衣服,除了一个裤头子,浑身一丝不挂,腿上都绑了大红布裹腿。黑亮的皮肉,大红裹腿,对比强烈,真有点"原始"的味道。都是年青的小伙,——上岁数的干不了这个活,身体都很棒,一个赛似一个!赛着踩。几挂大车约好,看那一班子最后下车杠。坚持不住,早下的,认输。敲着锣鼓,唱着号子。车水有车水的号子,一套一套的:"四季花""古人名"……看看这些小伙,好像很快活,其实是在拼命。有的当场就吐了血。吐了血,抬了就走,二话不说,绝不找主家的麻烦。这是规矩。还有的,踩着踩着,不好了:把个大卵子沤下来了!②

农业生产过程是一个生产经验积累的过程,对于不同的农作物而言,不同的节令有不同的管理方法,《关于葡萄·葡萄月令》中,汪曾祺详尽地描写

---

① 汪曾祺:《大淖记事》,《汪曾祺全集》第1卷,北京师范大学出版社,1998年,第416—417页。
② 汪曾祺:《故乡水》,《汪曾祺全集》第3卷,北京师范大学出版社,1998年,第406—407页。

了葡萄的整个生长与管理过程。从一月一直写到十二月,每一个月葡萄处在什么状态,人们为培育它们又顺次展开了何种劳动,一一道来:葡萄出窖、刨坑、搭架,一遍又一遍地浇水、喷药、施肥、打条、掐须,然后是采摘、装筐、剪葡萄条、葡萄入窖。一边详尽地描述了葡萄的发育生长过程,一边详尽地描述烦琐、劳累的劳作过程。貌似客观描述,字里行间传达出劳动者健康的情绪:掌握葡萄生长规律后的得意,欣赏繁华绿叶时的愉悦,劳累之后的充实,收获之后的骄傲。《羊舍一夕》写了两种劳动:放羊和看果园。主人公是农场里的几个孩子,作家写出了他们对农业知识的渴望、对劳动规律的掌握及对劳动辛苦的坦然接受,劳动过程就是小吕等人融入集体生活和不断成长的过程。农业及各种副业生产并非仅仅是出把力气就行的,它们都有自身的规律和技巧。驾驭马车、饲养牲口、孵化小鸡、放养鸭子,各有各的门道。《塞下人物·陈银娃》写出了赶马车的技巧,《王全》写出了饲养牲口的规律,《鸡鸭名家》写出了孵小鸡和赶鸭子的技能。汪曾祺的作品涉及土、肥、水、种的整个农业劳动过程,还兼及了牧业和副业,由此表现了农民最基本的生产生活状况。

汪曾祺偶尔涉及渔业生产,在《故乡人》那组小说中有一篇题为《打鱼的》。打鱼有多种方式:最阔绰的是用两只三桅大船,两船之间挂一张巨大的拖网,乘风张帆,破浪飞奔,一网能打上千斤鱼;规模小的,有用扳罾的,有用撒网的,"还有一种打鱼的:两个人,都穿了牛皮缝制的连鞋子、裤子带上衣的罩衣,颜色黄白黄白的,站在齐腰的水里。一个张着一面八尺来宽的兜网;另一个按着一个下宽上窄的梯形的竹架,从一个距离之外,对面走来,一边一步一步地走,一边把竹架在水底一戳一戳地戳着,把鱼赶进网里"①。运用的是非常原始的捕鱼工具,承受的是一种艰苦的谋生方式,打鱼人夫妇这样延续着生活;忽然有一天,打鱼的女人得了伤寒死了,一个十五岁的小姑娘顶替了母亲的位置。打鱼所用的工具,打鱼的具体过程,整个生产劳动方式都描写得非常精细,一种固定的生产劳动方式承载着两代乃至世世代代人的生活。这种无言的更替中,一种无奈而悲怆的命运感,一种博大的悲悯意识,油然而生。

(二)消费民俗

物质消费民俗是指人们在物质消费的不断重复过程中形成的固定模式,具体包括饮食民俗、服饰民俗、居住民俗、医药民俗和旅游民俗等五个系统。

比如饮食民俗。对于人而言,饮食是生存的基础,"民以食为天,饮食在

---

① 汪曾祺:《故乡人·打鱼的》,《汪曾祺全集》第 1 卷,北京师范大学出版社,1998 年,第 505 页。

人们生活中占有十分重要的位置。它不仅能满足人们的生理需要,而且也因其具有丰富的文化内涵,在一定程度上也满足了人们精神层面的需求,从而形成丰富多彩的饮食文化"①。

汪曾祺去过的地方很多,是文化圈中有名的美食家,对各地饮食文化非常了解。《昆明菜》一文,汪曾祺对昆明的汽锅鸡、火腿、牛肉、蒸菜、诸菌、乳扇、乳饼、炒鸡蛋、炒青菜、黑芥菜、韭菜花、茄子酢等各种菜的做法风味做了介绍。②《滇游新记》介绍了芭蕉叶蒸豆腐、竹筒烤牛肉、牛肉丸子、苦肠丸子、酸笋煮鸡的做法。③《故乡的食物》中对故乡的炒米、焦屑、鸭蛋、咸菜茨菰汤、虎头鲨、昂嗤鱼、砗螯、螺蛳、蚬子、野鸭、鹌鹑、斑鸠、驮、蒌蒿、枸杞、荠菜、马齿苋等食品的烹制方法、特色味道做了详尽展示。④ 他有一大批文章和饮食文化有关,如《宋朝人的吃喝》《家常酒菜》《韭菜花》《四方食事》《鳜鱼》《萝卜》《五味》《食道旧寻》《米线和饵块》《故乡的野菜》《食豆饮水斋闲笔》《豆腐》《干丝》《肉食者不鄙》《鱼我所欲也》《昆明的吃食》《手把肉》《贴秋膘》《栗子》《五味》《果蔬秋浓》《面茶》《豆汁儿》《菌小谱》,等等。这些文章知识丰富,写作方式自由:时而跨越空间,对同一食品各地的不同炮制方法做介绍;时而跨越时间,对历史上某种食材的吃法做阐释;时而引经据典,对某种食物古今名称、历史渊源做考证;时而如数家珍,对某种菜肴的做法做详尽描述;时而娓娓而谈,把名人有关食物的各种奇闻逸事穿插其间。这些文章一如他在《吃的自由》序言中所期许的那样,绝不就饮食谈饮食,"是把饮食当作一种文化现象来看的,谈饮食兼及其上下四旁,其所感触,较之油盐酱醋、鸡鸭鱼肉要广泛深刻得多"⑤。

在《我的家》一文中,汪曾祺同时表现了日常食俗、节日食俗和祭祀食俗,借食俗表现了一个传统大家庭内部的生活状况、人际关系、情感关联和精神信仰,文化味道十足:

> 这间正堂屋的用处是:过年时敬神,清明祭祖。祭祖时在正中的方桌上放一大碗饭,这碗特别的大,有一个小号洗脸盆那样大,很厚,是白色的古瓷的,除了祭祖装饭外,不作别的用处。饭压得很实,鼓起如坟头,上面插了好多双红漆的筷子。筷子插多少双,是有定数的,这事总是

---

① 钟敬文主编:《民俗学概论》,高等教育出版社,2010 年,第 58 页。
② 汪曾祺:《昆明菜》,《汪曾祺全集》第 4 卷,北京师范大学出版社,1998 年,第 114—123 页。
③ 汪曾祺:《滇游新记》,《汪曾祺全集》第 4 卷,北京师范大学出版社,1998 年,第 159—160 页。
④ 汪曾祺:《故乡的食物》,《汪曾祺全集》第 4 卷,北京师范大学出版社,1998 年,第 17—31 页。
⑤ 汪曾祺:《〈吃的自由〉序》,《汪曾祺全集》第 6 卷,北京师范大学出版社,1998 年,第 202 页。

由我的祖母做。另有四样祭菜。有一盘白切肉,一盘方块粉,——绿豆粉,切成名片大小,三分厚。这方块粉在祭祖后分给两房。这粉一点味道都没有,实在不好吃,所以我一直记得。其余两样祭菜已无印象。十月朝(旧历十月初一)"烧包子",即北方的"送寒衣"。一个一个纸口袋,内装纸钱,包上写明各代考妣冥中收用,一袋一袋排在祭桌前,上面铺一层稻草。磕头之后,由大爷点火焚化。每年除夕,要在这方桌上吃一顿团圆饭。我们家吃饭的制度是:一口锅里盛饭,大房、三房都吃同一锅饭,以示并未分家;菜则各房自炒,又似分爨。但大年三十晚上,祖父和两房男丁要同桌吃一顿。菜都是太太手制的。照例有一大碗鸭羹汤。鸭丁、山药丁、茨菰丁合烩。这鸭羹汤很好吃,平常不做,据说是徽州做法。我们的老家是徽州(姓汪的很多人的老家都是徽州),我们家有些菜的做法还保持徽州传统。比如肉丸蘸糯米蒸熟,有些地方叫珍珠丸子或蓑衣丸子,我们家则叫"徽团"。①

通过日常食俗,表现了家族内部不同家庭之间若即若离而又丝丝相连的和谐关系;通过祭祀祖先的食俗,强化了整个家族以血缘流脉为核心的认同感;通过节日聚餐的食俗,表现了大家族长幼有序、其乐融融的祥和之态;地域性食品又带有家族寻根、不忘本源的怀旧感。尊祖先、重家族、讲人情、崇伦理、恋故土,一切都带有浓重的儒家文化色彩。汪曾祺有的作品专写待客食俗。如写故乡的炒米,客人来了,先弄一碗炒米,即时解决客人的饥渴,充满了人情味。汪曾祺还多次描述少数民族的待客食俗,表现兄弟民族独特的文化特征。《手把羊肉》写了蒙古族人的待客食俗,显示他们慷慨大方的一面:

> 到了草原,进蒙古包作客,主人一般总要杀羊。蒙古族人是非常好客的。进了蒙古包,不论识与不识,坐下来就可以吃喝。有人骑马在草原上漫游,身上只背了一只羊腿。到了一家,主人把这只羊腿解下来。客人吃喝一晚,第二天上路时,主人给客人换一只新鲜羊腿,背着。有人就这样走遍几个盟旗,回家,依然带着一只羊腿。蒙古族人诚实,家里有什么,都端出来。客人醉饱,主人才高兴。你要是虚情假意地客气一番,他会生气的。这种风俗的形成,和长期的游牧生活有关。一家子住在大草原上,天苍苍,野茫茫,多见牛羊少见人,他们很盼望来一位远方的客人谈谈说说。一坐下来,先是喝奶茶,吃奶食。奶茶以砖茶熬成,加奶,加盐。这种略带咸味的奶茶香港人大概是喝不惯的,但为蒙古族人所不可或缺。

---

① 汪曾祺:《我的家》,《汪曾祺全集》第 5 卷,北京师范大学出版社,1998 年,第 213—214 页。

奶食有奶皮子、奶豆腐、奶渣子。这时候,外面已经有人动手杀羊了。①

游牧民族,行踪飘忽,平日少与外界交往,偶有来客,既能解除寂寞,又能获得外界信息,因此通常会情绪高昂。同是用羊肉待客,哈萨克族却和蒙古族有所不同,由此也显示了民族文化的差异:

> 哈萨克吃羊肉和内蒙古不同,内蒙古是各人攥了一大块肉,自己用刀子割了吃。哈萨克是:一个大磁盘子,下面衬着煮烂的面条,上面覆盖着羊肉,主人用刀把肉割成碎块,大家连肉带面抓起来,送进嘴里。
> 好吃么?
> 好吃!
> 吃肉之前,由一个孩子提了一壶水,注水遍请客人洗手,这风俗近似阿拉伯、土耳其。②

清水洗手,恐怕与哈萨克族对伊斯兰教的信仰有关,讲究清洁是伊斯兰教的重要教义。

野菜具有地域性,不同的地方吃不同的野菜,不同地方对野菜的吃法又各有不同,因此不起眼的野菜也能显出各地食俗的差异。古代生产力低下,再加上天灾战乱频繁,青黄不接之时,普通百姓多挖野菜充饥。抗战时期,一群穷知识分子吃饭都无着落,挖各种野菜充饥,请看这段描写:

> 校长能做到的事是给我们零零碎碎的弄一餐两餐米,买二三十斤柴。有时弄不到,就只有断炊。菜呢,对不起,校长实在想不出办法。可是我们不能吃白斋呀!有了,有人在学校荒草之间发现了很多野生的苋菜(这个学校虽有土筑的围墙,墙内照例是不除庭草,跟野地也差不多)。这个菜云南人叫做小米菜,人不吃,大都是摘来喂猪,或是在胡萝卜田的堆锦积绣的丛绿之中留一两棵,到深秋时,在夕阳光中红晶晶的,看着好玩。——昆明的胡萝卜田里几乎都有一两棵通红的苋菜,这是种菜人的超乎功利,纯为观赏的有意安排。学校里的苋菜多肥大而嫩,自己动手去摘,半天可得一大口袋。借一二百元买点油,多加大蒜,爆炒一下,连锅子掇上桌,味道实在极好。能赊得到,有时还能到学校附近小酒店里赊半斤土制烧酒来,大家就着碗轮流大口大口地喝!③

找寻野菜的过程,知识分子苦中作乐、安之若素的洒脱,体现了民族的乐观精

---

① 汪曾祺:《手把羊肉》,《汪曾祺全集》第 6 卷,北京师范大学出版社,1998 年,第 464 页。
② 汪曾祺:《天山行色·唐巴拉牧场》,《汪曾祺全集》第 3 卷,北京师范大学出版社,1998 年,第 246 页。
③ 汪曾祺:《老鲁》,《汪曾祺全集》第 1 卷,北京师范大学出版社,1998 年,第 40 页。

神。结合抗日战争的大背景,我们就能明白,中华民族有如此强大的精神力量,国家才会具有希望。《七载云烟》再度回忆这段"采薇"生涯,谈起了野苋菜、灰菜、扫帚苗等野菜。《故乡的野菜》盛赞了乡人王西楼《野菜谱》,此书不仅记载了高邮的野菜,还写了大量诗篇,揭示野菜背后隐藏的民间苦难,如一首题为《眼子菜》的歌谣吟道:"眼子菜,如张目,年年盼春怀布谷,犹向秋来望时熟。何事频年俭不开,愁看四野波漂屋。"①表面是谈野菜,实则说自然灾害给民众造成的灾难。汪曾祺对比今昔,欣慰于饮食风俗未变,但社会却已发生了巨大的变化,赞美当下生活的美好:"过去,我的家乡人吃野菜主要是为了度荒,现在吃野菜则是为了尝新了。"②

从文学叙事的角度看,写饮食民俗不是创作的最终目的,真正的目的是借饮食民俗表现人,展示人的精神风貌。《炸弹和冰糖莲子》记录了郑智绵的故事。郑智绵是广东人,广东人有吃甜食的风习。抗战时期,防控警报响起,西南联大的同学都到郊外去躲藏,没有人去打水,茶炉的火口就闲了下来。郑智绵不躲警报,就用白搪瓷缸子到炉子上煨莲子,炸弹落在身边爆炸,他也毫不介意。战争极度残酷,习俗不为之改变,神闲气静,态度从容,由此显示出中国人超越的姿态。

只有热爱世界、热爱生活、热爱生命的人,才会花心思烹饪食物,品鉴色泽滋味。《湘行二记·桃花源记》写道:

> 刚放下旅行包,文化局的同志就来招呼去吃擂茶。耳擂茶之名久矣,此来一半为擂茶,没想到下车后第一个节目便是吃擂茶,当然很高兴。茶叶、老姜、芝麻、米,加盐,放在一个擂钵里,用硬杂木做的擂棒"擂"成细末,用开水冲开,便是擂茶。吃擂茶时还要摆出十几个碟子,里面装的是炒米、炒黄豆、炒绿豆、炒苞谷、炒花生、砂炒红薯片、油炸锅巴、泡菜、酸辣藠头……边喝边吃。擂茶别具风味,连喝几碗,浑身舒服。佐茶的茶食也都很好吃,藠头尤其好。我吃过的藠头多矣,江西的、湖北的、四川的……但都不如这里的又酸又甜又辣,桃源藠头滋味之浓,实为天下冠。桃源人都爱喝擂茶。有的农民家,夏天中午不吃饭,就是喝一顿擂茶。③

《初访福建》写道:

---

① 汪曾祺:《故乡的野菜》,《汪曾祺全集》第 5 卷,北京师范大学出版社,1998 年,第 336 页。
② 同上书,第 337 页。
③ 汪曾祺:《湘行二记》,《汪曾祺全集》第 3 卷,北京师范大学出版社,1998 年,第 269—270 页。

> 福建人食不厌精,福州尤甚。鱼丸、肉丸、牛肉丸皆如小桂圆大,不是用刀斩剁,而是用棒捶之如泥制成的。入口不觉有纤维,极细,而有弹性。鱼饺的皮是用鱼肉捶成的。用纯精瘦肉加茹粉以木槌捶至如纸薄,以包馄饨(福州叫做"扁肉"),谓之燕皮。街巷的小铺小摊卖各种小吃。我们去一家吃了一"套"风味小吃,十道,每道一小碗带汤的,一小碟各样蒸的炸的点心,计二十样矣。吃了一个荸荠大的小包子,我忽然想起东北人。应该请东北人吃一顿这样的小吃。东北人太应该了解一下这种难以想象的饮食文化了。当然,我也建议福州人去吃吃李连贵大饼。①

追求食不厌精的人,虽然说不上高尚,但至少证明这是一个充满智慧的人,一个迷恋尘世的人,一个富有生活情趣的人,一个珍惜肉体生命的人。与那些感觉麻木、态度冷漠、对世界不感兴趣的人比起来,无疑具有可贵的生命活力。

中国古代就懂得观风俗而知社会的道理,汪曾祺多个作品就是通过观风俗而折射社会信息。中国四川等地,都有很多茶馆,昆明人有"坐茶馆"的风俗。"坐茶馆"意思有两层,首先是坐,其次是喝茶,暗含长时间耗在茶馆里,西南联大的学生则按照自己语言习惯名之为"泡茶馆"。《泡茶馆》写了西南联大附近的大小茶馆。围绕着正义路、风翥路、林文街、钱局街,一连十几个茶馆,汪曾祺一家一家地介绍:有简陋的,只三张茶桌,大小不等、外形粗糙的茶具,兼卖草鞋、地瓜;有洋气的,镜框上镶着美国的电影明星,茶之外卖咖啡、可可,进出的人多有钱,男子多穿西装,女性多带卷发,周六开舞会;有老式的,茶水之外,出租又粗又长的烟筒;有改良的,茶具是玻璃杯盏,清茶之外,也卖红茶、绿茶,茶桌有玻璃桌面,适合打桥牌。茶水之外,茶馆里还提供各色糕点小吃:芙蓉糕、萨其马、月饼、桃酥、酥饼、煎血肠;附近的小摊,有卖花生的,有卖酸角、拐枣、泡梨等水果的,还有卖葛根的。有的茶馆,还有各种表演,有演员、票友"唱围鼓"的,有盲人"唱扬琴"的……茶馆的老板、店员形貌迥异:有带着一大群孩子的女人,有绍兴老板,有广东老板,有瘦瘦的人,有十三四岁的孩子,有系着白围裙的堂倌。来"泡茶馆"的,可谓三教九流:时髦男女,各色闲人,"马锅头",卖柴的,卖菜的,西南联大的助教、研究生和学生。② 汪曾祺借助饮茶风俗把众多的人物汇聚笔下,这些人处在不同的社会层次,习惯于不同的生活方式,有着不同的精神追求和价值取向。饮食风俗

---

① 汪曾祺:《初访福建》,《汪曾祺全集》第 4 卷,北京师范大学出版社,1998 年,第 450 页。
② 汪曾祺:《泡茶馆》,《汪曾祺全集》第 3 卷,北京师范大学出版社,1998 年,第 367—375 页。

中展示着人生百态,构成了一个当时社会的万花筒。老舍有一个著名话剧叫《茶馆》,汪曾祺的《泡茶馆》就是一个散文版的《茶馆》,两者有诸多神似之处。

《泡茶馆》是截取一个横断面来折射整个社会的信息,有的作品则取一个纵剖面,借民俗写人物命运的变化、社会的变迁,比较典型的文本是《吴大和尚和七拳半》和《故乡的野菜》。小说《吴大和尚和七拳半》的大半篇幅在写风俗,开篇写道:

> 我的家乡有"吃晚茶"的习惯。下午四五点钟,要吃一点点心,一碗面,或两个烧饼或"油端子"。一九八一年,我回到阔别四十余年的家乡,家乡人还保持着这个习惯。一天下午,"晚茶"是烧饼。我问:"这烧饼就是巷口那家的?"我的外甥女说:"是七拳半做的。""七拳半"当然是个外号,形容这人很矮,只有七拳半那样高,这个外号很形象,不知道是哪个尖嘴薄舌而极其聪明的人给他起的。
>
> 我吃着烧饼,烧饼很香,味道跟四十多年前的一样,就像吴大和尚做的一样。于是我想起吴大和尚。①

由食俗"吃晚茶"引出烧饼,感物伤人,由烧饼引出做烧饼的"七拳半",又由"七拳半"联想到40年前做同样一种烧饼的吴大和尚,自然地转入吴大和尚的生活、命运的描写:

> 我们那里的烧饼分两种。一种叫作"草炉烧饼",是在砌得高高的炉里用稻草烘熟的。面粗,层少,价廉,是乡下人进城时买了充饥当饭的。一种叫作"桶炉烧饼"。用一只大木桶,里面糊了一层泥,炉底燃煤炭,烧饼贴在炉壁上烤熟。"桶炉烧饼"有碗口大,较薄而多层,饼面芝麻多,带椒盐味。如加钱,还可"插酥",即在擀烧饼时加较多的"油面",烤出,极酥软。如果自己家里拿了猪油渣和霉干菜去,做成霉干菜油渣烧饼,风味独绝。吴大和尚家做的是"桶炉"。
>
> 原来,我们那里饺面店卖的面是"跳面"。在墙上挖一个洞,将木杠插在洞内,下置面案,木杠压在和得极硬的一大块面上,人坐在木杠上,反复压这一块面。因为压面时要一步一跳,所以叫作"跳面"。"跳面"可以切得极细极薄,下锅不浑汤,吃起来有韧劲而又甚柔软。汤料只有虾子、熟猪油、酱油、葱花,但是很鲜。如不加汤,只将面下在作料里,谓之"干拌",尤美。我们把馄饨叫作饺子。吴家也卖饺子。但更多的人去,都是吃"饺面",即一半馄饨,一半面。我记得四十年前吴大和尚家

---

① 汪曾祺:《吴大和尚和七拳半》,《汪曾祺全集》第4卷,北京师范大学出版社,1998年,第348页。

的饺面是一百二十文一碗,即十二个当十铜元。①

汪曾祺浓墨重彩地大写民俗,真正意图是写民俗背后藏着的吴大和尚。做烧饼的吴大和尚,娶了一个俊俏媳妇,媳妇却另有相好,因此他家常常半夜传出暴力之声,终有一天,媳妇随人私奔。美味的烧饼引出的却是一段不幸的故事,作家也借此抨击了旧时代不合理的婚姻制度,并相信生活于今天这个宽松社会的"七拳半"能找到自己的爱情。

汪曾祺这些写各种食俗的篇章,对于写作动机亦有描述。首先,在汪曾祺看来,吃食是文化的重要一翼,谈饮食就是谈文化。他曾这样写道:"偶然和高晓声谈起'文化小说',晓声说:'什么叫文化?——吃东西也是文化。'我同意他的看法。"②自己写关于饮食的文章,为的是明确饮食如何继承传统,如何走一条健康发展的道路,实是弘扬民族文化之一端。③ 其次,汪曾祺认为,谈饮食风俗,有助于大家认识食材,懂得菜谱,积累生活知识。古人认为诗的作用之一,就是多识于草木虫鱼之名,"草木虫鱼,多是与人的生活密切相关。对于草木虫鱼有兴趣,说明对人也有广泛的兴趣"。汪曾祺还让大家扩大饮食种类,"我劝大家口味不要太窄,什么都要尝尝,不管是古代的还是异地的食物,比如葵和薤,都吃一点。一个一年到头吃大白菜的人是没有口福的"④。扩大品味食品的范围,就是增加享受生活的边界,就是增强对人世的热爱。小小饮食文化如同大道场,汪曾祺看似在那里消闲、游玩,实则是透过食俗谈文化、说社会、讲人生,制造了一个大千世界。

再比如服饰民俗。"服饰习俗是人类消费生活中一大内容,服饰民俗所展现出来的民族文化传统和物质文明、精神文明的程度,异常醒目。"⑤对于刻意表现民族文化的汪曾祺来说,他不能不重视服饰民俗的书写。

汪曾祺有一篇《背东西的兽物》,写昆明城外的脚夫,他们背负沉重的柴或炭,劳动艰辛至极,这些人贫困至极,同时身处战争期间,如此处境之下,他们关心的只是填饱肚子,其他一切都因陋就简。他们有的穿最破最烂的二手旧衣,更多则是穿麻布衣服。这麻布并未染色,呈现出麻白的原色;做工极为粗陋,每一经纬如同铺子里扎东西的绳子那样粗,印在出土陶器上的布纹也比它细密。按照社会习俗,在衣服原料上贫富有别,绸子向来是富贵人家的

---

① 汪曾祺:《吴大和尚和七拳半》,《汪曾祺全集》第4卷,北京师范大学出版社,1998年,第348—349页。
② 汪曾祺:《咸菜和文化》,《汪曾祺全集》第4卷,北京师范大学出版社,1998年,第59页。
③ 汪曾祺:《作家谈吃第一集——〈知味集〉后记》,《汪曾祺全集》第4卷,北京师范大学出版社,1998年,第468页。
④ 汪曾祺:《葵·薤》,《汪曾祺全集》第3卷,北京师范大学出版社,1998年,第389页。
⑤ 乌丙安:《中国民俗学》,长春出版社,2014年,第94页。

衣料,麻布则是贫贱之人的穿着。这种粗硬的衣服无法贴身,就如壳子套在人身上一般;几乎没有裁剪,没有任何装饰,衣服只为遮蔽身体,抵挡寒凉。"当人们处在贫困或战乱年代时,服饰的观赏意义几乎完全消失。"①粗劣原始的服装,透视出在极其恶劣的环境之下,文明全然被掠夺,人类有可能重新沉入人兽莫辨的时代。这是对缺乏人道的社会环境最为尖锐的批判。

从服装的进化历程看,原始的衣服只是为了遮身蔽体,此后的衣服首先考虑的也不是美感,而是适应生产劳动的需要。比如,《大淖记事》中那些担鲜货的姑娘媳妇,"因为常年挑担,衣服的肩膀处易破,她们的托肩多半是换过的。旧衣服,新托肩,颜色不一样,这几乎成了大淖妇女的特有的服饰"②。

在《鸡鸭名家》中,汪曾祺关于鱼裙和瓦块毡帽的描写非常精彩。沙滩上四个分鸭子的汉子,汪曾祺这样描写他们的装束:"四个人都一色是短棉袄,下面皆系青布鱼裙。这一带,江南江北,依水而住,靠水吃水的人,卖鱼的,贩卖菱藕、芡实、芦柴、茭草的,都有这样一条裙子。系了这样一条大概宋朝就兴的布裙,戴上一顶瓦块毡帽,一看就知道是干什么行业的。"③《鸡鸭名家》最初在《文艺春秋》1948年第6卷第3期上发表,收入《邂逅集》(文化生活出版社,1949年)时,文字略有改动;再收入《汪曾祺短篇小说选》(北京出版社,1982年)时,文字又作了大的改动。初刊本有一大段很有意味的议论:"这种裙子穿在身上,有甚么好处,甚么方便,有甚么感情洋溢出来呢? 这与其说是一种特别装束,不如说是一种特别装束的遗制,其由来盖当相当古远,似乎为了一点纪念的深心! 他们才那么爱好这条裙子,和头上那种瓦块毡帽。这么一打扮,就'像'了,所有的身份就都出来了。'我与我周旋久,宁作我',生养于水的,必将在水边死亡,他们从不梦想离开水,到另一处去过另外一种日子,他们简直自成一个族类,有他们不改的风教遗规。"④这一段议论带有明显早期汪曾祺创作的自我呢喃的色彩,大约和后期他追求的清晰明快的风格出入过大,因此后来收录出书时被删掉了。"鱼裙"特别能体现南方水乡的服饰特征,"水乡渔民多穿短衣短裤,便于撒网捕鱼"⑤。鱼裙能满足生产需求,穿上鱼裙,实际上就是告诉周围人群自己从事的就是在水边讨生活的职业,属于社会底层,社会身份标示得相当清楚。《俩老头》中的郭老头、耿老头精通农活,为人利落精干,"俩老头还都爱穿靸鞋,斜十字实纳帮,

---

① 乌丙安:《中国民俗学》,长春出版社,2014年,第92页。
② 汪曾祺:《大淖记事》,《汪曾祺全集》第1卷,北京师范大学出版社,1998年,第420页。
③ 汪曾祺:《鸡鸭名家》,《汪曾祺全集》第1卷,北京师范大学出版社,1998年,第77页。
④ 汪曾祺:《鸡鸭名家》,《汪曾祺小说全编》(上),人民文学出版社,2016年,第176页。
⑤ 钟敬文主编:《民俗学概论》(第二版),高等教育出版社,2010年,第67页。

皮梁、薄底,是托人在北京步云斋买的。这种鞋过去是专门卖给抬轿的轿夫穿的,后来拉包月车的车夫也爱穿,抱脚,精神!"①爱穿靸鞋,出于实用,同时也说明他们把自己与抬轿子、车夫等普通劳动者视为同类,社会身份的平等指向相当清晰。

汪曾祺曾写穿行在古驿道上的"马锅头"的装束:上身着短褂,外套白色羊皮背心,脑后挂漆布凉帽,脚踩厚牛皮底的凉鞋,鞋帮绣花,多钉有"鬼眨眼"亮片。②"不同的职业分工,对服饰习俗的发展有重要影响。人们穿着衣物都要以自己所从事的职业活动的便利为要求,同时,衣服的构成原料也往往与自己的职业有一定关联。"③短衣、凉帽、厚底鞋,为了长途行走方便,鞋上的绣花,有装饰性;鞋上钉了"鬼眨眼"亮片,或有辟邪之意,这服饰明显体现了职业服饰民俗。

《八千岁》中的粮店老板"八千岁"穿着"二马裾",过去曾有人穿过,现在是全城无二。面料是老蓝布,"这种老蓝布是本地土织,本地的染坊用蓝靛染的"。这种布城里早已淘汰,偶有乡下人还穿。"蓝布长衫,蓝布夹袍,蓝布棉袍,他似乎做得了这几套衣服,就没有再添置过。年复一年,老是这几套。有些地方已经洗得露了白色的经纬,而且打了许多补丁。衣服的款式也很特别,长度一律离脚面一尺。这种才能盖住膝盖的长衫,从前倒是有过,叫做'二马裾'。"④为什么比普通长袍要短一块呢?在"八千岁"看来,衣取蔽体,下面的一块没有用处,不如省点布。这是非常精彩的一笔,说明尽管"八千岁"很有钱,但他吝啬成性,为省钱罔顾社会身份对于服饰的规约;他成天纠缠于世俗利益,已经被异化,对服饰之美已经丧失了感受能力。

"穿着打扮经常受到社会生活需要的制约。"⑤穿着服装,很多场合要受仪礼规约,婚礼葬礼对服饰都有特殊要求。《打鱼人》中十五六岁的小姑娘,第一次穿了黄白的牛皮罩衣和父亲一起打鱼,"辫根缠了白头绳"。这根白头绳,是给她母亲戴的孝。母亲死了,她就接替了母亲的位置。一根白头绳,写尽了生活的苦难和命运的轮回。《晚饭花》中的李小龙暗恋王玉英,王玉英却嫁给了他最反感的二流子式人物钱老五。李小龙放学回家,看到王玉英的背影,"她头上戴着红花"⑥。中国传统婚礼,装饰皆尚红色,王玉英戴着

---

① 汪曾祺:《塞下人物记·五、俩老头》,《汪曾祺全集》第1卷,北京师范大学出版社,1998年,第295页。
② 汪曾祺:《跑警报》,《汪曾祺全集》第3卷,北京师范大学出版社,1998年,第396页。
③ 乌丙安:《中国民俗学》,长春出版社,2014年,第84页。
④ 汪曾祺:《八千岁》,《汪曾祺全集》第2卷,北京师范大学出版社,1998年,第35—36页。
⑤ 乌丙安:《中国民俗学》,长春出版社,2014年,第86页。
⑥ 汪曾祺:《晚饭花》,《汪曾祺全集》第1卷,北京师范大学出版社,1998年,第529页。

"红花",说明她新婚不久。李小龙无限的遗憾、怅惘乃至怨恨都凝结在那朵"红花"里了。《兽医》中的寡妇顺子妈,一朵绒线的小白花插于发髻一侧,表明给丈夫戴的孝;一旦再嫁兽医姚有多,"顺子妈把发髻边的小白花换成一朵大红剪绒喜字,脱了银灰色的旧鞋,换了一双绣了秋海棠的新鞋除了孝"①。命运的改变、生活的变化,通过服饰的变化就表现出来了。

不同的民族在服饰上往往互异,"民族生活和文化传统形成了各民族在服饰上的审美标准。服饰样式、花色都按本民族惯例形成"②。汪曾祺曾经参加了云南傣族的泼水节,为民族服饰魅力倾倒。傣族分水傣和旱傣两支,两者少女服饰各有特色:"旱傣少女的打扮别是一样:头上盘了极粗的发髻,插了一头各种颜色的绢花。白纱上衣,窄袖,胸前别满了黄灿灿的镀金饰物。一边龙一边凤,还有一些金花、金蝶、金葫芦。下面是黑色的喇叭裤,系黑短围裙,垂下两根黑地彩绣的长飘带。水傣少女长裙曳地,仪态大方;旱傣少女则显得玲珑而带点稚气。"③裙子是西南妇女服饰的特征。古代社会,无论男女都曾穿裙子,后由于性别分工和需求差异变化,男性逐渐放弃了穿裙,女性则继续保持。"只是中原和北方的妇女才裙、裤合用,或袍裤合用。西南各少数民族的妇女,以穿裙为主,保持了女服古俗。"④水傣少女多善舞"嘎漾",彩色筒裙在鹭鸶样的舞姿中招展,自是风情万种。汪曾祺曾见一个傣族少女在河边洗净筒裙,挂到树上晾晒,画面美轮美奂,怦然心动,赋诗一首:"泼水归来日未曛,散抛锥栗入深林。铓锣象鼓声犹在,缅桂梢头晾筒裙。"⑤但是,社会仪礼对于不同的年龄、不同的人生阶段有不同的服饰要求,这一点在傣族体现得非常明显。婚后的傣族女性着装发生了变化,"不再着鲜艳的筒裙,只穿白色衣裤,头上系一个衬有硬胎的高高的黑绸圆筒"⑥。

又比如居住民俗。对于居住民俗,汪曾祺饶有兴致,描述排列格局、功能用途、装饰艺术,揭示建筑蕴含的文化意义。《我的家》《皖南一到·黟县》和《胡同文化》等文章,可看作他的专题性研究成果。

《我的家》专写汪家在高邮的祖宅,因是自己从小生长之处,他对于其中的布局和功用了如指掌,因此描摹也就格外仔细。中国儒家文化最重家族,

---

① 汪曾祺:《兽医》,《汪曾祺全集》第2卷,北京师范大学出版社,1998年,第422页。
② 乌丙安:《中国民俗学》,长春出版社,2014年,第87页。
③ 汪曾祺:《滇游新记·泼水节印象》,《汪曾祺全集》第4卷,北京师范大学出版社,1998年,第155页。
④ 乌丙安:《中国民俗学》,长春出版社,2014年,第84页。
⑤ 汪曾祺:《滇游新记·泼水节印象》,《汪曾祺全集》第4卷,北京师范大学出版社,1998年,第156页。
⑥ 同上。

从整体看,汪宅聚族而居,三房居住在同一个建筑群落之中:

> 这所老宅子分作东西两截,或两区。东边住着祖父母(我们叫"太爷""太太")和大房——大伯父一家。西边是二房(我的二伯母)和三房——我父亲的一家。①

从居住安排上,中国传统以东为上,辈分高的要住于东侧。居住和信仰结合在一起,最为尊贵的堂屋成了神圣之处,供奉着神灵和祖灵:

> 正屋的东边的套间住着太爷、太太,西边是大伯父和大伯母(我们叫"大爷""大妈")。当中是一个堂屋,因为敬神祭祖都在这间堂屋里,所以叫做"正堂屋"。正堂屋北面靠墙是一个很大的"老爷柜",即神案,但我们那里都叫做"老爷柜",这东西也确实是一个很长的大柜,当中和两边都有抽屉,下面还有钉了铜环的柜门。老爷柜上,当中供的是家神菩萨,左边是文昌帝君神位,右边是祖宗龛——一个细木雕琢的像小庙一样的东西,里面放着祖宗的牌位——神主。②

汪家原先应该是一个三进院落,除上房外,还有两排房子:

> 正堂屋对面,隔一个天井,是穿堂。
> 穿堂对面原来有一排三开间的房子,是我的叔曾祖父的一个老姨太太住的。③

另外还有一处花园。以上是房屋东侧的格局,西侧的格局如下:

> 西边半截的房屋大概是祖父手里盖的,格局较小,主要房屋只是两个堂屋,上堂屋和下堂屋。上堂屋两边的套间,东侧是三房,西侧是二房。④

住宅结构和居住安排,处处体现了长幼尊卑秩序,充分印证了儒家的伦理观念。

徽商经营有方,乡土观念浓厚,在外面发财后必回乡盖房,院落相连,汇聚成镇。汪曾祺在《皖南一到·黟县》中写了两处院落。一处在西递,院落不大,正面堂屋,两侧卧室,并无多少佳胜处,唯门窗雕镂精细。格局取"四水归堂",四面房屋内侧的雨水都排到中间天井,"堂中方砖下是空的,落雨,

---

① 汪曾祺:《我的家》,《汪曾祺全集》第5卷,北京师范大学出版社,1998年,第212页。
② 同上书,第212—213页。
③ 同上书,第215页。
④ 同上书,第216页。

水由天井流至堂下。有一块石牌可以揭起,取水甚便"①。宏村旧房更为讲究,两进院,"两进之间是一个大天井,四面'跑马楼'。楼上无隔断,不能住人,想是皮藏财物的。楼下北面为大厅。木料都很粗大,涂生桐油"②。"前进是住人的。正中为堂屋,两侧是卧房,分别住着房主人的大小老婆。"③还专门设有抽大烟和打牌的房子,反映此徽商文化品位不高,趣味粗鄙。从建筑价值上看,有特色的是一个辅助建筑,"正屋右侧,有一块三角形的余地,即于其上建一间不规整的三角形的房屋,两边靠墙,一面敞开,形制很特别,亭子不像亭子,大概可称之为'簃'。中国建筑学家引美国同行参观,即以这间屋子作为中国建筑善于因地制宜,利用空间的实例"④。这些房屋的价值不在建筑本身的造型与工艺,而在门窗木枋上的雕镂艺术,"百子闹元宵""唐肃宗宴客图"等雕工细腻,技法高超,为艺术精品,曾引起美术界的轰动。

汪曾祺对北京建筑的特性做过思考,里面包含了文化反思与国民性批判。"胡同、四合院是北京市民的居住方式,也是北京市民的文化形态。"⑤"四合院是一个盒子。北京人理想的住家是'独门独院'。北京人也很讲究'处街坊''远亲不如近邻'。"⑥这就是北京的老居民,彼此之间拿捏着距离,一方面讲究"礼数",竭力维持邻里之间的和谐,另一方面又"各人自扫门前雪,休管他人瓦上霜"⑦。

汪曾祺还曾描述过外国建筑,并非为写建筑而写建筑,而是着眼于建筑背后隐藏的文化内涵。在《滇游新记·大等喊》一文中,汪曾祺还曾写云井寨的傣族竹楼,竹楼上的奘房非常神圣,是赕佛之处。⑧佛教在他们日常生活中占至高无上的位置,信仰左右了建筑内部的格局。

建筑是文化观念的凝聚之物,"有些学者说,建筑是'客体化的人生''空间化的社会生活',或者说'建筑就是凝固为物体的人生。人生在客观事物中体现得最全面、最完整、最生动具体的,莫过于建筑'。中国的传统观念在中国的居住和建筑民俗中展示得很充分"⑨。汪曾祺显然会赞成这样的观点,他的那些关涉建筑的文字,无不带着一只洞察人生、透视文化的眼睛。

---

① 汪曾祺:《皖南一到·黟县》,《汪曾祺全集》第4卷,北京师范大学出版社,1998年,第414页。
② 同上书,第415页。
③ 同上书,第416页。
④ 同上。
⑤ 汪曾祺:《胡同文化》,《汪曾祺全集》第6卷,北京师范大学出版社,1998年,第19页。
⑥ 同上。
⑦ 同上书,第20页。
⑧ 汪曾祺:《滇游新记》,《汪曾祺全集》第4卷,北京师范大学出版社,1998年,第158页。
⑨ 钟敬文主编:《民俗学概论》,高等教育出版社,2010年,第74页。

(三)交通民俗

汪曾祺的若干作品都涉及交通民俗,归纳一下,可以列出一长串:《背东西的兽物》中有脚夫,《大淖记事》中有挑夫,《侯银匠》中有轿子,《唤车》中有人力车,《画壁》中有驼队,《黄油烙饼》中有牛车,《初识楠溪江》中有小三峡的舴艋舟、楠溪水中的竹筏,《待车》中有火车,不一而足。

最为原始的交通方式,是靠人力搬运,《背东西的兽物》就描述了一群脚夫。因为走山路,其他交通工具不能运行,货物只能靠人力搬运。搬运过程异常艰辛,脚夫们背着竹制背篓,一般情况下背篓里高高地撂着柴和炭,有时也背盐巴、松板、石块、米粮。汪曾祺可谓见多识广,《坝上》一文,曾描述了特殊的"人力"运输方式。河北张家口坝上地区的羊肉品质好,没有膻味,北京东来顺涮羊肉用的就是坝上的羊。这些羊从坝上到北京,交通方式特殊,不是用车运来的,而是让人一路赶过来的,羊边走边啃草,走到北京也不掉膘。

相较于若干动物,人类在体力上都不占上风。但是人类有智慧,他们开始驯化动物,借助牲畜的力量。牛、马、驴等,特别是马,成了人类长期以来的交通工具。《跑警报》记录昆明附近有驿道,也许就是古代的"茶马古道",常有马帮驮着盐巴、碗糖或其他货物在山间穿行。马用在军事上,就出现了骑兵这个兵种,汪曾祺在《骑兵列传》描述了一个"白马连",马的高速运载能力为英雄们建功立业创造了条件。

人类社会生产力不断发展,手工业遂分化出来,开始有人专门造车。轮子是造车的关键,据说中国黄帝时代已经发明出来了。车在某种程度是对人的体力的一次解放,在广大乡村至今仍有应用。车的动力,一是人力,二是畜力。汪曾祺曾记录过家乡"拉小鸡"的有趣场面。拉小鸡用的是板车,鸡关在笼里,一笼一笼的,车上撂得很高。女的拉车,男人踱着方步跟着,好像很懒。实际上不是这么回事,这里路上多坑,车轱辘很容易陷进去,一旦遇到麻烦,男人需要马上用肩膀顶住,用力把车轱辘推出来——没有很大的力量,板车是出不来的。①

车和畜力结合,承载能力无疑会大大增强。汪曾祺曾写自己下放到沽源,坐了一段牛车,牛车之慢,令他懊恼。马车是古代最为重要的运载大宗货物的工具。吉林有谚语:"车老板进店,赛过知县。"驾驭载重的多套马车难度很高,因而马夫备受尊重。《塞下人物记·陈银娃》就是个中高手,那些拉

---

① 汪曾祺:《鸡鸭名家》,《汪曾祺全集》第1卷,北京师范大学出版社,1998年,第79页。

石料的马车陷进坑里,他总能依靠自己的技术,一番调整之后,顺利把车驾出来,这种技术在乡村也是非常不得了的事。汪曾祺1946年创作了一篇名为《前天》的小说,"我"坐马车从城里回来,快到学校的时候,被一辆汽车撞到,一马车的人几乎丧命;而也就是在附近,"我"曾与恋人并肩散步。这两个故事并置一起别有深意——按照弗洛伊德的说法,马与爱欲有关——这是在暗示那场失败的恋情也如一场车祸,险些让"我"丧命。作品中设置的一个意象进一步明确了寓意:冰块中的那支菜花,象征着被冻死的爱情。

汪曾祺生于水乡,专善于写船。《鸡鸭名家》记录水乡卖鸭的风习,不是用车运鸭,而是由一个人驾着小船沿水路把鸭群直接赶到目的地:

> 运鸭,还是一只小船,船上装着一大卷鸭圈,干粮,简单的行李,人在船,鸭在水,一路迤迤逦逦地走。鸭子路上要吃活食,小鱼小虾,运到了,才不落膘掉斤两,精神好看。指挥鸭阵,划撑小船,全凭一根篙子。一程十天半月。经过长江大浪,也只是一根竹篙。晚上,找一个沙洲歇一歇,这赶鸭是个险事,不是外行冒充得来的。①

《我的家乡》中,他写运河上运货的大船,船夫的生活充满了阳刚之气:

> 我们看船。运河里有大船。上水的大船多撑篙。弄船的脱光了上身,使劲把篙子梢头顶上肩窝处,在船侧窄窄的舷板上,从船头一步一步走到船尾。然后拖着篙子走回船头,欻的一声把篙子投进水里,扎到河底,又顶着篙子,一步一步向船尾。如是往复不停。大船上用的船篙甚长而极粗,篙头如饭碗大,有锋利的铁尖。使篙的通常是两个人,船左右舷各一个;有时只一个人,在一边。这条船的水程,实际上是他们用脚一步一步走出来的。这种船多是重载,船帮吃水甚低,几乎要漫到船上来。这些撑篙男人都极精壮,浑身作古铜色。他们是不说话的,大都眉棱很高,眉毛很重。因为长年注视着流动的水,故目光清明坚定。这些大船常有一个舵楼,住着船老板的家眷。②

汪曾祺也写客船,熙熙攘攘的旅客之外,常有卖艺的来驱赶寂寞。《猎猎——寄珠湖》写一条渡船之上,一个瞎子艺人以似白似唱的歌诉说沿岸的风物传说。《邂逅》写客船上瞎子父亲和女儿卖艺为生,配合默契。《露水》写小轮船上一对露水夫妻卖唱,可惜好景不长,男的得了绞肠痧死去。《小学校的钟声》的故事也发生在这样一条客船上。"我"与"她"在船上偶遇,产

---

① 汪曾祺:《鸡鸭名家》,《汪曾祺全集》第1卷,北京师范大学出版社,1998年,第89页。
② 汪曾祺:《我的家乡》,《汪曾祺全集》第5卷,北京师范大学出版社,1998年,第186页。

生了一段朦胧的情愫。——这个故事承载着汪曾祺的一段恋情。汪曾祺写得最好的也许是小船,他那些最令人怦然心动的爱情故事,多与小船有关。《河上》有这样一个情节:"他"在乡下养病,一天要回城,三儿驾小船送"他"。"他"划动双桨,三儿却矜持地不理"他",又说如果跳水自己就理"他",于是"他"跳到河里,后来弄翻小船,两个人一起戏水。这篇小说的若干意境出自《诗经》,《诗经》中的船多是男女恋情的隐喻。《柏舟》云:"泛彼柏舟,亦泛其流。耿耿不寐,如有隐忧。微我无酒,以敖以游。"闻一多阐释道:"舟,妇人自喻,泛然不系之舟,如妇人无所依倚。"①"《诗经》在描写女子婚爱时常常以舟船为兴象。"②女性为船,允许男性登船,即有三儿心属"他"之意。三儿让"他"跳到水中,这种恋人间的嬉闹与《诗经·褰裳》的情景如出一辙:"子惠思我,褰裳涉溱。子不我思,岂无他人?狂童之狂也且!/子惠思我,褰裳涉洧。子不我思,岂无他士?狂童之狂也且!"女性对爱恋他的男子说:你要是想得到我,你就得跳到水里,游过溱河,游过洧河。《卫风·竹竿》有诗句:"淇水滺滺,桧楫松舟。驾言出游,以写我忧。"舟楫相配,即隐喻男女相悦。"《卫风·竹竿》中舟及楫、桨,便是男女婚配及双边关系的兴象了。"不仅如此,"以舟船与楫桨喻男女夫妇或情媾双方之关系,后世多见"③。两人时而驾船,时而游水,呈现了"渡"的意象——摆渡或男女渡水,都有成就婚媾之义。果然,两个人重新登上船后,身体纠缠在一起,"他们互相量着自己和旁人凸出的胸部的起伏也量着自己的"——作者用极为拗口的语言含蓄地写两个人有了鱼水之欢。其实,前文还有一处作了暗示:"一条大鱼,好大一个水花儿。"④与"船"有关的意象在汪曾祺后来的创作中反复出现,他最著名的两篇写爱情的小说《受戒》和《大淖记事》都与船有关。明海受完戒,小英子去接他。"他们一人一把桨。小英子在中舱,明子扳艄,在船尾"⑤,等小英子问完"我给你当老婆,你要不要?"他们加快了划船的速度,"两只桨飞快地划起来,划进了芦花荡"⑥。冯梦龙《山歌》卷六《咏物》有歌云:"郎撑船,姐摇船,耍样风潮有介多呵颠。姐挡子橹牙,全靠郎打水,郎越撑篙姐越扳。"⑦撑篙、摇船、掌舵都是两性交媾的隐喻。懂得了这些隐喻,才能明白明

---

① 闻一多:《闻一多全集》第4册,生活·读书·新知三联书店,1982年,第57页。
② 王政、王维娜:《〈诗经〉中的船及其后世的婚媾人类学意义》,陈勤建主编:《文艺民俗学论文集》,上海文艺出版社,2009年,第25页。
③ 同上书,第28页。
④ 汪曾祺:《河上》,《汪曾祺小说全编》(上),人民文学出版社,2016年,第47页。
⑤ 汪曾祺:《受戒》,《汪曾祺全集》第1卷,北京师范大学出版社,1998年,第341页。
⑥ 同上书,第342—343页。
⑦ 王政、王维娜:《〈诗经〉中的船及其后世的婚媾人类学意义》,陈勤建主编:《文艺民俗学论文集》,上海文艺出版社,2009年,第29页。

海与小英子的关系究竟已经发展到何种程度。《大淖记事》中的巧云自己驾了"鸭撇子",十一子泅渡水中,"渡水过来或渡过水去,都意味着成就好事与达成婚姻,或者是男获女,或是女从男"①。最后到了大淖深处的沙洲里约会——小船、渡水,隐喻两性间发生关系。大淖中的沙洲,这地点本身就是相会、相爱之所。《诗经·蒹葭》诗云:

  蒹葭苍苍,白露为霜。所谓伊人,在水一方。溯洄从之,道阻且长。溯游从之,宛在水中央。
  蒹葭萋萋,白露未晞。所谓伊人,在水之湄。溯洄从之,道阻且跻。溯游从之,宛在水中坻。
  蒹葭采采,白露未已。所谓伊人,在水之涘。溯洄从之,道阻且右。溯游从之,宛在水中沚。

这里的"坻"和"沚",都是水中的沙滩。这和十一子与巧云约会的沙洲,是何其相似!

  汪曾祺生在高邮,长在水乡,他笔下的故事不断出现船并不出奇。但是,另一个影响因素恐怕也不能忽视,那就是沈从文的创作。《边城》中,关于个人的亲事,二老傩送在磨坊与渡船之间做了选择——渡船就是翠翠。可是,大老死后,二老出走,一切都变得艰难起来了。风暴之夜,爷爷死了,白塔倒掉了,连那条渡船也冲走了。翠翠一直留在碧溪岨,等待着二老回来——恐怕希望比较渺茫,渡船是新造的,已经不是往日的渡船了。翠翠守着的新渡船,就是诗经里的"柏舟",是"泛然不系之舟",恐怕暗示着思慕驾船之人而不得。

  在汪曾祺的作品中,围绕着船这种水上交通工具展开的诸多故事,都带有浓重的象征和隐喻色彩,文化内涵极为丰富。"在人类学的经验领域,'船形女体之比''船渡婚配之喻'原本就是一种内涵深厚的文化原型。它是自上古社会就已普遍存在的'集体无意识'。它以群体性文化心理的形式长期积累并世世代代地保存在人们的经验世界与风俗习惯中,且以'非个人意象'的模式不断重复,无意识地渗入语词、诗歌或其他艺术思维,转变、外化为一种象征表象。这种'表象'尽管在不同国度、不同民族、不同文化圈中的细节表征可能有所差异,但其深层的结构——即兴比双方(船体与女体、船渡现象与婚媾行为)的粘连、互渗关系则是不变的。"②

---

① 王政、王维娜:《〈诗经〉中的船及其后世的婚媾人类学意义》,陈勤建主编:《文艺民俗学论文集》,上海文艺出版社,2009年,第30页。
② 同上书,第39页。

(四) 市商民俗

中国传统社会的商业并不发达，小的手艺人不需要商人作为买卖中介，而是自产自销。《小学同学》中的同学"菱蒿薹子"家中开的糖坊，就是自己销售。他们家的商品非常固定：麦芽糖、"灌香糖"和糖饼。糖饼主要是用来祭灶王爷的，每年腊月二十接近过年，很多人来批趸，才迎来销售旺季。

《卖眼镜的宝应人》中的行商王宝应，主要卖眼镜，兼卖当地无生产的一点小古董、小饰品：玛瑙烟袋嘴、"帽正"的方块小玉、水钻耳环、发蓝点翠银簪子、风藤镯、装眼镜的小银盒。他招揽顾客的方式独具一格，讲述他游走各地道听途说的各种奇闻逸事。

商业民俗之一是"市声"。城市走街串巷的行商小贩，常借助"市声"招揽顾客，市声分两种，一种是"叫卖声"，一种是"代声"。"叫卖声虽说因所出售的商品的不同而千差万别，但宣传性、诱惑性、节奏性与一定的音乐性则是它们的共同特点。"①汪曾祺对于"叫卖声"很感兴趣。汪曾祺有一篇集中写市声的作品，叫《职业》。昆明街上有各种"市声"："有旧衣烂衫找来卖！""有人买贵州遵义板桥的化风丹……""壁虱药！蛩蚤药！""卖杨梅——！玉麦粑粑——！"作品中特写的一个卖"椒盐饼子西洋糕"，汪曾祺还谱了曲，直观地模仿"叫卖声"的音乐性。每种"叫卖声"的后面，实际上都有叫卖者的一部人生故事，这个孩子的命运更为悲惨。父亲早死，过早地生活于职业的规范之中，只能在外婆生日的几个小时的休假里，找回残存的属于儿童的天真与顽皮。"市声中的代声，是以其他物器声音代替叫卖的一种标记，从调查中看除极个别用吹奏声做代声外，绝大多数采用了打击声。如敲鼓、打梆、打钹、摇铃、打竹板、摇串铁、敲小锣都较常见……"②《百蝶图》中卖绒花的货郎小陈，做起生意来所用市声则是"代声"，每到一处，"举起羊皮拨浪鼓摇一气：布楞、布楞、布楞楞……"③想买东西的人听到声音，就走出家门。

《八千岁》写当地商行有一习俗，那就是替人做"铺保"。凡是领营业执照、向银行贷款、开出门护照、入私立学校、吃官司取保释放，都要找殷实的铺子作保。铺子担保，多属于形式，但有时也会惹出麻烦，被人敲了竹杠。八千岁本拒绝铺保，公开在门口贴"概不担保"的字条，只想自保，不想对弱者尽帮助之责。结果他被八舅太爷敲诈，同行替自己担保才获得释放，于是难为情地揭去了字条。

---

① 钟敬文主编：《民俗学概论》，高等教育出版社，2010年，第52页。
② 乌丙安：《中国民俗学》，长春出版社，2014年，第70—71页。
③ 汪曾祺：《百蝶图》，《汪曾祺全集》第2卷，北京师范大学出版社，1998年，第480页。

二、社会民俗

"社会民俗。亦称社会组织及制度民俗,指人们在特定条件下所结成的社会关系的惯例,它所关涉的是从个人到家庭、家族、乡里、民族、国家乃至国际社会在结合、交往过程中使用并传承的集体行为方式。"① 包括社会组织民俗、社会制度民俗、岁时节日民俗等。在创作中,汪曾祺有非常自觉的表现"风俗"的意识,"所谓风俗,主要指仪式和节日。仪式即'礼'",而"礼,包括婚礼和丧礼"②。内涵大概相当于社会制度民俗和岁时节日民俗。

(一)社会组织民俗

一般地讲,血缘、地缘和业缘是社会组织发生的纽带。在汪曾祺的作品中,除家庭外,描述比较清晰的社会组织民俗是寺院、行帮和药行,主要体现在《庙与僧》《受戒》《大淖记事》《异秉》等几部作品之中。

1946年10月10日上海《大公报》上发表了汪曾祺的小说《庙与僧》,对于汪曾祺而言,这是文学探索的一个崭新起点。自这篇小说之后,他开始大规模描写民俗,这种努力在"文革"之后更为自觉,一直贯穿了他此后的创作历程。《庙与僧》可以看作汪曾祺的第一篇文化小说。这里的人做和尚,并非为信仰献身,而是从事一种谋生的职业。庙里有特定的组织方式,每个和尚都有相对固定的角色,当家和尚是方丈,掌管着庙里的财务;二师父已经在外面弄了一个新庙,是边缘人,但在庙里倍受尊重;行脚挂单的能师父,能耍飞铙,盂兰会他是主角,但受排挤;还有一个做杂事的小和尚。他们组织活动,如梁王忏、盂兰会放焰口,做活动人数不够,就从外面邀请客僧。这里的组织程序,《受戒》中几乎重复了一遍,但有所补充,"放一堂戒,要选出一个沙弥头,一个沙弥尾。沙弥头要老成,要会念很多经。沙弥尾要年轻,聪明,相貌好"。"沙弥头,沙弥尾,将来都能当方丈。现在的方丈退居了,就当。"③ 角色形成,根据个人条件由组织赋予。

《大淖记事》中的大淖这个地方,住着二十来个锡匠,都是兴化帮,汪曾祺认为带有"中世纪行帮色彩"④。他们有固定的行帮头目,就是那个德高望

---

① 钟敬文主编:《民俗学概论》,高等教育出版社,2010年,第6页。
② 汪曾祺:《谈谈风俗画》,《汪曾祺全集》第3卷,北京师范大学出版社,1998年,第350页。
③ 汪曾祺:《受戒》,《汪曾祺全集》第1卷,北京师范大学出版社,1998年,第342页。
④ 汪曾祺:《大淖记事》,《汪曾祺全集》第1卷,北京师范大学出版社,1998年,第432页。

重的老锡匠;对内有行为规范,扶助病弱,公平合作,不抢生意;对外有固定的处事原则,禁止喝酒赌博,不欺诈,不偷窃,不闲逛,不挑衅,不怕事,尊重妇女。① 还有规律地组织活动,常规性的是老锡匠带他们打拳,一作消遣,一作防身;时或唱戏娱乐,唱"小开口"。

《异秉》(二)对于保全堂药行仔细描述了药行内部组织成员的惯常关系。"成为任何层次的社会组织的成员,都既要习得该组织的文化模式和观念,还要被组织赋予某种角色。"②除煮饭挑水的杂役外,这里的职员分四等:"管事""刀上""同事""相公"。第一等是"管事",就是经理,负责一切事务,总账、银钱和贵重药材等归他直接掌控,一般是终身职务,有身股,年底可分红;第二等是"刀上","刀上"是技术人员,管切药和"跌"药丸,药店里的"饮片"都是他切出来的,刀功好坏,切片是否整齐漂亮,直接影响药行声誉和生意;第三等是"同事",职务是抓药和写账;最末等是"相公",就是学徒,期限是三年零一节,日常负责倒尿壶、扫地、擦桌椅柜台、开门、晒药、收药、碾药、裁纸、搓纸枚子、擦灯罩、摊膏药,初一、十五还要给赵公元帅、神农爷烧香,平日里背《汤头歌诀》,学习药理知识。散文《我的祖父祖母》中,类似内容亦有叙述。这个作品中,还描述了药行这一行当辞退职员的一般方式,属于行业内部的民俗:

> "同事"是没有什么了不起的,每年都有被辞退的可能。辞退时"管事"并不说话,只是在腊月有一桌辞年酒,算是东家向"同仁"道一年的辛苦,只要是把哪位"同事"请到上席去,该"同事"就二话不说,客客气气地卷起铺盖另谋高就。当然,事前就从旁漏出一点风声的,并不当真是打一闷棍。该辞退"同事"在八月节后就有预感。有的早就和别家谈好,很潇洒地走了;有的则请人斡旋,留一年再看。后一种,总要作一点"检讨",下一点"保证"。"回炉的烧饼不香",辞而不去,面上无光,身价就低了。③

(二) 人生仪礼民俗

"人生仪礼是指人在一生中几个重要环节上所经过的具有一定仪式的行为过程,主要包括诞生礼、成年礼、婚礼和葬礼。此外,标明进入重要年龄阶段的祝寿仪式和一年一次的生日庆贺举动,亦可视为人生仪礼的内容。"④

---

① 汪曾祺:《大淖记事》,《汪曾祺全集》第1卷,北京师范大学出版社,1998年,第417页。
② 钟敬文主编:《民俗学概论》,高等教育出版社,2010年,第81页。
③ 汪曾祺:《异秉》,《汪曾祺全集》第1卷,北京师范大学出版社,1998年,第316页。
④ 钟敬文主编:《民俗学概论》,高等教育出版社,2010年,第121页。

对于人生仪礼民俗,汪曾祺创作中着墨甚多。

关于诞生仪式,汪曾祺的直接描述几乎没有,只写了求子仪式和过周岁。中国儒家文化对家族极为重视,把繁衍后代当成头等大事。结婚而未能生养,自是女性乃至整个家族的心病。生殖女神备受崇拜,到娘娘庙、泰山庙、奶奶庙、菩萨等求子的仪式,不胜枚举。《陈小手》《中国文学的语言问题》等作品中,汪曾祺都曾涉及求子仪式。过去医疗条件薄弱,流行病较多,婴儿生命脆弱,健康始终受到威胁。因此围绕诞生,有很多礼俗都带保佑孩子、保持健康、长命百岁的祝愿。《云南茶花》写江西井冈山一带孩子过周岁,亲朋好友所送礼物中都放一枝油茶。油茶常绿,终年开花结果,生命力十分旺盛。放油茶枝条,有祝福孩子身体健康之意。[1] 诞生本是人生大事,诞生礼本应轰轰烈烈,但是,"由于产育的生理特殊性及婴儿出生的某些信仰禁忌原因,诞生礼仪式往往在极小范围内举行"[2]。因此,汪曾祺不着意写诞生礼不是没有原因的。

中国古代的成人礼称冠礼,一旦完成此仪式,就意味着告别"童子"时代进入成人状态。不过,中国现代社会很少有人专门举行成人礼了。中国民间社会特别重视婚姻仪礼,婚礼是组建小家庭的开始,此后男女双方将独立承担家庭责任、繁衍后代,在某种意义上,婚礼也带有成人礼的意味。1942年汪曾祺发表了小说《结婚》,通篇围绕婚礼展开,两个傧相,几个陪伴自己的同学,批着月白的婚纱,笑谑、演说,似是西式婚礼。就创作取向而言,此时的汪曾祺更偏爱现代主义文学,注重个体内在精神的挖掘而非群体精神的书写,对婚礼风俗并无独特精细的描写。《小学校的钟声》写"我"与"她"在船上看乡下人接亲的花轿子,采取了一种写意的方式,简笔涂抹:"一团红吹吹打打的过去,像个太阳。"[3]只是暗示了男女主人公相互交往的期待,把庙作为描摹他们之间朦胧情感的背景。即便汪曾祺晚近创作的小说《受戒》中,也只对嫁妆上的剪纸做了一番描述:"这里嫁闺女,陪嫁妆,磁坛子、锡罐子,都要用梅红纸剪出吉祥花样,贴在上面,讨个吉利,也才好看:'丹凤朝阳'呀、'白头到老'呀、'子孙万代'呀、'福寿绵长'呀。"[4]《侯银匠》也只粗略了写"小定"以及结婚抬花轿的习俗。这些都不是整个婚礼的民俗程式,而尽皆是婚礼的某一环节侧面。真正从正面写出结婚仪式全部过程的小说《礼俗大全》,透过吕虎臣的视角,写了苏中地区的结婚仪式:

---

[1] 汪曾祺:《云南茶花》,《汪曾祺全集》第4卷,北京师范大学出版社,1998年,第77页。
[2] 乌丙安:《中国民俗学》,长春出版社,2014年,第186页。
[3] 汪曾祺:《小学校的钟声》,《汪曾祺全集》第1卷,北京师范大学出版社,1998年,第22页。
[4] 汪曾祺:《受戒》,《汪曾祺全集》第1卷,北京师范大学出版社,1998年,第332—333页。

找一个胖小子押轿;花轿到门,姑爷射三箭;新娘子跨火、过马鞍……直到坐床撒帐,这都由姑奶奶、姨奶奶张罗,属于"妈妈令",吕虎臣只关心一件事,找一位"全福太太"点燃龙凤喜烛。"全福太太"即上有公婆父母,下有儿女的那么一个胖乎乎的半大老太太。这样的"全福人"不大好找。吕虎臣早就留心,道一声"请",全福太太就带点腼腆,款款起身,接过纸媒子,把喜烛点亮,于是洞房里顿时辉煌耀眼,喜气洋洋。①

汪曾祺对少数民族的婚俗很感兴趣,在《谈谈风俗画》中曾约略提及中国西南少数民族的哭嫁习俗,一个姑娘将要出嫁,就约来闺蜜好友,夜里一起哭泣,一起歌唱。② 姑娘结婚面临新的社会关系、新的生活方式、新的社会角色,一切又未可知,因此心情是复杂的:伤感、幸福、恐惧、不舍、期待。这一切在一群美丽的少女之间发生,连日吟唱,歌词真挚,曲调婉转,嗓音美妙,因此情景美妙无比。

寿礼是纪念和庆贺老人高寿而举行的仪礼。依照民俗,60岁以后整十之年的生日均为"大寿",要格外提升庆祝规格的。汪曾祺似乎很重视自己的寿日,曾写过一大堆自寿诗,如《六十岁生日即事》《一九八三年除夕子时戏作》《六十七岁生日自寿》《元宵》《七十抒怀出律不改》《七十一岁》《岁交春》等。③ 他的生日是元宵节,因此有借咏元宵而自寿的;中国人眼里过了年就长了一岁,因此也有借咏春节而自寿的。对于寿礼的程式,汪曾祺没有详尽记录。在《礼俗大全》中提过一笔,说寿礼打理起来较为简单;在《八仙》中,他提及中国民间庆寿往往搬出八仙。这和中国人的心理有关,中国人不寻求来世,只想现世长命百岁和生活幸福,八仙为"地仙",既长生不死,又逍遥自在,完全合乎民众的生活理想,因此借以庆寿非常合适。汪曾祺提及周宪王编过两个专门用于庆寿的剧本,其中一个是《瑶池会八仙庆寿》,唱词虽说是唱给王母娘娘听的,实则是献给"寿星"。④ 这说明古人对寿礼特别重视,权贵者是要演大戏的。

汪曾祺花笔墨最多的是葬礼,葬礼"又称丧礼,是人死后由亲属、邻里等哀悼、纪念、评价的礼节,同时也是处理死者殓殡祭奠的仪礼"⑤。死亡是人生大事,很多人在活着的时候自己或亲属已经开始为此做准备了。中国传统

---

① 汪曾祺:《礼俗大全》,《汪曾祺全集》第2卷,北京师范大学出版社,1998年,第518—519页。
② 汪曾祺:《谈谈风俗画》,《汪曾祺全集》第3卷,北京师范大学出版社,1998年,第350—351页。
③ 金实秋:《汪曾祺诗联品读》,大众文艺出版社,2009年,第119—140页。
④ 汪曾祺:《八仙》,《汪曾祺全集》第3卷,北京师范大学出版社,1998年,第448页。
⑤ 乌丙安:《民俗学丛话》,长春出版社,2014年,第104页。

民俗中有祭祀死者遗像的习俗，"早在春秋战国时期，宫廷内便有为祖先追画遗容的做法。祭祀祖先时，不仅要供奉牌位，还要供奉遗像，这叫'祭必有尸'。宋代，民间已有专门画遗像的行业，且十分讲究面像的传神"。"为即将亡故的老人画像谓之'画喜神'，也叫'揭帛''揭白'。此外还有多种说法，如在老人身体尚健康时提前为其画像谓之'画影神'；为中年病危者画像谓之'绘真容'；为已故老人画像谓之'追喜神'；为中年故者画像则谓之'追影'。"①西洋画强调素描，擅长描摹人物肖像；中国画讲究写意，不强调逼真本，但过去无照相技术，人们又有留下肖像的强烈愿望，于是衍生出一种专画肖像的职业画匠。《岁寒三友》中的画家靳彝甫，由于家传技法，擅长写真画。这类画可分两种，一种是生活像，称为"行乐图"，另一种是遗像，称"喜神图"。② 汪曾祺多次描述"画喜神"，还专门写《喜神》一篇，借对画师管又萍的描摹，描述了"画喜神"的绘画过程。按照当地风习，人之将死，家人通常请画匠到家中对着病人画像。具体作画过程是：画匠先到病床前观察，淡墨勾勒出病人脸型，回家在一个挖掉椭圆形的宣纸的椭圆处，用淡墨画就初稿；待征求病人家人的意见之后，换一张新纸，用深墨勾出轮廓，敷出肤色，就算完成定稿。写真画的画匠多有一套密藏的"百脸图"——所谓"百脸图"，就是在对大量人脸进行分析的基础上，归纳出若干脸形模式。画匠在画脸时只先判明对方所属的脸部类型，然后观察所画对象，在"百脸图"的基础上增增减减，这样画出来肖像总是比较逼真。③

汪曾祺在多篇文章中描述家乡的丧葬仪礼。葬礼非常隆重，一般要经过停尸、招魂、吊丧、殡仪、送葬等诸多环节，整个程序要持续一段时间。各地葬礼差距很大，汪曾祺对故乡的丧礼有所描述，尤其对于吊丧记录翔实。"受佛教影响，人死后举行'斋七'，每七天设斋会追荐一次，共追荐七次，即七七四十九天，以为这样可以超度亡灵。"④在汪曾祺的故乡，六七"开吊"似乎是葬礼的高潮。具体过程在《礼俗大全》中有过较为完整的描摹：

> "开吊"有点像演戏。"初献""亚献""终献"，各有其人。礼生执金漆小屏前导，司献戚友蹀方步至灵前"拜"——"兴"，退出。"亚献""终献"亦如此。这当中还要有"进曲"，一名鼓手执荸荠鼓，唱曲一支，内容多是神仙道化，感叹人世无常；另有二鼓手吹双笛随。以后是"读祝"，即读祭文，祭文不知道为什么叫做"祝"。礼生高唱："读祝者读祝。"一

---

① 《趣闻圣经》编辑部主编：《老北京的趣闻传说》，旅游教育出版社，2012年，第335页。
② 汪曾祺：《岁寒三友》，《汪曾祺全集》第1卷，北京师范大学出版社，1998年，第352页。
③ 汪曾祺：《喜神》，《汪曾祺全集》第2卷，北京师范大学出版社，1998年，第414页。
④ 乌丙安：《中国民俗学》，长春出版社，2014年，第198页。

个嗓音清亮,声富表情的亲戚(多半是本地才子)就抑扬顿挫,感慨唏嘘地朗读起来。有人读祝有名,读到沉痛婉转处可令女眷失声而哭。其实"祝"里说的是什么,她们根本不知道,只是各哭其所哭。"祝"里许多词句是通用的,可以用之于晴雯,也可以用之于西门庆。①

在另一些作品中,汪曾祺对其中一些环节的细节进行了补充。《三姊妹出嫁》中,借助吹鼓手时福海的描写,对"进曲"展开介绍:

> ……在"初献""亚献"之后,有"进曲"这个项目。赞礼的礼生喝道"进——曲!"时福海就拿了一面荸荠鼓,由两个鼓手双笛伴奏,唱一段曲子。曲词比昆曲还要古,内容是"神仙道化",感叹人生无常,有《薤露》《蒿里》遗意,很可能是元代的散曲。时福海自己也不知道唱的是什么,但还是唱得感慨唏嘘,自己心里都酸溜溜的。②

《薤露》《蒿里》是汉代的两首挽歌。在《泰山片石·碧霞元君》中,汪曾祺过录一遍《蒿里》:"蒿里谁家地?聚敛魂魄无贤愚。鬼伯亦何相催迫,人命不得少踟蹰。"对于这两首挽歌,汪曾祺有独特的观点,从历史渊源看,《薤露》《蒿里》"或谓本是一曲,李延年裁之为二。《薤露》送王公贵人,《蒿里》送大夫士庶。我看二曲词义,各成首尾,似本即二曲。"就艺术而言,《蒿里》"写得不如《薤露》感人,但如同说话,亦自悲切。"③汪曾祺拿这两首著名挽歌与"进曲"所唱之挽歌相比,足见当时歌声的独特与超绝。

依照汪曾祺在《我的家》一文中记录,在"终献"之后,还有"点主"环节。④"点主"极有诗意,汪曾祺多次称赞:

> 我们那里开吊都要"点主"。点主,就是在亡人的牌位上加点。白木的牌位上事先写好了某某人之"神王",要在王字上加一点,这才成了"神主",点主不是随随便便点的,很隆重。要请一位有功名的老辈人来点。点主的人就位后,生喝道:"凝神,——想象,请加墨主!"点主人用一枝新墨笔在"王"字上点一点;然后再:"凝神,——想象,请加硃主!"点主人再用朱笔点一点,把原来的墨点盖住。这样,那个人的魂灵就进了这块牌位了。"凝神——想象",这实在很有点抒情的意味,也很有戏剧性。我小时看点主,很受感动,至今印象很深。⑤

---

① 汪曾祺:《礼俗大全》,《汪曾祺全集》第 2 卷,北京师范大学出版社,1998 年,第 519 页。
② 汪曾祺:《晚饭花·三姊妹出嫁》,《汪曾祺全集》第 1 卷,北京师范大学出版社,1998 年,第 523 页。
③ 汪曾祺:《泰山片石》,《汪曾祺全集》第 5 卷,北京师范大学出版社,1998 年,第 195 页。
④ 汪曾祺:《我的家》,《汪曾祺全集》第 5 卷,北京师范大学出版社,1998 年,第 215 页。
⑤ 汪曾祺:《谈谈风俗画》,《汪曾祺全集》第 3 卷,北京师范大学出版社,1998 年,第 351 页。

"点主"之人必须有相当的社会影响力,功名要高。据汪曾祺回忆,他的二伯母去世之后,负责点主人叫李芳,是翰林。①

对于年少的汪曾祺而言,葬礼带来的主要不是哀戚,而是欢喜——这是一位天生的艺术家对于世界的独特体验方式。他曾回忆道:"我喜欢那种平常没有的'当大事'的肃穆的气氛,所有的人好像一下子都变得雅起来,多情起来了,大家都像在演戏,扮演一种角色,很认真地扮演着。"②在这种虔敬的氛围中,人的情感得以醇化,人性受到提升,因此汪曾祺觉得饶有趣味。

"在人生各项仪礼中,葬礼的内容最为复杂多样,因为丧葬习俗中的社会生活成分几乎被信仰成分所淹没。一方面有对死者一生事业、贡献、社会影响的总评和追念,一方面又对死者进入信仰中另一世界表示各种祝福。从葬礼开始,所举行的各种追荐仪式,都是信仰习俗中的仪式了。"③对于普通人而言,并无多少丰功伟绩可供凭吊,丧礼固然能寄托亲友的哀思,但主要体现了对死者进入冥界生活的祝福,一切都是建立在对灵魂的信仰之上。汪曾祺和堂弟汪曾炜都过继给了寡居多年的二伯母。二伯母死后,每次"斋七"都被委以重任:

> 我和曾炜于是履行孝子的职责。亲视含殓(围着棺材走一圈),戴孝披麻,一切如制。最有意思的是逢七的时候得陪张牌李牌吃饭。逢七,鬼魂要回来接受烧纸,由两个鬼役送回来。这两个鬼役即张牌李牌。一个较大的方机凳,两副筷子,一碟白肉,一碟豆腐,两杯淡酒。我和曾炜各用一个小板凳陪着坐一会。陪鬼役吃饭,我还是头一回。④

《滇游新记·大等喊》记录了云南省德宏州喊撒的一次傣族葬礼。在这里,过了五十五岁的人死去,就算"喜丧",亲人们无须哭泣,只为死者坐守五天。在汪曾祺看来,这种超脱的看法与他们信仰小乘佛教有关。人们糊扎缅塔尖顶似的幡幢,用长竹长的竿挑起来,在他们的观念中,这样可以引导死者的灵魂升天;几个年轻人不紧不慢地敲着铓锣和象脚鼓。⑤ 佛教有特定的丧葬形式。在《庙与僧》中,多少年后"我"忽然忆起当年留住庙里的往事,推想当家的和尚应该已经死去,一个幻象浮现脑海,"我似乎看见他黄黄的坐在一口

---

① 汪曾祺:《我的家》,《汪曾祺全集》第 5 卷,北京师范大学出版社,1998 年,第 215 页。
② 汪曾祺:《谈谈风俗画》,《汪曾祺全集》第 3 卷,北京师范大学出版社,1998 年,第 351 页。
③ 乌丙安:《中国民俗学》,长春出版社,2014 年,第 198 页。
④ 汪曾祺:《我的家》,《汪曾祺全集》第 5 卷,北京师范大学出版社,1998 年,第 214 页。
⑤ 汪曾祺:《滇游新记·大等喊》,《汪曾祺全集》第 4 卷,北京师范大学出版社,1998 年,第 157 页。

缸里"①。这是和尚的丧葬习俗——缸葬。缸葬又称"瓮棺葬",僧人圆寂,一般让其尸身盘坐于特制陶缸之中,经防腐、密封后入葬;文本中还有"经过三个小石塔,那是和尚的坟"②一句,这里的石塔就是通常所谓"浮屠"。石塔内所藏高僧遗物,或为舍利,或为佛骨,或为佛经,或为佛像,有的则是僧人遗体。这里所说的"小石塔"应该为保存僧人遗体所建。

与葬礼有关的,还有一些宗教仪式。在《庙与僧》中,汪曾祺曾写一次叫作"梁王忏"的法事活动,"庙里和尚一齐出动,还请来几个客僧,都披挂得整整齐齐,唱了好几天。屋上拖下长长的幡,炉里烧起降香,蒲团上遮了皴垫……"③这里描述的实为葬礼所做法事。所谓"梁王忏","又称'梁皇忏''梁武忏'。全称《慈悲道场忏法》。佛经名。相传南朝梁武帝忏悔皇后郗氏往业,命法师撰集经文,成10卷。后民间在举行丧礼时,常延请僧人念《梁王忏》,为死者超度"④。在《庙与僧》《受戒》等作品中,汪曾祺还一再提及盂兰会放焰口的事。盂兰是梵语音译,意思是解救苦难。盂兰盆会,"古时习俗,农历七月十五日中元节请和尚或尼姑结盂兰盆会,念经施食,超度饿鬼。俗称'放焰口'"⑤。民间认为,七月为鬼月,七月初一时鬼门开,十五日鬼门关。在此期间,群鬼走出墓穴,到处流窜,他们经历长时间蛰居,尽皆饥肠辘辘,若无施舍,难免生出祸患,因此举行盂兰盆会,延请众僧,举办设斋宴、拜忏、放焰口等活动。

(三)岁时节日民俗

"岁时节日,主要指与天时、物候的周期性转换相适应的、在人们的社会生活中约定俗成的、具有某种风俗活动内容的特定时日。"⑥汪曾祺笔下出现比较频繁的岁时节日有春节、元宵、端午等,对于少数民俗节日也有所涉及,如泼水节等。

春节是中国最为隆重的节日。各月初一为朔日,"正月朔日,谓之元旦,旧历新年之始。元旦为一岁最早的节日。《玉烛宝典》载:'正月为端月,其一日为元日,亦云上日,亦云正朝,亦云三元,亦云三朔。'所谓三元,指岁之元、时之元、月之元"⑦。这里的元旦,就是我们今天的春节。在中国民间,春

---

① 汪曾祺:《庙与僧》,《汪曾祺全集》第1卷,北京师范大学出版社,1998年,第70页。
② 同上。
③ 同上书,第66页。
④ 叶大兵、乌丙安:《中国风俗词典》,上海辞书出版社,1990年,第286页。
⑤ 王慰庭、黄立业、万竞君等编:《汉语典故词典》,江苏古籍出版社,1985年,第541页。
⑥ 钟敬文主编:《民俗学概论》,高等教育出版社,2010年,第102页。
⑦ 乌丙安:《中国民俗学》,长春出版社,2014年,第286页。

节才是真正的新年。小说《除岁》的背景是春节。围绕春节,民俗活动甚多:送灶,写春联,做生意的招牌加油漆、飞金,除夕门上封元宝,点守岁烛,大人小孩,都要装扮一新,老太太头上插绒花,小孩子身上着新衣服,等等。年俗都点到了,却未做精细描述和渲染;小说所写春节的背景是抗日战争,节日难免萧条,但并不沮丧,洋溢着那个时代所特有的民族精神。① 汪曾祺家里曾开过两家药行,店铺又有特殊的年俗——同行铺子之间要互投东家名帖。用刻有名字的木头戳子蘸了墨汁,盖在用八寸长、五寸宽的红纸上,名帖就造成了。大年初一,大多数店铺关门,天不亮的时候,名帖都是由门缝插进去的。② 春节要祭神。汪曾祺在昆明生活八年,因此对当地生活相当熟悉,他专门写了一篇《昆明年俗》。昆明居民过春节有"铺松毛"的习惯,院里屋内,铺上马尾松针叶,干净、碧绿、清香;从初一到初五忌讳扫地,因为扫地会扫掉财气;他们过春节不贴春联,而是贴唐诗;街上有人卖当地特产葛根,用锋利薄刃横切成片,卖给顾客,此物口感如生白薯,味微苦;所玩游戏,是"掷升官图"和劈甘蔗。③

"古代术数在方士、道家传播时,常有'三元'之说,即天官、地官、水官。"地官、水官姑且不论,和元宵节关系密切的是天官,"天官赐福,该神为正月十五生,是为'上元'"。"上元节为一年的第一个望日,大庆大祭,是夕发展为'元宵'节。"④也许因为汪曾祺的生日在元宵节,他对这个节日尤为关注,曾专门撰文《故乡的元宵》。元宵这天,民俗有送麒麟、吹糖人、捏面人、拉"天嗡子"(空竹),还有老妈妈到泰山庙烧香。元宵节是灯节,到了晚上,各家把所有的灯都点起来,孩子们牵着绣球灯、兔子灯、马灯,到处走动,有人还把红灯笼放到天上去。孩子们最感兴趣的是走马灯,连万顺家的走马灯很大,"走马灯不过是来回转动的车、马、人(兵)的影子,但也能看它转几圈"⑤。"乾陛和的走马灯并不'走',只是一个长方的纸箱子,正面白纸上有一些彩色的小人,小人连着一根头发丝,烛火烘热了发丝,小人的手脚会上下动。它虽然不'走',我们还是叫它走马灯。要不,叫它什么灯呢?这外面的小人是唐僧、孙悟空、猪八戒、沙和尚。整个画面表现的是《西游记》唐僧取经。"⑥故乡元宵别处没有的民俗是"看围屏":"有一个习俗可能是外地所没有的:看围屏。硬木长方框,约三尺高,尺半宽,镶绢,上画工笔演义小说人物

---

① 汪曾祺:《除岁》,《汪曾祺小说全编》(上),人民文学出版社,2016 年,第 94—101 页。
② 汪曾祺:《我的祖父祖母》,《汪曾祺全集》第 5 卷,北京师范大学出版社,1998 年,第 122 页。
③ 汪曾祺:《昆明年俗》,《汪曾祺全集》第 5 卷,北京师范大学出版社,1998 年,第 510 页。
④ 乌丙安:《中国民俗学》,长春出版社,2014 年,第 286 页。
⑤ 汪曾祺:《故乡的元宵》,《汪曾祺全集》第 5 卷,北京师范大学出版社,1998 年,第 508 页。
⑥ 同上。

故事,灯节前装好,一堂围屏约三十幅,屏后点蜡烛。这实际上是照得透亮的连环画。看围屏有两处,一处在炼阳观的偏殿,一处在附设在城隍庙里的火神庙。炼阳观画的是《封神榜》,火神庙画的是《三国》,围屏看了多少年,但还是年年看。好像不看围屏就不算过节似的。"①元宵节的情形,汪曾祺一写再写,《桥边小说三篇·茶干》不仅谈起了连万顺家四张雕镂很讲究的走马灯,还饶有兴趣地描述了孩子们牵着灯走动的情形。《七十抒怀》再次表述对于元宵灯会的向往,回忆自己小时候总是做一个四个轱辘的兔子灯,点了蜡烛,牵上它到处跑。元宵节连接的是汪曾祺人生的美好记忆,令他难以忘怀。

中国二十四节气,最重要的有"八节":立春、立夏、立秋、立冬、春分、夏至、秋分、冬至。立春为"八节"的第一节,民间分外重视。"千年难逢龙华会,万年难逢岁交春。""岁交春"就是恰恰在大年初一这一天立春,据说这样的年份最为吉祥。有生之年适逢吉祥之年,汪曾祺大约为之振奋,遂写了一篇散文,题目就叫《岁交春》。此文中,汪曾祺首先解说了"打春"的典故:"宋朝的时候,立春前一天,地方官要备泥牛,送入宫内,让宫人用柳条鞭打,谓之'鞭春'。"②接着,汪曾祺又谈及故乡"送春牛"之习俗。立春之日,有穷人塑五六寸长的泥牛,有的还塑一小泥人——即为被乡人称作"奥芒子"的"芒神",把泥塑涂上特定颜色,送往各家。送到了,用唢呐吹了短曲,供到神案上,领取些许赏钱。立春这天,一些地方有"咬春"习俗,这天都拿新葱、青韭、蒜黄等生菜,卷了饼吃。

清明节原为农事节日,后来与早一两天的寒食节合并,"寒食节本是古代禁火忌日,与晋文公重耳悼念介之推的传说祭日相附会,于是又与祭奠祖先亡灵的郊游扫墓结合,形成了综合节日,在二十四节中突出起来"③。高邮一带的人认为螺蛳能明目,清明节遂有了吃螺蛳风俗,"用五香煮熟螺蛳,分给孩子,一人半碗,由他们自己用竹签挑着吃"④。吃剩下的一大堆螺蛳壳,孩子们把他们做成小箭头,用大小不等的竹弓弹射到屋顶上。《戴车匠》和《故乡的食物》等文章中,汪曾祺曾对这风习做过描述。

端午节"在发展中形成了驱瘟祛邪的祈禳性质,为屈原投汨罗江举行招魂祭江的纪念与祭奠性质,以及龙舟竞渡、射柳、马球等竞技游艺性质的综合性大节"⑤。汪曾祺笔下的端午节,集中体现了"驱瘟祛邪"的特点,《故乡的

---

① 汪曾祺:《故乡的元宵》,《汪曾祺全集》第5卷,北京师范大学出版社,1998年,第509页。
② 汪曾祺:《岁交春》,《汪曾祺全集》第5卷,北京师范大学出版社,1998年,第273页。
③ 乌丙安:《中国民俗学》,长春出版社,2014年,第288页。
④ 汪曾祺:《故乡的食物》,《汪曾祺全集》第4卷,北京师范大学出版社,1998年,第26页。
⑤ 乌丙安:《中国民俗学》,长春出版社,2014年,第291页。

食物》做了详尽的描述：

> 家乡的端午，很多风俗和外地一样。系百索子。五色的丝线拧成小绳，系在手腕上。丝线是掉色的，洗脸时沾了水，手腕上就印得红一道绿一道的。做香角子。丝线缠成小粽子，里头装了香面，一个一个串起来，挂在帐钩上。贴五毒。红纸剪成五毒，贴在门槛上。贴符。这符是城隍庙送来的。城隍庙的老道士还是我的寄名干爹，他每年端午节前就派小道士送符来，还有两把小纸扇。符送来了，就贴在堂屋的门楣上。一尺来长的黄色、蓝色的纸条，上面用朱笔画些莫名其妙的道道，这就能辟邪么？喝雄黄酒。用酒和的雄黄在孩子的额头上画一个王字，这是很多地方都有的。有一个风俗不知别处有不：放黄烟子。黄烟子是大小如北方的麻雷子的炮仗，只是里面灌的不是硝药，而是雄黄。点着后不响，只是冒出一股黄烟，能冒好一会。把点着的黄烟子丢在橱柜下面，说是可以熏五毒。小孩子点了黄烟子，常把它的一头抵在板壁上写虎字。写黄烟虎字笔画不能断，所以我们那里的孩子都会写草书的"一笔虎"。还有一个风俗，是端午节的午饭要吃"十二红"，就是十二道红颜色的菜。十二红里我只记得有炒红苋菜、油爆虾、咸鸭蛋，其余的都记不清，数不出了。也许十二红只是一个名目，不一定真凑足十二样。不过午饭的菜都是红的，这一点是我没有记错的，而且，苋菜、虾、鸭蛋，一定是有的。这三样，在我的家乡，都不贵，多数人家是吃得起的。①

端午节这天，高邮的孩子还兴玩"鸭蛋络子"。"络子"用彩线丝线织成，孩子们认真挑了淡青色的、形状漂亮的鸭蛋，放在里面，吊在纽扣上当饰物。等玩够了，敲开空头，吃过蛋清蛋黄，把壳洗净，晚上捉了萤火虫放在里面，用薄罗糊上，闪闪发光，非常好看。

汪曾祺还写过"送灶"。"送灶"的日子并不固定，北京是腊月二十三，高邮是腊月二十四；另外，还有身份不同日期不同的说法，所谓"军三民四龟五"，没有人二十五日"送灶"。②《城隍·土地·灶王爷》中写了祭灶神的习俗。"祭灶"是祈福。灶王爷是家庭的守护神，对各家情况了如指掌，人们怕他到玉帝那里说坏话，故此给他灶糖吃，粘住牙，糊住嘴，免开尊口。还要用酒糟涂抹灶门，意义大约和灶糖相似，让灶王爷醉酒，以免乱说。灶王上天，是乘马去的，因此那天要折纸马，烧掉。又有人说，红蜻蜓就是灶王的马，儿

---

① 汪曾祺：《故乡的食物》，《汪曾祺全集》第4卷，北京师范大学出版社，1998年，第20—21页。
② 汪曾祺：《国风文丛总序》，《汪曾祺全集》第6卷，北京师范大学出版社，1998年，第233—234页。

童是不让捉的。祭灶的仪式参加者各地不同,有的只用男的,有的只用女的,有的则男女都祭。到了除夕,灶王爷回来,要迎接,即为"接灶"。①

汪曾祺还描述过少数民族节日泼水节。四月十二日是傣历新年,也是傣族的泼水节。"头两日为辞旧活动,最后一日迎新。人们沐浴更衣,拥入佛寺堆沙造塔,听经,浴佛,让后看'高升'焰火、赛龙舟、歌舞。高潮时是迎新的泼水日,男女老少走上街头,相互泼水致贺祝福,消灾祛病,祈求丰收。"②迎新仪式开始,先有人分发泼水粑粑和金米饭,然后开始泼水。大家都装半桶水,上面滴一点香油,用花枝蘸了水,一面往别人肩膀上掸,一面用傣语说:"好吃好在。"作为呼应,对方或同样用花枝蘸水掸你的肩膀,或者在肩上轻拍三下致意。少男少女之间则恣肆得多,尽情狂欢。年轻的姑娘穿了筒裙,穿梭其间,青春的活力迸射。然后,大家集体跳一种叫"嘎漾"的舞蹈。③

汪曾祺非常重视节日,把节日视为生命中最为美好的记忆,如果没有节日,我们的童年将黯然失色,缺少光彩。全民庆祝节日,集体娱乐,"对于培养和增强民族的自信,无疑是会有好处的"④。

三、精神民俗

精神民俗"指在物质文化与制度文化基础上形成的有关意识形态方面的民俗"⑤。就汪曾祺创作的内容来看,主要包括民间文学、民间艺术民俗、信仰民俗、民俗心理等。

(一) 民间文学

汪曾祺极为推重民间文学,把它看成一个艺术宝库,他曾说:"我认为,一个作家要想使自己的作品具有鲜明的民族风格、民族特点,离开学习民间文学是绝对不行的。"⑥对于民间文学理论,汪曾祺早有探讨的兴趣。1956年10月他就曾发表《鲁迅对于民间文学的一些基本看法》⑦,在这篇文章中,汪

---

① 汪曾祺:《城隍·土地·灶王爷》,《汪曾祺全集》第5卷,北京师范大学出版社,1998年,第103—105页。
② 乌丙安:《中国民俗学》,长春出版社,2014年,第291—292页。
③ 汪曾祺:《滇游新记·泼水节印象》,《汪曾祺全集》第4卷,北京师范大学出版社,1998年,第155页。
④ 汪曾祺:《谈谈风俗画》,《汪曾祺全集》第3卷,北京师范大学出版社,1998年,第351页。
⑤ 钟敬文主编:《民俗学概论》,高等教育出版社,2010年,第6页。
⑥ 汪曾祺:《我和民间文学》,《汪曾祺全集》第3卷,北京师范大学出版社,1998年,第427页。
⑦ 汪曾祺:《汪曾祺全集》第3卷,北京师范大学出版社,1998年,第65—74页。

曾祺总结了鲁迅关于民间文学的若干主要观点。他认为,从总体上看,鲁迅对于民间文学是持肯定态度的。鲁迅的首要贡献是批判了胡适为首的资产阶级学派,从阶级分析的立场出发,确认了民间文学在思想内容上的人民性;另一个贡献是承认民间文学在艺术上具有优势,那就是刚健清新的风格。在如何对待民间文学遗产问题上,鲁迅主张以忠实的态度采录收集民间文学,保持作品的原汁原味;作为宝贵的文化资源,民间文学可以作为新文学创作的起点,在有所增删的基础上创造出新艺术、新形式。此文发表在汪曾祺编辑的《民间文学》1956年10月号上,此时正贯彻"双百"方针,整个中国的文化环境比较宽松活跃。即便在这样的环境之下,此文还是留下了深刻的时代烙印,今天读来还能强烈地感受到行文之拘谨,与汪曾祺挥洒自如的惯常文风很不一致。汪曾祺通过对鲁迅关于民间文学观点的阐释,强调民间文学搜集整理过程中要保持历史原貌的基本原则,绝不是无感而发,可以看作他借鲁迅之口对民间文学整理者的一种告诫——这恐怕与他的编辑身份密不可分。早在1940年,毛泽东在他的名著《新民主主义论》中就把鲁迅定位为中国"文化新军的最伟大和最英勇的旗手",认为"鲁迅是在文化战线上,代表全民族的大多数,向着敌人冲锋陷阵的最正确、最勇敢、最坚决、最忠实、最热忱的空前的民族英雄。鲁迅的方向,就是中华民族新文化的方向"。在那个年代,汪曾祺选择借着鲁迅说一点自己的话,在策略上还是比较安全的。

　　1958年3月召开的成都会议上,中央筹备发动"大跃进",毛泽东号召大家收集和创作民歌,各地党委闻风而动。云南省委宣传部发布了《立即组织收集民歌》的通知,4月9日的《人民日报》对此专门进行了报道。紧接着,4月14日的《人民日报》以社论的方式发布了题为《大规模收集民歌》的倡议书,全国各地遂掀起了声势浩大的新民歌运动,大规模收集、创作民歌。汪曾祺以表彰一位农民诗人为主题的《关于"路永修快板抄"》(《民间文学》1958年6月号)一文,就是在这样的时代氛围之下写出来的。当时浮夸风盛行,创作上推崇满是虚假想象的浪漫主义,汪曾祺给路永修的快板做了一个符合时代主流的定性:"老路的快板能够使人在艰苦中明确地看到远景,奋发鼓舞,信心坚定,这说明了他的快板中的革命的浪漫主义的素质。"①但是,此后他的评论只抓住民间文学一般特征做客观描述,如确认他的快板诗属于口头创作,"是用嘴创作的,不是用笔创作的";强调"在流传中产生变异"的特点,并用了三分之一以上的篇幅指出在不同场合下都出现变体这一事实……这些其实都是关于民间文学一般常识的客观描述,并无价值判断。说着说着,他

---

① 汪曾祺:《关于"路永修快板抄"》,《汪曾祺全集》第8卷,北京师范大学出版社,1998年,第216页。

忍不住地指出了存在的缺陷:"因为是口头即兴创作,不能作周密的构思,在没有经过较长时期的集体琢磨之前有些地方是显得粗糙和杂乱的。"①

1958年3月26日,汪曾祺为张士杰所记的"义和团的传说故事"写了一篇评论,题为《仇视·轻蔑·自豪》。在这篇文章中,汪曾祺并未对"民间故事"和"民间传说"的概念做严格的区分,而是尊重原作"义和团的传说故事"的标题,把传说和故事并置在一起做含糊处理。事实上,民间故事和民间传说的界限有时比较模糊,做严格区分有相当难度。他首先依据原作内容属性做了分类,一类是现实性的故事,一类是幻想故事——从这个分类方式看,他似乎更倾向于把原作看成民间故事。很显然,他更欣赏的是幻想故事,并着重对《小黄牛》和《渔童》两篇幻想故事进行了艺术分析。他从叙事模式的角度着眼,判定这两篇故事是由古代的"盗宝"故事模式演化而来,属于中国民间故事中一个广为流传的特殊题材——"洋人盗宝";《小黄牛》还借鉴了传统民间故事"蛇郎故事""狗耕田"及"龙王公主故事"等固定的叙事模式,创造了新的内涵。对于《渔童》,汪曾祺则对它天才的想象力大为赞赏,对于结尾评价甚高——鱼盆摔碎了,画在盆上的小渔童竟然活了,他用钓鱼钩挂住了牧师,把他扔到天外去了,这是以极具想象力的形式表达了人民的愿望。借助这些故事,汪曾祺评价了那段历史,认为义和团运动带有广泛性,自发性强但组织薄弱,也正是这一点才导致了最终的失败,这个观点并未超出时人的认识水平。对于义和团主权意识和民族意识觉醒的评价,应该说比较确当;而认为义和团面对清朝政府和帝国主义的双重逼迫,产生了可贵的民主意识,"扫清灭洋"的思想代表其本来面貌,不知是否在某种程度上有拔高的嫌疑?这恐怕与当时过高评价农民起义的时代潮流有关。民间传说、民间故事的传播过程就是一个不断再创作的过程,每个讲述者都可能把自己的观点认识注入故事之中,因此我们今天看到的故事都难免带有各个年代的印记。关于这一点,汪曾祺提了一个问题:"义和团运动是一个落后的运动,它带着浓厚的迷信、愚昧的色彩。奇怪的是从这些故事中我们看到的落后的东西并不很多。这里没有对于吞符念咒之类的渲染。"②对于这种现象的原因,他列举了多种可能性,但实际上他要说的是"说故事的人受了时代的影响,思想上发生了变化,对故事有所选择,有所淘汰,有所改动"③。同《鲁迅对于民间

---

① 汪曾祺:《关于"路永修快板抄"》,《汪曾祺全集》第8卷,北京师范大学出版社,1998年,第217页。

② 汪曾祺:《仇视·轻蔑·自豪》,《汪曾祺全集》第3卷,北京师范大学出版社,1998年,第100页。

③ 同上书,第101页。

文学的一些基本看法》相较,这篇文章的学术性明显增强,不仅有精彩的艺术分析,还不时有思想火花闪耀。当然,该文章虽然局部不乏真知灼见,但整体上仍属于当时宏大话语中的一个音符,阶级分析的观念非常明显。也正因为有那么一点自由发挥,此文为他留下了祸根。1958 年"反右补课",这篇文章成了靶子,有批判者这样质问:"你对谁仇恨?轻蔑谁?自豪什么?"①潜台词无疑是汪曾祺与人民为敌。

关于这一时期民间文学研究的局限,汪曾祺曾有过反思。汪曾祺在 1991 年致陶阳信中有这样一段:"我一直认为'民研'工作带有很大的科学性,本身是一项学术工作,但是十七年受了左的思想的干扰,有些人从实用主义出发,总想使民间文学直接为政治服务,片面强调其教育作用。"②这是对时代的批判,无疑也包含着对自己早期几篇评论的检点。实际上,早在"文革"刚刚结束,汪曾祺对民间文学的研究就迅速挣脱了政治束缚,回归到学术探讨的轨道上了。这一时期,汪曾祺对民间文学的理论批评主要集中于民歌民谣。《读民歌札记》发表较早,该文是四篇小论文的集束,每部分都设有一个小标题,分别是"奇特的想象""汉代民歌里的动物题材""民歌中的哲理""《老鼠歌》与《硕鼠》"。"汉代民歌里的动物题材"部分,首先对余冠英《乐府诗选》所载剧诗《雉子班》提出了不同意见③。按照余冠英的解释,诗中有两个人物:老野鸡和小野鸡;但按照汪曾祺的理解,应该有三个人物:雄野鸡、雌野鸡和小野鸡。由此,他对个别断句方式和词义阐释进行了调整和修正,使这首诗得到更为合理的解释。另外还对《乌生》中"唶我"二字进行了重新阐释。闻一多判断"唶我"不应该从中间断开,让"我"变成另一句的首字。这两个字应该是连续的,"唶"意为"大声","我"是语尾助词。汪曾祺提出新的见解,把"唶我"看成状声词,即乌鸦的叫声。这样一来,"唶我"在全诗中五次出现,啼声不断,增添了诗歌凄怆悲凉的氛围。这两首诗的句读、释义挑战的都是顶级学术权威,且都有真知灼见,可见汪曾祺的学识与自信。"奇特的想象"部分列出了两首诗歌,一首是汉代民歌《枯鱼》:"枯鱼过河泣,何时悔复及?作书与鲂鱮,相教慎出入。"另一首是广西民歌:"石榴开花朵朵红,蝴蝶寄信给蜜蜂;蜘蛛结网拦了路,水泡阳桥路不通。"他认为枯鱼作书,蝴蝶寄信,想象非常别致。"民歌中的哲理"部分指出,尽管民歌在本质

---

① 汪朗、汪明、汪朝:《老头儿汪曾祺:我们眼中的父亲》,中国人民大学出版社,2000 年,第 83 页。
② 汪曾祺:《致陶阳(二)》,《汪曾祺全集》第 8 卷,北京师范大学出版社,1998 年,第 202 页。
③ 徐强在《人间送小温——汪曾祺年谱》(广陵书社,2016 年)1960 年 11 月 24 日条目中载:"作文艺论文《说〈雉子班〉》,生前未发表。后以《古代民歌杂说》为总题刊于《北京文学》2007 年第 5 期。"

上是抒情的,但亦不排斥哲理。湖南邵阳有这样一首描写插秧的民歌:"赤脚双双来插田,低头看见水中天。行行插得齐齐整,退步原来是向前。""退步原来是向前"一句是"见道之言",风格上与晚唐或宋代的诗歌相仿,似乎受了禅宗哲学影响。"《老鼠歌》与《硕鼠》"部分,则比较了《诗经》中《硕鼠》和藏族民歌《老鼠歌》在"取喻"上的相似之处,并对思想内容做了阐释。这篇文章自觉地避开了政治视角,或从文献学的角度着眼,或从艺术分析处立论,都说出了独特见解,发出了别样的声音,也由此找回了自我。对于长期在政治高压下写"样板戏"的汪曾祺来说,这无疑是一次解脱,一次蜕变。1979年汪曾祺写出了《"花儿"的格律——兼论新诗向民歌学习的一些问题》一文,他开门见山,摆出自己的论观:民歌"花儿"的形式独具一格,"一个是它的节拍,多用双音节的句尾;一个是它的用韵,用仄声韵的较多,而且很严格。这和以七字句为主体的大部分汉语民歌很不相同"①。此文旁征博引,洋洋洒洒,充满了真知灼见,功力颇为深厚。1987年写了《童歌小议》组文,包括《少儿谐谑》《儿歌的振兴》两篇。《少儿谐谑》分析了两首戏谑性儿歌,提出要学习孩子们对于韵律的敏感,还要"学习孩子们的滑稽感,学习他们对于生活的并不恶毒的嘲谑态度"②。他提出中国存在缺陷,只有正经文学,没有胡闹文学,原因在于为孔夫子和教条主义所囿。《儿歌振兴》以《拉大锯,扯大锯》为例,分析它在比兴、韵律等方面的妙处,对儿歌的作用给予高度评价:"儿歌引导幼儿对于生活的关心,有助于他们发挥想象,启发他们对语言的欣赏,使他们得到极大的美感享受。儿歌是一个人最初接触的并且影响到他毕生的艺术气质的纯诗。"③同时,他还尖锐地批评了当代儿歌政治性强、语言缺乏韵律之美的通病。

　　以上叙述的都是汪曾祺专门讨论民间文学的文章,有时其他散文或文论,字里行间也夹杂一些涉及他对民间文学评价的文字。如在《美在众人反映中》中,他赞美《古诗为焦仲卿妻作》中写神情意态的高超手段,称赏《陌上桑》中写别人看后反映的侧面描写方法,都对中国古代民间文学艺术成就进行了肯定。④

---

① 汪曾祺:《"花儿"的格律——兼论新诗向民歌学习的一些问题》,《汪曾祺全集》第3卷,北京师范大学出版社,1998年,第133页。
② 汪曾祺:《童歌小议·少儿谐谑》,《汪曾祺全集》第4卷,北京师范大学出版社,1998年,第126页。
③ 汪曾祺:《童歌小议·儿歌的振兴》,《汪曾祺全集》第4卷,北京师范大学出版社,1998年,第128页。
④ 汪曾祺:《汪曾祺全集》第5卷,北京师范大学出版社,1998年,第142页。

1. 民间故事

汪曾祺在创作中多次挪用民间故事资源,但绝对数量并不太大。挪用的方式有两种:一种对既有民间故事加以改编,衍生出崭新内涵;一种是以故事套故事的方式,把民间故事镶嵌到自己的作品中。就类型来说,幻想故事、写实故事(生活故事)、民间寓言、民间笑话四种类型的故事,在汪曾祺那里都能找到样本。汪曾祺最感兴趣的恐怕是幻想故事,精怪故事、神异故事、鬼魅故事和动物故事都属于幻想故事,这些类型的故事在汪曾祺作品中都能找到。

小说《螺蛳姑娘》属于精怪故事,是汪曾祺根据"天螺女型故事"原型创作的。据祁连休《中国古代民间故事类型研究》一书考证,此类故事最早见于晋代束皙所撰《发蒙记》中,仅四十余字:"侯官谢瑞,曾于海中得一大螺,中有美女,云我天汉中白水素女,天矜卿贫,令我为卿妻。"东晋陶潜撰写的《搜神后记》卷五《白水素女》一篇,故事已经演化得曲折而完整了,大致情节是:晋安帝时,侯官人谢端少孤,稍大,躬耕力作,恭慎自守。偶得一大田螺,归养瓮中。自此,每次劳动归来,家中饭食都准备好了。谢端非常奇怪,一次悄悄早回,发现一少女从瓮中出来,到灶台下做饭。谢端去看水瓮,见只有一枚田螺贝壳。少女以实情相告,说自己是天河中的白水素女,天帝念其勤谨,命自己前来照顾他,直至他成家立业。既然已经发现了真相,她只有离开,但用她所留螺壳贮藏米谷,可以永不匮乏。唐代皇甫氏撰《原化记·吴堪》,主人公由谢瑞变为吴堪。吴堪为县吏,因拾白螺而得螺女。县宰试图占有螺女,遂难为他,让他献蛤蟆毛和鬼臂二物,不能缴纳就将获罪。吴堪回家中,长吁短叹,螺女问明其故,遂取出二物,令吴堪交差。县宰再度为难,索要蜗斗一枚——蜗斗是传说中的怪兽,能食火,亦能排泄火。螺女遂牵一如狗的怪兽,交给丈夫。吴堪把此物交给县宰,县宰验试,蜗斗果然食火、粪火。县宰复以此物无用为由加害吴堪,堪以物及粪,大火暴起,县宰及家人尽被烧死。① 后来,这个故事广为流传,汉族、苗族、回族、彝族、侗族等民族都有。流布过程就是不同的作者依照自己的经验、理解再度创作的过程,因此变体日多,情节日益曲折、丰富。② 汪曾祺所撰《螺蛳姑娘》删繁就简,把后来衍生出的人物一并剔除;螺蛳姑娘不复有天河中仙女尊贵身份,而纯粹是一个螺蛳精怪;男主人公不再有具体姓名,只含糊地说是一"种田人";主干情节未变,结尾却独出心裁:"种田人"既得温饱,对螺蛳姑娘生侮慢之心,衣来伸

---

① 祁连休:《中国古代民间故事类型研究》(上卷),河北教育出版社,2007年,第266—271页。
② 祁连休、程蔷、吕薇:《中国民间文学史》,河北教育出版社,2008年,第278页。

手,饭来张口,间有语言羞辱,做起了大男人。待到螺蛳姑娘忍无可忍,夺了螺壳逝去,种田人才懊悔不迭,自此一蹶不振。这些情节的变化对于主题的深化而言至关重要,由原先对天帝悲悯之心的称颂、对农民勤谨品格的赞扬这样平庸的思想,一变为对于人性弱点的揭示和批判,新颖多了,也深刻多了。汪曾祺曾多次引用郑板桥的一句诗,"删繁就简三春树,标新立异二月花",他对民间故事的"新编"过程,很好地体现了这一审美追求。经过他定型的故事,人物少之又少,情节简之又简,不枝不蔓,处处体现简单和谐之美;内涵却不因此而有丝毫减损,往往通过简单的情节变化独出机杼。那些穿插于作品中的民间故事,绝不像过去评书中的噱头,而是既能带来趣味性,又能融化于作品之中,变成整个艺术、思想版块的有机元素。汪曾祺还曾撰写过一篇题为《公冶长》的作品,嘲讽贪婪而忘恩的人必将受到惩罚。公冶长懂鸟语,一日几只乌鸦告诉他,南山有只老虎杀死的羊,但要求"你吃肉,我吃肠",公冶长未能满足它们的要求。又一日,乌鸦又告诉他南山发现山羊,公冶长去,却发现有一具死尸,公冶长因此被公差打了一顿。

  对于神异故事,汪曾祺在创作中亦有借用。《画壁》属于《聊斋新义》中的一篇,据《聊斋志异》中的《画壁》改编。但《画壁》绝非蒲松龄独自创作,而是有很深的民间故事渊源。就民间故事类型而言,《画壁》属于"画中人型故事",一般的主导情节是"某人得一画轴,上有一美女,见而心生爱慕之情。一夕,美女下画轴与某交好。后来竟变成真人,与某婚配、生子。或言多年后因尘缘已尽而诀别。或言人以女为妖,赠剑令某斩之,女遂携子进入画轴"①。此类故事的雏形见于唐代段成式所撰《酉阳杂俎》前集卷十四《诺皋记上》之"屏妇踏歌",成型于唐末无名氏编撰《闻奇录》所采录之《画工》。对照《聊斋志异》中原作,汪曾祺的《画壁》情节已经经过改编:主人公已经由朱孝廉改为朱守素,身份也由居京的书生改为路过西安的驼运商队中的一个商人,同伴江西孟龙潭已经被删掉;原作连续三次描写与垂髫少女之间的云雨之事,格调偏低,显得猥琐,汪曾祺则做了诗化处理,仅用暗示方式写了一次,此后只写约会或相拥,不做正面表现,更为含蓄。这样改写带来的艺术效果非常明显,删除次要人物,突出了主要人物;驼运商队及具体活动的出现,人物背景更具生活气息、异国情调及想象空间,增加了作品的感染力;由书生改为商人,一反"书生—美人"的文人白日梦式的俗套,故事更为新颖。目前发现的汪曾祺最早的作品《钓》(《中央日报》1940年6月22日),中间也穿插了一个神异故事。一个画家不到三十岁就死了,临死前画了一幅画,不让

---

① 祁连休:《中国古代民间故事类型研究》(中卷),河北教育出版社,2007年,第606页。

新婚的媳妇看,只说让她把这幅画交给自己的师父,送到京师给相爷的母亲做寿,便可以得到重赏。送画的路上,妻子忍不住打开画卷,画面只涂了一片浓墨,中间有一块白色。妻子认为丈夫骗自己,哀哀哭泣。一阵大风,画卷被吹到河里,那块白变成一轮月亮,不分日夜地在水底放着银光。① 这个故事置于小说之中,除带来新奇感觉之外,似乎并无深义,有些游离——大概因为《钓》系汪曾祺最初的创作,艺术上尚未成熟。

汪曾祺晚年曾改编一篇《樟柳神》,原作出于《夜雨秋灯录·五·樟柳神》。袁枚的《子不语》、汤用中的《翼駉稗编》及无名氏的《明斋小识》等,均有樟柳神的故事。《中国社会史料丛钞》中关于樟柳神一节的条目及阐释如下:

《御览》九百五十七《岭表录异》曰:"枫人岭多枫树,树老则有瘤瘿,忽一夜遇暴雷骤雨,其树赘则暗长三数尺,南中谓之枫人,越巫云取之雕刻神鬼易致灵验。"樟柳神之说,盖即由此而起。

《履园丛话》云:"今吴越间有所谓沿街算命者,每用幼孩八字咒而毙之,名曰樟柳神,星卜家争相售买,得之者为人推算,灵应异常。然不过推已往之事,未来者则不验也。乾隆甲辰七月有邻人行荒野中,闻有小儿声,似言奈何,倾听之,又言奈何,乃在草间拾得一小木人,即星卜家之所谓樟柳神也。先兄柏溪见之,持归戏玩,留家两三日,诸小儿皆不安,或作寒热,或啼哭不止。"②

由此看来,樟柳神名为神,实为鬼魂,故此《樟柳神》一篇属于鬼魅故事。在别处,汪曾祺还曾讲述过几个鬼魅故事,但均穿插于作品之中,由人物对话带出。1946年创作的《庙与僧》中就讲述一个鬼魅故事:小和尚的师兄在门外河里洗澡,淹死了。后来,半夜里有时会听到外面水车响动,那是他的鬼魂在踩水车玩。河边的田是庙里的,以前小和尚总和师兄一起踩水车。在《羊舍一夕》中,汪曾祺借留孩之口,给孩子们讲了一个鬼魅故事:一群河南人,每人背一块疙瘩毡子到口外割莜麦。一天他们走在大草滩子上,周围没有人家,只找到一个旧马棚遮身。夜里,一人起来抽烟,每隔一会儿,就听外面有人说:"你老们,起来解手时多走两步噢,别尿湿了我这疙瘩毡子,我就这么一块毡子啊!"③如此反复,棚内一人嫌外面人太啰唆,于是起了争执。这人气愤不过,欲出去打架,同伴们如有所悟,全都盯着他摇头。第二天起来,他

---

① 汪曾祺:《汪曾祺小说全编》(上),人民文学出版社,2016年,第4—5页。
② 瞿宣颖纂辑:《中国社会史料丛钞》,湖南教育出版社,2009年,第380页。
③ 汪曾祺:《羊舍一夕》,《汪曾祺全集》第1卷,北京师范大学出版社,1998年,第235—236页。

们发现旷野里什么也没有,只有一座新坟——那人也应该是河南麦客,不过客死在这里了。他们给新坟添了土,然后继续赶路。汪曾祺把这个鬼故事放到这里绝非仅仅猎奇,而是别有艺术机心。孩子们聚在一起,讲讲故事娱乐一番,是常有的事。精彩的故事能充分调动孩子们的情绪,热烈的氛围能产生群体凝聚力,增进彼此间的亲密感。就小说艺术而言,新奇的情节无疑能满足读者的好奇心,增强作品的艺术魅力;就社会意义而言,过去河南麦客的生活之苦衬托出这帮孩子作为社会主义劳动者的生活之甜,达到歌颂新社会的目的。《昙花、鹤和鬼火》也在故事中穿插了一个鬼故事。李小龙从学校回家,天色已黑,路过东门外刑场,他想起往日在这里犯人尸身的血腥,联想到有关此地的鬼故事:"有一个人赶夜路,远远看见一个瓜棚,点着一盏灯。他走过去,想借个火吸一袋烟。里面坐着几个人。他招呼一下,就掏出烟袋来凑在灯火上吸烟,不想怎么吸也吸不着。他很纳闷,用手摸摸灯火,火是凉的!坐着的几个人哈哈大笑。笑完了,一齐用手把脑袋搬了下来。行路人吓得赶紧飞奔。奔了一气,又碰得几个人在星光下坐着聊天,他走近去,说刚才他碰见的事,怎么怎么,他们把头就搬下来了。这几个聊天的人说:'这有什么稀奇,我们都能这样!'"①这个作品是写孩子成长过程的,克服恐惧变得勇敢是心理成长的一个不可或缺的环节,走过了刑场这个恐怖之地,李小龙就超越了一个心理门槛,长大了。

汪曾祺曾写过一篇《仓老鼠和老鹰借粮》,应该属于动物故事。中国民间故事中有"老雕借粮"的故事,基本的叙事模式是这样的:"一年冬天,喜鹊和老雕都断粮。喜鹊向老鼠借粮,到时候是小斗借了大斗还。喜鹊背粮回家路上,碰到老雕。老雕也想借粮。喜鹊怕老雕抢粮,就另编一套话教它。老雕对老鼠说,有粮借几担,大斗借了小斗还。老鼠没有借给它。它叼起小老鼠就飞走。"②山东民间故事《老雕借粮》③所采用的就是类似情节。这个故事多有变体,如湖北土家族张代纯讲述的《猫为什么捉老鼠》,说的是药老鼠找母老鼠和小老鼠借粮,母老鼠借给了他,但条件是以后加倍偿还;鸦鹊、猫头鹰都去借,结果遭到拒绝;花猫子又去借粮,遭到拒绝后就把母老鼠吃掉了。小老鼠告到阎王那里去,阎王一边吃饭,一边责问花猫,小老鼠忍不住偷

---

① 汪曾祺:《昙花、鹤和鬼火》,《汪曾祺全集》第2卷,北京师范大学出版社,1998年,第134页。
② 姜彬主编:《中国民间文学大辞典》,上海文艺出版社,1992年,第592页。
③ 刘守华、陈建宪主编:《民间文学作品精选》,华中师范大学出版社,2009年,第209—211页。

吃了饭菜,阎王大怒,命令花猫把世上的老鼠都吃掉。① 王惠敏讲述的《鹰为什么吃家雀》,中间亦有家雀、老鹰向老鼠借粮的情节。② 汪曾祺所编《拟故事两篇·仓老鼠和老鹰借粮》一篇,属于幻想故事中的动物故事,亦带哲理,恐怕同时也可划归寓言故事。喜鹊、乌鸦到仓老鼠那里借粮,在得到以后归还的许诺后,仓老鼠就借给了他们;老鹰也来借粮,但说将来不一定还能还,仓老鼠就拒绝了;拒绝了又怕老鹰怪罪,就故意到老鹰那里哭穷借粮,以证明无粮的真实性;老鹰大怒,就把仓老鼠给吃掉了。这个故事对"爱财不爱命"的性格予以戏弄,对乐于耍小聪明而最终难免"聪明反被聪明误"的行径进行了无情嘲讽。在结构方式上,采用的民间文学惯用的"三段体结构模式",前二段情节全是重复,因此整个故事还是相当简单的。

汪曾祺作品中亦有写实故事,不过数量有限。《匹夫》借人物谈话,讲述了一个勤俭持家的故事:老二分家,所获家产均等,老大更为节省,每晚只点一根灯草,用豆大灯火照亮。数年后,老大家比老二家多出了一头牛。③ 不过,此文引用这个故事,实是正话反说,看似赞美,却是嘲讽,意在批判某类人的市侩心理。《牌坊——故乡杂记》记载一个关于牌坊的故事:在儿子三岁时,徐家少奶奶就开始守寡。二十年后,孩子高中进士,徐氏族人兴奋不已,欲为少奶奶立牌坊。儿子转达此意,母亲大怒,从床底拖出一个柳条笆斗,磕翻在地,撒了一地铜钱,说:"这就是我的贞节牌坊!"原来寡母每每欲念升起,就把铜钱撒到地上,一枚一枚摸起,借以转移注意力。自此,儿子再不敢提牌坊之事。④ 此故事带有很强的人文色彩,指明了寡妇生活之压抑与煎熬,委屈与不甘,以及她们对于表彰节烈制度的敌视与仇恨。这个故事在民间亦广为流传,由此可推断,就社会心理而言,对于寡妇虽有歧视,也有同情。

汪曾祺很少讲述民间笑话,但也偶有涉猎,如《谈幽默》一文,记录一个关于济公的故事:"县官王老爷派两个轿夫抬着一乘轿子去接济公到衙门里来给太夫人看病。济公说他坐不来轿子,从来不坐轿子,他要自己走了去。轿夫说:'你不坐,我们回去没法交代'。济公说:'那这样,你们把轿底打掉,你们在外面抬,我在里面走'。轿夫只得依他。两个轿夫抬着空轿,轿子下面露着济公两只穿了破鞋的脚,合着轿夫的节奏拍嗒拍嗒地走着。"⑤

---

① 萧国松主编:《中国民间故事全书 湖北·长阳卷》,知识产权出版社,2007年,第89—90页。
② 刘思志搜集整理:《崂山志异》,中国民间文艺出版社,1988年,第395—396页。
③ 汪曾祺:《匹夫》,《汪曾祺小说全编》(上),人民文学出版社,2016年,第63页。
④ 汪曾祺:《牌坊——故乡杂记》,《汪曾祺全集》第6卷,北京师范大学出版社,1998年,第445—446页。
⑤ 汪曾祺:《谈幽默》,《汪曾祺全集》第5卷,北京师范大学出版社,1998年,第489页。

汪曾祺改编过蒲松龄《聊斋志异》中的一系列作品,总命名为《聊斋新义》。除了上面分析的《画壁》之外,总觉得他所改编的那些故事篇篇都有浓烈的民间趣味,虽然我不能就内容传承一一作出考证。《陆判》当然属于鬼魅故事;《石清虚》关乎宝物和异人,《瑞云》亦有异人,《同梦》三人同梦而且梦极灵验,可谓奇事,这三篇可算是神异故事;《双灯》写人狐之恋,《老虎吃错人》《人变老虎》《黄英》《蛐蛐》都涉及灵性超常的动物,这些恐怕近乎精怪故事;《牛飞》算是民间寓言;《快捕张三》类似家庭故事……鬼魅故事、神异故事、精怪故事,同属幻想故事。幻想故事、现实故事、寓言故事恰恰构成了民间故事的主导类型。遥想当年,蒲松龄摆了茶摊在外面等着,前来休憩的挑夫走卒端起茶碗侃侃而谈,所讲述的可不都是些民间故事?

2. 民间传说

何为传说?"传说主要是关于特定的人、地、事、物的口头故事。"①一般地说,民间故事与民间传说不太容易区分,但还是有诸多不同,"无论哪种类型的传说,都必须有一定的(哪怕是影影绰绰的)真实背景——或与具体历史人物、历史年代有关,或与实存的山川风物和民情风俗有关。而民间故事则不是这样,其时间、地点、人物以及情节内容等等,一概是虚拟的、泛指的"②。关于民间传说的分类,不同研究者有不同的分类方式,我们把民间传说划分为三类:人物传说(包括历史人物、神仙人物)、史事传说、地方风物传说(包括土产、风俗、山川景物、自然物、自然现象、民间工艺等)。

关于人物传说,汪曾祺笔下多有涉及。一九五六年,汪曾祺参与整理著名的民间传说《赵州桥》。文本中有民歌《小放牛》,其中一句歌词是"张果老骑驴桥上走",这里就牵涉另一个民间传说"八仙"了。汪曾祺曾借鉴浦江清先生文章《八仙考》所提供的资料,创作了散文《八仙》。在这篇文章中,他一一介绍了八仙的情况,涉及诸多传说:张果老能折叠的白驴、赵州桥留下的驴蹄印,吕洞宾三醉岳阳楼、三戏白牡丹,何仙姑食云母粉升入仙班,铁拐李借尸还魂,韩湘子度脱韩昌黎,蓝采和唱"踏踏歌"行乞,等等。汪曾祺笔下另一个神仙传说人物是水母。水母娘娘的故事,民间有多个异文。一种说法认为,"船民敬奉的水神中,有位水母娘娘,传说她是鲁班之妹。说是鲁班造船下河后,船在河中打转。坐在后面的鲁班妹妹,将一只脚伸入中,船就不转了。鲁班受到启发,在船后加一只木脚,即船舵,船才能任意航行。因此船民在敬鲁班先师时,往往一同敬奉班妹——水母娘娘"③。一种说法认为,水母

---

① 钟敬文主编:《民俗学概论》,高等教育出版社,2010年,第188页。
② 祁连休、程蔷、吕薇:《中国民间文学史》,河北教育出版社,2008年,第178页。
③ 万里主编:《湖湘文化辞典》第6卷,湖南人民出版社,2011年,第232页。

娘娘是佛陀的门神神灵白象的小妹,有人甚至考证出她的故事与明神宗万历二年(1574 年)洪泽湖大水淹没安徽泗州古镇的事情有关。"水母娘娘几乎每年都在泗州古镇造成洪灾,一份请愿书被递呈玉皇大帝,祈求天帝终止这使土地荒芜、生灵涂炭的洪灾。"①玉皇大帝先后派李天王、李老君、孙猴子去擒拿,都被狡猾的水母逃走了。最后观音菩萨扮作卖面的,累饿难当的水母抢面吞食,结果面条变成了铁链,观音菩萨将水母娘娘压在盱眙县山下的一口深井里,以铁链把她锁了起来。于是,水母娘娘只得栖身水牢。山西版的民间故事《水母娘娘》主人公名叫春英。主要内容和汪曾祺所撰《水母》差不多,只是情节更复杂。春英的婆婆比较险恶,不断虐待她。一次,婆婆发现了春英的马鞭能生水的神奇功能,趁着她回娘家试图藏起来,不想引发了大水,结果自己被淹死。春英不顾生死回来治水,盖在缸上的不是汪曾祺所说的锅盖,而是从厨房拿来的草垫。大水止住了,春英也随之不见了。②汪曾祺记录的这则《水母》删繁就简,把表现人性之恶的情节都去掉了,婆媳之间并无间隙,传达出了单纯和谐之美。在另一篇文章《水母宫和张郎像》中,汪曾祺说:晋祠中两个雕像:一个是"水母",继而他重述了关于水母的传说;另一个雕像塑的是一位名唤张郎的普通农民。难老泉从晋祠中流出,流过东西两村,两村村民为争夺控制水的权力,连年打架。地方官出面调停,先让人烧开了一锅油,投入十枚铜钱,令两村各遣一人,按照捞出铜钱数量分水。东村张郎挺身而出,独捞七枚,于是东村分得总水量的十分之七。村人感念他的功绩,遂塑一尊张郎像。

汪曾祺的小说散文,有时还会夹杂着一些历史人物传说。如《猎猎——寄珠湖》渡船上的艺人,敲着磁盘说唱沿河的风物,称湖中若不是有刘伯温铸造的几条铜牛镇住,湖水早就倒灌到城里了。③《异秉》中的张汉惯于说东道西,一次谈起"命"来,"说朱洪武、沈万山、范丹是同年同月同日同时,都是丑时建生,鸡鸣头遍。但是一声鸡叫,可就命分三等了:抬头朱洪武,低头沈万山,勾一勾就是穷范丹。朱洪武贵为天子,沈万山富甲天下,穷范丹冻饿而死"。又说贵人必有异相或异秉,汉高祖屁股上有十二颗黑痣,朱元璋生来就"五岳朝天",樊哙能吃下整条生猪腿,张翼德睁眼睡觉。④汪曾祺还曾记录家乡一个关于张士诚的民间传说。张士诚在承天寺登了基,找人题写匾

---

① 〔法〕禄是遒:《道教仙话》,《中国民间崇拜》第 10 卷,据〔英〕芬戴礼英译本,王惠庆译,上海科学技术文献出版社,2014 年,第 86 页。
② 文可仁主编:《中国民间传统文化宝典》,延边人民出版社,2000 年,第 651—652 页。
③ 汪曾祺:《汪曾祺小说全编》(上),人民文学出版社,2016 年,第 41 页。
④ 汪曾祺:《异秉》(二),《汪曾祺全集》第 1 卷,北京师范大学出版社,1998 年,第 320—321 页。

额。但令人惊愕的是,来题字的人往往只写了两笔,就被拉出去杀死。

> ……旁边的人问他:"为什么杀他们?"张士诚说:"你看看他们写的是什么?'了',是个了字!老子才当皇帝就'了'了,日他妈妈的!"后来来了个读书人。他先写了一个:"王"字,再写了左边的"フ",右边的"く",再写上边的"フ",然后一竖到底。张士诚一看大喜,连说:"这就对了——先称王,左有文臣,右有武将,戴上平天冠,皇基永固,一贯到底!——赏!"①

《卖眼镜的宝应人》中,宝应人曾讲过一个故事,他说苏北大财主陈生泰家有一尊羊脂玉观音。有一大盗潜伏屋顶三个月,每夜都看到下面灯火辉煌,人来人往,从来没有下手的机会。灯火、人物,其实都是幻觉,不过是有神灵呵护宝物罢了。②

汪曾祺爱写随笔散文,各种故事传说往往信手拈来。对于那些史事性传说,他或以书证,或用理证,总要掂量一番,绝不轻信。《阴城》说在故乡"阴城",有人捡到一种有耳的陶壶,人称"韩瓶"。为什么称"韩瓶"?民间以为这是韩世忠军队当年所用的水壶。据汪曾祺考察,历史上韩世忠确实曾在高邮驻守,但击败金军的战场不在高邮城外,而是在三垛,故说这些陶壶属于韩军,有些牵强。他写高邮承天寺,据传张士诚打下高邮第二年,就在这里称王。但是,他马上写了一段:"看不出一点张士诚即位称王的痕迹。他在什么地方坐朝的呢?总不能在大雄宝殿上,也不会在罗汉堂里。"③用的是春秋笔法,对张士诚于此地称王提出质疑。即便是家乡传说,也绝不因感情而有所偏袒,总试图挖掘出历史真相。《天山行色》写"伊犁河"林则徐充军伊犁,因此在伊犁有关林则徐的传说很多,惠远渠,又名皇渠,传说是林所修筑。但汪曾祺怀疑,林则徐在伊犁只待了两年,修如此大规模的水渠似乎不可能。④《湘行二记·桃花源记》关于擂茶的传说,说的是诸葛亮带兵至此,兵士得了瘟疫,医生们束手无策。一个老婆婆熬了几大锅擂茶给他们喝,他们就好了。汪曾祺指出,桃园在三国时属于吴国地界,诸葛亮似不应在此出现。⑤一边是理性审视,一边是审美体验,汪曾祺始终用着两个尺度打量着种种传说,决定

---

① 汪曾祺:《桥边小说三篇·幽冥钟》,《汪曾祺全集》第2卷,北京师范大学出版社,1998年,第194页。
② 汪曾祺:《卖眼镜的宝应人》,《汪曾祺全集》第2卷,北京师范大学出版社,1998年,第395—396页。
③ 汪曾祺:《我的小学》,《汪曾祺全集》第5卷,北京师范大学出版社,1998年,第412页。
④ 汪曾祺:《天山行色》,《汪曾祺全集》第3卷,北京师范大学出版社,1998年,第242页。
⑤ 汪曾祺:《湘行二记·桃花源记》,《汪曾祺全集》第3卷,北京师范大学出版社,1998年,第270页。

着他自己的写作态度、价值立场。

　　汪曾祺擅长写散文随笔,散文所运用材料比较自由,汪曾祺多镶嵌各种地方风物于行文之中。古今中西,拉拉杂杂,知识丰富,饶有趣味。汪氏很多散文描摹饮食文化,各地特色食物自然聚诸笔端。汪曾祺曾记录北京"供"食的传说。原先北京人年年上供,"供"是特定面食,形如宝塔。北京人早早预定"供",但不是一次结账,而是按期付款,年底拿"供",以便用于大年初一的祭祀。张××是一个做"供"的,但收了预付款尽皆花掉了,年底一无所有,不知如何应对。忽得一梦,有人告诉说某处有一所房子,里面有你的油和面,去拉吧。张××去了,油和面拉不完,自此发财。① 对于这些传说,一方面,汪曾祺在创作中忠实记录,另一方面,他绝不轻信,总要掂量一番,或以历史眼光审视,或以真实标准衡量,多持质疑的态度。一边陈述,一边否定,构成巨大的叙述张力。关于腾冲饵块,"传南明永历帝朱由榔,败走滇西,至腾冲,饥不得食,土人进炒饵块一器,朱由榔吞食罄尽,说:'这可真是救了驾了!'"②故腾冲炒饵块又名"大救驾"。云南人认为腾冲饵块质量最好,但汪曾祺却认为,尽管做工精细,但口感上并无独特之处。"过桥米线"的吃法是这样的:先上一盘生菜,一盘生鸡片、生腰片、生鱼片等,一碗白胚米线。然后上一大碗汤,上封一层鸡油,温度极高;客人把各种生片推入汤中,瞬间就熟了,然后把米线、生菜倒入汤碗,即可食用。关于名称由来,汪曾祺写道:"过桥米线有个传说,说是有一秀才,在村外小河对岸书斋中苦读,秀才娘子每天给他送米线充饥,为保持鲜嫩烫热,遂想出此法。娘子送吃的,要过一道桥。秀才问:'这是什么米线?'娘子说'过桥米线!''过桥米线'的名称就是这样来的。"③汪曾祺对此并不认可,认为牵强附会。汪曾祺曾写王致和臭豆腐的传闻。据说,王致和是皖南屯溪人,到北京赶考不中,穷困落魄,做了家乡的臭豆腐卖,生意红火,于是以此为生,放弃功名之想。④ 汪曾祺认为,若说安徽人需要不远万里去北京赶考功名,那是考何种功名？恐怕不合史实,认为这种说法可疑。

　　汪曾祺写过不少游记散文,运用了很多关于山川景物的传说。在汪曾祺的家乡,包括"耿庙神灯""麃井丹泉"在内的所谓"高邮八景"就蕴含着几多传说。"耿庙神灯"的来源,汪氏在《早茶笔记·耿庙神灯》做了记载:耿遇

---

① 汪曾祺:《玉渊潭的传说》,《汪曾祺全集》第3卷,北京师范大学出版社,1998年,第476页。
② 汪曾祺:《米线和饵块》,《汪曾祺全集》第5卷,北京师范大学出版社,1998年,第89页。
③ 同上书,第88页。
④ 汪曾祺:《果蔬秋浓·逐臭》,《汪曾祺全集》第6卷,北京师范大学出版社,1998年,第217—218页。

德,北宋大元五年生,山东兖州府东平州梁山伯人,行七,人称"七公"。"七公"在高邮做善事甚多,人们为他立了庙。高邮湖里天气骤变,风大浪急,天昏地暗,船身颠簸,水手惊慌。这时,神灯出现在半空之中,二到八盏不等,水手连呼"七公显灵了!"遂精神大振,奔着灯的方向奋力划去,安然脱险。有一次,运河决口,红灯漂移而来,随后无数柴草漂至,堵塞了水流。这其中蕴含着浪漫之感和神秘气息,令人神往。关于这个故事,汪曾祺《我的家乡》《〈高邮风物〉序》等文中一再讲述。"鹿井丹泉"则承载着一个人鹿相恋的故事。比丘归来与鹿交合,生鹿女,后为众人知晓,一屠夫当众对比丘辱骂殴打,鹿女挺身而出,斥责众人,替父亲擦去脸上血迹,之后跳入井中。众人打捞,却不见尸首,唯闻仙乐缭绕,花香沁人。当夜,归来汲水洗澡,圆寂而去。汪曾祺还在这则传说后附录一段按语:"此故事在高邮流传甚广,故事本极美丽,但理解者不多。传述故事者用语多鄙俗,屠夫下流秽语尤为高邮人之奇耻。因为改写。"①观看景物,听闻如此带有传奇色彩的故事,自然会激发诸多联想,景物将被赋予更多的文化内涵。汪曾祺还有一篇题为《早茶笔记·断笔》的简短散文,记录了昆明西山山顶的魁星阁传说。"据说由山下登山的石级,是一个道士以一人之力依山形开凿出来的。魁星阁的阁顶、屋脊、梁柱都是在整块的岩石上凿出来的。阁中的魁星像也是就特意留出的一块青石上凿成的。这道士把魁星像凿成了,只剩下魁星手中点斗的一枝笔了,他松了一口气,微微一笑。不想手中的錾子用力稍猛,铿的一声,笔断了!道士扔下锤子錾子,张开双臂,从山上跳了下去。"②这些传说或为超常的行善能力神往,或为爱为世俗摧残喟叹,或为艺术完美境界的难以抵达感伤,这些为汪曾祺所赞叹的传说有一个共同特点,那就是无不蕴含生命之美。这个时候,汪曾祺已经无暇顾及真实性问题了,他用艺术家的心灵感受这一切,体验这一切,他被彻底征服了,沉浸在美感之中,情不能已。

3. 民歌

何为民歌?"民间歌谣,通常简称为民歌。事实上,民间歌谣包括民歌和民谣两部分。歌为合乐之歌,谣为徒歌。它是人民群众口头创作的韵文形式作品,具有特殊的形式、节奏、韵致、曲调。它产生最早,流传最广,又不断涌现新作。"③从内容上分类,可分为情歌、儿歌、仪式歌、生活歌、劳动歌、滑稽歌等。

---

① 汪曾祺:《鹿井丹泉》,《汪曾祺全集》第2卷,北京师范大学出版社,1998年,第413页。
② 汪曾祺:《早茶笔记·断笔》,《汪曾祺全集》第4卷,北京师范大学出版社,1998年,第332页。
③ 祁连休、程蔷、吕微:《中国民间文学史》,河北教育出版社,2008年,第365页。

汪曾祺所引用最多民歌，不是情歌，不是生活歌，不是劳动歌，而是儿歌。如果不做统计，这简直是不可思议的！为什么会是这样呢？因为汪曾祺有一颗童心，在他看来，只有保持了童心，才能对世界持有好奇心，才能对世界有细腻的、敏锐的感受。他对"童心说"极为赞赏，多次强调作家应该保持一颗童心。

汪曾祺三岁丧母，继母对他很好，老师对他也特别款待，因此童年回忆多带温暖。《小学校的钟声》中，"我"忽然记起两首在幼儿园学会的儿歌："猫来了，猫来了"，"我的马儿好，不喝水，不吃草"。前一首应该是《小老鼠上灯台》①，后一首可能是《小木马》。由此，回忆起上学时的欢乐，回忆百货店里看到幼儿园老师时的激动。小说《詹大胖子》中，汪曾祺提到幼儿园小朋友唱的儿歌："小羊儿乖乖，把门儿开开，快点儿开开，我要进来……"②这些情节都投射了汪曾祺本人的童年经历。在散文《我的小学》中，他有更为详尽的回忆。他在幼儿园曾学过很多歌，有一些是"表演唱"，《小羊儿乖乖》就是其中之一。《小羊儿乖乖》所涉及的童话故事，在世界范围内流传很广。德国的《格林童话》有一篇《狼和七只小羊》，俄国作家阿·托尔斯泰也整理过一篇俄罗斯民间故事《狼和小山羊》③，这些童话的主干故事相似，都是狼伪装羊妈妈，唱"小羊儿乖乖"那首歌，把门骗开，吃掉了小羊。但结尾有所不同：格林整理的那篇非常有想象力，狼吃掉小山羊，睡着了，羊妈妈剖开狼肚子，放出了小羊，放进了石头，狼因此死掉；俄罗斯那篇的结尾，羊妈妈伪装和狼一起散步，轻松跳过一个下面全是火的沟壑，诱骗狼去跳，结果狼跌了下去，活活烧死，小羊从狼肚里逃出来。汪曾祺所学"儿歌"剧，大概就是依据这些童话改编的。1986年汪曾祺回到故乡，探望教自己唱这首儿歌的王文英老师。当年在幼儿园时，汪曾祺的母亲刚刚去世，他还戴着妈妈的孝，王文英老师对他格外关照。汪曾祺专门创作了一首诗歌献给老师，诗歌以"小羊儿乖乖，把门儿开开"开篇，以"师恩母爱，岂能忘怀"点睛。④ 一首《小羊儿乖乖》，寄托了汪曾祺童年的美好回忆和感恩之情。

《小芳》中，汪曾祺写家里保姆小芳经常教孙女卉卉念歌谣，其中一首是：

---

① 《小老鼠上灯台》有多种异文，其中一种是："小老鼠，上灯台，偷油吃，下不来。喵喵喵，猫来了，叽哩咕噜滚下来。"
② 汪曾祺：《桥边小说三篇·詹大胖子》，《汪曾祺全集》第2卷，北京师范大学出版社，1998年，第189页。
③ 〔俄〕阿·托尔斯泰编写：《俄罗斯民间故事》，任溶溶译，浙江少年儿童出版社，2011年，第28—32页。
④ 汪曾祺：《我的小学》，《汪曾祺全集》第5卷，北京师范大学出版社，1998年，第414—416页。

> 老奶奶，真古怪，
> 躺在牙床不起来。
> 儿子给她买点儿肉，
> 媳妇给她打点儿酒，
> 摸不着鞋，摸不着裤，
> 套——狗——头！①

还有一首是：

> 老头子，
> 上山抓猴子，
> 猴子一蹦，
> 老头没用！②

通过这些儿歌，汪曾祺写出了小芳的质朴聪慧、对于卉卉的疼爱以及与整个家庭关系的融洽。短短儿歌，信手拈来，貌似无意，实则在写人。

在汪曾祺的作品中，有时写儿歌是为了抒情，为了象征性地表达人物心理。他早年创作的《理发师》引用了这样一首童谣："姑娘姑娘真不丑，一嫁嫁个吹鼓手，吃人家饭，喝人家酒，坐人家大门口！"③在"我"的家乡，理发匠一般兼做吹鼓手，吹鼓手是为人所轻视的职业。"我"借助这首童谣，批判乡人的偏见，抒发被歧视的愤懑。写的是理发匠，其实也是借此抒发"我"被社会排挤的抑郁之情。《晚饭花·三姊妹出嫁》中，晚年的汪曾祺再次引用这首童谣，是借三姑娘调笑二姐时说出的，已经没有什么不平之气了。在散文《夏天》中，汪曾祺在介绍家乡"巴根草"的时候，引用一首童谣："巴根草，绿茵茵，唱个歌，把狗听。"④其实，这已经不是汪曾祺第一次引用了，他发表于1941年4月25日桂林《大公报》上的《猎猎——寄珠湖》就曾用过一次了，不过文辞有所不同："巴根草，绿蓁蓁，唱个歌儿姐姐听。"⑤作品写在船上的卖唱艺人，年轻时曾是生龙活虎的水手，但连遭不幸，女儿死于湖中，自己变成了瞎子。而这首儿歌，就是"我"年少时跟着他学会的。故人相逢，歌中无疑

---

① 有一首儿歌题为《老奶奶》，内容与之极为相似："老奶奶，真古怪，睡在牙床不起来。儿子打肉来，媳妇打酒来，老奶奶一骨碌爬起来。"载南京市江宁区文化志编纂委员会编：《江宁区文化志》，南京出版社，2011年，第268页。
② 汪曾祺：《小芳》，《汪曾祺全集》第2卷，北京师范大学出版社，1998年，第307页。
③ 汪曾祺：《风景·三、理发师》，《汪曾祺全集》第3卷，北京师范大学出版社，1998年，第39页。
④ 汪曾祺：《夏天》，《汪曾祺全集》第6卷，北京师范大学出版社，1998年，第151页。
⑤ 汪曾祺：《猎猎——寄珠湖》，《汪曾祺小说全编》（上），人民文学出版社，2016年，第41页。

寄寓了"我"命运沧桑的感慨。这首民歌在散文《花园》中也引用过,不过歌词又有变化:"巴根草,绿阴阴,唱个唱,把狗听。"①汪曾祺反复引用这首歌,怕是受了怀乡心理的蛊惑,据研究表明,这是苏北里下河的一首名歌,汪氏童年时高邮一代正在流行。②

在汪曾祺的一些作品中,儿歌有时就穿插其间,或者渲染一种生活氛围,或者为追求笔墨情趣,并无深义。《仓老鼠和老鹰借粮》中,小老鼠看到前来借粮的花喜鹊,自然联想到那首脍炙人口的童谣,脱口而出:"花喜鹊,尾巴长,娶了媳妇忘了娘。"③小说《尴尬》写顾艳芳与宏思迈的两个女儿,雨过之后,她们坐在阶沿上,一边搓泥球,一边念童谣:

圆圆,

弹弹,

里头住个神仙。

神仙神仙不出来,

两条黄狗拉出来。

拉到那个哪啦?

拉到姑姑洼啦。

姑妈出来骂啦。

骂谁家?

骂王家,

王家不是好人家!④

有这么一首童谣,孩子一起玩耍时的场景就活了起来,境界全出。汪曾祺的随笔也多用这种笔法。比如,为了证明"拌萝卜丝"这道菜是寻常菜肴,他引用了一首家乡童谣:"人之初,鼻涕拖,油炒饭,拌萝菠。"⑤用它并无多少深意,但文章一下子活泼了起来,极大增强了文章的感染力。

在一般的印象中,儿歌比较幼稚,但汪曾祺不这么看,他多次从艺术的角

---

① 汪曾祺:《花园》,《汪曾祺全集》第 3 卷,北京师范大学出版社,1998 年,第 2 页。
② 金秋实:《汪曾祺与高邮民歌》,张秋红主编:《高邮民歌》,广陵书社,2010 年,第 310 页。
③ 汪曾祺:《拟故事两篇·仓老鼠和老鹰借粮》,《汪曾祺全集》第 2 卷,北京师范大学出版社,1998 年,第 144 页。此民谣各地都有流传,异文较多。录其中一首题为《忘本的孩子》的儿歌,以备参照:"花喜鹊,尾巴长,娶了媳妇忘了娘。把媳妇放到被窝里,把娘放到草棵里。老娘要吃苏州梨,明天不逢苏州集。媳妇要吃苏州梨,明天早赶苏州集。左手拿着酥烧饼,右手拿着苏州梨。叫声媳妇麻利吃,老娘看见了不得。"载王毓银主编《民间歌谣》,中国矿业大学出版社,2012 年,第 22 页。
④ 汪曾祺:《尴尬》,《汪曾祺全集》第 2 卷,北京师范大学出版社,1998 年,第 342 页。
⑤ 汪曾祺:《家常酒菜》,《汪曾祺全集》第 4 卷,北京师范大学出版社,1998 年,第 193 页。

度称赏儿歌。对于儿歌的音乐之美,他就曾赞叹不已。一次,他在电车上听到幼儿园孩子唱自己编的歌:

> 山上有个洞,
> 洞里有个碗,
> 碗里有块肉,
> 你吃了,我尝了,
> 我的故事讲完了!①

这首歌几乎没有意义,纯然是语言游戏,但却能给人很大的快感。这快感应该来自音乐性,但它并不押韵,音乐感又是从哪里来的呢?经过深思,汪曾祺悟到汉字不仅有押韵,还有押调,"尝""完"同为阳平,放在一起就能产生音乐感。这或许是汉语音韵学的一个新发现。在汪曾祺看来,音韵是诗歌艺术的奥秘所在,是白话诗歌能够获得成功的重要因素,"李商隐的不少诗很难'达诂',但是听起来很美。戴望舒的《雨巷》说的是什么?但听起来很美。听起来美,便受到感染,于是似乎是懂了。不懂之懂,是为真懂"②。可惜少有人明白这一点。孩子对于音韵有天然的敏感,要追求诗歌的韵律之美,大人似乎应该向孩子学习。

儿歌的优点不尽在音韵,还在表现的准确细致。有的儿歌对生活之观察,是精准的、生动的。比如《拉大锯》:

> 拉大锯,
> 扯大锯。
> 姥姥家,
> 唱大戏。
> 接闺女,
> 请女婿。
> 小外孙子也要去,
> ……
> 拉锯,
> 送锯。
> 你来,

---

① 汪曾祺:《揉面——谈语言》,《汪曾祺全集》第 3 卷,北京师范大学出版社,1998 年,第 186 页。
② 汪曾祺:《童歌小议》,《汪曾祺全集》第 4 卷,北京师范大学出版社,1998 年,第 125—126 页。

>我去。
>拉一把,
>推一把,
>哗啦哗啦起风啦
>……①

这首儿歌的前半部分,是"兴",姥姥家会女婿,如同唱大戏;后半部分是"赋",拉大锯的动作描写传神。汪曾祺这样为我们描述劳动场景:"拉大锯是过去常常可以见到的。两根短木柱,搭起交叉的架子,上面卡放了一根圆木,圆木的一头搭在地上;圆木上弹了墨线;两个人,一个站在圆木上,两腿一前一后,一个盘腿坐在下面,两人各持大锯的木把,'噌、噌、噌'地锯起来,锯末飞溅,墨线一寸一寸减短,圆木'解'成了板子。"②在汪曾祺看来,"拉大锯,扯大锯","拉锯,送锯,你来,我去",这样的描述富有动态,准确生动。

有些儿歌是孩子们自己编的,通过这样的儿歌,可以了解他们对生活事务的看法,透视他们稚嫩的心灵世界。汪曾祺曾发现两首少年的谐谑之音,其一是:

>排起队,
>唱起歌,
>拉起大粪车。
>花园里,
>花儿多,
>马蜂螫了我!③

其二是用山东柳琴的调子唱的:

>小孩小孩你别哭,
>前面就是你大姑。
>你大姑罗圈腿,
>走起路来扭屁股,
>——扭屁股哎嗨哟哦……④

这样的儿歌,也可以划归民歌的另一类别:滑稽歌。汪曾祺认为,这种儿歌带

---

① 汪曾祺:《童歌小议》,《汪曾祺全集》第 4 卷,北京师范大学出版社,1998 年,第 126—127 页。
② 同上。
③ 同上书,第 124 页。
④ 同上书,第 124—125 页。

有很强的叛逆性,主要出于孩子对于刻板的生活规范的反抗,出于对教条的严肃歌曲的反拨。这种"胡编"的歌,虽有胡闹的性质但尺度得当,虽具滑稽感但并无恶毒的嘲讽。中国长期受儒家文化和教条主义束缚,文化氛围过于沉闷,"只有正经文学,没有胡闹文学"①,不利于创作发展。

五四以后,许多知识分子要到"民间去",了解儿童就是他们的目标之一,"儿童文学是儿童的心灵之窗,通过这个窗口,可以知道儿童的思想和行为,而这恰恰是了解当时儿童问题的关键"②。不仅如此,还可以进一步由儿童而知天下,"儿歌与民歌一样,是民族文化的一面镜子。儿歌不仅能反映儿童的世界观,也能反映整个社会的世界观"③。汪曾祺是在五四新文化的熏染下成长起来的知识分子,有一双关注儿童的眼睛;"文革"过后,中国社会经历了"二次启蒙",汪曾祺身为知识分子,那双"发现儿童"的眼睛应时复明,亦在情理之中。

虽然在整体数量上,汪曾祺引用的儿歌最多,但如果单看早期创作,则以引用情歌为主。之所以如此,首先和沈从文先生的影响有关,沈从文创作的湘西小说爱用情歌,热情火辣。其次这恐怕与五四文化思潮有关。当时的知识阶层反对封建礼教,推崇个性解放,对于那些年轻人而言,爱情自由是最为迫切的要求。民歌的主体是情歌,情歌多直白地袒露男欢女爱,因而大受欢迎。最为火热的少数民族情歌,更成了反叛封建文化的锐利武器。在处女作《钓》中,汪曾祺曾引用了两句情歌:"山外青山楼外楼,我郎住在家后头……"④次年发表的小说《河上》再次引用这首情歌,只是词句上略有变化。作品中的语境是这样的:主人公"他"是城里人,因神经衰弱到乡下养病。一日清晨,李大爹唱道,"山外青山楼外楼","他"接着唱了下句,"情郎哥哥住在村后头"。⑤ 仅仅两句情歌,意义十分丰富:一则表明"他"已经融入乡下生活,心情愉悦;一则表明这里远离礼教,充满自由爱情空气,为"他"与三儿的恋爱烘托了氛围。

此后,情歌如草中之花,在汪曾祺的小说中时有开放。《唤车》中,车夫随口唱了一句:"嚼口末橄榄喝口水,橄榄回甜想情哥。"⑥对照车夫回家后对对妻子的关怀,对孩子的疼爱,这句情歌实在是他内心的反映。据解志熙考

---

① 汪曾祺:《童歌小议》,《汪曾祺全集》第4卷,北京师范大学出版社,1998年,第126页。
② 〔美〕洪长泰:《到民间去:中国知识分子与民间文学,1918—1937》,董晓萍译,中国人民大学出版社,2015年,第130页。
③ 同上书,第157页。
④ 汪曾祺:《钓》,《汪曾祺小说全编》(上),人民文学出版社,2016年,第5页。
⑤ 汪曾祺:《河上》,《汪曾祺小说全编》(上),人民文学出版社,2016年,第43页。
⑥ 汪曾祺:《唤车》,《汪曾祺小说全编》(上),人民文学出版社,2016年,第91页。

证,云南楚雄有民歌云:"送妹送到橄榄坡,摘把橄榄妹揣着。吃个橄榄喝口水,橄榄回甜想小哥。"云南瑶族也有民歌约略相似:"送郎送到橄榄坡,橄榄树上橄榄多。吃口橄榄喝口水,橄榄回甜妹想哥。"①1942 年汪曾祺正生活于昆明,接触云南民歌自是近水楼台。《受戒》中的小英子也唱过一段情歌:"栀子哎开花哎六瓣头哎……姐家哎门前哎一道桥哎……"②朦胧的情感和这首歌和谐相配;《王四海的黄昏》中五湖居的"貂蝉"唱的一句"一把扇子七寸长,一个人扇风二人凉……"③"貂蝉"丈夫病弱不堪,后又守寡,歌为心声,说明她对于出双入对的生活无比期待。有这样的心理基础,她此后嫁给王四海也就顺理成章了。这首歌还出现于《露水》中的男艺人口中,歌词更为完整。据金实秋考证,以上两首歌都曾流传于汪曾祺家乡,属于里下河民歌。④《跑警报》中,"马锅头"唱呈贡"调子",描述的情景是哥和妹此呼彼应,"哥那个在至高山那个招呀招招手,妹那个在至花园点那个点点头"⑤。遥远枯寂的旅程中,有了这样一首情歌,人就有了生气。

在中国古老的乡野,儒家思想控制薄弱,人性少有扭曲,男女之间不仅可以借助情歌袒露情感,而且很多时候对两性关系也并不避讳,可以赤裸唱出,甚或极尽渲染。当然,物极必反,有时不免陷入低级趣味,如汪曾祺曾经提及的《十八摸》,就是这样的民歌。汪曾祺于 1940 年写一篇小说,名为《悒郁》,表现的是主人公银子流动的瞬间情绪。银子长成少女,春心萌动,有人隔山吹芦管,她不免有所触动,信口唱道:

第一香橼第二莲,
第三槟榔个个圆,
第四芙蓉五桂子,
送郎都要得郎怜。⑥

对面有人回应,歌词带有性挑逗的意味:

天上起云云重云,
地下埋坟坟重坟,
娇妹洗碗碗重碗,

---

① 解志熙:《汪曾祺早期作品拾遗》,《考文叙事录:中国现代文学文献校读论丛》,中华书局,2009 年,第 257 页。
② 汪曾祺:《受戒》,《汪曾祺全集》第 1 卷,北京师范大学出版社,1998 年,第 335 页。
③ 汪曾祺:《王四海的黄昏》,《汪曾祺全集》第 2 卷,北京师范大学出版社,1998 年,第 18 页。
④ 金实秋:《汪曾祺与高邮民歌》,张秋红主编:《高邮民歌》,广陵书社,2010 年,第 310 页。
⑤ 汪曾祺:《跑警报》,《汪曾祺全集》第 3 卷,北京师范大学出版社,1998 年,第 396 页。
⑥ 汪曾祺:《悒郁》,《汪曾祺小说全编》(上),人民文学出版社,2016 年,第 14—15 页。

娇妹床上人重人。①

如果联系时代风潮,出现这样赤裸裸性爱内容的民歌就不出奇了。五四新文化运动倡导白话文,胡适等把征集歌谣看成重要一翼。最初搜集民间歌谣,排斥"猥亵"内容,周作人等对此深为不满,决定修改章程。1922 年,在歌谣研究会修订版的《本会征集全国近世歌谣简章》中,直言"语涉迷信或猥亵者,亦有研究之价值"②,倡导加以收集。虽然经历一场辩论,但搜集工作已经展开。汪曾祺所在的西南联大是抗战时期承续五四文化的堡垒,汪曾祺自然深受濡染。因此,在他的创作中出现"猥亵"歌谣也就不足为怪了。这种观念一直影响到汪曾祺晚年的创作,《受戒》中三师傅仁渡多才多艺,善唱小调。一次打谷场上乘凉,众人鼓动他唱曲,他唱的第一首是安徽民歌:

姐和小郎打大麦,
一转子讲得听不得。
听不得就听不得,
打完了大麦打小麦。③

众人嫌不够味,逼他再唱,这次所唱的就大胆赤裸了:

姐儿生得漂漂的,
两个奶子翘翘的。
有心上去摸一把,
心里有点跳跳的。④

对于某些情歌的艺术成就,汪曾祺颇为欣赏。湖南桑植有一首土家民歌:"姐的帕子白又白,你给小郎分一截。小郎拿到走夜路,如同天上蛾眉月。"他听后大为赞赏,认为帕子和月光,在似与不似之间,想象奇特,带有空灵之美。⑤ 广西有这样一首情歌:"石榴花开朵朵红,蝴蝶写信给蜜蜂,蜘蛛结网拦了路,水漫阳桥路不通。"这首诗歌说的是由于种种干扰,情人之间要暂停约会。汪曾祺高度评价它奇幻的想象。⑥ 苏北情歌《探妹》这样唱道:"正月里探妹正月正,我带小妹子看花灯,看灯是假的,妹子呀,试试你的

---

① 汪曾祺:《悒郁》,《汪曾祺小说全编》(上),人民文学出版社,2016 年,第 15 页。
② 《歌谣》周刊第 1 期,1922 年 12 月 17 日,第 8 页。
③ 汪曾祺:《受戒》,《汪曾祺全集》第 1 卷,北京师范大学出版社,1998 年,第 329 页。
④ 同上书,第 329—330 页。
⑤ 汪曾祺:《我和民间文学》,《汪曾祺全集》第 3 卷,北京师范大学出版社,1998 年,第 426—427 页。
⑥ 汪曾祺:《文学语言杂谈》,《汪曾祺全集》第 4 卷,北京师范大学出版社,1998 年,第 234 页。

心。"民俗描写构成表现人物心理的契机,汪曾祺把它看成写民俗和写人有机结合的范例。① 情歌吟咏事物多和身边事物有关,山西、内蒙古等地盛产马铃薯,山西俗称山药。有情歌唱道:"想哥哥想得迷了窍,抱柴火跌进了山药窖。"恋爱而不忘幽默,汪曾祺大加称赏。②

民歌中还有一类是生活歌。生活歌多是生活经验的浓缩,带有一定的寓言性。这样的民歌穿插于文本之中多能起到警句的作用,与作品描摹的生活情形相互印证,起到概括生活规律、强化生活感受的作用。在《风景·理发师》中写那首"姑娘姑娘真不丑,一嫁嫁个吹鼓手。吃人家饭,喝人家酒,坐人家大门口!"③虽是童谣,也可算作生活歌,写出了吹鼓手的生活状态和辛酸经验。童谣儿歌,是从说唱主体上区分的,而生活歌则从内容上区分,标准不在同一层面上,因此有时不免叠合。汪曾祺曾多次引用《小白菜》,小白菜是儿歌,告诫孩子要珍惜爱;但恐怕亦算生活歌,因为它描述了跟后娘生活的孩子多受虐待的情形。在《翠子》中,"我"新丧生母,和翠子相依为伴,她教"我"唱道:"小白菜呀/点点黄啊,小小年纪/没了亲娘。……"④对生母寄托哀思,对未来命运不免担忧。《大莲姐姐》写大莲姐姐因对"我"母亲感情颇深,不免对即将过门的继母百般挑剔,还教"我"唱《小白菜》,既含关切,亦有偏见。⑤

汪曾祺多次引用"爬山调",歌词或隐含作品人物的沧桑经历,或者以歌声凸显人物性格,发生死浮沉之感喟,带有很强的抒情性。《草木春秋·阿格头子灰背青》中,"我"在内蒙古,陪同"我"的老曹唱起了爬山调:"阿格头子灰背青,四十五天到新城。"⑥"阿格头子"和"灰背青"是两种营养价值很高的牧草。这个爬山调的歌词里隐藏着老曹艰辛人生经历。他曾经拉骆驼从呼和浩特到新疆新城,一趟四十五天,来回三个月。后来参加革命,最为关心穷苦百姓,不断给他们做实事。就是这样一个人,"文革"时反"内人党"被打断肋骨,险些丧命。作品结束处,作者又重复了一遍这首爬山调,似有无限感喟。在这样的歌声中,我们不禁要诘问时代:这样优秀的人物,为什么要迫害他?在某种程度上,散文《草木春秋·阿格头子灰背青》是根据《骑兵列传》中的材料改写而成,这首爬山调在那里再度出现。《骑兵列传》还采用了另一首爬山调,这首爬山调属于另一个英雄人物王振东。王振东也是个神枪

---

① 汪曾祺:《谈谈风俗画》,《汪曾祺全集》第3卷,北京师范大学出版社,1998年,第353页。
② 汪曾祺:《马铃薯》,《汪曾祺全集》第4卷,北京师范大学出版社,1998年,第134页。
③ 汪曾祺:《风景·理发师》,《汪曾祺全集》第3卷,北京师范大学出版社,1998年,第39页。
④ 汪曾祺:《翠子》,《汪曾祺小说全编》(上),人民文学出版社,2016年,第9页。
⑤ 汪曾祺:《大莲姐姐》,《汪曾祺全集》第5卷,北京师范大学出版社,1998年,第404页。
⑥ 汪曾祺:《草木春秋》,《汪曾祺全集》第6卷,北京师范大学出版社,1998年,第258页。

手,曾打死过很多鬼子,一次执行侦察任务,被鬼子咬住了,他一边射击,一边唱爬山调:"吃了一棵麻籽……"①歌未唱毕,中弹牺牲。唱着歌死去,这是何等英雄气概!

有的生活歌自身包含一定的故事性,引用这样的生活歌,歌中的故事与小说文本中的故事之间,建立了一种文本互涉关系。《侯银匠》的写法非常独特,故事写的是侯银匠嫁女儿,女儿侯菊花极为精明:婆家出身较高,因此她在出嫁前要父亲为自己打造金首饰,避免婚后因寒酸受妯娌们歧视;她带走父亲的紫檀木花轿,装饰一新用以出租,挣来日常零用钱,避免在大家庭中受刁难;她的勤劳能干赢得公婆喜爱,不久做了当家媳妇。应该说,菊花是一个非常成功的儿媳。但是,小说的开头以这样一首高邮民歌做题词:

> 白果子树,开白花,
> 南面来了小亲家。
> 亲家亲家你请坐,
> 你家女儿不成个货。
> 叫你家女儿开开门,
> 指着大门骂门神。
> 叫你家女儿扫扫地,
> 拿着笤帚舞把戏。
> ……②

这首民歌内容是媳妇懒惰、泼恶,引发了婆婆向亲家告状;或者是婆婆非常挑剔,又造谣生事也未可知——但无论是何种情形,可以看出婆媳关系极为敌对。这与小说所写侯菊的故事情节完全相反。由此,两个文本之间生成巨大张力,给阅读者带来无限回味与思考。这样一种结构安排,在汪曾祺的创作中是绝无仅有的。

汪曾祺的作品中还常出现仪式歌。仪式歌一般产生的年代都比较久远,"伴随民间祈年庆节、贺喜禳灾、祭祖吊丧等仪式,以及日常迎亲送友等习俗活动而吟诵演唱"③。

汪曾祺曾经创作了一篇名为《求雨》的小说,写昆明天大旱,十几个孩子,枯瘦、褴褛、污脏,组成一个队伍,带着神圣乃至庄严色彩。"他们头上戴着柳条编成的帽圈,敲着不成节拍的、单调的小锣小鼓;冬冬当,冬冬当……

---

① 汪曾祺:《骑兵列传》,《汪曾祺全集》第 1 卷,北京师范大学出版社,1998 年,第 278 页。
② 汪曾祺:《侯银匠》,《汪曾祺全集》第 2 卷,北京师范大学出版社,1998 年,第 522 页。
③ 钟敬文主编:《民俗学概论》,高等教育出版社,2010 年,第 210 页。

他们走得很慢。走一段,敲锣的望儿把锣槌一举,他们就唱起来:

> 小小儿童哭哀哀,
> 撒下秧苗不得栽。
> 巴望老天下大雨,
> 乌风暴雨一起来。"①

歌谣的对象应该是龙王或玉皇大帝,或者就是上天,内容真实、恳切,孩子们希望凭借庄严的仪式、迫切的祷告,感天动地,招来雨水。

汪曾祺描述故乡高邮的元宵节曾经有"送麒麟"的仪式。"上午,三个乡下的汉子,一个举着麒麟,———张长板凳,外面糊纸扎的麒麟,一个敲小锣,一个打镲,咚咚哟哟敲一气,齐声唱一些吉利的歌。每一段开头都是'格炸炸':

> 格炸炸,格炸炸,
> 麒麟送子到你家……"②

这段歌谣,内容简单,伴随仪式,却也有朴质之味。有了这个歌谣,整个送麒麟仪式就有了庄严肃穆的味道。

高邮传统丧仪,六七开吊,程序复杂,在初献、亚献之后,有"进曲"一项,请一个献曲的上来,于是这人就开始唱,"内容是'神仙道化',感叹人生无常,有《薤露》《蒿里》遗意,很可能是元代的散曲"③。这个古老的曲子,内容颇具深度,也当属于仪式歌。是否属于文人创作,也未可知。《受戒》有一段关于法事放焰口的描绘,中间伴有歌唱,有领唱、有独唱,其中有一段独唱名为"叹骷髅"。④ 放焰口是超度穷苦死者亡灵的仪式,这首歌曲自然也属于仪式歌。

丧礼会伴随仪式歌,有的婚礼也配有仪式歌。"江南有些地方还流行着一种新娘哭调(在兄弟民族中也有),通常称作《坐堂歌》或《哭嫁歌》。在湖南、四川等地历来就在女孩子临出嫁前有'坐歌堂'或'唱伴嫁'的习俗,举行这种仪式时,由将要出嫁的新娘和她的女伴们齐集在女家唱歌,用歌唱来安慰新娘的愁闷,祝福她未来美好的生活。"⑤这就是"哭嫁"民俗。结婚意味着开始新的生活,对于新娘而言,有对未来的美好期待,有告别过去单纯生活的

---

① 汪曾祺:《小说三篇·求雨》,《汪曾祺全集》第 2 卷,北京师范大学出版社,1998 年,第 54 页。
② 汪曾祺:《故乡的元宵》,《汪曾祺全集》第 5 卷,北京师范大学出版社,1998 年,第 507 页。
③ 汪曾祺:《晚饭花·三姊妹出嫁》,《汪曾祺全集》第 1 卷,北京师范大学出版社,1998 年,第 523 页。
④ 汪曾祺:《受戒》,《汪曾祺全集》第 1 卷,北京师范大学出版社,1998 年,第 327 页。
⑤ 乌丙安:《民间口头传承》,长春出版社,2014 年,第 123 页。

感伤,情感复杂。汪曾祺却认为,一群少女在一起,不断歌唱,实在很美。①

在仪式之中,人们通常神色肃穆,行为端庄,此时歌谣带有神圣庄严的色彩,不同寻常。仪式参与者多内心虔诚,因此这种场合有助于人们净化情感,提升人性。

劳动歌和时政歌,在汪曾祺作品中出现较少,但也能找到例证。劳动歌一般有两种:一种是劳动号子、描写劳动过程的歌,另一种是劳动时所唱之歌。"爬山调"通常伴随劳动歌唱,可以看成生活歌,也可以视作劳动歌。《羊舍一夕》中的老九,一边赶着羊,一边唱着"挥动鞭儿响四方——百鸟齐飞翔……"②这是现代蒙古族作曲家美丽其格创作的《草原上升起不落的太阳》,本身曾吸纳了民歌的调子,又通过普及转化为民间的劳动歌。时政歌"主要反映人民群众对某些政治事件、措施、人物及有关形势的认识和态度,是旧时官方采风关注的重点"③。《晚饭后的故事》为表现社会的腐败与混乱,引用一首民谣:"想中央,盼中央,中央来了更遭殃。"④这是抗战时民众因憎恶国民党政府而流传的一首时政歌。

在创作中,汪曾祺亦深受民歌影响。《葡萄月令》,从一月一直写到十二月,一段段写出,颇似《诗经》中的《七月流火》。他更惯于采用的方式是重章叠句。小说《待车》前有"云自东方来。自西方来,南方来,北方来,云自四方来。云要向四方散去"⑤,后有"云自东方来,云自四方来。云自心上来"⑥,以重复呼应,句式让人想起汉乐府《江南可采莲》。《葡萄上的轻粉》再次使用类似的结构:"睫毛的影子落向蓝色的眼珠上。"⑦"睫毛的影子在紫色的眼珠中。"⑧"睫毛的影子沉入黑色的眼珠里。"⑨三个句子间隔出现,交相呼应,使行文获得了某种整体感。《磨灭》出现了"远远听见郭公鸟叫""郭公鸟在远远的地方叫""郭公鸟在远远的地方叫"⑩等相似句式,借用的也是民歌章法。《天鹅之死》"天鹅在天上飞翔",共用了七次,"去寻找温暖的地方"共出现五次,前后勾连,是标准的诗化结构。

---

① 汪曾祺:《谈谈风俗画》,《汪曾祺全集》第 3 卷,北京师范大学出版社,1998 年,第 350—351 页。
② 汪曾祺:《羊舍一夕》,《汪曾祺全集》第 1 卷,北京师范大学出版社,1998 年,第 216 页。
③ 钟敬文主编:《民俗学概论》,高等教育出版社,2010 年,第 211 页。
④ 汪曾祺:《晚饭后的故事》,《汪曾祺全集》第 1 卷,北京师范大学出版社,1998 年,第 401 页。
⑤ 汪曾祺:《待车》,《汪曾祺全集》第 1 卷,北京师范大学出版社,1998 年,第 7 页。
⑥ 同上书,第 12 页。
⑦ 汪曾祺:《汪曾祺小说全编》(上),人民文学出版社,2016 年,第 103 页。
⑧ 同上书,第 105 页。
⑨ 同上书,第 106 页。
⑩ 汪曾祺:《磨灭》,《汪曾祺全集》第 1 卷,北京师范大学出版社,1998 年,第 58—64 页。

4. 民间熟语:谚语、俗语、歇后语和谜语

汪曾祺作品中的语言充满了张力,一方面从古代文献中汲取营养,大量运用文言词语和句式,另一方面又积极吸纳民间熟语,俗语、谚语、歇后语等触手可及。他的文学语言就是在雅俗两极之间揉捏渗透而达到了一种有机的平衡状态。熟语是民间智慧的结晶,它总结人生经验,反映社会风习,投射民俗心理,带有浓重的群体文化属性。

在各类民间熟语中,汪曾祺运用最为频繁的是谚语。"谚语是民间集体创作、广为口传、言简意赅并较为定型的艺术语句,是民众丰富智慧和普遍经验的规律性总结。"①谚语中包含着自然规律、生产经验、社会经验及一般生活经验,具哲理性,或劝说,或训诫,或讽刺,表述口语化,语言精警。汪曾祺采用最多的当推一般性日常生活经验谚语。在《骑兵列传》中,蒙古族战斗英雄萨克亚在政治运动中不断遭受迫害,处境凄惨,遂借酒浇愁。汪曾祺用"骆驼见了柳,蒙古族人见了酒"②来说明他已嗜酒成瘾,不仅手部哆嗦,而且意志消沉,整个人已经被摧毁了。为表明黄司令的身体棒,作者用他一口气吃了十四个粘糕这一细节加以证明。粘糕不同于一般的食品,很耐消化,汪曾祺用民谚加以证明:"三十里的筱面四十里的糕,二十里的荞面饿断腰。"③能吃这么多粘糕,足以说明身体之强健。汪曾祺掌握的谚语非常多,同是说粘糕压饿,他还曾引用另外的谚语:"锄地不吃糕,锄了大大留小小"。④"锄了大大留小小"的意思是把壮苗锄去了,留下了孱弱的秧苗。锄地活累,如果干活的人不吃粘糕就下地,不到收工的时候就会饿糊涂。在《徙》中,科举取消后高北溟的生活窘迫无望,汪曾祺用了一个谚语,这种情形就表现出来了:"文章不能锅里煮,百无一用是书生。"⑤书生一味读书,手不能提、肩不能挑,没有历练,自然缺乏基本的生活技能。可以说,这个谚语是对那些不能科举登第的书生们悲剧人生的高度概括。有的谚语充满生活经验,甚至能够描述某一类人的性格特点。在《三姊妹出嫁》中,大姑娘嫁了个皮匠,这个人很能干,但脸上有几颗麻子。三姑娘和大姐开玩笑,说了一句:"十个麻子九个俏,不是麻子没人要!"⑥这个谚语一是道出了麻脸人的隐秘心理,为了抵消外貌的瑕疵,这类人会格外注意打扮,身上收拾得比常人更加干净利落;二是

---

① 马连良主编:《中国谚语集成·宁夏卷·总序》,中国民间文艺出版社,1990 年,第 3 页。
② 汪曾祺:《骑兵列传》,《汪曾祺全集》第 1 卷,北京师范大学出版社,1998 年,第 277 页。
③ 同上书,第 271 页。
④ 汪曾祺:《荷兰奶牛肉》,《汪曾祺全集》第 2 卷,北京师范大学出版社,1998 年,第 263 页。
⑤ 汪曾祺:《徙》,《汪曾祺全集》第 1 卷,北京师范大学出版社,1998 年,第 485 页。
⑥ 汪曾祺:《晚饭花·三姊妹出嫁》,《汪曾祺全集》第 1 卷,北京师范大学出版社,1998 年,第 525 页。

戏谑大姐喜欢俏,专拣有麻子的嫁。"懒媳妇种豆,还剩下一把"这个谚语,在《人间草木》和《鸡鸭名家》中汪曾祺都曾运用。种豆子本是非常简单的活儿,一把豆子撒一下就干完了,可懒媳妇连剩下一把豆子也不肯撒下,一丁点儿也不愿多干,可见其懒惰程度。谚语是群众智慧的积累,对生活各个方面的经验都有总结,《合锦》中大奶奶得名为"噎嗝"的病,大概就是食道癌,民间有言,"疯痨气臌嗝,阎王请的客"①,一句谚语,点出了大奶奶已经病入膏肓。总结生活经验的谚语,在汪曾祺的作品中可以说俯拾皆是,贯穿了生活的不同领域、不同侧面,如"回炉的烧饼不香"②"屋里有金银,外面有戥秤"③"牙疼不是病,疼起来要人命"④"早穿皮袄午穿纱"⑤,等等。

汪曾祺出生于高邮,童年就对水乡农村有相当了解;1958 年因"右派"问题下放到张家口沙岭子农场工作,种过地,护理过果园。这样的生活经历,使得汪曾祺无论对于南方还是北方的农村生活状况都相当熟悉。出于对语言的敏感,汪曾祺累积了若干总结生产经验的谚语。小说《鉴赏家》中,画家季匋民画了一幅莲花,白荷盛开,莲蓬饱满,果贩叶三指出了其中的错误,用了一句农谚加以证明:"红花莲子白花藕。"⑥原来莲藕品种不同特性有差异,要取莲蓬,就要种开红花的,要取藕,就要种开白花的。《羊舍一夕》中,为证明养羊需要技巧,汪曾祺专门用了几个谚语。其一是"放羊不是艺,笨工子不下地"⑦。这个谚语说的是放羊时要让羊群保持松散状态,若过于拥挤,拧成疙瘩,羊就吃不饱。放羊的需要挥动鞭子,不断调控,但那需要技巧,没有经验的人是做不了的。其二是"打柴一日,放羊一晌"⑧。放羊不能出来得太早,早晨草叶上有露水,羊吃了会得病,因此要等太阳出来了,最好是晒得草有点打蔫儿,再把羊赶出来。农业深受自然条件影响,因此很多农谚关注物候,如"天将雨,鸠唤归"⑨,说的是斑鸠的叫声可以预报天气,一叫唤,就意味着要出现阴雨天气。在《伊犁闻鸠》一文中,汪曾祺曾引用此谚。

---

① 汪曾祺:《合锦》,《汪曾祺全集》第 2 卷,北京师范大学出版社,1998 年,第 473 页。
② 汪曾祺:《异秉》,《汪曾祺全集》第 1 卷,北京师范大学出版社,1998 年,第 316 页。
③ 汪曾祺:《故人往事·如意楼和得意楼》,《汪曾祺全集》第 2 卷,北京师范大学出版社,1998 年,第 173 页。
④ 汪曾祺:《牙疼》,《汪曾祺全集》第 1 卷,北京师范大学出版社,1998 年,第 154 页。
⑤ 汪曾祺:《塞下人物记·一、陈银娃》,《汪曾祺全集》第 1 卷,北京师范大学出版社,1998 年,第 288 页。
⑥ 汪曾祺:《鉴赏家》,《汪曾祺全集》第 2 卷,北京师范大学出版社,1998 年,第 12 页。
⑦ 汪曾祺:《羊舍一夕》,《汪曾祺全集》第 1 卷,北京师范大学出版社,1998 年,第 217 页。
⑧ 同上书,第 218 页。
⑨ 汪曾祺:《天山行色·伊犁闻鸠》,《汪曾祺全集》第 3 卷,北京师范大学出版社,1998 年,第 239 页。

有些谚语是社会生活经验的总结,带有教训意义,有指导行动的作用。由于多年在北京京剧院,汪曾祺对梨园行的生活比较了解。这个行当内部往往不太团结,人事纠纷比较多,因此说有谚称:"宁带千军,不带一班。"①戏班还流传着一些谚语,点明生存之道,如"不多说,不少道",是说因人事复杂,要言语谨慎;又如"小心干活,大胆拿钱",指明了劳动和收获所要持守的原则。② 类似的谚语是这个行当中特殊生活经验的积累,涉及处事细节,对于当局者立身行事无疑具有指导意义,其作用绝非简单的道德训诫之类可以替代。

谚语源自民众口头创作,本身是简短的艺术作品,"谚语在人民生活中比任何一种口头文学形式所占的势力都大,它甚至成为人民生活必不可缺的东西了"③。无论是指导生活的现实作用,还是激荡人心的艺术力量,其影响力都不容低估。

汪曾祺还掌握了大量的俗语,写作时往往信手拈来。言人无所不吃,他说"有毛的不吃掸子,有腿的不吃板凳"④,用语工整、俚俗、夸张而不失幽默。《八千岁》中的"八千岁"为人极为吝啬,却一次就被"八舅爷"讹去了八百大洋。于是,有人劝慰说:"算了,是儿不死,是财不散,看开一点,你就当又在虞小兰家花了一笔钱吧!"⑤"是儿不死,是财不散"是一俗语,它所表达的豁达态度,让人不思抗争,表明了安时处顺的民俗心态。八仙的故事为民间所熟知,早已渗透到民众日常熟语之中,如说各自发挥特长,用"八仙过海,各显其能"表述,说大家需要合作,用"一个人唱不了《八仙庆寿》"来说明,汪曾祺自然熟知,在文中曾加以引用。⑥ 毽子是一项传统民间体育竞技活动,毽子做得好坏,里面门道很多。在用料上,要做一个好的毽子讲究"金绒帚子白绒哨子",意思是说要做上等毽子,鸡毛要从活着的五彩大公鸡身上取,毛梢乌黑而闪金光,下端的绒毛雪白,这样的鸡毛才算佳品。⑦ 俗语常用民间口语,内容亦多民俗,如《羊舍一夕》中有熟语称"天鹅、地鹊、鸽子肉、黄鼠"⑧,这应该是张家口一带的俗语,这里所说的这四类动物的肉,被当地人视为无上美味。《如意楼和得意楼》有俗语称"早上皮包水,晚上水包皮",描

---

① 汪曾祺:《云致秋行状》,《汪曾祺全集》第2卷,北京师范大学出版社,1998年,第74页。
② 同上。
③ 乌丙安:《民间口头传承》,长春出版社,2014年,第194页。
④ 汪曾祺:《老鲁》,《汪曾祺小说全编》(上),人民文学出版社,2016年,第133页。
⑤ 汪曾祺:《八千岁》,《汪曾祺全集》第2卷,北京师范大学出版社,1998年,第50页。
⑥ 汪曾祺:《八仙》,《汪曾祺全集》第3卷,北京师范大学出版社,1998年,第441页。
⑦ 汪曾祺:《踢毽子》,《汪曾祺全集》第4卷,北京师范大学出版社,1998年,第269页。
⑧ 汪曾祺:《羊舍一夕》,《汪曾祺全集》第1卷,北京师范大学出版社,1998年,第218页。

述的是扬州人享乐的生活习俗,上午坐茶馆,下午去澡堂,用语诙谐,工整生动。①

汪曾祺晚近的作品创作更为自由,用语随心所欲,不时穿插一些歇后语,妙趣横生。"歇后语,又称俏皮话,是由喻体、解体连缀而成的较为定型的趣味性语句。喻体为假托语,有比喻、引子的功能,近似谜面;解体为目的语,起说明、注解作用,近似谜底。"②《晚饭后的故事》中用了歇后语。少年郭庆春接触社会,学会了一些北京俏皮话,如"武大郎盘杠子——上下够不着""户不拉喂饭——不正经玩儿"③。有的歇后语比较粗俗,他虽知道,却不肯用,如"缝穷的撒尿——瞅不冷子"。④ 接受民间熟语的过程,就是郭庆春接受市民文化、逐渐融入社会的过程,表现的是他的成长。有些歇后语表明某种人生姿态,反映民俗心理,如说京剧演员云致秋不挑大梁,甘唱二路,因为不想干自己不胜任的活,反对"小鸡吃绿豆——强努"⑤。《迟开的玫瑰或胡闹》中的邱岳龙适合唱二花脸,二花脸是二路角色,虽然远比不上头牌,但地位收入比三路、四路演员好得多,因此他很满足,因此持一种满意心态:"别人骑马我骑驴,回头再看推车的汉——比上不足,比下有余"⑥。《吃饭》是一篇怪文,透过吃饭反映梨园行众生相。关荣魁业务不精,撑不起场面,总扮演配角,但他不能正确评价自己,总觉得屈才,认为不能成为权威是因为没人捧;于是他家中做起了权威,吃什么菜要自己点老婆做。别人问要是老婆不给做呢? 他回答:"哦,力巴摔跤!"这是一个歇后语的假托语,后一部分未说出的目的语是"给嘛吃嘛"。⑦ 一句歇后语,颠覆他一家之主的权威形象。只说假托语而省略目的语是歇后语的一个惯常用法,"后一部分的内容本来是可以独立使用的,但是人们却常常用前一部分的形象代替或引起后一部分,这样就增强了表现力"⑧。同一小说中的另一人物叶德麟在"文革"中攀上造反派,自认为能扶摇直上,却发现根本不受重视,遂大病一场;同事憎恶其为人,汪曾祺用"卖羊头的回家——不过细盐(言)"一语,写出了无人愿意与

---

① 汪曾祺:《如意楼和得意楼》,《汪曾祺全集》第 2 卷,北京师范大学出版社,1998 年,第 169 页。
② 钟敬文主编:《民俗学概论》,高等教育出版社,2010 年,第 239 页。
③ 汪曾祺:《晚饭后的故事》,《汪曾祺全集》第 1 卷,北京师范大学出版社,1998 年,第 394 页。
④ 同上书,第 395 页。
⑤ 汪曾祺:《云致秋行状》,《汪曾祺全集》第 2 卷,北京师范大学出版社,1998 年,第 74 页。
⑥ 汪曾祺:《迟开的玫瑰或胡闹》,《汪曾祺全集》第 2 卷,北京师范大学出版社,1998 年,第 287 页。
⑦ 汪曾祺:《吃饭——当代野人》,《汪曾祺全集》第 2 卷,北京师范大学出版社,1998 年,第 507 页。
⑧ 乌丙安:《民间口头传承》,长春出版社,2014 年,第 206—207 页。

他聊天的冷淡状况。①《吃饭》是"当代野人"系列小说中的一篇,是批判性作品,与此一创作目的相匹配,所用的歇后语姿态随意,轻松俏皮,极具讽刺意味。

(二) 民间艺术民俗

什么是民间艺术?"民间艺术是在社会中、下层民众中广泛流行的音乐、舞蹈、美术、戏曲等艺术创造活动。"②在原始社会,艺术是日常化和全民性的,随着社会生产力发展与社会分工,部分艺术与生产、巫术、宗教等活动脱离开来,成了社会的一个专业门类;而另一部分则继续贯穿于民众的物质生产、衣食住行的过程之中,构成平日生活、民间信仰、岁时节令与人生仪礼等活动中不可或缺的环节。据汪明回忆,一次父亲汪曾祺带她到政协礼堂看一场曲艺会演,对于关学增北京琴书的唱腔赞不绝口,对马增惠单弦段子中唱词极度称赏,整场表演让他激动不已,对曲艺的独特表现力予以高度肯定:"曲艺在表现民间老百姓的生活上有得天独厚的优势,在这一点上,京剧是望尘莫及的。"③曲艺仅仅是民间艺术版图中的一个拼块,汪曾祺对于各种中国民间艺术有着广泛的喜好和超常鉴赏力。他这样的文化趣味还投射到创作之中,各种有关民间艺术的信息广泛地散布于作品的字里行间,涉及民间小戏、民间说唱、民间器乐、民间工艺美术、民间舞蹈等诸多领域。

1. 民间小戏

"民间戏曲是民间文学、音乐、舞蹈、美术、杂技等多种艺术因素的有机综合,它熔唱、做、念、舞于一炉,以歌舞演故事是其基本的特征。"④民间戏曲就是我们通常说的民间小戏。民间小戏种类繁多,包括宗教戏剧类、花鼓类、采茶类、秧歌类、说唱类、傀儡、影戏等多种类别。有些传统戏曲,如京剧、粤剧,尽管带有浓重的民俗特色,但是已经专业化、舞台化,变成职业化演出的剧种,脱离了民间习俗活动,不能视为民间小戏了。

汪曾祺很早就开始接触民间小戏,他曾回忆,幼时高邮自家的中药店万全堂旁有一书摊,摆了各种唱本:《薛丁山征西》《三请樊梨花》《李三娘挑水》《孟姜女哭长城》……他曾一一借来阅读,爱不释手。这些作品被各类地方

---

① 汪曾祺:《吃饭——当代野人》,《汪曾祺全集》第 2 卷,北京师范大学出版社,1998 年,第 510 页。
② 钟敬文主编:《民俗学概论》,高等教育出版社,2010 年,第 250 页。
③ 汪朗、汪明、汪朝:《老头儿汪曾祺:我们眼中的父亲》,中国人民大学出版社,2000 年,第 309 页。
④ 钟敬文主编:《民俗学概论》,高等教育出版社,2010 年,第 265 页。

戏曲不断改编,剧种曲类一时难以辨识,但属于民间小戏应该没有多少疑问。① 这样的阅读经历自然会影响他以后的审美趣味。

《塞下人物记·俩老头》中,汪曾祺写了一位做过民间艺人的耿老头,他曾经在"二人台"戏班待过,年纪很大了还能唱《五哥放羊》中的小姑娘,嗓音脆甜而清亮。②《五哥放羊》原先是陕北民歌,背后有一个动人的故事:"传说清末民初时,陕西某地有一个美丽的姑娘,人称'三妹子'。因为家境贫寒,做了财主家的'等郎媳'(丈夫是'小女婿'),但她爱上了与她同为受苦人的揽工——羊倌'五哥'。据说五哥姓马,是回族人,因排行第五,人称'马五'(又因听说他脸上有麻子,人称'麻五')是三妹子的心上人。后来,为了追求自由和幸福,他们决定私奔。一天深夜,五哥和三妹子正准备逃离财主家,不料被小女婿发觉并大呼小叫地追了出来。三妹子让五哥先走,但五哥被小女婿扯住了一条腿,挣扎中五哥一脚把小女婿蹬开,逃走了。财主夫妇闻声赶来,发现儿子死了,就把三妹子捆绑起来,送进大牢。逃亡在外的五哥听说后,立刻赶去自首,结果两人都被判了死刑。"③民歌《五哥放羊》叙述了这段故事,唱词很长,至今仍在民间传唱,不同民间歌手那里唱词有所不同。目前歌坛流行的《五哥放羊》,是由鞠秀芳根据民间歌唱家丁喜才所唱《五哥放羊》词曲十二段缩减整理而成,并非民歌原貌。二人台是流传于内蒙古及陕西、山西、河北三省北部的一种民间戏曲。最初表演简单,只有一丑一旦持霸王鞭、折扇、手帕等道具表演,因此民间称之为"双玩意儿"或"二人班"。后来,以呼和浩特为界形成东西两路,"西路始终保持着早期二人演唱的形式,遇有剧中人物超过两个角色时,则由丑角采取兼演的方式演出,俗称'抹帽戏'。东路则有所发展,遇此情况则多人分饰角色同台演出。二人台表演由笛子、四胡、扬琴和四块瓦等伴奏,东路还增加了锣、鼓、镲等打击乐器伴奏"④。据说陕西、山西人到内蒙古"走西口",把家乡民歌小调改成二人台,民歌《五哥放羊》也许就是这样被改编成同名二人台的。《俩老头》中说耿老头用女声唱《五哥放羊》,惟妙惟肖,并不出奇。耿老头当年演二人台所饰演的应该是丑角,丑角可以串演各种角色,自然也能唱女声。

《大淖记事》中的锡匠们,闲暇之时凑在一起唱戏娱乐,"他们唱的这种戏叫做'小开口',是一种地方小戏,唱腔本是萨满教的香火(巫师)请神唱的

---

① 汪曾祺:《读廉价书·鸡蛋书》,《汪曾祺全集》第4卷,北京师范大学出版社,1998年,第39页。
② 汪曾祺:《汪曾祺全集》第1卷,北京师范大学出版社,1998年,第297页。
③ 连波编著:《中国曲艺经典唱段100首》,安徽文艺出版社,2012年,第317页。
④ 张光奇编著:《民间戏曲》,黄山书社,2013年,第117页。

调子,所以又叫'香火戏'。这些锡匠并不信萨满教,但大都会唱香火戏。戏的曲调虽简单,内容却是成本大套,李三娘挑水推磨,生下咬脐郎;白娘子水漫金山;刘金定招亲;方卿唱道情……可以坐唱,也可以化了装彩唱"①。关于剧种"小开口",《中国戏曲曲艺词典》词条"维扬文戏"阐释如下:"戏曲剧种。'扬剧'的旧称。清代扬州地区每年灯节都有花鼓表演,由小丑、小旦等脚色表演《磨豆腐》《打花鼓》《荡湖船》等节目,演唱曲牌有'十二月花名''百鸟朝凤'等,甚为丰富。化妆简单,注重舞蹈。1919 年,扬州的花鼓戏开始到杭州、上海等地演出,称为'维扬文戏'。因为仅用管弦乐伴奏,而不用大锣大鼓,所以也叫'小开口。'"②这个词条和汪曾祺的解释组合在一起,也许就能说清"小开口"的艺术渊源——它是以"花鼓戏"和"香火戏"为基础,在流传过程又吸收了扬州清曲、民歌小调等多种音乐资源融汇发展而成。

在《读廉价书》中,汪曾祺认为自己所读唱本中最为有趣的是《王婆骂鸡》。③ 这已经不是他第一次提及这个剧本了,早年写《鸡鸭名家》中,已经盛赞过了,称"《王婆骂鸡》中列举了很多鸡的名目,这是一部'鸡典'"④。《王婆骂鸡》大致剧情是这样的:奚玉贞偷了邻居王婆的鸡,王婆虽然知道,却苦于无证据,于是骂街泄愤。奚玉贞难以忍耐,出来对骂,继而扭打。保正叶爹爹赶来,劝走了王婆。为感谢解围之恩,奚玉贞请叶爹爹到家中吃鸡,还告之以偷鸡的方法。关于这个小戏,渊源流传颇为复杂,"《王婆骂鸡》系高腔大本戏《目连传》中的一出散折戏,早已独立出来,为湘剧'大脚婆'戏'三骂'之一(另二骂为《骂灶》《骂菜》)。王婆与奚玉贞相骂,先是你方骂罢我登场,有骂曲牌名、生药名等文字游戏,然后对骂厮打。常作杂戏上演,颇具讽刺意味。祁剧、辰河戏及川剧、桂剧、秦腔、晋剧、黄梅戏、柳琴戏、庐剧、豫剧、曲剧、越调等剧种有此剧目"⑤。在《我是怎样和戏曲结缘的》一文中,汪曾祺提及《小放牛》⑥。《小放牛》原为民间小调,情节简单:美丽的村姑骑驴而来,牧童拦住对歌。对完后村姑离去,牧童留恋万分。此小调流传甚广,为各个剧种所改编,据研究表明,"祁剧、常德汉剧、荆河戏、巴陵戏及京剧、汉剧、徽剧、川剧、滇剧、秦腔、晋剧、豫剧、梨园戏、河北梆子、云南花灯等剧种有此剧

---

① 汪曾祺:《大淖记事》,《汪曾祺全集》第 1 卷,北京师范大学出版社,1998 年,第 417 页。
② 上海艺术研究所中国戏剧家协会上海分会:《中国戏曲曲艺词典》,上海辞书出版社,1981 年,第 186 页。
③ 汪曾祺:《读廉价书》,《汪曾祺全集》第 4 卷,北京师范大学出版社,1998 年,第 40 页。
④ 汪曾祺:《鸡鸭名家》,《汪曾祺全集》第 1 卷,北京师范大学出版社,1998 年,第 79 页。
⑤ 范正明:《湘剧剧目探微》,岳麓书社,2011 年,第 94 页。
⑥ 汪曾祺:《我是怎样和戏曲结缘的》,《汪曾祺全集》第 3 卷,北京师范大学出版社,1998 年,第 428 页。

目"。①《故里三陈·陈四》中,在迎神赛会的高跷队中,一个游行方队专唱戏文,其中以《小上坟》最为动人,小丑和旦角都踩着"花梆子"碎步表演,所唱曲调是柳枝腔。"柳枝腔俗称柳子腔,亦为乾隆中由吴下传来者,其源盖出古乐之柳枝曲。"②此腔调以笛子、海笛子伴奏,格调轻快、活泼、诙谐。另外,汪曾祺还曾介绍过"耍木头人戏"《王香打虎》,也就是"傀儡戏",属于民间小戏的一种。③

2. 民间说唱

汪曾祺的作品涉及说唱艺术,包括相声、鼓词、弹词、牌子曲等。

在《老舍先生》中,据汪曾祺回忆,老舍曾把盲艺人翟少平、王秀卿请到北京演唱《当皮箱》。《当皮箱》系牌子曲,其一名为"鹦哥调"。据于会泳研究,"《鹦哥调》据说是清末盛行的时调小曲,产生于何时不明。它是一个老牌子,后期的《牌子曲》中很少有用它的"。"《鹦哥调》曲调情趣灵俏活泼,适用于轻松喜悦等情绪及场面上,尤其作为滑稽腔使用,则更有效果。"④《单弦牌子曲分析》中收录了《当皮箱》中的四段唱腔,还对其音乐及唱词的艺术特点进行了分析总结。汪曾祺曾现场听过"鹦哥调",用的是山西方言。故事情节充满了喜剧性,说的是某当铺老板调戏民女,此民女与丈夫设套,把他装进皮箱抬到他的当铺中典当,当铺被迫支付银两。研究者评价甚高,认为"《当皮箱》中用巧计惩治富豪的每一个场面里,都充满了劳动人民特有的幽默特色"⑤。

汪曾祺在《博雅》一文中介绍了一群多才多艺的学者,说植物学家吴征镒善唱《弹词》中的"九转货郎儿"。⑥"九转货郎儿"系曲牌名,属北曲正宫。《戏曲音乐辞典》阐释如下:"九转货郎儿亦名[转调货郎儿],是一种曲牌名。原是生活中卖货郎的叫卖声,经长期歌唱,不断加工,到元代已发展成说唱艺人专用曲牌之一,后为杂剧吸收入套曲中。元无名氏杂剧《风雨像生货郎旦》引用人剧,已衍成为[九转货郎儿]。剧中张三姑通过卖唱[货郎儿],叙述李彦和一家被害家破人亡的经过。因故事曲折,随情节发展,除第一段为[货郎儿]本调外,连用八个穿插其他不同曲牌的[货郎儿]组合成套,构成北曲少见的转调集曲的结构形式。据《北词广正谱》注出,第二至九转中所夹用的曲牌是:二转[卖花声],三转[斗鹌鹑],四转[山坡羊],五转[迎仙客]

---

① 范正明:《湘剧剧目探微》,岳麓书社,2011年,第273页。
② 王芷章:《中国京剧编年史》(下册),中国戏剧出版社,2003年,第1299页。
③ 汪曾祺:《王四海的黄昏》,《汪曾祺全集》第2卷,北京师范大学出版社,1998年,第14页。
④ 于会泳编著:《单弦牌子曲分析》,上海音乐出版社,1958年,第115页。
⑤ 乌丙安:《民间口头传承》,长春出版社,2014年,第170页。
⑥ 汪曾祺:《博雅》,《汪曾祺全集》第4卷,北京师范大学出版社,1998年,第63页。

[红绣鞋]、六转[四边静][普天乐]、七转[小梁州]、八转[尧民歌][叨叨令][倘秀才]。九转[脱布衫][醉太平]。"①"九转货郎儿"影响深远,朱有燉的《义勇辞金》、洪昇的《长生殿·弹词》,都模仿《货郎旦》,采用"九转货郎儿"套曲。②

对于民间说唱艺术,汪曾祺认为研究很不充分。《读廉价书》一文,他介绍了一套"百本张"的鼓曲段子。他认北京的鼓词资料丰富,车王府的大量曲本都收藏在首都图书馆。但研究薄弱,似乎只有孙楷第先生曾编过俗曲目录。研究者也只重视其文学性,重视罗松窗、韩小窗,像"阔大奶奶逛庙会""穷大奶奶逛庙会"这样极俗的作品,都被忽视了。因此,汪曾祺认为如果从民俗学、北京方言、文学等角度研究,空间非常大。③

3. 民间器乐舞蹈

北京智化寺的和尚做法事,表演的乐曲独具风格。他们所用乐谱不是工尺,而是常人不能辨识的古怪符号;所用乐器寻常,但以管乐为主;音乐高古,据说是唐代的"燕乐"。新中国成立后,和尚流散民间,他们就很难在一起合奏了。老舍怕古乐失传,曾专门请他们演奏。④ 对于这段故事,汪曾祺在《老舍先生》一文中有记载,行文中流露出对这种古乐的向往。关于民间舞蹈,汪曾祺亦有涉及,如曾描述过傣族舞蹈"嘎漾"⑤,等等。

4. 民间工艺美术

汪曾祺非常愿意写人类的各种技艺,无论劳动技术、日常手艺、艺术技巧、游艺身手,还是工艺技能,他全都津津乐道,全都当作艺术来欣赏,用整个生命去体验。他多从创造者自身的创作体验出发,把创造的过程看成一个高度自由的过程,看成诗意人生的一种表现。"民众物质生活和精神生活的需要,是民间美术品产生的根本动因。人们的物质劳动和精神劳动,创造出众多精美的民间美术品。"⑥这种精神追求,或为精神信仰、驱邪纳福,或为招财进宝、追慕功名,或为满足审美、美化环境,这种精神产品或用于婚礼丧葬,或用于治病消灾,或用于岁时节令。

《戴车匠》写一位车匠,操作着车床,支配着旋刀,旋出圆球、瓶颈,描出

---

① 林茵、李想主编:《戏曲音乐辞典》,远方出版社,2006年,第176—177页。
② 上海艺术研究所中国戏剧家协会上海分会:《中国戏曲曲艺词典》,上海辞书出版社,1981年,第129页。
③ 汪曾祺:《读廉价书》,《汪曾祺全集》第4卷,北京师范大学出版社,1998年,第40—41页。
④ 汪曾祺:《老舍先生》,《汪曾祺全集》第3卷,北京师范大学出版社,1998年,第346—347页。
⑤ 汪曾祺:《滇游新记》,《汪曾祺全集》第4卷,北京师范大学出版社,1998年,第154页。
⑥ 钟敬文主编:《民俗学概论》,高等教育出版社,2010年,第273页。

各种弧线:悬胆、羊角弯、螺纹、杵脚、瓢状……这是一种有很高难度的技艺,有技巧、有匠心,如同艺术创作。《三姊妹出嫁》中的吴颐福会做"样糖","能把白糖化了,倒在模子里,做成大小不等的福禄寿三星、财神爷、麒麟送子。高的二尺,矮的五寸,衣纹生动,须眉清楚;还能把糖里加了色,不用模子,随手吹出各种瓜果,桃、梨、苹果、佛手,跟真的一样,最好看的是南瓜:金黄的瓜,碧绿的蒂子,还开着一朵淡黄的瓜花"①。《大淖记事》中的锡匠们,熔锡水、铸锡片、剪剪、焊焊、敲打塑型、用刮刀刮、用砂纸打,一个容器就做好了。《百蝶图》,王小玉精于绣花,平针、乱屑、桃花、纳锦等各种针法都精通,帐檐、门帘、枕头顶等各种衣物饰件都擅长。《一技》中,珠花做法,米粒大的珠子,用细铜丝穿了,然后把珠串左扭一下,右别一下,加了铜托,珠花就做成了。做银器的,经过发蓝、点翠两道工艺,银器被装饰得十分漂亮;"葡萄常"善做葡萄,上面敷一层淡淡的粉,几能以假乱真。② 这些工艺都是生产劳动,但也都是艺术创造,在劳动过程中人的智慧得到释放,精神获得了自由,劳动成了人的精神需要。

纸最普通不过,智慧的民众却用它创造了多种工艺品,有剪纸,有折纸,还有用纸张做成的各种冥器。剪纸在中国渊源深远,考古者曾在一千年前的新疆吐鲁番古墓之中找到剪纸,上有"对猴""对鹿"与"团花"等图案,明显带有驱邪纳福的精神倾向。《受戒》中写高邮一代传统婚俗,离不开剪纸。"这里嫁闺女,陪嫁妆,磁坛子、锡罐子,都要用梅红纸剪出吉祥花样,贴在上面,讨个吉利,也才好看:'丹凤朝阳'呀、'白头到老'呀、'子孙万代'呀、'福寿绵长'呀。"③婚仪上的剪纸,既辟邪纳福,追求喜庆吉祥,又有审美诉求,希望装点漂亮。小英子的母亲赵大妈是其中里手,会"剪花样子",远近嫁闺女,都请她去剪纸。《我的父亲》《多年父子成兄弟》等文章中,汪曾祺多次描绘父亲亲自给亡母做的纸质冥器。父亲选择了花素色纸做衣料,做几箱子的衣服,四时服装,各色面料,做工精细,甚至皮衣能分出皮毛种类,有滩羊皮,也有灰鼠皮。

民间泥塑,汪曾祺亦为之神往,他认为"中国的雕塑艺术主要是佛像,罗汉尤为杰出的代表"④。罗汉有两种,一种是装金木胎的,一种是彩塑,彩塑艺术水平最高。昆明筇竹寺,十八罗汉置于两壁之间半空搭起的木板之上,精细得连草鞋上的根根草茎都历历可见,但又有整体性,姿态各异的罗汉相

---

① 汪曾祺:《三姊妹出嫁》,《汪曾祺全集》第 1 卷,北京师范大学出版社,1998 年,第 524 页。
② 汪曾祺:《一技》,《汪曾祺全集》第 6 卷,北京师范大学出版社,1998 年,第 154 页。
③ 汪曾祺:《受戒》,《汪曾祺全集》第 1 卷,北京师范大学出版社,1998 年,第 332—333 页。
④ 汪曾祺:《罗汉》,《汪曾祺全集》第 6 卷,北京师范大学出版社,1998 年,第 436 页。

互呼应,如在交流;苏州紫金庵,身量偏小,面目清秀,神情内敛,有书卷气;泰山宝善寺的罗汉,身材高大,面目浑朴,但细微之处刻画精细,肌肉可见纹理,刺绣显露针脚。苏州甪直的罗汉,据传为梁代所造,用色单一,衣纹简练。《旅途杂记·伏小六、伏小八》对大足的唐宋摩崖石刻,评价极高。十二圆觉,袈裟衣带如同微风拂动,都做沉思默想状,但于同中见异,个体生动,整体和谐;千手观音,各手姿态不同,如召唤,如抚慰,而千手排列如辐射,构成佛光;手的来处并不交代,但都属于观音,实在是以意相连。释迦涅槃像,只刻了头胸,并无肩手,下肢没入岩石,虚空之处如若实有,完全依靠观者想象。部分雕像处石壁上刻了雕琢者的名字,如伏小六、伏小八,但亦难以考证这些平民艺术家的生平。①

关于建筑艺术,汪曾祺涉及不多,但《皖南一到·黟县》对建筑饰品徽州木雕做了精彩的描述。徽州历史上多商人,宅院考究,又因当地盛产多种珍贵木材,故木雕发达。徽州雕刻成型于明初,浮雕为一二层的浅网雕,辅以线刻,风格简朴。明末雕工渐趋丰富细致,"清以后,徽派木雕渐趋细腻、繁复、精巧,涂金透镂,穷极华丽,更为精工,手法从一到二层浅浮雕发展到八九层的高深浮雕,甚至有些雕刻的楼阁亭榭门窗可以开关、狮子与麒麟的眼球能转动"②。高浮雕、浅浮雕、圆雕、平圆雕、透雕、镂空雕、线刻,各种方法交互运用,相得益彰。汪曾祺所看到黟县宏村旧房,当为明清之际建造。天井南面的木枋之上,呈长方形构图,"天井南面的木枋上刻的是'百子闹元宵',整整一百个孩子,敲锣打鼓,狮子龙灯,高跷旱船,很热闹,只是构图稍平。北面木枋上刻的是'唐肃宗宴客图'。两边的人物都微微向内倾侧,形成以肃宗为中心的画面,设计很聪明。据讲解同志说,这幅木雕共七层,层次分明,最后的人物的靴鞋都交代得很清楚('百子闹元宵'只三层)。木雕右侧是一个侍仆在扇风炉烧茶水。左侧有一个大臣坐着,歪着头,眯着眼,由一个待诏为之挑耳。宴会上掏耳朵,这风俗很奇怪"③。徽州木雕题材广泛,人物、山水、花鸟虫鱼、各色图案一应俱全。这两幅木雕都是人物题材,前者是民俗风情,后者是王侯将相,一个热闹吉祥,一个位高权重,表现了民间审美心理和价值取向。

汪曾祺对民间美术心仪已久,早在1940年代的《艺术家》一文中,就为

---

① 汪曾祺:《旅途杂记·伏小六、伏小八》,《汪曾祺全集》第3卷,北京师范大学出版社,1998年,第231—233页。
② 李飞、钱明:《中国徽州木雕》,江苏美术出版社,2013年,第20页。
③ 汪曾祺:《皖南一到·黟县》,《汪曾祺全集》第4卷,北京师范大学出版社,1998年,第415—416页。

我们刻画了一位民间哑巴画家。"我"在一农家院落中看到壁画,为它功力的深厚所震惊。这些画独具个性,"装饰性很重,可以说是图案(一切画原都是图案),而取材自写实中出"①。颜色浓艳,线条严谨匀直,构图上讲究平均和对称,在整体上带有深厚的农民审美情趣。这样的艺术并非属于书斋,而是直接美化农民的日常生活:平日里,哑巴画家为农民画鞋面、枕头、帐沿,甚至在泔水桶上也画出细密缠绕的串枝莲;每家娶媳妇嫁女儿,他都要忙活几天。《受戒》中小和尚明海,会画各种花卉,石榴花、栀子花、凤仙花等等,画绣花样本,画帐檐,也都带有实用性。《岁寒三友》中,就把作画的分为三类。第一类是画家,是为艺术而艺术的。第二类是画匠,实际上所画的就是民间美术,他们画画是为了满足民众的信仰和装饰需要,作画有特定的类别和流程:"他们所画的,是神像。画得最多的是'家神菩萨'。这'家神菩萨'是一个大家族:头一层是南海观音的一伙,第二层是玉皇大帝和他的朝臣,第三层是关帝老爷和周仓、关平,最下一层是财神爷。他们也在玻璃的反面用油漆画福禄寿三星(这种画美术史家称之为'玻璃油画'),作插屏。他们是在制造一种商品,不是作画。而且是流水作业,描花纹的是一个人(照着底子描),'开脸'的是一个人,着色的是另一个人。他们的作坊,叫做'画匠店'。一个画匠店里常有七八个人同时做活,却听不到一点声音,因为画匠多半是哑巴。"②第三类是画师,既能搞艺术创作,又能迎合日常实用。靳彝甫就是一位画师,他家三代作画,他能进行艺术创作;同时又继承写真的家传技能,能为别人画行乐图和喜神。所谓行乐图,就是生活像;所谓喜神图,则是给重病之人所画的遗像。汪曾祺专门有一篇叫《喜神》的作品,详细地描述了画喜神的过程。

(三) 信仰民俗

"民俗信仰,又称民间信仰,是在长期的历史发展过程中,在民众中产生和传承的一套神灵崇拜观念、行为习惯和相应的仪式制度。"③民俗信仰,在民间社会的精神生活中占据重要地位,在很大程度上支配着他们的精神向度,影响到他们的价值追求、情感倾向和审美爱好,左右着他们的思维逻辑和行动决策。因此,要了解中国的民间社会,理解民族的灵魂,就要清楚他们的民俗信仰。汪曾祺的作品中有大量篇幅涉及民俗信仰问题,触摸到了民族心

---

① 汪曾祺:《艺术家》,《汪曾祺全集》第1卷,北京师范大学出版社,1998年,第178页。
② 汪曾祺:《岁寒三友》,《汪曾祺全集》第1卷,北京师范大学出版社,1998年,第350—351页。
③ 钟敬文主编:《民俗学概论》,高等教育出版社,2010年,第145页。

灵的深处,这恐怕也是他的作品赢得众多读者的重要原因。就具体内容看,主要有三个方面:鬼魂信仰及与之密切相关的祖灵信仰;对获得超自然力的人物的崇拜,这些人物介于神与人之间,如行业神、仙人等;对于正神的崇拜,有以玉皇大帝为核心的天神,有地方守护神、家神,如城隍、土地、灶王爷等,有专司其职的神,如司雨的龙王、司生的碧霞元君、司死的东岳大帝等。

就传统中国人而言,对于灵魂的信仰虽然在似信非信之间,但断然坚持无神论的毕竟是少数,从这个意义上看,实则倾向于信。中国的许多节日、仪礼,深层里都和灵魂信仰有关。关于灵魂的去处,民间历来说法不一,"起初,人们认为灵魂都归故乡,由祖先管理;后来,又认为由泰山神管理;佛教兴起以后,阎王又成为阴间地狱的主宰"①。汪曾祺作品中,涉及后两种说法,但情形更为复杂。在《泰山片石》中,汪曾祺对灵魂去处做了讨论:在民间,一种说法是人死之后,灵魂都到了泰山的蒿里,另一种说法则是去了四川的酆都城。"泰山又称岱岳、岱宗、岱山,先秦颂之为'万物之始,阴阳交代',所以认为这是治鬼的冥府所在,把东岳神视为冥府府君。汉代文史资料中明确记载'死属太山'、'中国人死者魂神归岱山',认为泰山神'主召人魂',泰山居东方,'知人生命之长短'。"②可以看出,泰山神在职能上与鬼王、阎罗王是一样的,十八层地狱七十二司归他掌管。古代帝王多次到泰山祭天,不断加封泰山神,民间俗称之为"东岳大帝"。这个"东岳大帝"到底从何而来?有的说是金氏,有的说是黄飞虎——这些混乱的说法好像来自道教。汪曾祺以略带调侃的口气描述了由人变鬼的烦琐过程:人死了,灶君报告土地神,土地神报告城隍神,最后由东岳大帝决定如何处置。在道教中,品质不同的人死后行走的路线不同:好人过登银桥,也就是"升仙桥",然后升天;坏人则要下地狱。据称地狱中有七十二司,设有各种酷刑。最终大概都由东岳大帝裁决,故民间对他充满敬畏。③ 小说《幽冥钟》则表现佛教对民间灵魂观念的影响。中国民间观念中,难产死去的女人到处是血污,非常不洁,故此罪过深重,鬼魂会被囚禁在最黑最黑的地狱中受苦受难。所谓的幽冥钟,就是给这些不幸的女鬼撞击的。汪曾祺极为动情地写道:"钟声撞出一个圆环,一个淡金色的光圈。地狱里受难的女鬼看见光了。她们的脸上出现了欢喜。"④值得关注的是,汪曾祺提到幽冥钟前供奉的是地藏菩萨。为什么会供奉地藏

---

① 钟敬文主编:《民俗学概论》,高等教育出版社,2010年,第146页。
② 乌丙安:《中国民间信仰》,长春出版社,2014年,第145—146页。
③ 汪曾祺:《泰山片石·碧霞元君》,《汪曾祺全集》第5卷,北京师范大学出版社,1998年,第195—196页。
④ 汪曾祺:《桥边小说三篇·幽冥钟》,《汪曾祺全集》第2卷,北京师范大学出版社,1998年,第196页。

菩萨?地藏菩萨名字来自《地藏十轮经》,"安忍不动犹如大地,静虑深密犹如地藏"。地藏菩萨在中国佛教中影响极大,被尊为"大愿"菩萨。文殊为"大智"菩萨、普贤为"大行"菩萨、观音为"大悲"菩萨,这三者与地藏菩萨合称"四大菩萨"。地藏之所以被称为"大愿"菩萨,与他经历有关。相传地藏为婆罗门女,母亲不信三宝,专修邪教,死后坠入地狱。婆罗门女变卖家产宅院,为母亲布施修福,诚信念佛,在定境中入地狱,鬼王告知她的功德已经让母亲脱离地狱。后地藏菩萨立下誓愿:地狱不空,誓不成佛;众生度尽,方证菩提。这样一位普度地狱中受苦众生的菩萨,对那些难产而死的鬼魂自然会格外慈悲。在中国民间信仰中,这个地藏菩萨实际上不光超度鬼魂,有时还被推崇为鬼王。"尽管地藏王信仰源于佛教的地藏王菩萨信仰,但在中国民间信仰中被附会为地府主宰鬼界之王,甚至传说地藏王是统管冥界的教主,十殿阎王都要对之顶礼膜拜。"①冥界,这个众鬼生活的空间,由东岳大帝掌管,由十殿阎王掌管,还归地藏王掌管,这个神的谱系实有些混乱。

人有灵魂的说法,似乎暗地里支撑着儒家尊崇祖先的观念。表面上,儒家最强调"孝",对列祖列宗的祭祀是"孝"的体现,但这绝不单单出于伦理情感,更多的是出于对祖先灵魂存在的信仰,并附着了若干功利性。"关于祖灵信仰最有普遍意义的是民间对亡故的先人的敬奉。这是从鬼灵崇拜中亡灵观念冥想出来的祖先神崇拜。普遍认为祖辈代代离世,但他们的灵魂依然关注着后代儿孙的一切。因此,追念祖灵,祈求祖先在天之灵庇佑本族子孙后代兴旺,便成为祖灵崇拜的最重要的目的。"②所以,传统中国人把祖坟视为神圣之地,对祖先如期祭奉。在《我的家》中,汪曾祺为我们展示了一个普通家庭祭祀祖先的民俗。祭祀的空间不是随意的,而是把仪式安排在整个宅院位置最为尊贵的"正堂屋","这间正堂屋的用处是:过年时敬神,清明祭祖。祭祖时在正中的方桌上放一大碗饭,这碗特别的大,有一个小号洗脸盆那样大,很厚,是白色的古瓷的,除了祭祖装饭外,不作别的用处。饭压得很实,鼓起如坟头,上面插了好多双红漆的筷子。筷子插多少双,是有定数的,这事总是由我的祖母做。另有四样祭菜。有一盘白切肉,一盘方块粉,—绿豆粉,切成名片大小,三分厚。这方块粉在祭祖后分给两房。这粉一点味道都没有,实在不好吃,所以我一直记得。其余两样祭菜已无印象。十月朝(旧历十月初一)'烧包子',即北方的'送寒衣'。一个一个纸口袋,内装纸钱,包上写明各代考妣冥中收用,一袋一袋排在祭桌前,上面铺一层稻草。磕

---

① 乌丙安:《中国民间信仰》,长春出版社,2014 年,第 146 页。
② 同上书,第 124 页。

头之后,由大爷点火焚化。每年除夕,要在这方桌上吃一顿团圆饭"①。在民俗中,祭祀之后的饭菜果点似乎带有神奇功效,儿孙都很看重,往往是大家分食,吃到的人似乎更能受到庇护。这段文字除了清晰地告诉我们家祭具体过程,还提供了一个重要信息,那就是祭祀的时间。按照民俗,"中国的'三冥节'——清明、中元节和十月朔,就是祭祀祖先的节日"②。这里所涉及的两个节令应该是清明节和十月朔了。在民间,普通人死后为鬼,有影响、有德行的人似乎死后可升格为神,所以有人直接称这种信仰为祖神崇拜。

中国的正神大多属于自然神。所谓自然神,指日月星辰等天体、风雨雷电等自然现象、水火土等无生命之物以及动植物等生命之物,都幻化为神。"进入文明社会以后,天神地位与日俱增,成为诸神之首,将天神拟人化,认为天界为诸神所居,天帝为大,道教又将玉皇捧得至高无上。"③关于民俗中的诸神,汪曾祺在《城隍·土地·灶王爷》中考察了若干神灵的来龙去脉,从历史渊源,到如何被官方确认,再到彼此之间的关联。他由小到大列出诸神的级别关系:土地—都土地—城隍—都城隍,都城隍之上,就是玉皇大帝。实际上,在这个关系链的前面还有更小的神:家神。家神包括床神、门神、灶神等等,其中"灶神"为家神之首,"此神本是管理一家炊事的家火神,但在发展中,已经成了一家一户事务的总管神"④。灶王爷每年年末"辞灶日"受召见,到天上觐见玉皇大帝——这仿佛是一次越级汇报。这些神都仿佛是现在行政制度内的各级地方官员。

另外还有一些大神,如同部级行政长官,专门分管某个领域——碧霞元君就是这样的神。碧霞元君的出身,一如道教中的其他神灵,血脉关系难以确定,有的说是泰山神的侍女或女儿,有的说是玉皇大帝的女儿或妹妹,有的说是东汉石守道的女儿。汪曾祺对此也深感困惑。碧霞元君的司职,也有含糊之处。在《泰山片石》中认为,泰山主神原本是"东岳大帝",后来似乎就被"碧霞元君"代替了,从这一点上看,似乎是山神。"碧霞元君"更准确的身份是生育神。宋真宗封为"天仙玉女碧霞元君",俗称就是泰山娘娘,塑像就立于娘娘祠内。因为她掌管滋生繁衍,因此民众们多来许愿、求子。在民间信仰世界里,泰山娘娘绝不仅仅充当送子娘娘的角色,似乎能解救更多的苦难。汪曾祺认为,因"碧霞元君"是女性,信众视之如母,所以每次遇到挫折,都到她那里寻求抚慰。在民间,求子去处不止"碧霞元君",《陈小手》中,汪曾祺

---

① 汪曾祺:《我的家》,《汪曾祺全集》第5卷,北京师范大学出版社,1998年,第213页。
② 钟敬文主编:《民俗学概论》,高等教育出版社,2010年,第146—147页。
③ 同上书,第147页。
④ 乌丙安:《中国民间信仰》,长春出版社,2014年,第130页。

民间的接生婆"老娘",说这些人家里都供着"送子娘娘",天天烧香。① 在《我和民间文学》中汪曾祺讲了个故事,说一个媳妇去奶奶庙求子,祷告词全用韵文,即是说"奶奶"亦为生育之神。② "中国汉族民众重生育,崇尚繁衍后代,传统观念中多子多孙多福寿占有首要位置,因此对送子观音及广生娘娘、泰山娘娘或碧霞元君普遍崇拜。旧时,遍布北方各地的娘娘庙、奶奶庙及观音庙,几乎都是民间求子的所在。"③中国神的谱系中,还有专门司雨的龙王。中国民间有"求雨"的风俗,所求之神主要是龙王——他的上司玉皇大帝当然也能解决这个问题。一般求雨的仪式是农夫们从龙王庙里搬出龙王造像,抬着游行。汪曾祺写过一个小说《求雨》,专门描绘昆明"求雨"的习俗,与普通的求雨仪式有所差异。十几个六到十岁的孩子,枯瘦、褴褛,头戴柳条编成的圆帽,呼告着祈祷的民谣——这类似于"喊皇天",毫无节奏地敲着小锣小鼓,排了一个神圣队伍前行。他们中或许有人听说过玉皇和龙王,有人则对一切茫然无知,只朦胧地觉察天对人的喜怒无常。人们就是希望借助孩子们的可怜相和凄苦哀告,能感动神灵,普降甘霖。④

把实有人物加以神化,通过想象赋予超自然的力量,此种信仰可以说是中国信仰的独特之处。具体地说,这些被神化的人物可分为四类:神人、仙人、圣人和巫师。汪曾祺的作品中涉及较多的是神人和仙人。

所谓神人,指具体历史人物或地方人物在民间想象中被神化或半神化,不仅他们的神异功绩被广为传诵,而且还成为民众信仰膜拜的对象,享受供奉或祭祀。中国民俗中的行业神,实则都是神人。"行业神是指各行各业信奉的行业祖神和保护神。"⑤如工匠中有鲁班,纺织业中有黄道婆,酿酒业中有杜康,茶业行中有陆羽,制陶业中有舜,等等。某个行业的行业神一般是这个行业的祖师爷,但也有的是本行业做过重要贡献的人,还有的则是牵强附会拉过来的。汪曾祺对这一民俗非常了解,他曾说:"三百六十行,都有行会。他们定期集会,也演戏,一般都在祖师爷的生日。"⑥"演戏"主要目的是娱神,让升格为神的祖师爷高兴,以达到庇护自己的目的,当然也是人神共乐。《鸡鸭名家》中的余老五带着伙计日夜守护着炕房,待到小鸡出壳了,大家如释重负,却也不敢有丝毫马虎,唯恐触犯神灵,"下了炕之后,不大随便

---

① 汪曾祺:《故里三陈·陈小手》,《汪曾祺全集》第 2 卷,北京师范大学出版社,1998 年,第 114 页。
② 汪曾祺:《我和民间文学》,《汪曾祺全集》第 3 卷,北京师范大学出版社,1998 年,第 426 页。
③ 乌丙安:《中国民间信仰》,长春出版社,2014 年,第 137 页。
④ 汪曾祺:《汪曾祺全集》第 2 卷,北京师范大学出版社,1998 年,第 54—55 页。
⑤ 钟敬文主编:《民俗学概论》,高等教育出版社,2010 年,第 149 页。
⑥ 汪曾祺:《戏台天地》,《汪曾祺全集》第 4 卷,北京师范大学出版社,1998 年,第 199 页。

让人去看。下炕那天照例三牲五事,大香大烛,燃鞭放炮,磕头拜敬祖师菩萨,很隆重庄严。炕一年就作一季生意,赚钱蚀本就看着几天。"①没有告诉我们孵化行业的祖师爷究竟是谁,但是仪式严谨,郑重其事,肃穆虔诚。祖师爷和菩萨放到一块儿祭拜,反映了中国民间信仰多样化的特性。中国民间信仰的不是唯一的神灵,而是多个神灵;不仅不同的人所信奉的神并不完全相同,而且同一个人不会因为信奉一个神灵就排斥另外的神灵,而是往往多个神灵一起崇拜,佛教道教并行不悖,各路神仙共享香火。《异秉》(二)中再次呈现了同样的情形。保全药行中,学徒陈相公负责给赵公元帅和神农爷烧香。这里的赵公元帅就是财神赵公明。关于财神,中国民间说法极为复杂:"有的说是姓何,叫何五路,据说是元末人,御寇死,祀之出门五路皆得财,故有'五路财神'之称;还有的说财神分文财神和武财神,文财神就是纣王的丞相比干,而武财神就是人们熟知的赵公元帅赵公明(亦叫赵玄坛)。"②在另外的说法中,财神构成一个集团,"有'正财神'赵公明、'文财神'范蠡、'武财神'关羽、'偏财神'五路神、利市仙官、'准财神'刘海蟾"③。关于武财神,说法又有不同,据说武财神有两个,其一是关羽,其二就是赵公明。以长江为界南北民间供奉不同的财神,关羽为南武财神,赵公明为北武财神。④ 考证一下,赵公明的身份也颇复杂。一种说法是"赵公明是陕西终南山人,商朝武官"⑤。另一说法说赵公明是秦汉时期的人,也许是一直活到那时候吧:"《三教搜神大全》卷三记载:'赵元帅,姓赵讳公明,钟南山人也。自秦时避世山中,精修至道。'功成之后,玉皇授封他正一玄坛元帅之称,简称'赵玄坛',并成为掌赏罚诉讼、驱病禳灾之神。有冤抑难伸,他会主持公道;人们买卖求财,他可以使之获利,因此逐渐被民间视为财神来供奉。"⑥从《异秉》看,"赵公元帅手执金鞭,身骑黑虎,两旁有一副八寸长的黑地金字的小对联:'手执金鞭驱宝至,身骑黑虎送财来'"⑦。这位赵公明威风凛凛,颇有武将风范。保全药行供奉赵公元帅,为的是招财进宝,生意兴隆;但生意兴隆,得靠药材过硬,这就需要行业神保佑。高邮一带,药行信奉的祖师是神农氏,"神农爷蛇髯披发,赤身露体,腰里围着一圈很大的树叶,手指甲、脚指甲都很长,一只

---

① 汪曾祺:《鸡鸭名家》,《汪曾祺小说全编》(上),人民文学出版社,2016 年,第 182 页。
② 吴绿星文、卢延光绘:《中国一百神仙》,中国青年出版社,2013 年,第 70 页。
③ 高慧芳编著:《中华民俗万年历》,华文出版社,2010 年,第 115 页。
④ 黄一真主编:《解读吉祥文化》,黑龙江科学技术出版社,2013 年,第 211 页。
⑤ 吴绿星文、卢延光绘:《中国一百神仙》,中国青年出版社,2013 年,第 70 页。
⑥ 任丙未编:《中华民俗老黄历》,气象出版社,2013 年,第 273 页。
⑦ 汪曾祺:《异秉》(二),《汪曾祺全集》第 1 卷,北京师范大学出版社,1998 年,第 318 页。

手捏着一棵灵芝草,坐在一块石头上"①。但是,药王并非神农氏,而是孙思邈。汪曾祺专门强调,这里对孙思邈也非常崇拜,药王的生日是要聚会喝酒,有没有其他仪式则没有交代。有研究表明,"在民间信仰中的医药神或医药祖师有五位神。一是战国时名医扁鹊,二是初唐名医道士孙思邈,三是唐武后时医家韦慈藏,四是唐武后时名医道士韦善俊,五是唐代天竺来长安之名医"②。在高邮一代的药行信仰孙思邈一点也不突兀,把神农奉为行业神可就算得上独特了。汪曾祺还写父亲一次配制眼药,态度极为虔诚:"三天前就洗了澡('斋戒沐浴'),一个人住在花园里,把三道门都关了,谁也不让去。"③中国对于神的态度,讲究"心到神知"和"心诚则灵",父亲有如此表现,恐怕是出于对神农、孙思邈等神人的信奉吧!

中国民间还有仙人崇拜。仙人,原本是普通人,"仙人的仙化过程是在该人物有生之年即从事专门的成仙得道修炼,直至被民间公认为成仙得道,长生不死的有灵异神奇道法通变之人。民间信仰的仙人,其源来自道教"④。汪曾祺曾依据浦江清先生文章中所提供的材料,融入自己的研究心得,于1985年8月专门写了《八仙》一文,此后余兴未消,以同样题目于1986年12月再写一篇,所以我们现在读到汪曾祺所写《八仙》有两篇同名异文的作品。对八仙历史渊源做了考察,如何修炼,如何度人,如何得道,民间如何崇拜,都考察了一遍。他还深刻地分析了普通人信仰仙人的内在动机,认为普通人渴慕长寿,希望"逍遥",于是羡慕起了仙人。

中国民俗信仰,还有诸多表现,如预知、禁忌和巫术。这些信仰在很大程度上左右着传统中国人的思维和行动,影响力不可低估。汪曾祺当然了解这一点,他行文中屡屡提及。

"预知信仰是根据自然现象或人的行为表现,推测人物或事物将要发生的变化,以便探知神的态度,预卜吉凶、命运好坏。"⑤中国民间多相信术士,术士亦有专:有风水先生,看风水、阴阳的;有相命师,或根据面相、手纹等测算命运,或根据生辰八字预测命运;有拆字、看名字的;有占卜师,用占卜工具和特定方法,推测吉凶祸福。汪曾祺写一长文《卦摊》,描述了各种各样的占卜方法,也写出了众多占卜者的人生命运。昆明翠湖公园中一个拆字的,这人质朴,不擅言谈,三言两语就说完了,顾主难以满足;白天出来摆卦摊的都

---

① 汪曾祺:《异秉》(二),《汪曾祺全集》第1卷,北京师范大学出版社,1998年,第318页。
② 乌丙安:《中国民间信仰》,长春出版社,2014年,第172页。
③ 汪曾祺:《我的父亲》,《汪曾祺全集》第5卷,北京师范大学出版社,1998年,第360页。
④ 乌丙安:《中国民间信仰》,长春出版社,2014年,第175页。
⑤ 钟敬文主编:《民俗学概论》,高等教育出版社,2010年,第154页。

是外来的术士,他们原先在南京、上海等大都市,为往来客商、达官贵人等看相算命,但因战争流散沦落,漂泊到昆明,被迫摆了卦摊谋生活;护国路有一个外地人会奇门遁甲,"一个大木盘,堆着简直有两三百小茶杯口大的象棋子样的刻着各样的字的木饼子,劈劈啪啪搬来搬去,实在是很了不得的样子"①。"云大"的老头子,先做门房,后摆书摊,最后算卦,总送人写得离奇古怪的符箓。《瓶》写一传奇故事,景德镇一个瓷器工人,所造瓷器皆名贵,又会算命。一日烧出了一件窑变的花瓶珍品,于是给它占了一卦。花瓶几经辗转,到了劫日,他就去拜访花瓶主人,闲聊间,花瓶莫名其妙地破碎。窑工遂拿过一片碎瓷,瓶胎里一行小字:"某年月日时鼠斗落钉毁此瓶。"在一篇文章中,汪曾祺说幼时教自己书法的老师就是占卜高手。一人丢了一只戒指,找他算卦,他算定就在家中炒米坛子上,去寻,果然找到了。

在传统社会生活中,"人们的日常生活中还充满了信仰方面的禁忌,认为身边常有超人灵力的人、事、物存在,或为神圣不可侵犯之物,或为不祥不洁凶险之物,都是普通人应当避免接触的,于是形成了严格的禁忌戒律,不得违禁犯忌,否则会招致祸灾"②。《花园》提到一个禁忌,称若是螳螂吃了上谷蛇的脑子,肚中就会生铁线蛇,这铁线蛇无论什么东西都能一穿而过,还能瞬间缠断马脚。基于这样的认识,高邮人禁止小孩玩螳螂——这禁忌反映了人们对于神秘破坏力的恐惧。炮仗店若遇明火,则会发生火灾,引发爆炸,因此《最响的炮仗》中说你不能向炮仗店借火,如果去借,他们总说没有——这禁忌说明造炮仗的对火灾的恐惧;《大淖记事》提到一个禁忌,说在路上被押解的土匪最怕看到鸟笼,因为看到了就意味着出狱无望——这禁忌表明土匪对囚禁生活的畏惧;《鸡鸭名家》中说,小鸡不能出壳的鸡蛋,名为"拙蛋",这种蛋禁止小孩子吃,吃了就念不好书了——这禁忌是怕脑子变"拙"。禁忌都出于畏惧,但事因归结、逻辑推断都是非理性的,这说明种种禁忌的束缚之下,人的自由受到了极大限制。

中国民间在某种程度上是相信巫术的。辟邪就是巫术的一种。"辟邪巫术就是利用一定物件防止鬼神来犯,这是一种比较流行的巫术。"③汪曾祺曾画过一棵倒挂的仙人掌,这出自昆明的一个民俗,"旧日昆明人家门头上用以辟邪的多是这样一些东西:一面小镜子,周围画着八卦,下面便是一片仙人掌——在仙人掌上扎一个洞,用麻线穿了,挂在钉子上"④。仙人掌周身是

---

① 汪曾祺:《汪曾祺小说全编》(上),人民文学出版社,2016年,第299页。
② 乌丙安:《中国民间信仰》,长春出版社,2014年,第7页。
③ 钟敬文主编:《民俗学概论》,高等教育出版社,2010年,第157页。
④ 汪曾祺:《昆明的雨》,《汪曾祺全集》第3卷,北京师范大学出版社,1998年,第377页。

刺,接触起来需小心翼翼,否则容易被插伤,大约鬼魅亦感恐惧。汪曾祺还曾转录了《容斋随笔》中的一则民俗故事,说是关中这个地方没有螃蟹,有人生了疟疾,就借来蟹干挂在门上,以为疟鬼不知何物,就会被吓跑。① 在《学话常谈》中,汪曾祺再次谈及这则引文。② 在《故乡的食物·端午的鸭蛋》中,汪曾祺列举了家乡端午节的种种习俗。其一是系百索子,百索子由五色彩线绞成,系在孩子的手腕或脖子上。其二是挂香角子,用丝线缠小粽子,内装香面,挂在帐钩上。其三是贴符,符为道士所画,常常被认为能降妖祛病。其四是喝雄黄,男女都喝,孩子不能喝,就在他们的额头上画一个王字,雄黄可以驱虫蛇,端午节这天喝雄黄酒,象征一年都能避开虫蛇伤害。③ 在这种思维模式的支配下,广大民众不仅用这种方法应对鬼魅,对于日常的讨厌之物也如法炮制。汪曾祺在《故乡的食物》中记录了一个乡间习俗,三月三这天百姓会把荠菜花放在锅台上,蚂蚁就不爬上来了。④ 种种事体,全都是为了辟邪。在初民的观念中,生病、死亡都是为鬼魅侵扰所致,故要想出种种方法加以对抗,一物降一物,在他们的意识中,"辟邪物有一种神秘的威力,可以与鬼神对峙,抵御鬼神闯入,保佑家庭安全"⑤。

(四) 民俗心理

汪曾祺对于民俗的书写,没有局限于对事象的描摹,还对现象背后隐藏的民族心理进行了考察。"民俗心理,是指一定人类群体中蕴含的一种较稳定的习俗意识定式。它是民俗生活相在人们头脑中循环往复潜留下来的心理意识,经过历史的传承而逐步成型的。"⑥广大民众长期生活在世俗社会,日常经验赋予了他们感受世界、待人接物、价值评价的基本方式,使他们形成了惯性思维模式。国民性批判所揭示的若干民族无意识,就来自民俗世界中潜移默化的民俗意识。虽然说汪曾祺自己曾表白,自己的艺术追求是和谐,而不是深刻,但在他的民俗书写中,三言两语直抵民族的文化无意识,从中可以明显看出对五四知识分子国民性批判传统的继承。汪曾祺写民俗,并不局限于事象的罗列,而是要找出现象背后的民俗心理,这一思维非常明确。汪曾祺在一篇序言中,曾建议那些"写地域散文的作家从民间文化的角度,审

---

① 汪曾祺:《谈幽默》,《汪曾祺全集》第 5 卷,北京师范大学出版社,1998 年,第 489 页。
② 汪曾祺:《学话常谈》,《汪曾祺全集》第 6 卷,北京师范大学出版社,1998 年,第 4 页。
③ 汪曾祺:《故乡的食物》,《汪曾祺全集》第 4 卷,北京师范大学出版社,1998 年,第 20 页。
④ 同上书,第 30 页。
⑤ 钟敬文主编:《民俗学概论》,高等教育出版社,2010 年,第 157 页。
⑥ 陈勤建:《文艺民俗学》,上海文化出版社,2009 年,第 269 页。

视这些无稽之谈所折射出来的心理文化素质"①。其实,他自己散文中,也总是遵循这样的思路进行书写。

在作品中,他抓住了中国民俗信仰多样性的特征,写北京的"供"。"供"是北京地区民众做成塔状的祭品,最初应该是专门祭奉释迦牟尼的,后来范围模糊了,好像各路神仙都有份,汪曾祺准确地指出了中国民间信仰的包容性和多样性特点,在同一个人那里几种不同的信仰可以并行不悖。他又调侃"供"被做成甜味的原因,表面上是为了取悦神佛,实际上为了符合小孩子的口味,他以戏谑的笔致写道:"北京的孩子大概都曾乘大人看不见的时候,偷偷地掰过供尖吃。到了撤供的时候,一盘供就会矮了一截。"②上"供"也要装着小心思,可见中国民间对神佛信仰远非虔敬,每个环节都可能掺进个人功利。这篇文章还对下层民众消极的命运观进行了剖析。关于北京专门做"供"的张某有一个传说,他花空了客户预定所付款项,正愁年末没东西给客户做"供",结果神仙托梦,他找到了一大批粮油,自此发家。这个传说透露了普通民众的心态,"人要发财,这是天意,这是命。因此,他们都顺天而知命,与世无争,不作非分之想"③。这个传说演绎的是一种心理平衡术,揭示出社会下层安于现状、不思抗争的宿命观。对于民众这种民俗心态,汪曾祺有深刻的领悟,在分析沈从文的作品《贵生》的时候,他专门引用了小说中人物鸭毛伯伯的一段议论,对同样的判断加以证明:"命里注定它要来,门板挡不住;命里注定它要去,索子链子缚不住。"④

中国民俗信仰带有很强的功利性,或者出于对祸患遭难的恐惧,或者出于个人欲望的追求,不管神佛还是魔怪,一律供奉,一律祈祷,或者献礼,或者献媚,无不带有功利算计,因此意念难以纯粹,心思缺少虔诚,"民间信仰的实用、实惠特点,显然与信奉一神教那种崇高的伦理道德和精神完美的追求不同,也不会对各种善恶鬼神表现出像对上帝那样的'爱',而是用香火与供品换取可以感受得到的福和可以摸得到的利"⑤。透过市民对待"八仙"的态度,汪曾祺看到了民俗信仰背后的功利性。首先是希望长寿。中国人缺乏宗教中具有的彼岸观念,不相信来世和天国,只希望能在现世延长生命,最好是长生永驻。"八仙"是活在地上的神仙,是不死的活人,和民众的愿望比较贴近,迎合他们的理想。其次是渴慕"自在"的生活。"八仙"没有劳作之苦,没

---

① 汪曾祺:《国风文丛总序》,《汪曾祺全集》第 6 卷,北京师范大学出版社,1998 年,第 233 页。
② 汪曾祺:《玉渊潭的传说》,《汪曾祺全集》第 3 卷,北京师范大学出版社,1998 年,第 477 页。
③ 同上书,第 477—478 页。
④ 汪曾祺:《中学生文学精读〈沈从文〉·〈贵生〉题解》,《汪曾祺全集》第 6 卷,北京师范大学出版社,1998 年,第 171 页。
⑤ 乌丙安:《中国民间信仰》,长春出版社,2014 年,第 5 页。

有饥饿之困,唱曲吹笛,一味逍遥。汪曾祺共写了两篇同名异文的《八仙》,在前一篇中,他先是有一段议论:"八仙是我们这个劳苦的民族对于逍遥的生活的一种飘渺的向往。我们的民族太苦了啊,你能不许他们有一点希望吗?"①然后肯定地说:"我不认为八仙在我们的民族心理上是一个消极的因素。"②但在后一篇文章中,汪曾祺的态度发生反转,他对民俗心态进行了深入分析,指出这一方面要求看破荣华富贵,不争酒色财气,另一方面又追求放诞不羁,随意而为,实际上是在欲望的可知与满足之间寻找平衡。在此基础上,他不无嘲讽地评论道:"既能自在逍遥,又且长寿不死,中国的市民要求的还有什么呢?"③他批判性地指出,这是民族心理的一个消极因素。汪曾祺的态度做这种改变绝非偶然,应该是自我批判的结果,我相信第二篇文章更能代表他的价值判断。《水母》中,汪曾祺关于中国女神形象的分析也颇具意味。民间能想象的尊贵、幸福的女性自然是贵妇人,于是他们把女神雕塑成"宫样盛装,衣裙华丽,体态丰盈,皮肤细嫩"④。如果神是少女或少妇形象,外貌多是端丽中稍带妖冶。为什么会是这样?因为膜拜者掺杂着非分之想,甚至伴有性冲动,汪曾祺一针见血地指出:"倾慕中包藏着亵渎,这是中国的平民对于女神也即是对于大家宅眷的微妙心理。"⑤一半是倾慕,一半是亵渎,信仰的神圣性荡然无存。中国人的信仰缺乏虔诚,鲁迅早就发现了,他说中国教民并不信仰上帝,不过是"吃教"。中国人少的是认真做事的人,多的是"做戏的虚无党"(《马上支日记·华盖集续编》)。汪曾祺曾熟读鲁迅著作,还曾希望像金圣叹评《水浒》那样对《鲁迅全集》评点一过,因此,他用鲁迅式的眼光来阅读中国社会,是很自然的事。

在大量的散文中,汪曾祺往往三言两语,对民俗心态就有精准把握。中国民间对飞檐走壁之类的神奇技能充满了幻想,无论是侠客还是飞贼,一律向往。《午门忆旧》中汪曾祺写一飞贼,作案之后到五凤楼天花板上躲避,留下烧鸡骨头、荔枝壳之类。汪曾祺用不无嘲讽的语气写道:"这种燕子李三式的人物引起老工友们美丽的向往,因为他们都已经老了,而且有的已经半身不遂。"⑥在讨论历史剧《烂柯山》时,汪曾祺指出民间"夫贵妻荣""从一而终"的观念影响了剧中人物朱买臣和崔氏,更影响了无数的人,认为"这是我

---

① 汪曾祺:《八仙》,《汪曾祺全集》第3卷,北京师范大学出版社,1998年,第448页。
② 同上书,第449页。
③ 汪曾祺:《八仙》,《汪曾祺全集》第4卷,北京师范大学出版社,1998年,第87—88页。
④ 汪曾祺:《水母》,《汪曾祺全集》第3卷,北京师范大学出版社,1998年,第380页。
⑤ 同上书,第381页。
⑥ 汪曾祺:《午门忆旧》,《汪曾祺全集》第3卷,北京师范大学出版社,1998年,第473页。

们民族的一个病灶,到现在还时常使我们隐隐作痛"①。关于《一捧雪》,他透过"义仆"替主人去死的情节,指出等级观念对人毒害惨烈,导致奴才毫无个体生命价值感。② 武定县狮子山有座正续禅寺,庙宇并不显眼,但香火鼎盛,究其原因,是民间传闻建文帝在此出家。汪曾祺这样分析民俗心态:善男信女,对和尚自然有敬意;农民又都有崇敬皇帝的心态,两层心理相叠加,崇信有加,这里自然香火兴旺。汪曾祺列举李铁拐、罗汉里的宾头卢尊者、钟馗和济公,这些人都丑而怪,然而深得民众喜爱,由此汪曾祺认为这背后隐藏着中国人以丑、怪为美的心理。③ 泰山上的碧霞元君是女性,他据此推断民间信奉者大概都有一点女权心理。④ 如此等等,不经意间,鲁迅式的笔锋露出来,闪耀着思想的火花。

民俗"与一般的文化意识形态不同,它是人类文化意识的原型。在人类文化意识形态'宝塔'构制中,民俗处在最低层,如同尚未提炼的矿石,是一种综合性的原生态的意识团"⑤。在这样的思想原型支配之下,类似的情形中某些行为模式会重复出现,代代传承,由此构成文化的历史连续性。剥露这些民俗心理,在某种程度上就抓住了民族的普遍心态与思维定式;在此基础上,不断自省、不断反思、不断批判,传统就可能成长为文化创新的起点。

四、游娱民俗

游娱民俗是精神民俗的一个重要方面,包括民间体育竞技、民间游戏和民间杂艺等。民间体育竞技,如举重、摔跤、拔河、赛龙舟、爬竿、踢毽子、跳绳、荡秋千、抽陀螺、抖空竹、放风筝、武术、棋牌等;民间游戏,如捉迷藏、老鹰抓小鸡、过家家、折纸、酒令、猜拳、水戏、冰戏等;民间杂艺,如民间杂技、戏法、动物争斗、动物表演等。博戏本属民间游戏或民间体育活动,但是由于加上赌博的内容,性质上发生了偏离。当然,这种区分是相对的,如抖空竹,原来就是一种庭院游戏,后来把抖空竹作为健身运动,这时它自然属于传统体育项目,又有人增加技巧难度,把抖空竹变成了一种杂技项目,这时当然可以归为杂艺类;踢毽子本是民间游戏,后来就发展成一种民间竞技体育。因此,

---

① 汪曾祺:《应该争取有思想的年轻一代》,《汪曾祺全集》第3卷,北京师范大学出版社,1998年,第393页。
② 同上。
③ 汪曾祺:《八仙》,《汪曾祺全集》第3卷,北京师范大学出版社,1998年,第449—450页。
④ 汪曾祺:《国风文丛总序》,《汪曾祺全集》第6卷,北京师范大学出版社,1998年,第233页。
⑤ 陈勤建:《文艺民俗学》,上海文化出版社,2009年,第3页。

这些类别区分是相对的。

中国的若干游娱民俗都有深远的历史渊源,是中国传统文化的重要组成部分。比如,舞龙为民间体育运动,社火源于原始土地崇拜,带有宗教性质,后转化为民间娱乐活动;端午节划龙舟本带有巫术色彩,出于"竞渡禳灾"的信仰,汉末魏晋时才和屈原的事迹联系在一起,变成了一种吊祭活动;劳动创造了人,狩猎是人类最古老的劳动方式之一,骑马、射箭原为狩猎活动的一部分,后来演化成民间体育竞技项目;摔跤相传与黄帝蚩尤之战有关,宋代就是军中正式的训练项目;现在围棋、象棋和军事有关,应该是深懂军事谋略的人发明的,东汉桓谭在《新论》中早就有这种观点。① 由此可见,中国现在的很多游娱活动,或者起源于远古的宗教、巫术,或者与古代劳动、兵事有关,都是传统文化的一个有机部分。

民间体育、游戏和杂艺,能为人的健康发展带来各种益处。它们的一个共同特点是助人放松娱乐,缓解紧张情绪,获得心理愉悦,增加生活情趣;由于种类繁多,有侧重智力的,有侧重体力的,有侧重技巧的,有侧重技艺的,对人的作用也各有不同:有的能增强智力,训练语言或计算能力,开发想象能力,习得应变能力,激发创造力;有的能提高心理素质,磨砺意志,激发冒险精神,增强挑战困难的勇气,培养竞争意识;有的能增强体质,提升协调能力,磨炼运动技巧;有的能使人树立诚信公正的伦理观,学会遵守规则;有的能培养合作意识,使人们讲究相互配合,彼此默契,从而增强集体观念,获得认同感。总之,游娱民俗在消闲娱乐、调节身心、增强素质等方面具有多种功能,能促进人们生活和谐和身心健康发展,因此也是作为人学的文学应该表现的领域。

汪曾祺有一篇随笔,提名叫《踢毽子》,对踢毽子做了专题性探讨。他说明了毽子的材料、做法,介绍了小五套、大五套等个体踢法及被称为"嗨卯"的群体踢法,描述了踢毽子的比赛方式,包括单项比赛、成套比赛、分组比赛等,结合自己童年的游戏经历、所见所闻,写成知识性和趣味性都很强的随笔。与之相类,《昆明的年俗》中专门介绍了劈甘蔗、掷升官图两种游戏道具玩法,并不牵扯其他。但是,汪曾祺毕竟是文学家,不是专职的民俗学家,这样的写法只能在散文中偶一为之,在大量的作品中,虽然不断涉及游娱民俗,但这些游娱民俗都处于从属位置,或者构成背景氛围,或者作为叙事线索,或者作为表现人物精神的手段,都仅仅是一个从属性的叙事元素。

在汪曾祺的一些作品中,游娱民俗受到渲染,意在营造一种生活氛围。

---

① 参见钟敬文主编《民俗学概论》,高等教育出版社,2010 年,第 280—282 页。

《王四海的黄昏》中,小城北门外有一座承志桥,桥的附近有一块旷地,这块旷地是一个游艺场所。平日里,附近的人都集中在这里踢毽子、放风筝、踢皮球。卖艺的来了,就在这里铺开场子:耍猴、耍木头人戏、耍把戏,节日还会上演"大把戏"。有一个叫"三上吊"的节目特别精彩:一个女孩把头发挽起,吊在三丈长的杉篙上,下面的大人来回摇晃,孩子就在半空中一边摆动,一边做寒鸦凫水、童子拜观音、穿裤脱裤等高难度动作。① 在这里,这些游娱民俗构成一个氛围,是这座城市市民生活的一个缩影:安定、祥和、欢乐——这种氛围对于常年浪迹天涯卖艺的王四海而言,无疑是一个巨大的诱惑。更何况这里还生活着他一见钟情的女人——那个开客店的美艳寡妇"貂蝉"。这些描写为后来王四海放弃演艺生活而留下来定居埋下了伏笔。《故里三陈·陈四》用繁笔写一次"赛城隍"的游艺活动。迎会的组成一长队,走在前面的是一群"拜香的"小伙子,他们来都是为了给家中的病人许愿;后面的是表演队伍:十番锣鼓音乐篷子、茶担子、花担子、舞龙、舞狮子、跳大头和尚戏柳翠、跑旱船、跑小车、"站高肩"、踩高跷,最后是跳判的;这些玩艺表演过了,城隍老爷才在仪仗的簇拥下带着威严缓缓而来。这是一个信奉、崇拜守护神的队伍,仪式涵盖了各种民俗表演、民间舞蹈、民间音乐、民间体育、民间杂技,是一个集体性的狂欢节,为了娱神,亦为娱人。这一带最擅长踩高跷的人叫陈四,有一年,在县城演出完后他赶往三垛,路遇暴雨而误了表演时辰,会首乔三太爷当众抽了他耳光,还罚他跪一炷香。自此,陈四拒绝参与迎会表演。在这里,火热的节日氛围反衬出了陈四无端受辱时的凄冷,隐含了作者对社会等级差异的愤愤不平,对下层民众卑微地位的悲悯与同情;陈四对高跷的放弃,反映了小人物的觉醒、自尊与反抗,又折射出隐含作者对他的钦佩与尊敬。

在汪曾祺笔下,有时游娱民俗构成一种道具,投射出人物的命运轨迹。《王四海的黄昏》写了一个英雄迟暮的故事。王四海带着武术班子来这座小城表演,单人、对打、器械,掌声雷动。王四海表演护手钩对单刀、花枪、猴拳,而他的"力推牯牛",更是轰动一时②,大家都把他视作英雄,美其名曰"吕布"。他因迷恋"西施"滞留不去,反复表演而观众日稀,更糟糕的是"力推牯牛"的杂艺穿帮,还未发力牯牛自动倒下,观众始明白牛被推倒不是因为他力气大,而是因为牛是被训练好的,英雄的光环自此大打折扣;待到招赘留在"西施"那里,虽偶然回忆起往日的辉煌,甚至有拿出护手钩耍一下的短暂冲

---

① 汪曾祺:《王四海的黄昏》,《汪曾祺全集》第 2 卷,北京师范大学出版社,1998 年,第 14—15 页。
② 同上书,第 22—23 页。

动,但平凡日子的不断流逝,他已逐渐衰老,几乎消尽了英雄的影子。从表演武术到过平凡的日子,从显赫的英雄到凡夫俗子,这是一条下滑的曲线,但是从王四海的个人感受中,未尝不是从浪迹江湖转入平稳的幸福,这也许又是一条上升的曲线。命运究竟是沉还是浮,一时竟难以断定。《俩老头》中郭老头的命运,和民间体育竞技项目摔跤有关。摔跤是一种竞力和竞技并重的民间体育项目,郭老头年轻时练习摔跤,他耳朵很硬,却无耳轮,耳轮就是初练摔跤被对手的褡裢磨平的。为了谋生,他曾给会一招两式的阔少陪摔,阔少"耗财买脸",他就在比赛时佯装败北,摔倒在地。① 摔跤本是体育,最讲究公平竞争,可是金钱竟然操纵了规则,贫穷的人迫于生计,尴尬地靠欺骗谋生,社会之黑暗,下层人生活之艰辛,透过摔跤表演就折射出来了。《戴车匠》写儿童游戏射箭,这是高邮附近的一个民俗,先用竹子、麻线制造小弓,拿螺蛳壳套在杆上做箭镞,用力开弓往屋顶的瓦上射,孩子比赛谁射得远。② 不久,屋顶就落了很多螺蛳壳。大人们并不生气,只在雨季前检点破瓦时一起扫下来。一个游戏,一写孩子的娱乐,二写大人们对孩子的宽容理解,更重要的是写戴车匠,作为螺蛳弓的制造者,也是孩子快乐的制造者,他们因时代变更而渐渐堕入尴尬境地,产生了生存危机,其中无疑包含着对命运的感喟。

在有的作品中,汪曾祺用游娱民俗表现人物的性情或心境,为表现性格特点服务。《星期天》中的体育老师谢霈,愤世嫉俗,一切都看透,乏精神支撑,生活节俭至极,缺物质享受,生命的意义匮乏。但他是铁杆棋迷,为了看棋,星期天经常请上海的两个围棋国手来博弈,然后请他们吃菜小酌。这一个嗜好中见出他的真性情、真欲望、真活力,这是他枯萎人性中一抹耀眼的光,虽然是游戏,却几乎照亮了他的整个生命。③《鲍团长》中地方保安团的鲍团长与出身官宦家庭的杨宜之是棋友,经常一块儿下围棋,关系似乎非常亲密;一旦儿女恋爱被杨家拒绝,幻觉马上被击破,他立刻领悟到两家之间社会地位存在巨大差距的真相。一时间,鲍团长复杂的情绪纠结于心头,先是英雄迟暮式的深重失落感,随后的辞职则又出于不为五斗米折腰的清高与自傲。汪曾祺的作品多次涉及风筝,《多年父子成兄弟》记录了父亲静心做了蜈蚣风筝,用胡琴弦做线,带"我"去放,写父亲是通达之人,充满童心和对儿子的爱心;这个事情在《我的父亲》中再次出现,而且还详细记录了蜈蚣风筝的做法。《受戒》中的三师傅能玩杂技,在盂兰会放焰口时耍飞铙,让十几斤重的飞铙旋转着,飞到半空,待到落下,用各种方式接住,有"犀牛望月",有

---

① 汪曾祺:《塞下人物及》,《汪曾祺全集》第1卷,北京师范大学出版社,1998年,第296页。
② 汪曾祺:《戴车匠》,《汪曾祺全集》第1卷,北京师范大学出版社,1998年,第144—145页。
③ 汪曾祺:《星期天》,《汪曾祺全集》第2卷,北京师范大学出版社,1998年,第104页。

"苏秦背剑",高难度的动作,他却从容不迫,写这样的表演为的是表现三师傅的精明过人、多才多艺。

　　游娱习俗有很强的层次性,不同类别的项目之间亦有"区隔",不同的社会阶层惯常参与不同的游娱方式。中国传统知识分子多借围棋消遣,围棋棋谱丰富复杂,有相当文化修养才能很好掌握。他们也往往借围棋开发智力,感悟人生,修身养性,因此棋被看成传统文人的重要修养。至于社会下层,所习游娱习俗往往比较简单粗陋,其中最普遍的一种是博戏。他们平日劳动非常艰辛,闲暇时就寻找刺激,试图通过博戏打破平淡无奇的日常状态,当然更希望能赢钱,通过投机走向发财之路。虽同属博戏,玩法亦有区别。汪曾祺往往能通过博戏写出人物的社会身份和教养,表现出某个阶层特定的生存状况。《大淖记事》写挑夫们平日里生活清苦,但他们也过年过节。节日里他们的游戏是聚众赌博,赌博的支机非常原始,或为"打钱",或为"滚钱",赌具也直截了当,那就是铜元。"打钱:各人拿出一二十铜元,叠成很高的一摞。参与者远远地用一个钱向这摞铜钱砸去,砸倒多少取多少。滚钱又叫'滚五七寸'。在一片空场上,各人放一摞钱;一块整砖支起一个斜坡,用一个铜元由砖面落下,向钱注密处滚去,钱停住后,用事前备好的两根草棍量一量,如距钱注五寸,滚钱者即可吃掉这一注;距离七寸,反赔出与此注相同之数。"①简单粗朴的挑夫们玩简单粗朴的游戏,沉重的劳动搭配这种冒险刺激的游戏,这就是挑夫们的生存状态。这里是别样的世界,统治大家头脑的绝不是子曰诗云,而是另外一种生活准则。只有在这样的环境中,才能生出如此无视儒家伦理、美丽超脱、蔑视苦难的巧云。在汪曾祺家乡,农民做和尚不是为出家,而是在从事一种职业,故和尚即常人,没有什么清规戒律。为突出这些和尚的百无禁忌,汪曾祺用了大量笔墨写他们的博戏。《庙与僧》中的师父们就专爱打麻将,每张牌都有特定的称呼,多与女人有关,如"五索"被称为"女学生",等等,这与他们娶妻、吃肉在格调上完全一致。《受戒》在内容上与《庙与僧》多有叠合之处,和尚们常常斗纸牌,搓麻将,且下赌注,锱铢必较,一派世俗做派,全无清修的影子。《小姨娘》中章家家教极严,章叔芳自由恋爱,和上海包打听的儿子宗毓琳同居,被父亲驱逐,去了宗家,浪漫、大胆与倔强可见一斑;等父亲死了,她奔丧回来,已经是抱着孩子打麻将了——"章老头死后,章家开始打麻将了"②。一盘麻将,意味着章叔芳不复有当年的叛逆与个性,完全融入了庸俗的小市民阶层。

　　博戏虽有休闲娱乐性质,但一变为赌钱,就成了一种陋习。屡败屡战者

---

① 汪曾祺:《大淖记事》,《汪曾祺全集》第1卷,北京师范大学出版社,1998年,第420页。
② 汪曾祺:《小姨娘》,《汪曾祺全集》第2卷,北京师范大学出版社,1998年,第362页。

多情绪异常,往往深陷其中不能自拔,不仅可能输掉财产、家庭,甚至会输掉整个人生。汪曾祺常写一好人、奇人偏偏因一个陋习导致人生失败。《鸡鸭名家》中有一种博戏叫"推牌九",有人玩牌,有人下旁注,打牌时选手们配有固定的押韵的说辞,如"七七八八——不要九!""天地遇虎头,越大越封侯!"①陆长庚迷恋其中,他赶鸭挣了十块钱,当夜进赌场,输得精光,因有这种嗜好,他虽有特殊技能,却不能发家致富,人渐落魄,精神上也日见颓唐。《故里三陈》中的陈泥鳅,虽靠着超常的水性挣钱,但花钱散漫,不能聚财,虽有慷慨好义的作风,但亦好赌——好赌必输。这才是普通人的故事,生活脆弱不堪,因为一件小事就满盘皆输,同样的命运还要千万次上演,他们的卑微在这样的命运中得到阐释。

　　有时候,游娱民俗作为线索出现,在汪曾祺的作品中起到贯穿情节的作用。《春天》是一段童年的回忆,还有自己对故乡小姑娘英子的一点朦胧的好感。"我"与英子、玉哥同去放风筝,因争夺绕线的杆子,玉哥把"我"推倒,"我"用砖头还击,英子批评我打人,还打了我一个巴掌,于是"我"伤心而去。一个风筝,测量出了英子的感情倾向,也贯穿了"我"少年时一段美好感情和伤心体验。《蛐蛐》改自《聊斋志异》中的促织,写上方喜斗蟋蟀,弄得百姓家破人亡的故事。《岁寒三友》中有一个情节,也以斗蟋蟀贯穿,表现三个人的友谊。靳彝甫虽然是画师,但常常半饱半饥,一次捉到一只善斗的蟹壳青,王瘦吾、陶虎臣给他凑了一笔路费,送他到兴化参加蟋蟀集会,以斗蟋蟀赌博,结果他赢了四十块钱回来。在这些作品中,游娱民俗变成了构造故事的线索,人物关系、故事情节都围绕着这个线索生发。

---

① 汪曾祺:《鸡鸭名家》,《汪曾祺全集》第1卷,北京师范大学出版社,1998年,第90—91页。

第九章　中国气派的文学理论与批评

一、民族风格的文学理论

汪曾祺就像一个当代的古人，针对当代文学现象，翻旧为新，用非常传统的话语编织了一套完整的文学理论。当他用这套理论对当代文坛发言的时候，东方文化那独特的魅力就显现了出来。汪曾祺的文学理论大致可以分为三个部分：语言说、文气论和叙事观。

（一）语言说

汪曾祺在一次答记者问时，说自己大概是一个文体家。"'文体家'原本不是一个褒词。伟大的作家都不是文体家。这个概念近些年有些变化。现代小说多半很注重文体。过去把文体和内容是分开的，现在很多人认为是一回事。我是较早地意识到二者的一致性的。文体的基础是语言。一个作家应该对语言充满兴趣，对语言很敏感，喜欢听人说话。"[①]汪曾祺发表这段言论是在1988年，当时众多作家或沉迷于西方文学叙述方式的模仿与实验，或津津乐道于庸常琐事，汪曾祺却对语言情有独钟，并在某种程度上把语言的重要性推向了极端。在汪曾祺看来，对于作家而言，语言是他的生命线，"一个作家能不能算是一个作家，能不能在作家之林中立足，首先决定于他有没有自己的语言，能不能找到一种只属于他自己，和别人迥不相同的语言"[②]。对于作品而言，语言是它是否具备民族性的试金石，"语言，是民族传统的最根本的东西。不精通本民族的语言，就写不出具有鲜明的民族特点的文

[①] 汪曾祺：《认识到的和没有认识的自己》，《汪曾祺全集》第4卷，北京师范大学出版社，1998年，第301—302页。
[②] 汪曾祺：《〈年关六赋〉序》，《汪曾祺全集》第5卷，北京师范大学出版社，1998年，第109页。

学"①。"写小说就是写语言。"②语言,是创作的起点,也是创作的终点,无论如何强调都不过分。

1. 汉语中的独特语言现象

(1)象形・单音缀・调值。民族文化中最基本的因素是语言,汉字有不同于西方语言的特点,而这些特点影响到汉语写作的思维方式、语言感受方式,造成汉语的一些独特语言现象。其一是象形。"中国语言是表意的,是象形文字,看到图像就能产生理解和想象。"③象形字包含形、音、义三个部分,字形和字音会对字意产生影响,"中国人习惯于望'文'生义。'浩瀚'必非小水,'涓涓'定是细流。木玄虚的《海赋》里用了许多三点水的字,许多摹拟水的声音的词,这有点近于魔道"④。其二是单音缀。中国"一字一声,它不是几个音节构成一个字。中国语言有很多花样,都跟这个单音节有很大关系"⑤。其三是音调。"与很多国家的语言比较起来,中国语言有不同的调值,每一个字都有一定的调值,就是阴、阳、上、去,或叫四声。这构成了中国语言的音乐感,这种音乐感是西欧的或其他别的国家的语言所不能代替的。"⑥除汉语之外,世界有不同调值的语言只有古印度语,即古代的梵文、梵语,但梵文基本上是一种死去的语言。从这个角度上讲,汉语是世界上最具音乐感的语言。总之,就文字而言,中国语言有三个突出特点:象形文字,图像对表意产生一定影响;属单音节,一字一声;每字一个调值,共分四声。汉字的这些突出特征,对写作产生了深刻的影响。汪曾祺曾经对汉字和汉语做了区分,"汉字和汉语不是一回事"⑦。这种区分不是没有意义的,它突出了汉字这个语言单位对于写作的特殊意义。

首先,影响了思维方式。"中国的识字的人,与其说是用汉语思维,不如说用汉字思维。"⑧以字为单位思维,而不是以词或句为单位思维,对语言的细微之处的充分关注,无疑是汉语思维的一个重要特点。这是汪曾祺的一个独特发现。其次,形成独特的语感。"中国作家便是用这种古怪的文字写作

---

① 汪曾祺:《我的创作生涯》,《汪曾祺全集》第6卷,北京师范大学出版社,1998年,第495页。
② 汪曾祺:《思想・语言・结构》,《汪曾祺全集》第6卷,北京师范大学出版社,1998年,第74页。
③ 汪曾祺:《文学语言杂谈》,《汪曾祺全集》第4卷,北京师范大学出版社,1998年,第232页。
④ 汪曾祺:《"揉面"——谈语言》,《汪曾祺全集》第3卷,北京师范大学出版社,1998年,第184页。
⑤ 汪曾祺:《文学语言杂谈》,《汪曾祺全集》第4卷,北京师范大学出版社,1998年,第232页。
⑥ 同上。
⑦ 汪曾祺:《认识到的和没有认识的自己》,《汪曾祺全集》第4卷,北京师范大学出版社,1998年,第301页。
⑧ 同上。

的,中国作家对于文字的感觉和西方作家很不相同。"①汉字的独特性,造成中西作家迥然不同的语感。再次,造成一些独特的语言现象。"中国文字有一些十分独特的东西,比如对仗、声调。对仗,是随时会遇到的。有人说某人用这个字,不用另一个意义相同的字,是'为声俊耳'。声'俊'不'俊',外国人很难体会,但是作为一个中国作家是不能不注意的。"②汪曾祺不止一次抱怨,自己在《受戒》中的对联,在翻译成外语时,或者被删掉,或者是翻译出来也失去原来的味道。实际上这是无可奈何的事,中国语言的一些特征同外国语言截然不同,不可通约。因此,一个外国人也就不可能完全体会到汉语之美。

(2)对仗·成语·四字句。其一,对仗。在形式上,对仗是相对固定的,对音节、声调有特殊要求。这和汉语、汉字的特点有关,能对仗的语言必须是单音缀,一字、一音、一意,有不同的调值。"西方的语言都是多音节的,'对'不起来。"③对联一般要求对仗,"对联的上下联相同位置的字音要相反,上联此位置的字是平声,则下联此位置之字必须是仄声"④。其他语种多没有汉语这样丰富的调值,因此也无法满足这个条件。对联非常谨严,在内容上也有比较固定的关系。对联"在极其有限的篇幅里要表达广阔的意义,有情有景,还要形成双比和连属"⑤。依照意义关系不同,对联可以分为不同的种类。"两联的意思一般是一开一阖,一正一反,相辅相成。或两联意境均大,如'大漠孤烟直,长河落日圆';或两句都小,如'细雨鱼儿出,微风燕子斜'。有些对句极工巧,而内涵深远,如李商隐'此日六军同驻马,当年七夕笑牵牛'。有'无情对',只是字面相对,意思上并无联系,如我的小说《受戒》中的一副对联:一花一世界,三邈三菩提。'三邈三菩提'的三并么么二三的三,这不是数字是梵语汇音。有'流水对',上一句和下一句一气贯通,如同流水,似乎没有对,如'三十一年还旧国,落花时节读华章'。'流水对'最难写,毛泽东这一联极有功力。"⑥

对仗是汉语中特殊的语言形式,也造成了特殊的语言效果。其一是造成语意上的跳跃。对仗形成特殊的语言规律,从而摆脱一般的语法逻辑的羁

---

① 汪曾祺:《认识到的和没有认识的自己》,《汪曾祺全集》第 4 卷,北京师范大学出版社,1998 年,第 301 页。
② 同上。
③ 汪曾祺:《对仗·平仄》,《汪曾祺全集》第 6 卷,北京师范大学出版社,1998 年,第 272 页。
④ 同上。
⑤ 汪曾祺:《戏台天地》,《汪曾祺全集》第 4 卷,北京师范大学出版社,1998 年,第 200 页。
⑥ 汪曾祺:《对仗·平仄》,《汪曾祺全集》第 6 卷,北京师范大学出版社,1998 年,第 272—273 页。

绊,"造成语言上的对比和连续,而且能造成语意上较大的跨度"①。在小说中,汪曾祺很好地运用了对仗,比如《幽冥钟》中的"夏天,一地浓阴;秋天,满阶荒叶",汪曾祺自己认为,"比用完全散文化的语言省了很多事,而且表达了很多东西"②。"如果完全不讲对仗,不讲平仄,就不能产生古旧荒凉的意境。"③其二是形成音乐感。"由于有对仗、平仄,就形成中国话的特有的语言美,特有的音乐感。有人写诗,两个字意思差不多,用这个字、不用那个字,只是'为声俊耳'(此语出处失记)。作为一个当代作家应该注意培养语言的审美感觉,语言的音乐感,能感受哪个字'响',哪个字不'响'。"④

其二,成语。成语也是汉语中的一个独特现象。汪曾祺从创作的角度,对不同语境中成语的使用效果进行了鉴别,提出了一些使用原则。首先,凡属描写,不宜用成语。在《小说技巧常谈》一文中,汪曾祺回忆了一次和沈从文的谈话,在涉及一位青年作家的小说时,沈从文有一句评语:"他爱用成语写景,这不行。写景不能用成语。"⑤这种见解,恐怕只有一个作家才能谈得出。小说写景不是在孤立地写景,而是为了写人,必须状难状之景如在目前,这样才能为人物设置一个特殊的环境,使读者能感触到人物所生存的世界。成语是一种现成语式,程式化、一般化、俗套化,用成语写景,景物必然似是而非,模模糊糊,缺乏独特性,因而也就是可有可无,衬托不出人物。实际上,无论是景物描写,还是人物描写,都不宜用成语。人物描写亦需表现个性,不可笼统化,其理相通。其次,叙述语言,可用成语。"盖叙述是交代过程,来龙去脉,读者可能想见,稍用成语,能够节省笔墨。"⑥再次,成语不宜多用。"满篇都是成语,容易有市井气,有伤文体的庄重。"⑦

其三,四字句。中国古诗,多用五七句,但也有四言,如曹操的《龟虽寿》。文章多用四六句,骈体文讲究骈四俪六,一般的散文也有这种倾向,尤其是四字句,用得更多,几乎没有一篇文章找不出大量的四字句。一篇文章,如果有意回避四字句,就会形成一种非常奇特的拗体。由此,汪曾祺得出结论,"四字句多,几乎成了汉语的一个特色"⑧。在《小说技巧常谈》中,汪曾祺认为,现在写文章,也应该适当使用一点四字句。理由是:"一,可以使文

---

① 汪曾祺:《文学语言杂谈》,《汪曾祺全集》第4卷,北京师范大学出版社,1998年,第233页。
② 同上。
③ 汪曾祺:《对仗·平仄》,《汪曾祺全集》第6卷,北京师范大学出版社,1998年,第273页。
④ 同上。
⑤ 汪曾祺:《小说技巧常谈》,《汪曾祺全集》第3卷,北京师范大学出版社,1998年,第291页。
⑥ 同上书,第292页。
⑦ 同上。
⑧ 汪曾祺:《"揉面"》,《汪曾祺全集》第3卷,北京师范大学出版社,1998年,第185页。

章有点中国味儿。二,经过锤炼的四字句往往比自然状态的口语更为简洁,更能传神。若干年前,偶读张恨水的一本小说,写几个政客在妓院里磋商政局,其中一人,'闭目抽烟,烟灰自落'。老谋深算,不动声色,只此八字,完全画出。三,连用四字句,可以把句与句之间的连词、介词,甚至主语都省掉,把有转折、多层次的几件事贯在一起,造成一种明快流畅的节奏。如:'乃瞻衡宇,载欣载奔。僮仆欢迎,稚子候门。三径就荒,松菊犹存。携幼入室,有酒盈樽。'"①另外,在《"揉面"》中,他认为:"适当地运用一些四字句,可以造成文章的稳定感。"②汪曾祺的这种感觉是微妙的,也是相当准确的。只有具有深厚汉语功力的人,才会有如此敏锐的语感。

在创作中,汪曾祺非常喜欢用四字句。他的许多小说,都有意识地运用四字句,工巧、典雅而凝练,语感极好。在小说《徙》中,高先生死后,他写的校歌还在传唱,汪曾祺用一串四字句,抒发了生命的感慨:"墓草萋萋,落照昏黄,歌声犹在,斯人邈矣。"③典雅,苍凉,一咏三叹。即使在他的学术性很强的文章中,也不时有四字句出现,如《中国文学的语言问题》中,就有这样一段:"语言的奥秘,说穿了不过是长句子与短句子的搭配。一泻千里,戛然而止,画舫笙歌,骏马收缰,可长则长,能短则短,运用之妙,存乎一心。"④一连用了八个四字句,节奏明快,语感沉实,且多化用古文,能引起读者丰富的联想。

2. 汉语作为文学语言

(1)文学语言中的音韵。对于中国的韵文而言,声韵格外重要,"中国话的分四声,在世界语言里是一个很特别的现象。它在中国的诗律——民歌、诗、词曲、戏曲的格律里又占着很重要的位置。离了四声,就谈不上中国韵文的格律"⑤。在声韵方面,汪曾祺修养深厚,且高度敏感,对童谣、民歌、诗歌、戏曲等各种文体均有所感悟和发现,甚至在小说这样的非韵文的文体中,他也别具慧眼地发现了声调的重要性。

童谣。汪曾祺偶尔在公共汽车上听到一个孩子唱这样一首童谣:"山上有个洞,洞里有个碗,碗里有块肉,你吃了,我尝了,我的故事讲完了。"儿歌几乎没有意义,也并不押韵,但是,孩子反反复复地唱,汪曾祺一遍一遍地听,他感受到了其中的音韵之美。那么,这种音韵之美究竟来自何处呢?"我也

---

① 汪曾祺:《小说技巧常谈》,《汪曾祺全集》第3卷,北京师范大学出版社,1998年,第294—295页。
② 汪曾祺:《"揉面"》,《汪曾祺全集》第3卷,北京师范大学出版社,1998年,第185页。
③ 汪曾祺:《徙》,《汪曾祺全集》第1卷,北京师范大学出版社,1998年,第502页。
④ 汪曾祺:《中国文学的语言问题》,《汪曾祺全集》第4卷,北京师范大学出版社,1998年,第223页。
⑤ 汪曾祺:《"花儿"的格律》,《汪曾祺全集》第3卷,北京师范大学出版社,1998年,第139页。

捉摸出中国语言除了押韵之外还可以押调。'尝''完'并不押韵,但是同是阳平,放在一起,产生一种很好玩的音乐感。"①"押调"是有关音韵的一种新提法、新发现,是对传统音韵学的一个补充。或许它可以解释更多的语言学现象。这个发现应该是非常有价值的,只是尚不真正了解它的意义所在。

民歌。新时期以来,欣喜中拿起笔来的汪曾祺,写作的第一个作品,不是诗歌,不是小说,而是一篇研究民歌《花儿》的论文《"花儿"的格律》。在这篇论文中,汪曾祺对《花儿》的音韵特点多有发现。

双字尾对三字尾的突破。汉语的发展趋势是双音节的词汇逐渐增多,但是,自五言诗出现以来,诗歌多用三字尾,甚至仿民歌体诗歌也多用三字尾,诗歌的这些特点同汉语的发展趋势不相符合。汪曾祺发现,民歌《花儿》所采用的却全是双字尾,他认为"向词曲学习,是突破三字尾的一法,但还有另一法,是向'花儿'这样的民歌学习。我并不同意完全废除三字尾,三字尾自有其方兴未艾的生命。"②

严别四声,反对上去通押。从总的趋势来看,现代诗歌对音韵的要求,是非常宽松的,胡适就曾提出过作诗如说话。但是,过度的散文化,也使诗歌本身的文体特征越来越薄弱,诗味也变得越来越淡。为纠正这种偏颇,闻一多等尝试用新格律为新诗建立规范,冯至等则探索了源自西方的十四行诗,而仿民歌体则试着借用民歌在音韵方面的程式。汪曾祺曾就诗歌声韵中的一些问题发表了自己的看法,对"上去通押"问题提出了质疑,认为"上去通押,因受唐以来仄声说的影响,在多数诗人认为是名正言顺、理所当然的事。其实这是一种误会,这在耳感上是不顺的,是会影响艺术效果的"③。他以《花儿》为正面例证,认为"它没有把语言的声调笼统地分为平仄两大类。上去通押极少。上声和上声为韵,去声和去声为韵,在声音上取得很好的效果"④,并进一步认为现代诗歌创作应循此例。这不是对诗歌格律的放松,而是限制,从声韵效果的角度着眼,是非常有道理的。诗歌本来就是一种带着镣铐跳舞的艺术,没有镣铐恐怕也就没有舞蹈了。

《花儿》声调柔美,格律严格,创作起来本来应该是很困难的事情,但汪曾祺惊异地发现农民创作速度极快,其中"奥妙就在他们赖以思维的语言,就是这样有格律的、押韵的语言。他们是用诗的语言来想的"⑤,而不是想了

---

① 汪曾祺:《"揉面"》,《汪曾祺全集》第3卷,北京师范大学出版社,1998年,第186—187页。
② 汪曾祺:《"花儿"的格律》,《汪曾祺全集》第3卷,北京师范大学出版社,1998年,第146页。
③ 同上。
④ 同上。
⑤ 同上书,第147页。

一个散文的意思,再翻译成诗,翻译成带格律的语言。在汪曾祺看来,语言的节奏只是表面现象,深层的原因在于语言的节奏是内在情绪节奏的表现。"我曾向青年剧作者建议用韵文思维,主要说的是用有节奏的语言思维。或者可以更进一步说:首先要使要表达的情绪有节奏。"①总之,语言节奏来自韵文化的思维,而韵文化的思维又来自情绪的节奏化。以韵文化的思维为中介,汪曾祺解决了情绪的节奏化和语言的节奏化之间的关系问题。

诗歌。汪曾祺在讨论民歌的格律时,着眼点却在诗歌创作规律的总结上。他对现代诗歌创作的要求,还是比较宽松的。在《小溇河的水是会再清的》一文中,他评论了陶阳的诗歌:"陶阳押的韵是鲁迅所说的'大体相近的韵',并不十分严格,有些地方甚至是不押韵的,但是陶阳很注意韵律感。"②宽松并不是不要韵律,韵律是诗歌之美的重要源泉,放弃了会有伤诗美,他曾针对朦胧诗的创作现状,提出了朦胧诗尤其需要韵律的观点:"现在的新诗多不留意韵律,朦胧诗尤其是这样。我不懂,是不是朦胧诗就非得排斥韵律不可?我以为朦胧诗尤其需要韵律。李商隐的不少诗很难'达诂',但是听起来很美。戴望舒的《雨巷》说的是什么?但听起来很美。听起来美,便受到感染,于是似乎是懂了。不懂之懂,是为真懂。"③

小说。一般地说,小说是一种散文化的文体,很少有人会注重声韵方面的问题。对语言高度敏感的汪曾祺,提出了自己独特的见解,他认为:"写小说,也得注意声调的变化,才能造成作品的音乐美。"④"说小说的语言是视觉语言,不是说它没有声音。前已说过,人的感觉是相通的。声音美是语言美的很重要的因素。一个有文学修养的人,对文字训练有素的人,是会直接从字上'看'出它的声音的。中国语言因为有'调',即'四声',所以特别富于音乐性。一个搞文字的人,不能不讲一点声音之道。'前有浮声,则后有切响',沈约把语言声音的规律概括得很扼要。简单地说,就是平仄声要交错使用。一句话都是平声或都是仄声,一顺边,是很难听的。"⑤在小说创作中,汪曾祺对声音是极为重视的,有时他似乎认为音韵还不足以表现他的韵律要求,在《职业》这篇小说中,那个卖西洋糕的男孩的一句吆喝,作家还给他谱了曲。似乎四声还不够用,音乐感还太弱,以至于动用了乐谱,这可以反映作

---

① 汪曾祺:《浅处见才》,《汪曾祺全集》第6卷,北京师范大学出版社,1998年,第418页。
② 汪曾祺:《小溇河的水是会再清的》,《汪曾祺全集》第6卷,北京师范大学出版社,1998年,第136—137页。
③ 汪曾祺:《童歌小议》,《汪曾祺全集》第4卷,北京师范大学出版社,1998年,第125—126页。
④ 汪曾祺:《文学语言杂谈》,《汪曾祺全集》第4卷,北京师范大学出版社,1998年,第232页。
⑤ 汪曾祺:《"揉面"》,《汪曾祺全集》第3卷,北京师范大学出版社,1998年,第184页。

家追求音乐感的极致。

戏剧。五四时期,就曾有过关于京剧的讨论,新文学战线大都对京剧持否定的态度。汪曾祺认为:"五四时期就有人提出从曲牌体到板腔体,从文学角度来说,实是一种倒退,这是有一定道理的。"①汪曾祺是一位剧作家,有比较丰富的创作经验,他曾借鉴曲牌体的格律和新诗的格律,运用于戏剧创作。在汪曾祺看来,回到曲牌体中,似乎是一种复古,但实际上却是一种创新,"曲牌体看来似乎格律森严,但比板腔体实际上有更多的自由。它可字句参差,又可以押仄声韵,不像板腔体捆得那样死。像古体诗一样,连有几个仄声韵尾的句子,然后用一句平声韵尾扳过来,我觉得这是可行的。新诗常用的间行为韵,ABAB,也可以尝试"②。这些观点对于戏曲的创作不无指导意义。汪曾祺还是著名的"五言流水"的创作者之一,这也是他最出名的创作。《沙家浜》中的一段"五言流水",由李慕良谱曲,而词作者就是汪曾祺,他曾这样回忆当时的创作经历:"我想对京剧语言,进行一点改革,希望唱词能生活化、性格化,并且能突破原来的唱词格律(二二三,三三四),'垒起七星灶'是一个尝试。写这一稿时,这一段写了两个方案,一个是五言的,一个是七言的。我向设计唱腔的李慕良同志说:如果五言的不好安腔,就用七言的。结果李慕良同志选择了五言的,创造了一段五言流水,效果很好。"③唱腔的美妙,当然包含着声韵方面的和谐。这是汪曾祺的一次成功实验。

(2)文学语言中的方言。汪曾祺对普通话的认识,前后不无相悖之处。在《林斤澜的矮凳桥》中,他曾不无偏激地认为,"'普通话'是语言的最大公约数。是没有性格的"④。在多数场合下,他对普通话的地位还是充分肯定的。但是,他立论独特,肯定是因为普通话带有方言色彩。他对于普通话地方色彩的确认,是通过分析普通话、北方话和北京话之间的联系获得的。"普通话是以北方话为基础方言,吸收别处方言的有用成分,以北京音为标准音的。'北方话'包括的范围很广,但是事实上北京话却是北方话的核心,也就是说是普通话的核心。北京话也是一种方言。普通话也仍然带有方言色彩。……不是没有个性,没有特点,没有地方色彩的话。普通话不是全国语言的最大公约数,不是把词汇压缩到最低程度,因而是缺乏艺术表现力的蒸馏水式的语言。普通话也有其生长的土壤,它的根扎在北京。"⑤胡适的

---

① 汪曾祺:《浅处见才》,《汪曾祺全集》第6卷,北京师范大学出版社,1998年,第419页。
② 同上书,第419—420页。
③ 汪曾祺:《关于〈沙家浜〉》,《汪曾祺全集》第5卷,北京师范大学出版社,1998年,第242页。
④ 汪曾祺:《林斤澜的矮凳桥》,《汪曾祺全集》第4卷,北京师范大学出版社,1998年,第106页。
⑤ 汪曾祺:《小说技巧常谈》,《汪曾祺全集》第3卷,北京师范大学出版社,1998年,第293页。

《文学革命论》倡导白话文,他还曾写过半部《白话文学史》,认真梳理了白话的来龙去脉。在汪曾祺那里,白话文就是普通话,他清理了白话文与官话的联系。"大概从明朝起,北京话就成了'官话'。中国自有白话小说,用的就是官话。""有了官话文学,'白话文'的出现就是水到渠成的事,白话文运动的策源地在北京。'五四'时期许多外省籍的作家都是用普通话即官话写作的。有的是有意识地用北京话写作的。"①官话固然有利于交流,但是本身也带来了问题,"普通话是'以北方话为基础,以北京音为标准音'的,从历史发展看,'官话'有一个不小的问题,即入声的失去。……没有入声,我觉得是一个很大的损失。唐宋以前的诗词是有入声的。没有入声,中国语言的'调'就从五个(阴、阳、上、去、入)变成四个(阴阳上去),少了一个。这在学旧诗词和写旧诗词的人都很不方便"②。这是从声韵史的角度,指明了普通话的缺陷。

方言的特殊之美。汪曾祺认为,"作家要对语言有特殊的兴趣,对各地方言都有兴趣,能感觉、欣赏方言之美,方言的妙处"③。因为"每一种方言都有特殊的表现力,特殊的美。这种美不是另一种方言所能代替,更不是'普通话'所能代替的"④。不仅如此,运用方言还可以增加作品的地方特色,"写有地方特点的小说、散文,应适当地用一点本地方言"⑤。对一个作家而言,最强有力的方言就是作家的家乡话,"一个人最熟悉,理解最深,最能懂得其传神妙处的,还是自己的家乡话,即'母舌'"⑥。

汪曾祺还仔细地分析了各地方言对创作的影响。"有些地区的作家比较占便宜,比如云、贵、川的作家。云、贵、川的话属西南官话,也算在'北京话'之内。这样他们就可以用家乡话写作,既有乡土气息,又易为外方人所懂,也可以说是'得天独厚'。沙汀、艾芜、何士光、周克芹都是这样。"⑦"有些地方话不属'北方话',比如吴语、粤语、闽南语、闽北语,就更加麻烦了。"⑧因为普通话毕竟是各种文学作品的底色,离这种底色太远的方言,会给创作带来更大的难度。

汪曾祺曾在高邮、昆明、上海、北京、张家口等地生活过,因此,他的"语

---

① 汪曾祺:《小说技巧常谈》,《汪曾祺全集》第3卷,北京师范大学出版社,1998年,第292页。
② 汪曾祺:《国风文丛总序》,《汪曾祺全集》第6卷,北京师范大学出版社,1998年,第235页。
③ 汪曾祺:《学话常识》,《汪曾祺全集》第6卷,北京师范大学出版社,1998年,第2页。
④ 汪曾祺:《林斤澜的矮凳桥》,《汪曾祺全集》第4卷,北京师范大学出版社,1998年,第105—106页。
⑤ 汪曾祺:《学话常识》,《汪曾祺全集》第6卷,北京师范大学出版社,1998年,第3页。
⑥ 汪曾祺:《小说技巧常谈》,《汪曾祺全集》第3卷,北京师范大学出版社,1998年,第293页。
⑦ 同上。
⑧ 同上书,第294页。

言——包括叙述语言,都是有一点这些地方的特点。但我不专用这一地方的语言写这一地方的人事"①。在创作中,汪曾祺非常注意运用方言。《七里茶坊》用的"百不咋",《黄油烙饼》用的"骨鲁鲁",都是汪曾祺自己认为非常成功的例子。当然,运用方言的尺度比较难把握,在创作中颇费斟酌,有些语词只能声音传情,很难望文生义,就有点麻烦。汪曾祺曾举例说:"我的家乡(我的家乡属苏北官话区)把一个人穿衣服干净、整齐、挺括、有样子,叫做'格挣挣的'。我在写《受戒》时想用这个词,踌躇了很久。后来发现山西话里也有这个说法,并在元曲里也发现'格挣'这个词,才放心地用了。"②汪曾祺自己能通晓多种方言,颇能欣赏方言之美,在文学批评中,他总能迅速抓住作品中的方言特色,给予准确评价。他认为,"沈从文体"中包含着湘西话,并且能把家乡话和普通话调和在一起,毫不"硌生"。林斤澜作品的"涩"之美,主要是来自温州方言。在《日子就这么过来了》一文中,他认为吴语和普通话距离极大,吴地作家的小说往往缺少语言美,他因此高度评价了作家徐卓人的创作,认为"卓人也是用普通话思维的,但语言中保留了吴语的韵味,这是很难得的"③。在评价四川作家曾明了的时候,汪曾祺认为她的"小说的叙述语言有四川话,如'端端坐着','端端'是成都话。她在新疆待了很久,懂得西北方言(我想是宁夏话),如'天呐,狼诉甚呢?狼祈求甚呢?狼也知道人间的苦么?'"④而"黄步千的语言是朴素的,且有苏中的地方色彩"⑤。他认为京剧《歌代啸》的语言极精彩,成功运用了大量"口语俗语",这里所谓的口语俗语,事实上也多属于方言。⑥ 汪曾祺不仅从方言的角度评价当代小说,还在古词和戏剧中寻找方言之美。他曾以《词曲的方言与官话》为题专门写过一篇文章,从语言的角度进行品评:"夏敬观《手批山谷词》谓:'以市井语入词,始于柳耆卿,少游、山谷各有数篇。'今检《淮海居士长短句》,'以市井语入词'者似只三首。一首《满园花》,两首《品令》。《满园花》不知用

---

① 汪曾祺:《〈汪曾祺自选集〉自序》,《汪曾祺全集》第4卷,北京师范大学出版社,1998年,第94页。
② 汪曾祺:《小说技巧常谈》,《汪曾祺全集》第3卷,北京师范大学出版社,1998年,第293—294页。
③ 汪曾祺:《日子就这么过来了》,《汪曾祺全集》第5卷,北京师范大学出版社,1998年,第311页。
④ 汪曾祺:《一个过时的小说家的笔记》,《汪曾祺全集》第5卷,北京师范大学出版社,1998年,第468页。
⑤ 汪曾祺:《濠河逝水》,《汪曾祺全集》第6卷,北京师范大学出版社,1998年,第178页。
⑥ 汪曾祺:《京剧杞言》,《汪曾祺全集》第6卷,北京师范大学出版社,1998年,第393页。

的是什么地方的俚语,《品令》则大体上可以断定用的是高邮话。"①

(3) 文学语言的四重特性。汪曾祺不仅对汉字的特点进行了考察,还对汉语文学语言的特点予以总结。在《"揉面"》中,汪曾祺对文学语言的特点加以概括:"写小说用的语言,文学的语言,不是口头语言,而是书面语言。是视觉的语言,不是听觉的语言。……小说是写给人看的,不是写给人听的。"②汪曾祺是非常重视口语的,他自己的文字,每每融进口语成分。鲁迅、沈从文的小说中融入口语的例子,被他当成经典谈了又谈。文学语言虽然可以近乎口语,但毕竟不是口语,汪曾祺一再强调这一特点,认为文学语言必须对口语加以艺术处理,而不能原封不动地照搬。汪曾祺对语言音乐性的强调,在现当代小说家中达到了无以复加的程度。他看重韩愈,推崇桐城派,甚至用沈约的音韵理论解释小说的声调韵律。但是,他并不因此而忽视文学语言是视觉语言而不是听觉语言的特征,他甚至认为音乐感是通过"看"的方式感受出来的,这其实是抓住了文学语言的一个主要特征。由于用汉字思维,这又使得汉语更适合阅读,而不是朗诵,"中国的有文化的人,与其说是用汉语思维,不如说是用汉字思维。汉字的同音字又非常多。因此,很多中国作品不太宜于朗诵。……有的诗是专门写来朗诵的。但是有的朗诵诗阅读的效果比耳听还更好一些"③。推崇口语,但又主张把口语处理为书面语言;讲究语言的音乐美,但又强调文学语言是视觉语言,更适合于"看"而不是"读",这种把汉语的文学语言看成视觉语言的观点,非常新颖而深刻。

汪曾祺的语言观有一个不断发展的过程,先是星星点点的思想火花,零星地闪烁在不同的文章中,接着像雪球一般越滚越大,越来越成形,到在耶鲁和哈佛的演讲稿《中国文学的语言问题》为止,他已经形成了一套比较完善的语言观。他将文学语言概括为四个特性:内容性、文化性、暗示性和流动性。这些观点在《自报家门》《小说的思想和语言》《思想·语言·结构》《我的创作生涯》等一系列文章中,不断重复,不断强化。

语言的内容性。西方语言论认为语言和思想是一体两面,西方更有许多学者对语言的作用进行了极端化强调。例如,被称为"现代语言哲学的奠基人"的威尔海姆·冯·洪堡就认为:必须将语言看作是脱离任何特殊内容的形式。④ 他意在强调语言本身的独立性,而不再把语言仅仅看作具体内容的

---

① 汪曾祺:《词曲的方言与官话》,《汪曾祺全集》第 4 卷,北京师范大学出版社,1998 年,第 419 页。
② 汪曾祺:《"揉面"》,《汪曾祺全集》第 3 卷,北京师范大学出版社,1998 年,第 182 页。
③ 同上书,第 182—183 页。
④ 严平:《走向解释学的真理:伽达默尔哲学述评》,东方出版社,1998 年,第 151 页。

形式。有的学者更是把这种语言拥有独立性的观点推向了偏至,认为"不是人说话,而是话说人",语言先于任何个体而存在,构成控制个体思想的强大的统治力量。伽达默尔认为,语言不仅是思想,而且是存在的一部分,我们被围困在语言之中。落实到文学中,则体现为语言对思想内容的决定作用。与此相反,中国文化传统中历来有"反语言学倾向":"中国哲学对语言的追索可以说是一开始就自觉到了的,但也是一开始就采取了蔑视语言本身或使语言为政治服务的态度,从未把语言当作人与世界本体之间的必经中介,更谈不上将语言本身及其逻辑当作本体和客观规律了。"①哲学如此,文学亦然,语言工具论历来是中国文学根深蒂固的传统。在古代,正统文学坚持"文以载道";五四文学革命虽然推行了白话文,但也仅仅是以白话为文学创作的唯一工具,语言并没有改变作为工具的命运;此后的历次大众化运动,直接动机多是推行某种具体的社会意识形态,语言的工具位置更为明确。新时期以来,在创作界,汪曾祺率先突破了工具论的狭隘视野,大胆地确立了语言的本体位置,认为"语言它本身不是一个作品的外在的东西,而是这个作品的主题"②。后来,他更为直白地说:"写小说就是写语言。"③他的这些观念表面看来都极为"洋气",但是,汪曾祺并没有时髦地为自己的语言论找一个西方根源,而是认定了一个本土化的源头。1987年,在耶鲁和哈佛的演讲中,他说:"语言不只是一种形式、一种手段,应该提到内容的高度来认识。最初提到这个问题的是闻一多先生。他在很年轻的时候,写过一篇《庄子》,说他的文字(即语言)已经不只是一种形式、一种手段,本身即是目的(大意)。"④在《思想·语言·结构》一文中,对于自己与闻一多观点的师承关系,他有更为明确的认定:"闻一多先生在《庄子》一文中说过:'他的文字不仅是表现思想的工具!似乎也是一种目的。'我把它发展了一下:写小说就是写语言。"⑤

在汪曾祺看来,语言和思想具有严格的同一性。"从思想到语言,当中没有一个间隔,没有说思想当中经过一个什么东西然后形成语言。"⑥"语言

---

① 邓晓芒:《论中国哲学中的反语言学倾向》,《中西文化视域中真善美的哲思》,黑龙江人民出版社,2004年,第25页。
② 汪曾祺:《文学语言杂谈》,《汪曾祺全集》第4卷,北京师范大学出版社,1998年,第225页。
③ 汪曾祺:《思想·语言·结构》,《汪曾祺全集》第6卷,北京师范大学出版社,1998年,第74页。
④ 汪曾祺:《中国文学的语言问题》,《汪曾祺全集》第4卷,北京师范大学出版社,1998年,第217页。
⑤ 汪曾祺:《思想·语言·结构》,《汪曾祺全集》第6卷,北京师范大学出版社,1998年,第74页。
⑥ 汪曾祺:《小说的思想和语言》,《汪曾祺全集》第5卷,北京师范大学出版社,1998年,第49页。

不是外部的东西。它是和内容(思想)同时存在,不可剥离的。语言不能像桔子皮一样,可以剥下来,扔掉。世界上没有没有语言的思想,也没有没有思想的语言。"①语言和思想是你中有我、我中有你的融合,具有互为表里的同一性。以往对于一篇小说,往往有这样一种评价:这篇小说写得不错,就是语言差一点。很显然,这个观点的潜在前提,那就是思想内容和语言方式是分开的。依照汪曾祺的观点,这种说法根本不能成立。他以音乐、绘画类比,提出了相当有说服力的驳论:"我们不能说这首曲子不错,就是旋律和节奏差一点;这张画画得不错,就是色彩和线条差一点。我们也不能说:这篇小说不错,就是语言差一点。语言是小说的本体,不是附加的,可有可无的。……小说使读者受到感染,小说的魅力之所在,首先是小说的语言。小说的语言是浸透了内容的,浸透了作者的思想的。"②后来,他的这种观点越来越明确,在《思想·语言·结构》中,他从正面强调了这个问题:"语言不好,小说必然不好。语言的粗俗就是思想的粗俗,语言的鄙陋就是内容的鄙陋。"③思想和语言完全是合二为一的事情。

语言既然是小说的本体,不是外部的附加物,不只是形式、技巧,那么,在评价作品的时候,我们就不能绕开语言。事实上,除了从语言入手之外,别无通道。在《自报家门》中,汪曾祺认为:"探索一个作者气质、他的思想(他的生活态度,不是理念),必须由语言入手,并始终浸在作者的语言里。"④在《小说的思想和语言》中,他再次提出了类似的观点:"你要理解一个作家的思想,唯一的途径是语言。你要能感受到他的语言,才能感受到他的思想。"⑤在具体的文学批评中,汪曾祺用自己的实践证明了自己的观点。《沈从文和他的〈边城〉》《漫评〈烟壶〉》《人之所以为人》《从哀愁到沉郁》《林斤澜的矮凳桥》……几乎每一篇文学批评都论及语言,并由语言及作者,及思想。

对于语言的内容性,在《我的创作生涯》中,汪曾祺曾做过一个概括性总结:"我非常重视语言,也许我把语言的重要性推到了极致。我认为语言不只是形式,本身便是内容。语言和思想是同时存在,不可剥离的。语言不仅是所谓'载体',它是作品的本体。一篇作品的每一句话,都浸透了作者的思

---

① 汪曾祺:《中国文学的语言问题》,《汪曾祺全集》第4卷,北京师范大学出版社,1998年,第217页。
② 同上书,第217—218页。
③ 汪曾祺:《思想·语言·结构》,《汪曾祺全集》第6卷,北京师范大学出版社,1998年,第74页。
④ 汪曾祺:《自报家门》,《汪曾祺全集》第4卷,北京师范大学出版社,1998年,第292页。
⑤ 汪曾祺:《小说的思想和语言》,《汪曾祺全集》第5卷,北京师范大学出版社,1998年,第49页。

想感情。我曾经说过一句话:写小说就是写语言。"①当然,汪曾祺对语言的强调,并没有像西方学者那样走向极端。他没有把语言看成凌驾于思想内容之上的东西,更没有把语言认定为一种独立的统治力量。汪曾祺的语言观,恰好落脚在西方现代语言观和中国传统语言观的中点上,深刻但不片面。我们也只有把汪曾祺的语言观放在古今中西的交叉点上,才能真正认识它的意义和价值。这在事实上、从理论高度上提高了语言在文学中的地位,提高了人们在文学创作和欣赏中对语言的自觉性。我们的文学,从来就是有所"为"而写作的。汪曾祺强调语言的内容性,强调写小说就是写语言,实际上潜台词就是强调文学的独立性,强调文学的自律性。这同新潮小说以种种形式探索回避意识形态的归附一样,对于1980年代文学挣脱对政治的依附,促进自身觉醒,有着重要的文学史价值。只是时过境迁,那些游弋在叙事圈套或在语言乌托邦中沉醉的作品,今天我们读来已略显隔膜了;独独汪曾祺的作品,还如陈年老酒,历久弥香。

语言的文化性。卡西尔在《人论》中,提出一个著名的观点:"我们应当把人定义为符号的动物(animal symbolicum)来取代把人定义为理性的动物。只有这样,我们才能指明人的独特之处,也才能理解对人开放的新路——通向文化之路。"②"语言、神话、艺术和宗教则是这个符号宇宙的各部分,它们是织成符号之网的不同丝线,是人类经验的交织之网。"③语言作为人类所特有的符号,先天同文化之间有着密切的联系,语言本身就是一种文化现象。"人类在思想和经验之中取得的一切进步都使这符号之网更为精致和牢固。"④文学的进步离不开语言的继承与发展,在此意义上,汪曾祺认为:"我们的语言都是继承了前人,在前人语言的基础上演变、脱化出来的。很难找到一种语言,是前人完全没有讲过的。那样就会成为一种很奇怪的,别人无法懂得的语言。古人说'无一字无来历',是有道理的,语言是一种文化积淀。"⑤汪曾祺认为,语言文化性的重要来源有两个,一个是中国古典文学,一个是民间文学。汪曾祺发现,鲁迅有的作品直接吸收了古典作品的成分;沈从文的写景,受《水经注》的影响;毛泽东写给柳亚子的诗"三十一年还旧国,落花时节读华章",其中"落花时节"一句,脱胎于"正是江南好风景,落花时

---

① 汪曾祺:《我的创作生涯》,《汪曾祺全集》第6卷,北京师范大学出版社,1998年,第496页。
② [德]恩斯特·卡西尔:《人论》,甘阳译,上海译文出版社,2004年,第35—37页。
③ 同上书,第35页。
④ 同上。
⑤ 汪曾祺:《中国文学的语言问题》,《汪曾祺全集》第4卷,北京师范大学出版社,1998,第218页。

节又逢君"(杜甫《江南逢李龟年》)。①他还以自己的创作为例,说明其中的道理:"《沙家浜》里的两句唱词:'垒起七星灶,铜壶煮三江',是从苏东坡的诗'大瓢贮月归春瓮,小勺分江入夜瓶'脱胎出来的。我们许多的语言,自觉或不自觉地,都是从前人的语言中脱胎而出的。"②作为语言文化性的一个重要来源,古典文学对于创作有着非常重要的意义。

汪曾祺非常重视民间文学,他甚至极端化地认为,不读民间文学就不能成为一个好作家。他自称读的民间故事不下万篇,他还亲自参与整理过一些民间故事,写过有关民间文学的论文,他唯一研究鲁迅的文章,题目就叫《鲁迅对于民间文学的一些基本看法》,这实际上是试图在理论上对关于民间文学的一些问题加以澄清。他把民间文学看成语言文化性的另外一个源泉,"除了书面文化,还有一种文化,民间口头文化。李季对信天游是很熟悉的。赵树理一个人能唱一出上党梆子,口念锣鼓过门,手脚齐用使身段,还误不了唱。贾平凹对西北的地方戏知道得很多。我编过几年《民间文学》,深知民间文学是一个海洋,一个宝库"③。在《中国文学的语言问题》中,他举了几乎是完全相同的例子,说明了同样的问题。

汪曾祺还从创作角度,强调摘用和脱化的积极意义。因为我们的许多语言,都是从前人的语言中脱胎而出的,增加这种自觉意识对创作有益无害。"前人诗词,拿来就用。只要贴切,以故为新。不但省事,较易出情。"④由于互文性,这种摘用、化用的句子同原作相互激荡,生出更多的意义。"摘用前人诗句还有个便宜处,即可以使人想起全诗,引起更多的联想,使一句唱词有更丰富的含意。"⑤语言的文化积淀越是深厚,语言的含蕴就越丰富,自然也就越有味,也就越有艺术色彩。

汪曾祺认为:"作品的语言映照出作者的全部文化修养。"⑥语言的好坏,往往不是因为语言本身,而是由写作者的文化素质决定的,"语言的背景是文化。一个作家对传统文化和某一特定地区的文化了解得愈深切,他的语言便愈有特点。所谓语言有味、无味,其实是说这种语言有没有文化(这跟读书多少没有直接的关系。有人读书甚多,条理清楚,仍然一辈子语言无味)"⑦。

---

① 汪曾祺:《我的创作生涯》,《汪曾祺全集》第6卷,北京师范大学出版社,1998年,第496页。
② 汪曾祺:《"揉面"》,《汪曾祺全集》第3卷,北京师范大学出版社,1998年,第185—186页。
③ 汪曾祺:《思想·语言·结构》,《汪曾祺全集》第6卷,北京师范大学出版社,1998年,第74—75页。
④ 汪曾祺:《浅处见才》,《汪曾祺全集》第6卷,北京师范大学出版社,1998年,第425页。
⑤ 同上书,第426页。
⑥ 汪曾祺:《自报家门》,《汪曾祺全集》第4卷,北京师范大学出版社,1998年,第292页。
⑦ 汪曾祺:《林斤澜的矮凳桥》,《汪曾祺全集》第4卷,北京师范大学出版社,1998年,第105页。

意识到语言的味儿来自语言的文化性,这恐怕是汪曾祺的一个创见。他说有人读书甚多,但语言依旧无味,这种情况也是存在的,但是他并没有因为这个反例就忽视了读书的作用。他曾经批评了一些青年作家不愿读中国古典作品的现象:"我说句不大恭敬的话,他的作品为什么语言不好,就是他作品后面文化积淀太少,几乎就是普通的大白话。作家不读书是不行的。"①杜甫诗云:"读书破万卷,下笔如有神。"汪曾祺认为作家应该多读书,否则,"腹笥"不宽,就会"书到用时方恨少"。"如果平日留心,积学有素,就会如有源之水,触处成文。否则就会下笔枯窘,想要用一个词句,一时却找它不出。"②

语言的暗示性。有两首诗,汪曾祺情有独钟,在《中国文学的语言问题》《自报家门》等文章中反复引用。一首是朱庆馀的《近试上张籍水部》:"洞房昨夜停红烛,待晓堂前拜舅姑。妆罢低声问夫婿,画眉深浅入时无?"另一首是崔颢的《长干行》:"君家何处住,妾住在横塘。停舟暂借问,或恐是同乡。"第一首诗,朱庆馀本意是借新嫁娘形象,刺探一下当时的文风所尚。他并没有正面写出新嫁娘长得如何,但是宋人诗话里就指出,这一定是一个绝色的美女。原因在于,它通过烘托氛围,使语言本身具有了暗示性,引起人的联想,读者就感受到字面上所没有写出来的东西了。第二首诗"看起来平平常常,明白如话,但是短短二十个字里写出了很多东西。宋人说这首诗'墨光四射,无字处皆有字'"③。之所以产生这样的艺术效果,是因为作品中有"留白",给予了读者充分想象的空间。

在这里,汪曾祺从作者和读者两个不同的角度,提出了语言的暗示性问题。

首先,对于创作者而言,作品要"留白"。在《思想·语言·结构》和《自报家门》一文中,汪曾祺分别以书论、画论和诗论作比,他认为中国画讲究"留白",讲究"计白当黑",包世臣论书,以为当使字之上下左右皆有字,宋人论崔颢的《长干行》,认为是"无字处皆有字",与此相类,小说也不应写得太满。④ 在此基础上,他大胆地提出了一个新的美学命题:"短篇小说可以说是'空白的艺术'。办法很简单:能不说的话就不说。这样一篇小说的容量就会更大了,传达的信息就更多。以己少少许,胜人多多许。短了,其实是长

---

① 汪曾祺:《小说的思想和语言》,《汪曾祺全集》第5卷,北京师范大学出版社,1998年,第50页。
② 汪曾祺:《"揉面"》,《汪曾祺全集》第3卷,北京师范大学出版社,1998年,第185—186页。
③ 汪曾祺:《中国文学的语言问题》,《汪曾祺全集》第4卷,北京师范大学出版社,1998年,第221页。
④ 汪曾祺:《思想·语言·结构》,《汪曾祺全集》第6卷,北京师范大学出版社,1998年,第78页。

了。少了,其实是多了。这是很划算的事。"①

其次,对于接受者而言,小说要留下供读者参与的空间。汪曾祺吸收了西方接受美学的理论,对中国古老的留白艺术加以现代阐释。他认为,作品是作者和读者共同完成的。19世纪前的小说家是上帝,他什么都知道,比如巴尔扎克。读者是信徒,只有老老实实地听着。到了20世纪,读者和作者的关系发生了变化,趋于平等,读者的参与意识增强。一篇小说要留有余地,留出大量的空白,让读者去捉摸,去思索,去补充。如果一篇小说把什么都说了,读者就会反感:你都说了,要我干什么?② 对古老的空白意识,汪曾祺加以创造性阐释,翻旧为新,可谓别出机杼。

作者自觉地留白,再加上读者的自觉参与,语言的暗示性才会真正得以实现。具有暗示性的语言,才是审美化的语言。"语言的美要看它传递了多少信息,暗示出文字以外的多少东西,平庸的语言一句话只是一句话,艺术的语言一句话说了好多句话。即所谓'言外之意','弦外之音'。"③

语言的流动性。汪曾祺的文论中,最有价值的部分之一,就是他承续了中国文论传统,发展了文气说。汪曾祺的文气说比较复杂,包括作家的禀赋、语言的律动,也包括行文布局。他所谓的语言的流动性,实际上就是从语言这一个角度谈"文气"。

在不同的地方,汪曾祺都强调语言的流动性。苏轼在《答谢民师书》说:自己写文章,"大略如行云流水,初无定质,但常行于所当行,常止于所不可不止。文理自然,姿态横生"。在《说论》中,他又说过这样一段话:"吾文如万斛泉源,不择地而出,在平地滔滔汩汩,虽一日千里无难。及其与山石曲折,随物赋形,而不可知也。"这两段话有一个共同的特点,那就是以水作喻,这种一致性绝非偶然,因为水的最大特点就是随物赋形,不断流动。汪曾祺曾多次引用这两段话,来说明语言内在的运动。在他看来,运动性是语言是否有活力的标志,"语言,是内在地运行着的。缺乏内在的运动,这样的语言就会没有生气,就会呆板"④。

这种流动性来自文章的"行气",来自"行气"带来的运动。一篇作品之所以具有整体性,是因为它的内部是运动的,即所谓的"行气"。"气"是抽象的,难以直说,汪曾祺又借书论,引用了"一笔书"的典故加以类比。关于"一

---

① 汪曾祺:《自报家门》,《汪曾祺全集》第4卷,北京师范大学出版社,1998年,第292页
② 汪曾祺:《思想·语言·结构》,《汪曾祺全集》第6卷,北京师范大学出版社,1998年,第77—78页。
③ 同上书,第77页。
④ 汪曾祺:《中国文学的语言问题》,《汪曾祺全集》第4卷,北京师范大学出版社,1998年,第223页。

笔书",郭沫若曾有解释:"王献之能为一笔书,陆探微能为一笔画,无适一篇之文,一物之象而能一笔可就也。乃是自始及终,笔有朝揖,连绵相属,气脉不断。"①汪曾祺的观点与之类似,他说:"好的书法家写字,不是一个一个的写出来的,不是像小学生临帖,也不像一般不高明的书法家写字,一个一个地写出来。他是一行一行地写出来,一篇一篇地写出来的。中国人写字讲究行气,'字怕挂',因为它没有行气。王献之写字是一笔书,不是说真的是一笔,而是指一篇字一气贯穿,所以他的字可以形成一种'气'。气就是内在的运动。写文章就要讲究'文气'。"②

对于一篇文学作品而言,这种运动性又是如何获得的呢?汪曾祺先生认为,来自作品的内在节奏。作品的节奏感首先来自字句的"声调"。韩愈是文气说的一个代表人物,有人用"气盛言宜"来对他的观点加以概括。"言宜"是"气盛"的外在表现,包括"句之短长"和"声之高下"。他的这种学说在桐城派那里得到了发展,尤其是注重声韵的部分得到了强调,对"音调"和文字的内在节奏空前重视。汪曾祺继承了这一传统,认为"中国语言因为有'调',即'四声',所以特别富于音乐感。一个搞文字的人,不能不讲一点声音之道。'前有浮声,则后有切响',沈约把语言声音的规律概括得很扼要。简单地说,就是平仄声要交错使用。一句话都是平声或都是仄声,一顺边,是很难听的"③。不仅如此,汪曾祺还把这种音乐感扩展开来,落实到"语言基调",延伸到作品的整体。他认为:"除了讲究间架结构之外,还讲究'建行'、讲行气、要'谋篇',整篇是一个什么气势,这一点很重要。写作品一定要找到这篇作品的语言基调。"④这种贯穿全篇的语言基调,就构成了整个作品的音乐感,成了整个作品取得和谐之美的基础。而这种语言的节奏,又可归结为人的内在情绪节奏。"语言的节奏是外部的,情绪的节奏是内部的。二者同时生长,而又互相推动。情绪节奏和语言节奏应该一致,要做到表里如一,契合无间。"⑤总之,通过对传统文化资源的继承和转化,对现代语言学观念的吸收借鉴,汪曾祺概括出文学语言的四个特点,对现代文学语言的一些本质特征在总体上进行了把握:内容性,确立了文学语言在文本中的本体位置;文化性,标明了文学语言的历史继承性;暗示性,探索了文学语言含蓄性的根

---

① 转引自宗白华:《美学散步》,上海人民出版社,1981年,第168页。
② 汪曾祺:《小说的思想和语言》,《汪曾祺全集》第5卷,北京师范大学出版社,1998年,第51页。
③ 汪曾祺:《"揉面"》,《汪曾祺全集》第3卷,北京师范大学出版社,1998年,第184页。
④ 汪曾祺:《文学语言杂谈》,《汪曾祺全集》第4卷,北京师范大学出版社,1998年,第230—231页。
⑤ 汪曾祺:《浅处见才》,《汪曾祺全集》第6卷,北京师范大学出版社,1998年,第418页。

源;流动性,挖掘了传统文气论的精妙内涵。取今复古,自成一说。今天,对于我们,无论搞文学创作和评论,还是进行纯粹的语言学研究,都不无借鉴意义。

(4)文学语言的审美标准。在当代作家中,很少有人像汪曾祺那样,对语言如此自觉。从创作到批评、到理论,彼此贯通,相互阐释,最终形成了比较完整的语言审美标准。其中,有三个概念可以说是核心范畴:准确、平淡、俗不伤雅。

语言审美标准之一:准确。汪曾祺反复说这样一句话:"我的老师沈从文告诉我,语言只有一个标准,就是准确。"①可以说,准确是汪曾祺语言审美标准的核心。那么,准确的实质是什么呢?在《文学语言杂谈》中,汪曾祺加以解释:"准确,就是把你对周围世界、对那个人的观察、感受,找到那个最合适的词儿表达出来。"②对观察、感受的恰当表达就是准确。但是,恰当表达所用的词汇却不是信手拈来的,"同样的话,这样说,那样说,多几个字,少几个字,味道便不同"③。而要找到恰当的味道,就有一个炼字的过程,因此,汪曾祺干脆说:"所谓'准确',就是要去找,去选择,去比较。"④他不相信近似不劳而获的"妙手偶得之",而相信"众里寻他千百度,蓦然回首,那人却在灯火阑珊处"的艰辛。汪曾祺还曾用契诃夫的观点以及福楼拜的一字律加以佐证。但是,这个苦心经营所获得的字,绝不是难字、怪字。汪曾祺又从这个角度给准确下了一个定义:"语言要准确,要用普普通通的、大家都能说的话。但是别人没有写过这样的字,这个是不大容易的。有人说写诗要做到这一种境界:'看似平常最奇崛,成如容易却艰辛。'"⑤"这种语言,有时候是所谓人人都能说的,但是别人没有这样写过的。"⑥在这里,准确和平淡是语言的一体两面,是相互包容的。由此,汪曾祺把平淡和准确结合了起来,为准确找到了一个审美归依。

准确的实质,准确的实现过程,准确的审美归依,汪曾祺就在这三个层面上给准确下了不同的定义。把这三个层次归纳起来,大概就可以涵盖"准确"的大致含义了。

---

① 汪曾祺:《小说创作随谈》,《汪曾祺全集》第3卷,北京师范大学出版社,1998年,第313页。
② 汪曾祺:《文学语言杂谈》,《汪曾祺全集》第4卷,北京师范大学出版社,1998年,第227页。
③ 汪曾祺:《小说笔谈》,《汪曾祺全集》第3卷,北京师范大学出版社,1998年,第204—205页。
④ 汪曾祺:《沈从文和他的〈边城〉》,《汪曾祺全集》第3卷,北京师范大学出版社,1998年,第160—161页。
⑤ 汪曾祺:《文学语言杂谈》,《汪曾祺全集》第4卷,北京师范大学出版社,1998年,第227页。
⑥ 同上。

语言审美标准之二:平淡。汪曾祺性喜平淡。在《学话常谈》中,他曾自我设问:"杜甫诗云:'语不惊人死不休',宋人论诗,常说'造语平淡'。究竟是惊人好,还是平淡好? 平淡好。"①但是,汪曾祺所谓的平淡,"不是从头平淡,平淡到底。这样的语言不是平淡,而是'寡'。山西人说一件事、一个人、一句话没有意思,就说:'看那寡的!'"②汪曾祺的平淡,不是枯瘦的平淡,不是淡乎寡味的平淡。

平淡的得来,都有一个从不平淡到平淡的过程。梅兰芳认为,一个演员的艺术历程一般要经过三个阶段:"少—多—少"。年轻时苦于没有多少手段可用,中年时见得多,学得多了,就恨不得在台上都施展出来,到了晚年,才知道有所节制,以少胜多。汪曾祺认为,文学创作与之相类,平淡是对繁复的辩证否定,是在繁复基础上的提升。郑板桥有一副对子,"删繁就简三秋树,领异标新二月花",说的就是这个过程。古人论及这个由繁入简、由新奇到朴素过程的名句可谓多矣! 苏东坡尝有书与其侄云:"大凡为文,当使气象峥嵘,五色绚烂。渐老渐熟,乃造平淡。"葛立方《韵语阳秋》云:"大抵欲造平淡,当自绚丽中来,然后可造平淡之境。落其华芬,然后可造平淡之境。"汪曾祺干脆说,这叫"第二次平淡"。平淡而有味,材料、功夫都要到家。四川菜里的"开水白菜",汤清可注砚,但并不真是开水煮白菜,用的是鸡汤。③

平淡往往是精雕细刻、苦思冥想的结果。欧阳修《六一诗话》说:"(梅)圣俞平生苦于吟咏,以闲远古淡为意,故其构思极艰。"《韵语阳秋》引梅圣俞和晏殊诗云:"因今适性情,稍欲到平淡。苦词未圆熟,刺口剧菱芡。"言到平淡甚难! 由繁入简、由新奇到朴素,是一个创作的规律,是作家艺术修养不断加深的自然过程,不可能一蹴而就。在一篇评论中,汪曾祺有这样的评价:"我要对四位小说家说一句,不要过早地归于平淡。……你们现在年纪还轻,有权利恣酣放荡一点,写得开放一点。如果现在就写得这样简约,到了我这个岁数,该怎么办呢? 我倒觉得你们现在缺少一点东西:浪漫主义。"④避开繁复,直奔平淡,就会欲速不达。

具体说来,平淡包括两个方面,一是节制辞藻,一是节制感情。

平淡就意味着轻松自然,毫不做作。既来自语言的简约素朴,也来自叙述姿态的放松。别人感到很难表达的话,要很容易地说出,举重若轻,不觉吃

---

① 汪曾祺:《学话常谈》,《汪曾祺全集》第 6 卷,北京师范大学出版社,1998 年,第 1 页。
② 同上。
③ 同上书,第 2 页。
④ 汪曾祺:《读一本新笔记体小说》,《汪曾祺全集》第 4 卷,北京师范大学出版社,1998 年,第 454 页。

力;要知道避让,有些话不说,有些话以不同于别人的方式说。即所谓"轻松自然,若不经意,而下字极准"①,这的确需要功夫的。王世贞说归文"不事雕饰而自在风味",就是这种境界。

节制感情不是不要感情,而是要在节制中达到感人至深的艺术效果。姚鼐《陈硕士尺牍》云:"归震川能于不要紧之题,说不要紧之语,却自风韵疏淡。"②黄宗羲说:"予读震川文之为女妇者,一往深情,每以一二细事见之,使人欲涕。"③汪曾祺自称文章受归有光影响极深,讲到淡笔写情,他每每也以归有光为例。他认为,平淡而感人,其首要的奥秘在"真,不做作",这里的真,当然指情感之真。铺张扬厉,语言本身的华丽,掩盖了情感的氤氲;去尽铅华,少伪饰,不夸张,更显感情之本真,这样才能使人感到亲切,移人性情。姚鼐说"此境又非石士所易到耳"④,诚哉斯言!

要想获得平淡的审美意境,还要处理好"平"与"奇"的关系。在汪曾祺的文论中,多处讨论了奇字奇语,并对使用原则进行了较为全面的论述。

汪曾祺曾引用宋人范晞文撰写的《对床夜语》(卷五)中的一段话,讨论用字之"工"的问题:"诗用生字,自是一病,苟欲用之,要使一句之意,尽于此字上见工,方为稳帖。如唐人'走月逆行云''芙蓉抱香死''笠卸晚峰阴''秋雨慢琴弦''松凉夏健人','逆'字、'抱'字、'卸'字、'慢'字、'健'字,皆生字也,自下得不觉。"⑤那么,如何才能算"工"呢?

首先,文字普通而又独特。"诗文可用奇字生字,但要使人不觉得这是奇字生字,好像这是常见的熟字一样。"⑥如何才能做到这一点呢?这些生字奇字,"生"和"奇"体现在用法上,而不是字形上,从形体上看,它们本身也是普通字。"好的语言,都不是奇里古怪的语言,不是鲁迅所说的'谁也不懂的形容词之类',都只是平常普通的语言,只是在平常语中注入新意,写出了'人人心中所有,而笔下所无'的'未经人道语'。"⑦他进一步发挥了王国维的说法,认为"'红杏枝头春意闹','满宫明月梨花白'都是这样。'闹'字、

---

① 汪曾祺:《学话常谈》,《汪曾祺全集》第6卷,北京师范大学出版社,1998年,第2页。
② 汪曾祺:《哀哀父母,生我劬劳》,《汪曾祺全集》第6卷,北京师范大学出版社,1998年,第226页。
③ 汪曾祺:《传统文化对中国当代文学创作的影响》,《汪曾祺全集》第6卷,北京师范大学出版社,1998年,第360页。
④ 汪曾祺:《哀哀父母,生我劬劳》,《汪曾祺全集》第6卷,北京师范大学出版社,1998年,第226页。
⑤ 汪曾祺:《老学闲抄》,《汪曾祺全集》第5卷,北京师范大学出版社,1998年,第77页。
⑥ 汪曾祺:《〈年关六赋〉序》,《汪曾祺全集》第5卷,北京师范大学出版社,1998年,第110页。
⑦ 汪曾祺:《语文短简》,《汪曾祺全集》第5卷,北京师范大学出版社,1998年,第471页。

'白'字,有什么稀奇呢? 然而,未经人道"①。即姜白石说:"人所易言,我寡言之,人所难言,我易言之,自不俗。"②其次,获得这些字的过程,就是一个"炼"字过程。炼字的功夫不在字本身,"'炼'字,无非是抓到了一种感觉。一个作家所异于常人者,也无非是对'现象'更敏感些"③。在《老学闲抄》《语文短简》等文章中,他多次提到阿城小说里的一句"老鹰在天上移来移去",认为感觉抓得很准,老鹰在高空中,全不见翅膀,只是"移来移去","移"不但姿态传神,而且写出了流放于绝域的知青的寂寞心情。另外,鲁迅的"酱"字,沈从文的"灌"字和"镶"字,都是汪曾祺经常举的例子。汪曾祺还曾分析了自己的作品:"车窗蜜黄色的灯光连续地映在果树东边的树墙子上,一方块,一方块,川流不息地追赶着……"其中"追赶着",感觉非常准确,而"一方块,一方块",不但写出了光的形态,而且写出了动态,也是神来之笔。对于"炼"字的实质,汪曾祺一言以蔽之:"平常而又独到的语言,来自于长期的观察、思索、捉摸。"④在批评中,他常常要求作家节制奇字、怪字。对于违反这些原则的作品,汪曾祺往往持批评态度。对于作家曾明了,在总体上他是赞赏的,但是对其用字的缺点汪曾祺也直言不讳,"我不赞成用一些很怪的语词或句子如太阳'分娩'了出来。没有必要"⑤。对于阿城,汪曾祺喜爱有加,但他认为"阿城有点'语不惊人死不休',他用了一些不常见的奇特的字句。这在年轻人是不可避免的,无可厚非"⑥。他认为宋人范晞文《对床夜话》上的意见值得参考,这实际上是委婉地批评阿城在用字上出现了问题。

汪曾祺不但讨论奇字,还讨论奇句。当然,在很多情况下,这两者是相互交融的。在《从哀愁到沉郁》中,通过对何立伟的批评,他阐述了用奇句的一些原则。其一,奇句多用来表现直觉。废名有一名句,"万寿宫丁丁响",中间略去万寿宫有铃铛,风吹铃铛,只写万寿宫丁丁响。这是一群孩子的感觉,非常真切。何立伟多写直觉,"没有经过理智筛滤的,或者超越理智的直觉,故多奇句"⑦。其二,"文章不可无奇句,但不宜多"。汪曾祺借用了龚定庵论人的一段话,形象地说明了平与奇的辩证关系:"'某公端端,酒后露轻狂,乃真狂。'奇句和狂态一样,偶露,才可爱。"⑧并以此为标准,批评何立伟初期的

---

① 汪曾祺《"揉面"》,《汪曾祺全集》第 3 卷,北京师范大学出版社,1998 年,第 191—192 页。
② 汪曾祺:《老学闲抄》,《汪曾祺全集》第 5 卷,北京师范大学出版社,1998 年,第 78 页。
③ 同上。
④ 汪曾祺:《语文短简》,《汪曾祺全集》第 5 卷,北京师范大学出版社,1998 年,第 471 页。
⑤ 汪曾祺:《一个过时的小说家的笔记》,《汪曾祺全集》第 5 卷,北京师范大学出版社,1998 年,第 468 页。
⑥ 汪曾祺:《〈年关六赋〉序》,《汪曾祺全集》第 5 卷,北京师范大学出版社,1998 年,第 110 页。
⑦ 汪曾祺:《从哀愁到沉郁》,《汪曾祺全集》第 3 卷,北京师范大学出版社,1998 年,第 460 页。
⑧ 同上。

小说奇句过多;认为其后来的创作,语言渐趋平实,偶有奇句,才恰当。在评野莽的小说时,他再次提出了奇句过多的危害,认为拗句过多,"篇篇都是这样的语言,即恐流于游戏"①。

奇字,就是要把普通字用得独特;奇句,只是在平实的语言中偶一为之;汪曾祺找到了语言"奇"与"平"的辩证法。平淡是汪曾祺理论中的一个重要范畴。从属于这个范畴的还有本色、朴素等。

本色,是戏曲、戏剧方面的术语。在《浅处见才》中,汪曾祺引用了陈师道《后山诗话》中的一段话:"退之以文为诗,子瞻以诗为词,如教坊雷大使之舞,虽极天下之工,要非本色。"他对本色加以解释,认为本色指"少用辞藻,不事雕饰,朴素天然,明白如话"②。

汪曾祺更常用的一个范畴是朴素。他认为,朴素是自己的一个成功经验,还自我剖析了风格形成的原因:"一是语言的朴素、简洁和明快。……我的语言当然是书面语言,但包含一定的口头性。如果说我的语言还有一点口语的神情,跟我读过上万篇民间文学作品是有关系的。"③他最希望青年从自己这里接受的影响就是语言的朴素。在批评中,他常用朴素表示对批评对象语言风格的欣赏。汪曾祺最敬佩的作家自然是沈从文,在《读〈萧萧〉》中有这样一段评价:"这篇小说的语言是非常、非常朴素的。所有的叙述语言都和环境、人物相协调,尽量不同城里人的语言。"④并举了若干例子证明这一点。在评《边城》的时候,他同样看重作品的朴素:"他的语言是朴实的,朴实而有情致;流畅的,流畅而清晰。这种朴实,来自于雕琢;这种流畅,来自于推敲……他从来不用生造的,谁也不懂的形容词之类,用的是人人能懂的普通词汇。但是常能对于普通词汇赋予新的意义。"⑤对于文牧等年轻作家,他也是在朴素的层面上批评的。

风格是一种个性,也是一种限制。形成风格固然是作家成熟的标志,但有时也意味着作家创造力的枯竭。汪曾祺清醒地意识到了这一点,他提出自己的审美取向:"我追求的是和谐。我希望溶奇崛于平淡,纳外来于传统,能把它们揉在一起。"⑥"在文风上,我是更有意识地写得平淡的。但我不能一

---

① 汪曾祺:《野人的执着》,《汪曾祺全集》第5卷,北京师范大学出版社,1998年,第210页。
② 汪曾祺:《浅处见才——谈写唱词》,《汪曾祺全集》第6卷,北京师范大学出版社,1998年,第416页。
③ 汪曾祺:《我和民间文学》,《汪曾祺全集》第3卷,北京师范大学出版社,1998年,第427页。
④ 汪曾祺:《读〈萧萧〉》,《汪曾祺全集》第5卷,北京师范大学出版社,1998年,第69页。
⑤ 汪曾祺:《沈从文和他的〈边城〉》,《汪曾祺全集》第3卷,北京师范大学出版社,1998年,第260页。
⑥ 汪曾祺:《〈晚饭花集〉自序》,《汪曾祺全集》第3卷,北京师范大学出版社,1998年,第326页。

味地平淡。一味平淡,就会流于枯瘦。枯瘦是衰老的迹象。我还不太服老,我愿意把平淡和奇崛结合起来。我的语言一般是流畅自然的,但时时会跳出一两个奇句、古句、拗句,甚至有点像是外国作家写出来的带洋味儿的句子。"①但是,奇崛不能在总体上影响平淡的风格,"奇和洋为了'醒脾',但不能瞧着扎眼,'硌生'"②。由此我们可以看到,在汪曾祺那里,还有一个容纳平淡与奇崛的更高级的范畴:和谐。但和谐的总的取向也是平淡,只不过涵盖面更宽,更为开放,容纳了奇崛。

语言审美标准之三:俗不伤雅。在《精辟的常谈》一文中,通过转述并发挥朱自清在《论雅俗共赏》中的观点,汪曾祺对中国文学由雅向俗的发展历史进行了勾勒。文学的这种趋势,从韩愈、欧阳修、苏东坡到黄山谷,是一脉相承的。黄山谷提出"以俗为雅",可以说是纲领性的理论。从诗到词,从词到曲,到杂剧、诸宫调,到平话、章回小说,到皮黄戏,文学一步比一步更加俗化了。在此基础上,到了现代,就有了以白话为正宗的新文学,有了"通俗化"和"大众化",一切水到渠成、顺理成章。③ 尽管总的趋势是由雅向俗,但在雅与俗之间总是有一个界限。汪曾祺为雅和俗设立了两极,那就是文言和口语:"宋人提出以俗为雅。近年有人提出大雅若俗。这主要都是说的文学语言。文学语言总得要把文言和口语糅合起来,浓淡适度,不留痕迹,才有嚼头,不'水'。"④他认为当代散文是当代人写给当代人看的,口语不妨稍多,但是过多地使用口语甚至市井语言,就会油嘴滑舌,陷入"贫"。最后他得出一个结论:"我以为语言最好是俗不伤雅,既不掉书袋,也有文化气息。"⑤从汪曾祺的文学批评中我们可以看出,他比较喜欢雅俗兼备的语言。例如,他在评价先燕云的语言时,肯定她的语言多用属于雅语的书面语言,同时也对她表现力极强的口语(实际上是更俗的市井语,如"屁颠屁颠的")大为赞赏,认为雅与俗的结合,做到了"不拘一格,活泼生动,姿态横生"⑥。事实上,就汪曾祺个人的创作情况看,也是亦雅亦俗。

准确,平淡,俗不伤雅,在整体上表明了汪曾祺在语言上追求和谐自然的审美取向。准确,侧重于表现效果;平淡,侧重于审美趋向;俗不伤雅,侧重于

---

① 汪曾祺:《〈晚饭花集〉自序》,《汪曾祺全集》第 3 卷,北京师范大学出版社,1998 年,第 326 页。
② 同上。
③ 汪曾祺:《精辟的常谈》,《汪曾祺全集》第 6 卷,北京师范大学出版社,1998 年,第 372—373 页。
④ 汪曾祺:《谈散文》,《汪曾祺全集》第 6 卷,北京师范大学出版社,1998 年,第 334 页。
⑤ 同上。
⑥ 汪曾祺:《相看两不厌》,《汪曾祺全集》第 5 卷,北京师范大学出版社,1998 年,第 409 页。

语言资源。三个范畴，偏重不尽相同，归趋高度一致，完整地勾勒出一套有关语言风格的审美标准。

（5）学习语言的特殊方式。说文学创作中的语言来自生活，对于长期有大众化文学传统的我们来说，算不得新鲜。大众化在很大程度上就是农民化，也就是让作家从用书面语言创作转向用民间语言创作。事实上，民间语言并不一味低俗，有时也隐藏着古旧词汇，有的词汇字形虽不特殊，但挪用到高雅作品中，往往别有一番雅致的表现力。鲁迅的《高老夫子》，有这样一句，"我辈正经人犯不上酱在一起"，其中"酱"字，是绍兴话，用在这里，自是妙不可言。汪曾祺另外的例子是沈从文的一些作品，如"我一个人坐在灌满冷气的小小船舱中"的"灌"字（沈从文《箱子岩》），"把鞋脱了还不即睡，便镶到水手身旁去看牌"的"镶"字（沈从文《野簑围的夜》），都是直接来自生活的语言，书上没有，但极具表现力。汪曾祺对这些字的运用赞叹不已，他说："这样的字，在生活里，群众是用着的，但在知识分子口中，在许多作家的笔下，已经消失了。"①时至今日，社会一体化程度不断加强，普通话推广的程度不断提高，一些方言的影响力正在弱化，在此环境下，许多作家从生活中学习语言的功夫正在退化，这恐怕将成为现代化留给文学的一个永远遗憾了。

五四一代文学巨匠们，曾经创造了中国文学的一段辉煌。新文学并不是天外来客，是在中国传统文学的基础上发展而来的。当年朱光潜论及鲁迅等人的文学成就，说同他们深厚的古典文学底子密不可分——这个观点当即遭到鲁迅的反驳。当然，在公开的场合，鲁迅总是激进地反对传统文化的，还不无极端化地开出"中国书一本也不要读的"的书单。但在私下里，他大约对传统文化也不乏兴趣。早期写了《文化偏至论》《破恶声论》等古奥的文字，后来用文言写了《中国小说史略》等学术著作，也曾欣然接受"托尼思想，魏晋文章"的评价，还曾亲自为好友许寿裳之子列了一个古典类的阅读书单。汪曾祺持与朱光潜等人类似的观点，认为鲁迅的文学成就同他深厚的古典文学功底密不可分，并信手在鲁迅的一篇文章中找出了一段文采飞扬的文言文。汪曾祺始终非常看重古代文化对文学创作的影响，还写过一篇叫《传统文化对中国当代文学创作的影响》的文章，较系统地考察了这一问题。即使在评价一个作品的时候，有时也不免找一下它的古典渊源。例如，他就曾指出，朱自清的《背影》，主要得益于归有光的影响，这个评价发他人所未发，但仔细想来又十分可信。无论在演讲中，还是在文章里，他曾不止一次地告诫青年作家，要不断增强自己的古典文学水平。只有这样，写作起来才能思如

---

① 汪曾祺：《沈从文的寂寞》，《汪曾祺全集》第3卷，北京师范大学出版社，1998年，第267页。

泉涌,左右逢源:"不要只看当代作家的作品,只看翻译的作品,一定要看看我们自己的古典作品,古典散文、古典诗词,包括散曲,而且自己锻炼写一写,丰富我们中国人的特有的语感。没有语感的、或者语感迟钝的作品不会写得很美。"①不仅如此,他甚至要求青年作家用旧文体写作,以增加语感,"一个写小说的人,如果学写一点旧诗、曲艺、戏曲的唱词,是有好处的"②。要知道,汪曾祺特别重视语感,在他那里,语感几乎就是写作本身,找到语感,写文章就是水到渠成的事了。

虽说要求读古典作品,但汪曾祺的阅读要求同一般人的要求又大相径庭。

首先,他不像胡适等人那样,要为一个初学者开列一个也许一辈子也读不完的书目清单。他甚至根本就反对系统地读书,而是要求读者各取所需,按照自己的爱好,随意读来,不喜欢的就不读。当然,他也认为自己的这种读书法只能成为作家,而当不了学问家;学者读书,是要求系统的。这种读书法,不免使我们想起鲁迅先生"随便读读"的做法。

其次,他一反"入门需正"的传统观点,提出通过阅读杂书学习语言。"杂书的文字都写得比较随便,比较自然,不是正襟危坐,刻意为文,但自有情致,而且接近口语。一个现代作家从古人学语言,与其苦读《昭明文选》、'唐宋八家',不如多看杂书。这样较易融入自己的笔下。"③他认为《梦溪笔谈》云:'所与谈者,唯笔砚耳'。是无意为文。因此写得清淡自然,但,自有情致。我曾在一篇序言里说过我喜欢宋人笔记胜于唐人传奇,以此"④。他所看重的,大概就是杂书写作时那种从容随意的自由态度,以及由此带来的神韵和情致。他还认为,沈先生的语言受魏晋文章影响较大,并举例说明沈先生深得《水经注》精髓。郦道元的《水经注》不是一部纯文学著作,主要成就在地理方面,即属杂书。⑤ 汪曾祺个人读书的驳杂,自不待言,从戏曲到名物,从方志到菜谱,诗词序跋,无所不包。

再次,从民间艺术中汲取营养。汪曾祺喜好戏曲,能欣赏各种地方戏曲,还能唱昆曲、京剧,这些东西都源自民间,他做过多年京剧编剧,写过若干剧本;他编过几年《民间文艺》杂志,自称读过万部以上的民间作品;他还和老

---

① 汪曾祺:《文学语言杂谈》,《汪曾祺全集》第 4 卷,北京师范大学出版社,1998 年,第 233 页。
② 汪曾祺:《"揉面"》,《汪曾祺全集》第 3 卷,北京师范大学出版社,1998 年,第 185 页。
③ 汪曾祺:《谈读杂书》,《汪曾祺全集》第 4 卷,北京师范大学出版社,1998 年,第 32 页。
④ 汪曾祺:《捡石子儿(代序)》,《汪曾祺全集》第 5 卷,北京师范大学出版社,1998 年,第 249 页。
⑤ 汪曾祺:《沈从文的寂寞》,《汪曾祺全集》第 3 卷,北京师范大学出版社,1998 年,第 266—267 页。

舍、赵树理等乡土气息浓厚的作家交往甚密;他命运多舛,曾被划为右派,长时间生活于民间……对民间文学的深入了解,决定了他对民间文学的爱好与看重。他曾比较过民歌与古诗意境的相近,考察过民歌中的哲理性内涵,惊叹于民间婆媳以韵文对话的迅捷才思,研究过民歌《花儿》的独特声韵,写过《鲁迅对于民间文学的一些基本看法》这样较严格的学术论文……他的作品从词语到语态,从间架结构到审美情趣,无不渗透着民间的血液。他多次慨叹民间文艺的艺术价值,倡导人们阅读古今的民间作品:"应该看看、读读中国的戏曲和民歌,特别是民歌。我是搞了几年民间文学的,我觉得民间文学是个了不起的海洋,了不得的宝库。中国古代民歌、乐府,不管汉代乐府、南朝乐府,都是很了不起的。"①他还特别对戏曲创作者提出忠告:"我觉得一个戏曲工作者应该多读各代的、各地的、各族的民歌,即使不写那个时代、那个地区、那个民族的题材,也是会有用的。……要想使唱词出一点新,有民族色彩,多读民歌,是个捷径。"②

向生活学习语言,向古典文学作品学习语言,通过杂书学习语言,通过民间文艺学习语言,在汪曾祺那里,学习语言的途径是广阔的,许多观点发他人所未发,想他人所未想。作为一个创造了一种崭新文学语言的作家,他所获得的成功经验,对后来者不无启发意义,不容我们忽视。

(二) 文气论

汪曾祺的文气论内容丰富,包含着字句、音韵、布局、阴阳等侧面,还对各层含义的理论渊源进行追溯。

第一,"句之短长"与"声之高下"。对韩愈的文气说,汪曾祺非常推崇,在《中国文学的语言问题》中,他说:"文气是中国文论特有的概念。从《文心雕龙》到'桐城派'一直都讲这个东西。我觉得讲得最好,最具体的是韩愈。"③而韩愈的观点,在《答李翊书》中表述得最为简洁明快:"气,水也;言,浮物也。水大而物之浮者大小毕浮。气之与言犹是也。气盛则言之短长与声之高下者皆宜。"后人用"气盛言宜"四个字来加以概括。对于这段话,汪曾祺是极为欣赏的,在《关于小说的语言》《思想·语言·结构》《小说的思想和语言》等多篇文章中,他反复引用,反复阐释。那么,韩愈的这段话究竟是

---

① 汪曾祺:《文学语言杂谈》,《汪曾祺全集》第4卷,北京师范大学出版社,1998年,第233—234页。
② 汪曾祺:《浅处见才》,《汪曾祺全集》第6卷,北京师范大学出版社,1998年,第425页。
③ 汪曾祺:《中国文学的语言问题》,《汪曾祺全集》第4卷,北京师范大学出版社,1998年,第222页。

什么意思呢？"韩愈把'气'与语言形式的关系比做'水'和'浮物'的关系，认为只要有盛大的气势，也就无需对语言特别下功夫雕琢。"①也就是说，韩愈强调气势的主导作用，认为语言处于从属地位。在《中国文学的语言问题》中，汪曾祺做出了与之不同的解释："他所谓'气盛'，照我的理解，即作者情绪饱满，思想充实。我认为他是第一个提出作者的精神状态和语言的关系的人。一个人精神好的时候往往会才华横溢，妙语连珠；倦疲的时候往往词不达意。他提出一个语言的标准：宜。即合适，准确。世界上有不少作家都说过'每一句话只有一个最好的说法'，比如福楼拜。他把'宜'更具体化为'言之短长'与'声之高下'。语言的奥秘，说穿了不过是长句子与短句子的搭配。一泻千里，戛然而止，画舫笙歌，骏马收缰，可长则长，能短则短，运用之妙，存乎一心。中国语言的一个特点是有'四声'。'声之高下'不但造成一种音乐美，而且直接影响到意义。不但写诗，就是写散文，写小说，也要注意语调。语调的构成，和'四声'是很有关系的。"②在《小说的思想和语言》一文中，他还对"声之高下"做了进一步的解释，同上文的解释可以彼此补充，相互参证："'声之高下'是中国语言的特点，即声调，平上去入，北方话就是阴阳上去。我认为中国语言有两大特点是外国语言所没有的：一个是对仗，一个就是四声……外国人讲话没有平上去入四声，大体上相当于中国的两个调，上声和去声。……音乐美跟'声之高下'是很有关系的。'声之高下'其实道理很简单，就是'前有浮声，后有切响'，最基本的东西就是平声和仄声交替使用。"③

在这里，汪曾祺肯定了"气"的重要性，把"气"理解为作者的情绪和精神状态，并解释了作者的精神状态与艺术形式之间的辩证关系。只有作者精神状态良好，创作时才能达到声音和句子的和谐；而也只有语调高低和句子的长短得体，才能充分表现出作者的精神状态。在此基础上，他还进行了"创造性误读"，不再把"言之短长"与"声之高下"仅仅看成"气盛"的自然结果，而是对语言本身的准确性加以强调，语言的准确性，具体指语言本身的音韵和节奏。他甚至直接套用了沈约的音韵理论，对语言音乐性的强调可谓走向了极致。在这里，汪曾祺所强调的重点，已经由"气盛"转移到"言宜"了。汪曾祺对韩愈的这种误读，明显地受到桐城派观点的影响，或者说，他是从桐城

---

① 第环宁：《气势论》，民族出版社，2002年，第18页。
② 汪曾祺：《中国文学的语言问题》，《汪曾祺全集》第4卷，北京师范大学出版社，1998年，第222—223页。
③ 汪曾祺：《小说的思想和语言》，《汪曾祺全集》第5卷，北京师范大学出版社，1998年，第51—52页。

派的立场上解读韩愈的。

　　清人方苞、刘大櫆、姚鼐等均为桐城人士,文学观点相近,形成一个派别,被命名为桐城派。从师承上看,这一文派可上追韩愈、柳宗元为代表的唐宋八大家。就文气论而言,"桐城三祖"各有所创造发挥。方苞讲究"清真""古雅"。"清真"指的是"义",是对文章内容的要求;"古雅"则是"文辞"标准,属于文章的形式。而"气"恰恰是联结二者的枢纽,地位非常重要,"依于理以达乎其词者,则存乎气"①。姚鼐理论的核心是义理、考证和辞章三者要达到统一。《古文辞类纂序录》中说:"凡文之体十三,而所以为文者八曰:神、理、气、味、格、律、声、色。神、理、气、味者,文之精也,格、律、声、色者,文之粗也;然苟舍其粗,则精者亦胡以寓焉?学者之于古人,必始而遇其粗,中而遇其精,终则御其精而遗其粗者。"包括"气"在内的"精"者需要通过格、律、声、色来表现,这其中包含着对音韵的要求。汪曾祺情有独钟的是方苞和姚鼐之间的过渡人物刘大櫆。刘大櫆非常看重"文气",认为"文章者,人心之气也"(刘大櫆《海门初集序》)。汪曾祺对他的具体观点进行了详尽的阐释:"桐城派把'文气论'阐说得很具体。他们所说的'文气',实际上是语言的内在的节奏,语言的流动感。'文气'是一个精微的概念,但不是不可捉摸。桐城派解释得很实在。刘大櫆认为文之能事分为三个步骤:一是神气,'文之最精处也';二音节,'文之稍粗处也';三字句,'文之最粗处也'。桐城派很注重字句。论文章,重字句,似乎有点卑之无甚高论,但桐城派老老实实地承认这是文章的根本。刘大櫆说:'近人论文不知有所谓音节者;至语以字句,则必笑以为末事。此论似高实谬。作文若字句安顿不妙,岂复有文字乎?'他们所说的'字句',说的是字句的声音,不是它的意义。刘大櫆认为:'音节者,神气之迹也。字句者,音节之矩也。神气不可见,于音节见之;音节无可准,以字句准之'。'凡行文多寡短长,抑扬高下,无一定之律,而有一定之妙,可以意会而不可以言传。学者求神气而得之于音节,求音节而得之于字句,则思过半矣。'如何以字句准音节?他说得非常具体。'一句之中,或多一字,或少一字;一字之中,或用平声,或用仄声;同一平字仄字,或用阴平阳平上声去声入声,则音节迥异。'"②汪曾祺所列举的,都是刘大櫆在《论文偶记》中的一些观点。在这里,刘大櫆把神气完全归结为文字音节,对其他方面有忽视的倾向,事实上出现了一些偏差。张少康对此曾提出过批评:"从文学创作实际来说,神气并不都体现在音节上,它首先是与意象的构成和意境的创

---

① 第环宁:《气势论》,民族出版社,2002年,第260页。
② 汪曾祺:《关于小说的语言(札记)》,《汪曾祺全集》第4卷,北京师范大学出版社,1998年,第11—12页。

造密切相关的,自然音乐美也是其重要的组成部分之一。从一般非文学的文章来说,神气也是和其思想内容、逻辑力量等有直接关系的,也不全在音节、文字上。"①事实上,汪曾祺在强调"文气论"的同时,也用意象、意境理论对此加以补充。例如,他在评价京派作家废名时说:"意境说最初只应用于诗歌,后来涉及到了小说。废名说过:'我写小说同唐人写绝句一样。'……所谓'唐人绝句',就是不着重写人物,写故事,而着重写意境,写印象,写感觉,物我同一,作者的主体意识很强。这就使传统的小说观念发生了很大的变化,使小说和诗变得难解难分。"②汪曾祺晚近的理论,多单独讨论语言问题,似有夸大音节、语调作用之嫌,尽管在创作上越来越老辣,越来越气韵生动。

如何求得"神气",刘大櫆指的是因声求气,诵读是重要的手段,姚鼐也说:"合而读之,音节见矣;歌而咏之,神气出矣。"(姚鼐《与陈硕士书》)汪曾祺对于这种求神的方法是非常赞许的,他曾经对韩愈文章的这一特点赞不绝口:"韩愈的文章,誉毁不一,我也不喜欢他的文章所讲的道理,但是他的文章有一特点:注重文学的耳感,即音乐性。'国子先生,晨入太学,招诸生,立馆下,诲之曰……'读来朗朗上口。'上口'是中国散文的一个特点。过去学文章都要打起调子来半吟半唱,这样才能将声音深入记忆,是很有道理的。"③汪曾祺对桐城派特别是刘大櫆理论的理解,是准确的、精细的,的确是得其精髓。

第二,布局自然。汪曾祺对于文气的理解,并不止于"声之高下"和"句之短长",他继承了桐城派的思想,认为文气还包括"行文布局"。

汪曾祺把行文布局和结构进行了区分。在《小说技巧常谈》一文中,他认为:"我曾在一篇谈小说创作的短文中提到章太炎论汪容甫的骈文,'起止自在,无首尾呼应之式',表示很欣赏。汪容甫能把骈体文写得那样'自在',行云流水,不讲起承转合那一套,读起来很有生气,不像一般四六文那样呆板,确实很不容易。但这是指行文布局,不是说小说的情节和细节的安排。小说的情节和细节,是要有呼应的。"④在这里,尽管汪曾祺没有明确说出,但实际上对文气和结构进行了区分:"情节和细节"属于结构,"行文布局"属于文气。在《小说创作随谈》中,汪曾祺认为文气是比结构更为内在的一个概念:"我欣赏中国的一个说法,叫做'文气',我觉得这是比结构更精微,更内

---

① 张少康:《中国文学理论批评史教程》,北京大学出版社,1999年,第420页。
② 汪曾祺:《关于小说的语言(札记)》,《汪曾祺全集》第4卷,北京师范大学出版社,1998年,第13页。
③ 汪曾祺:《谈散文》,《汪曾祺全集》第6卷,北京师范大学出版社,1998年,第333页。
④ 汪曾祺:《小说技巧常谈》,《汪曾祺全集》第3卷,北京师范大学出版社,1998年,第295页。

在的一个概念。什么叫文气？我的解释就是内在的节奏。'桐城派'提出，所谓文气就是文章应该怎么起，怎么落，怎么断，怎么连，怎么顿等等这样一些东西，讲究这些东西，文章内在的节奏感就很强。"①在《两栖杂述》中，汪曾祺说过类似的话："'桐城义法'，我以为是有道理的。桐城派讲究文章的提、放、断、连、疾、徐、顿、挫，讲'文气'。正如中国画讲'血脉流通''气韵生动'。我以为'文气'是比'结构'更为内在，更精微的概念，和内容、思想更有有机联系。这是一个很好的、很先进的概念，比许多西方现代美学的概念还要现代的概念。文气是思想的直接的形式。我希望评论家能把'文气论'引进小说批评中来，并且用它来评论外国小说。"②在这里，汪曾祺不仅对结构和文气进行了区分，还对东西方的叙事观念进行了比较。在西方的叙事学中，只有叙事结构这个概念，多指情节安排方式，是一种比较外在的东西；至于中国传统文论中的文气，由于文化背景的差异，他们显然无法自觉意识到。而在汪曾祺看来，结构是比较表面的东西，文气才是文章中最精微的东西，抓到了它才能抓到文章的根本。

那么，文气和结构到底有什么差别呢？自然和人为。

汪曾祺非常反对西方的叙事结构方面的所谓技巧。他认为结构分为两种，一种是严谨的结构，一种是松散的结构，莫泊桑代表第一种，而契诃夫代表第二种，汪曾祺认为，现代小说的结构已经开始向松散的方面转化。他反对所谓的严谨的结构，"莫泊桑，还有欧·亨利，要了一辈子结构，但是他们显得很笨，他们实际上是被结构耍了。他们的小说人为的痕迹很重"③。依照西方叙事理论，悬念、惊奇都是最典型的结构技巧，但是，汪曾祺反对悬念，"悬念是愚弄读者。当然会有断续，有转折，但是是'随事转折'，生活的转折即是文章的转折。"④在评论《爱是一束花》的时候，他说："作者似乎没有考虑怎样结构，然而这种朴素自然的结构是最好的结构。"⑤他这里所说的朴素自然的结构，其实指的就是文气。

事实上，文气并不能完全摆脱"人为"，提、放、断、连、疾、徐、顿、挫，无不是有意为之的结果，关键是要消除人为的痕迹，达到自然天成的审美境界，即所谓的"化境"。"过去的中国文论不大讲'结构'，讲'章法'。桐城派认为章法最要紧的是断续和呼应。什么地方该切断，什么地方该延续。前后文怎

---

① 汪曾祺：《小说创作随谈》，《汪曾祺全集》第 3 卷，北京师范大学出版社，1998 年，第 313—314 页。
② 汪曾祺：《两栖杂述》，《汪曾祺全集》第 3 卷，北京师范大学出版社，1998 年，第 198 页。
③ 汪曾祺：《小说的散文化》，《汪曾祺全集》第 4 卷，北京师范大学出版社，1998 年，第 80 页。
④ 汪曾祺：《一种小说》，《汪曾祺全集》第 5 卷，北京师范大学出版社，1998 年，第 154 页。
⑤ 汪曾祺：《花溅泪》，《汪曾祺全集》第 6 卷，北京师范大学出版社，1998 年，第 292 页。

样呼应。但是要看不出人为的痕迹。刘大魁说：'彼知有所谓断续,不知有无断续之断续;彼知有所谓呼应,不知有无呼应之呼应。'章太炎论汪中的骈文：'起止自在,无首尾呼应之式。'这样的结构,中国人谓之为'化'。苏东坡说：'大略如行云流水,初无定质,但常行于所当行,止于所不可不止。文理自然,姿态横生'（《答谢民师书》）。文章写到这样,真是到了'随便'的境界。"①在这些观点的背后,追求的是一种自然天成的艺术境界："清代的叶燮讲诗讲得很好,说如泰山出云,泰山不会先想好了,我先出哪儿,后出哪儿,没有这套,它是自然冒出来的。这就是说文章有内在的规律,要写得自然。我觉得如果掌握了'文气',比讲究结构更容易形成风格。文章内在的各部分之间的有机联系是非常重要的。有的文章看起来很死板,有些看起来很活。这个'活',就是内在的有机联系,不要单纯地讲表面的整齐、对称、呼应。"②

由此我们可以看出,汪曾祺所看重的,是师法自然,而不是西方的叙事学中所追求的悬念、惊奇之类的东西。总之,文气不仅仅是声之高下,也不仅仅是句之短长,更主要的是各个部分之间通过文章本身的规律,有机联系在一起,以自然的节奏,达到一种羚羊挂角、无迹可求的艺术化境。

第三,清浊有体。汪曾祺曾数次对文气论的历史进行梳理。在《小说的思想和语言》一文中,他就认为："文气说大概从《文心雕龙》起,一直讲到桐城派。"③在其他场合,他追溯文气论的历史,一般上溯到唐宋,所谈及的人物,从韩愈到苏轼、苏辙,从归有光到桐城派,唯独不谈真正的鼻祖曹丕,这确乎是一个令人惊异的现象。曹丕在《典论·论文》中最早提出"文气说"："文以气为主,气之清浊有体,不可力强而致。譬诸音乐,曲度虽均,节奏同检,至于引气不齐,巧拙有素,虽在父兄,不能以移子弟。"曹丕此处所谓的"气",主要指作者"受诸先天的禀赋、才性和气质,这样的'气'各各不同,犹如千人异面,而正是它决定了不同作家各自独到的风格特点"④。这里的文气,突出的是作家个人才情、气质、个性对创作的决定作用。汪曾祺事实上把曹丕的理论很好地融会到自己的文气说里了,而且得其神髓。

首先,他充分认识到作家的气质对创作的影响。他在《〈晚翠文谈〉自序》中说："我知道,即使我有那么多时间,我也写不出多少作品,写不出大作品,写不出有分量、有气魄、雄辩、华丽的论文。这是我的气质所决定的。一

---

① 汪曾祺：《思想·语言·结构》,《汪曾祺全集》第 6 卷,北京师范大学出版社,1998 年,第 80 页。
② 汪曾祺：《小说创作随谈》,《汪曾祺全集》第 3 卷,北京师范大学出版社,1998 年,第 314 页。
③ 汪曾祺：《小说的思想和语言》,《汪曾祺全集》第 5 卷,北京师范大学出版社,1998 年,第 51 页。
④ 张少康：《中国历代文论精品》,时代文艺出版社,2001 年,第 122 页。

个人的气质,不管是由先天还是后天形成,一旦形成,就不易改变。人要有一点自知。我的气质,大概是一个通俗抒情诗人。我永远只是一个小品作家。我写的一切,都是小品。就像画画,画一个册页、一个小条幅,我还可以对付;给我一张丈二匹,我就毫无办法。"①这种分析,依据的实际上是所谓的"气禀论",说的是作家诗人的先天禀赋决定了文章的风格。曹丕认为:"气之清浊有体,不可力强而致。"这里"所谓清浊,实即阴阳,阳气上升为清,阴气下沉为浊。曹丕在这里实开后世以阳刚之美、阴柔之美论文学之先河"②。但是,毕竟他还没有明确指出是阴阳素质的差异,导致了创作风格的不同。把艺术美明确分为阴阳之说,是姚鼐的贡献。他在《复鲁絜非书》中说:"天地之道,阴阳刚柔而已。文者,天地之精美,而阴柔阳刚之发也。"正式提出了阴柔阳刚之美。汪曾祺继承了传统文论中的阴阳说,他认为"中国的文人里历来把文学的风格,或者也可以说语言的风格分为两大类。按照桐城派的说法就是阳刚与阴柔,按照词家的说法就是豪放与婉约"③。汪曾祺进一步认为,这种气质个性的自我认识,对于创作实践十分重要,只有准确地认识到了自己的气质特征,才能准确地找到自己的风格定位,"一个作家,经过一段实践要认识自己的气质,我属于哪一种气质,哪种类型。……要认识自己的气质,违反自己的气质写另外一种风格的语言,那是很痛苦的事情"④。汪曾祺对于中国传统文气论的发展还不止于此。曹丕过分强调的是作家的先天禀赋对创作的决定作用,强调"不可力强而致",相对地忽视了后天教育对气质形成的作用。在《文学语言杂谈》中,汪曾祺专门强调后天学习对人的气质形成的影响,认为"一个作家的语言风格跟作家本人的气质很有关系,而他本人气质的形成又与他爱读的小说、爱读的作品有一定的关系"⑤。他还现身说法,认为归有光的《项脊轩志》《先妣事略》《寒花葬志》三篇,对自己的气质形成影响极大。

既然气质决定风格,那么很显然,一个作家只会有一种风格。这样的话,一个作家的多种创作风格就无法解释。为了摆脱这一矛盾,汪曾祺还强调了创作对象对作家风格的影响,他认为,"这个作家的语言虽然要有他自己独特的个性,还应该对他表现的不同的生活、不同的人物采取不同的语言风

---

① 汪曾祺:《〈晚翠文谈〉自序》,《汪曾祺全集》第 4 卷,北京师范大学出版社,1998 年,第 49 页。
② 张少康:《中国文学理论批评史教程》,北京大学出版社,1999 年,第 99 页。
③ 汪曾祺:《文学语言杂谈》,《汪曾祺全集》第 4 卷,北京师范大学出版社,1998 年,第 228 页。
④ 同上。
⑤ 同上书,第 229 页。

格"①。还以鲁迅为例,指明《社戏》充满了温情,《祝福》则有一种苍凉感;而写四铭,因为厌恶,鲁迅的语言则相当尖刻,甚至恶毒。自己的作品《徙》,因为是给国文教师立传,所以用了一些文言文,而《受戒》写的是小和尚和村姑的恋爱,若用文言的成分就会格格不入。

总之,对于曹丕的文气论,汪曾祺认为清浊有体,或阳刚,或阴柔,是作家的气质所决定的。但是,尽管气质有先天的成分,但后天的读书学习也会影响人的气质形成。同时,虽然是"文各有体,鲜能兼备",但随着写作对象的不同,同一作者的作品风格应该有些变化。这样,文气论就更为灵活而完善了。

综上所述,汪曾祺很好地继承了中国文气论的优良传统。他吸收了曹丕的文气说和姚鼐的阴阳说,强调作者的气质禀赋对创作的决定作用;他融会了韩愈和桐城派的主要观点,讲究行文的"声之高下"与"句之短长";他师承了桐城派"提、放、断、连、疾、徐、顿、挫"这些行文运动规律,强调文章各个部分之间的内在节奏。从作者的素质讲到语调音律,又从句子的长短讲到文章各个部分之间的运行节奏……贯穿到文章创作的各个方面和各个环节。可以说在汪曾祺那里,文气论构成了他文学理论的核心。

文气的内在特点。以上部分,我们从理论渊源的角度初步勾勒了汪曾祺文气论的来龙去脉,从字句的长短到声音的高下,从章法布局到作家的禀赋,各个部分相互勾连,贯穿创作中的各个环节,形成一种较为完整的理论。下面再从宏观的角度,具体总结一下文气论的特征。

第一,流动性与整体性。文气论本身是比较玄奥的,不易说得清楚。汪曾祺往往借助自己渊博的知识,以书论、画论,形象地类比写文章的道理。清代的艺术评论家包世臣在《艺舟双楫》中有一段评说王羲之和赵子昂的字的书论,非常精彩:"吴兴书笔,专用平顺,一点一画,一字一行,排次顶接而成。古帖字体,大小颇有相径庭者,如老翁携幼孙行,长短参差,而情意真挚,痛痒相关。吴兴书如士人入隘巷,鱼贯徐行,而争先竞后之色,人人见面,安能使上下左右空白有字哉?"在《"揉面"》《谈读杂书》《思想·语言·结构》等多篇文章中,汪曾祺反复引用这段话,意在说明"安排语言,也是这样。一个词,一个词;一句,一句;痛痒相关,互相映带,才能姿势横生,气韵生动"②。只有这样,写小说,写散文,才能浑然一体,做到"形散而神不散"。③ 这两段书论揭示了文气的两个特点:其一是整体性,其二是流动性。

---

① 汪曾祺:《文学语言杂谈》,《汪曾祺全集》第4卷,北京师范大学出版社,1998年,第229页。
② 汪曾祺:《"揉面"》,《汪曾祺全集》第3卷,北京师范大学出版社,1998年,第190页。
③ 汪曾祺:《谈读杂书》,《汪曾祺全集》第4卷,北京师范大学出版社,1998年,第33页。

首先看整体性。这两段书论,所要求的都是文章字、词、句、篇相呼相应,一气贯通。"语言不是一句一句写出来,'加'在一起的。语言不能像盖房子一样,一块砖一块砖,垒起来。那样就会成为'堆砌'。语言的美不在一句一句的话,而在话与话之间的关系。"①文章的美是一种整体的美,而不是字或句的孤立的美。汪曾祺还多次以树为例,说明文章的美在于浑然一体的道理。

其次是流动性。苏轼在《答谢民师书》说:自己写文章,"大略如行云流水,初无定质,但常行于所当行,常止于所不可不止。文理自然,姿态横生"。在《说论》中,他同样以水作喻,说了另一段非常精彩的话:"吾文如万斛泉源,不择地而出,在平地滔滔汩汩,虽一日千里无难。及其与山石曲折,随物赋形而不可知也。"汪曾祺综合这两段妙语,指出了文气的另一特性,那就是流动性。他说:"中国人很爱用水来作文章的比喻。韩愈说过。苏东坡说'吾文如万斛源泉,不择地涌出','但行于所当行,止于所不可不止'。流动的水,是语言最好的形象。中国人说'行文',是很好的说法。语言,是内在地运行着的。缺乏内在的运动,这样的语言就会没有生气,就会呆板。"②事实上,整体性和流动性是一个问题的两个方面:有了文气的流动,文章才会构成一个整体;文章构成一个整体,才会容得下流动的文气。"中国人写字讲究'行气'。语言是处处相通,有内在的联系的。语言像树,枝干树叶,汁液流转,一枝动,百枝摇;它是'活'的。"③树干树叶,枝脉相连,保证了树的整体贯通;而汁液流转,又保证了它生机盎然。

湖南的评论家凌宇,就发现了汪曾祺作品的流动性和整体性。他说:"汪曾祺的语言很奇怪,拆开来看,都很平常,放在一起,就有一种韵味。"④这种韵味,没有文气的贯通,是不可能存在的。要使整个文章文气贯通、浑然天成,在构思阶段就应该非常注意。汪曾祺认为:"要使句与句,段与段产生'顾盼'。要养成一个习惯,想好一段,自己能够背下来,再写。不要写一句想一句。"⑤在一篇文章中,汪曾祺饶有兴趣地描述自己"无事此静坐"的习惯。每次构思文章,总是泡上茶,燃上香烟,静坐在家中的旧沙发上,表情呆滞,一动不动。直至最后,构思成熟,在桌前坐定,一挥而就。在数篇文章中,

---

① 汪曾祺:《中国文学的语言问题》,《汪曾祺全集》第 4 卷,北京师范大学出版社,1998 年,第 222 页。
② 同上书,第 223 页。
③ 同上书,第 222 页。
④ 汪曾祺:《思想·语言·结构》,《汪曾祺全集》第 6 卷,北京师范大学出版社,1998 年,第 79 页。
⑤ 同上。

汪曾祺都劝别人要打腹稿,短的文章要先在肚中考虑完整,不要急于下笔。

第二,节奏性和音乐性。整体性与流动性,它的实质在于内在的节奏,在于文学的音乐感。一位评论家指出,汪曾祺的小说有音乐感,并进一步指出这种音乐感与绘画之间的关系:"中国画讲究气韵生动,计白当黑,这和'音乐感'是有关系的。"①汪曾祺认为,自己作品中这种音乐性的获得,同自己会绘画,懂昆曲、京剧不无关联。有人已经指出,整个中国艺术,从文学到建筑,从书法到绘画,总的归宿是音乐。这一点同西方的艺术是不同的,西方艺术的指向是雕塑。朱光潜认为,声音节奏是汉语文学的"第一要事"②。汪曾祺同他的观点类似,他曾自我设问:"什么叫文气?我的解释就是内在节奏。"③中国的文气论,强调声之高下,就是强调声调,强调句之短长,就是强调节奏,总的讲是抓住了汉语文学指向音乐性的特征。说到声调,中国音韵学说的集大成者是沈约。汪曾祺对他倍加推崇,曾多次直接借用了他的研究成果。他在《"揉面"》中认为:"中国语言因为有'调',即'四声',所以特别富于音乐性。一个搞文字的人,不能不讲一点声音之道。'前有浮声,则后有切响',沈约把语言声音的规律概括得很扼要。简单地说,就是平仄声要交错使用。一句话都是平声或都是仄声,一顺边,是很难听的。"④

不仅如此,汪曾祺还把这种音乐感扩展开来,落实到"语言基调",延伸到这个作品的整体。他认为:"除了讲究间架结构之外,还讲究'建行'、讲行气,要'谋篇',整篇是一个什么气势,这一点很重要。写作品一定要找到这篇作品的语言基调。"⑤这种贯穿全篇的语言基调,就构成了整个作品的音乐感,构成了整个作品取得和谐之美的基础。

汪曾祺认为,这种音乐感不是纯形式的,他和作品的思想内容紧密相关,"文气是思想的直接的形式"⑥。语言的节奏,就是作者内在情绪的外化。"语言的节奏是外部的,情绪的节奏是内部的。二者同时生长,而又互相推动。情绪节奏和语言节奏应该一致,要做到表里如一,契合无间。"⑦语言的节奏决定于情绪的节奏。我们读汪曾祺的作品,觉得语言美、文章美,一眼望去,他用的也不过是寻常字句,但寻常的字句到了他手里就像被施了魔法。

---

① 汪曾祺:《我是怎样和戏曲结缘的》,《汪曾祺全集》第 3 卷,北京师范大学出版社,1998 年,第 434 页。
② 朱光潜:《艺文杂谈·散文的声音节奏》,安徽人民出版社,1981 年,第 82 页。
③ 汪曾祺:《小说创作随谈》,《汪曾祺全集》第 3 卷,北京师范大学出版社,1998 年,第 313 页。
④ 汪曾祺:《"揉面"》,《汪曾祺全集》第 3 卷,北京师范大学出版社,1998 年,第 184 页。
⑤ 汪曾祺:《文学语言杂谈》,《汪曾祺全集》第 4 卷,北京师范大学出版社,1998 年,第 230—231 页。
⑥ 汪曾祺:《两栖杂述》,《汪曾祺全集》第 3 卷,北京师范大学出版社,1998 年,第 198 页。
⑦ 汪曾祺:《浅处见才》,《汪曾祺全集》第 6 卷,北京师范大学出版社,1998 年,第 418 页。

其中原因,恐怕和他的语言所具有的节奏感和音乐性不无关联。王一川先生曾对汪曾祺小说中的两段进行了精细的分析。《受戒》有这样一段:"芦花才吐新穗。紫灰色的芦穗,发着银光,软软的,滑溜溜的,像一串丝线。有的地方结了蒲棒,通红的,像一枝一枝小蜡烛。青浮萍,紫浮萍,长脚蚊子,水蜘蛛。野菱角开着四瓣的小白花。惊起一只青桩(一种水鸟),擦着芦穗,扑鲁鲁飞远了。"王一川先生是这样分析的:"这一段不足100字,却有17个停顿。其中,7字以上的停顿句只4个,而其以下的则多达13个,可见短句占绝对多数。而在7字以下的短句中,6字句3个,5字句1个,4字句4个,3字句5个,可见3、4字句是主要的。为什么在一短段里竟运用了如此密集的停顿?作家显然是着意于节奏效果的创造。整段的字句节奏是这样的:6字——6字——4字——3字——4字——5字——8字——3字——8字——3字——3字——4字——3字——11字——6字——4字——7字。字数时多时少,长短参差,表明叙述时快时慢,念起来产生古代长短句(词)之回环与宛转节奏,又如读了现代散文诗一样韵味十足。正是这样的节奏形象刻画,把人于不知不觉中引入一幅清新而明丽的江南水乡'风俗画'之中。"①另一段则出于汪曾祺的《故里杂记》。王一川先生把这样一段的语言节奏进行了划分:"庞家——这三个——妯娌,一个——赛似——一个的——漂亮,一个——赛似——一个的——能干。他们都——非常——勤快。天——不亮——就起来,烧——水,煮——猪食,喂——猪,白天——就坐在——穿堂里——做针线。都是——光梳头,净洗脸,穿得——整整——齐齐,头上——戴着——金簪子,手上——戴着——麻花银镯。人们——走到——庞家——门前,就觉得——眼前——一亮。"②句子长短不一,节奏也略显参差,但至少节奏意识是自觉的,完全欧化的句式划不出这样的节奏。事实上,这段小说的节奏,很容易让我们联想到闻一多先生的音尺,虽是小说,却拥有诗歌般的节奏,很像白话诗。

汪曾祺文气论的意义。在五四时期,桐城派是作为封建文化的代表受到严厉批判的。陈独秀认为:"所谓'桐城派'者,八家与八股之混合体也。""归方刘姚之文,或希荣慕誉,或无病而呻,满纸之乎者也矣焉哉。每有长篇大作,摇头摆尾,说来说去,不知道说些甚么。此等文学,作者既非创造才,胸中又无物,其伎俩惟在仿古欺人,直无一字有存在之价值。虽著作等身,与其时之社会文明进化无丝毫关系。"③胡适在《文学改良刍议》中提出所谓的"八

---

① 王一川:《兴辞诗学片语》,山东友谊出版社,2005年,第171页。
② 同上书,第172页。
③ 陈独秀:《文学革命论》,《新青年》第2卷第6号,1917年2月1日。

不主义",其中不摹仿古人、不作无病之呻吟、务去烂调套语、不用典、不讲对仗等条目,也直接或间接针对桐城派。① 钱玄同曾致信《新青年》,斥责拟古的散文和骈文为"选学妖孽、桐城谬种"。而作为桐城派传人的林纾,也因钱玄同、刘半农的双簧戏倍受戏弄,《荆生》《妖梦》事件,更使他名誉受损。自五四运动以来,由于受到革命派的不断冲击,桐城派威望扫地,而桐城派的文气说,也自此废而不传。此后,文学开始了大众化,其实在某种程度上,主流文学走向低俗化,与玄妙的文气说更是相差万里,纵贯中国文坛历史的文气传统遂中断。新时期以来,在很长一段时间里,文坛几乎是唯西方文风是尚。总之,文学的发展出现了两种偏差,一是过分欧化,一是过分大众化。

汪曾祺提出了与五四以来不同的观点,他认为"桐城派在五四时期被斥为'谬种'。但这实在是集中国散文之大成的一个流派"②。倡导文气论,重续民族文学传统,其意义远远超出文学本身。这启发我们重新审视中国文化传统,找回民族文论的个性,找回民族自信。汪曾祺曾有一个更宏伟的计划,那就是确立民族文化本位,用中国的文论去解释西方的作品。

(三) 叙事观

汪曾祺有一套比较完整的叙事观念。他的叙事观的来源,我认为主要有四个方面:一是中国古代文论、诗论及古典文学创作经验,二是契诃夫、鲁迅、沈从文、废名等中外现代作家的创作经验;三是民间文学;四是汪曾祺本人的创作实践经验。他的叙事观复杂而独特,自成体系,富有民族特征,西方叙述学的理论框架在很多方面与它不相吻合,它的表述方式特色鲜明,多借助诗化语言类比取譬,这与西方的理性化表述方式也出入很大,许多概念和西方概念也无法相互通融。不过为了表述方便,这里还是勉为其难地大致沿用西方叙述学语汇。

1. 叙述结构

汪曾祺认为,现代小说的特点是小说的形式与生活的形式更接近,与之相应,表现在结构上,就是很少出现戏剧性的情节,生活的自然流动往往就构成小说的结构方式。具有这样结构的小说往往被称为散文化小说。

(1) 反故事性。在一篇文章中,汪曾祺这样说:"我的一些小说不大像小说,或者根本就不是小说。有些只是人物素描。我不善于讲故事。我也不喜欢太像小说的小说,即故事性很强的小说。故事性太强了,我觉得就

---

① 胡适:《文学改良刍议》,《新青年》第 2 卷第 5 号,1917 年 1 月 1 日。
② 汪曾祺:《寻根》,《汪曾祺全集》第 6 卷,北京师范大学出版社,1998 年,第 370 页。

不大真实。我的初期的小说,只是相当客观地记录对一些人的印象,对我所未见的,不了解的,不去以意为之作过多的补充。后来稍稍展开一些,有较多的虚构,也有一点点情节。"①由此,我们可以看出,汪曾祺不喜欢故事性很强的小说。一般地讲,散文与小说的差别,就是散文不追求故事性,而小说往往有比较集中的故事情节。汪曾祺的小说打破了小说与散文的这一界限,追求小说的散文化。汪曾祺曾比较了莫泊桑、欧·亨利和契诃夫小说的差别,认为"莫泊桑,还有欧·亨利,耍了一辈子结构,但是他们显得很笨,他们实际上是被结构耍了。他们的小说人为的痕迹很重。倒是契诃夫,他好像完全不考虑结构,写得轻轻松松,随随便便,潇潇洒洒。他超出了结构,于是结构更多样。"②他还引用章太炎论汪中的骈文评语"起止自在,无首尾呼应之式",认为达到这种自由程度,才是好的结构。他还引用魏叔子《陆悬圃文叙》中的一段话:"人知所谓伏应,而不知无所谓伏应者,伏应之至也;人知所谓断续,而不知无所谓断续者,断续之至也。"认为只有超出了伏应、断续,在结构上得到大解放,才能达到"行于所当行""止于不可不止"的艺术境界③。

汪曾祺小说的散文化,同他对现代小说的功能以及接受方式的理解有关。他认为"……现代小说要符合现代生活方式,现代生活的节奏"。现代生活节奏很快,人们没有很多时间读很长的小说;更主要的是,写小说就是写生活,"现代读者要求的是真实,想读的是生活,生活本身。现代读者不能容忍编造。一个作者的责任只是把你看到的、想过的一点生活诚实地告诉读者"④。在阅读趣味上,汪曾祺很欣赏那些故事情节淡化的小说。例如,他曾这样评价沈从文作品的好处:"沈先生的短篇小说有好些是没有什么故事的,如《牛》《三三》《八骏图》……都只是通过一点点小事,写人的感情、感觉、情绪。"⑤在这里,放弃书写故事的小说,表现的重点转移了,主要写人的主观感受。汪曾祺的小说也是反故事的,在《思想·语言·结构》一文中,他这样评价自己的几部代表作:"我的《大淖记事》发表后,有两种不同的意见。有人认为这篇小说的结构很不均衡。小说共五节,前三节都是写大淖这个地方的风土人情,没有人物,主要人物到第四节才出现。有人认为这篇小说的好

---

① 汪曾祺:《〈汪曾祺短篇小说选〉自序》,《汪曾祺全集》第3卷,北京师范大学出版社,1998年,第165—166页。
② 汪曾祺:《小说的散文化》,《汪曾祺全集》第4卷,北京师范大学出版社,1998年,第80页。
③ 同上书,第80—81页。
④ 汪曾祺:《说短》,《汪曾祺全集》第3卷,北京师范大学出版社,1998年,第223—224页。
⑤ 汪曾祺:《沈从文和他的〈边城〉》,《汪曾祺全集》第3卷,北京师范大学出版社,1998年,第148页。

处正在结构特别,我有的小说一上来就介绍人物。如《岁寒三友》。《复仇》用意识流结构,《天鹅之死》时空交错。去年发表的《小芳》却是完全的平铺直叙。我认为一篇小说的结构是这篇小说所表现的生活所决定的。生活的样式,就是小说的样式。"① 在《〈桥边小说〉后记》中,他又用类似的观点评价自己的另几部作品,也可以看出他反故事性的审美情趣:"《詹的胖子》和《茶干》有人物无故事,《幽冥钟》则几乎连人物也没有,只有一点感情。这样的小说打破了小说和散文的界限,简直近似随笔。结构尤其随便,想到什么写什么,想怎么写就怎么写。我这样做是有意的(也是经过苦心经营的)。我要对'小说'这个概念进行一次冲决:小说是谈生活,不是编故事;小说要真诚,不能耍花招。"②

追求"结构无定式",反对小说结构的固定化。汪曾祺曾说:"我是不赞成把小说的结构规定出若干公式的:平行结构、交叉结构、攒珠式结构、桔瓣式结构……我认为有多少篇小说就有多少种结构方法。"③ 表面上看来,好像仅仅是随物赋形,不用过分经营结构,实际上远非如此简单,在骨子里,汪曾祺是非常讲究结构的艺术创新的。汪曾祺曾经在一篇文章中说,自己认为小说的结构特点是"随便",但这不是真正的随便,而是苦心经营的随便,这种随便实际上是拒绝平庸的固定格式,要打破结构的常规,在结构上搞创新,是对艺术的更高要求。④ 正是从创新的角度上,他非常追求结构的多样化,多变性,"我以为短篇小说的结构可以是各式各样的。如果结构都差不多,那也就不成其为结构了"⑤。一个艺术家创造性的追求,得到了充分的体现。他曾经认为,比结构更微妙的东西是"文气",是行文布局,当然,我们也可以把这理解成一种结构方式,一种化有形为无形的结构方式。

(2)注重开头和结尾。书法家认为,一幅书法作品要想获得成功,第一笔引领气势,书家务争此笔。文学作品也是如此。古人云:"自古文章争一起。"汪曾祺曾引用了孙犁的一段话:开头很重要,开头开好了,下面就可以

---

① 汪曾祺:《思想·语言·结构》,《汪曾祺全集》第 6 卷,北京师范大学出版社,1998 年,第 80 页。
② 汪曾祺:《〈桥边小说三篇〉后记》,《汪曾祺全集》第 3 卷,北京师范大学出版社,1998 年,第 461—462 页。
③ 汪曾祺:《思想·语言·结构》,《汪曾祺全集》第 6 卷,北京师范大学出版社,1998 年,第 80 页。
④ 汪曾祺:《林斤澜的矮凳桥》,《汪曾祺全集》第 4 卷,北京师范大学出版社,1998 年,第 102 页。
⑤ 汪曾祺:《〈大淖记事〉是怎样写出来的》,《汪曾祺全集》第 3 卷,北京师范大学出版社,1998 年,第 219—220 页。

头头是道。他认为这是经验之谈,写文章要写好第一段,第一段里的第一句。① 例如《徙》的第一句是"很多歌消失了。许多歌的词、曲的作者没有人知道。有些歌只有极少数的人唱,别人都不知道。比如一些学校的校歌。"然后引出下文,写得何等传神。据汪曾祺回忆,这个起始是他反复修改的结果,可见他对开头的重视。他说:"我觉得一篇小说的开头很难,难的是定全篇的调子。如果对人物的感情、态度把握住了,调子定准了,下面就会写得很顺畅。如果对人物的感情、态度把握不稳,心里没底,或是有什么顾虑,往往就会觉得手生荆棘,有时会半途而废。"②

文章的开头重要,结尾也不可忽视。汪曾祺对此也十分重视,他写的小说,最后一句往往意味很深,给人留下不可磨灭的印象。《复仇》的结果,出人所料,寻仇者和仇人一起开凿山洞,自然是作家反复斟酌的结果。《鸡鸭名家》的结尾是"这两个老人怎么会到这个地方来呢?他们的光景过得怎么样了呢?"③戛然而止,颇有余味。汪曾祺重视文章结尾,恐怕深受沈从文的影响。据汪曾祺回忆,沈先生对小说的结尾非常重视,有一次,沈从文不无得意地笑着说,自己是很会结尾的。汪曾祺对结尾的重视,也受中国古典文学的影响,他曾讨论过中国古代文论中的度尾、煞尾两种结尾形式:"汤显祖评董解元《西厢记》,论及戏曲的收尾,说'尾'有两种,一种是'度尾',一种是'煞尾'。'度尾'如画舫笙歌,从远地来,过近地,又向远地去;'煞尾'如骏马收缰,忽然停住,寸步不移,他说得很好。"④

(3)讲究埋伏和照应。在《小说的散文化》一文中,汪曾祺引用了魏叔子的一段话:"人知所谓伏应而不知无所谓伏应者,伏应之至也;人知所谓断续而不知无所谓断续者,断续之至也"(《陆悬圃文序》)。⑤ 古今中外作品的结构,不外是伏应和断续,超出伏应、断续,便在结构上得到大解放。尽管汪曾祺认为,超出埋伏和照应,是结构上的大解放,但是这两者毕竟是最常规的结构技法,写作中不可能轻易放弃,他曾对埋伏和照应进行了研究,认为在创作中要前思后想,总体构思,"有埋伏,有呼应,这样才能使各段之间互相沟通,成为一体,否则就成了拼盘或北京人过年吃的杂拌儿。譬如一弯流水,曲折

---

① 汪曾祺:《思想·语言·结构》,《汪曾祺全集》第6卷,北京师范大学出版社,1998年,第81页。
② 汪曾祺:《"揉面"》,《汪曾祺全集》第3卷,北京师范大学出版社,1998年,第195页。
③ 汪曾祺:《鸡鸭名家》,《汪曾祺全集》第1卷,北京师范大学出版社,1998年,第94页。
④ 汪曾祺:《沈从文和他的〈边城〉》,《汪曾祺全集》第3卷,北京师范大学出版社,1998年,第162—163页。
⑤ 汪曾祺:《小说的散文化》,《汪曾祺全集》第4卷,北京师范大学出版社,1998年,第80页。

流去,不断向前,又时时回顾,才能生动多姿。"①汪曾祺曾不无欣赏地引用过李渔的一段话:"编戏有如缝衣,其初则以完全者剪碎,其后又以剪碎者凑成。剪碎易,凑成难。凑成之工,全在针线紧密;一节偶疏,全篇之破绽出矣。每编一折,必须前顾数折,后顾数折。顾前者,欲其照映;顾后者,便于埋伏。照映埋伏,不止照映一人,埋伏一事,凡是此剧中有名之人、关涉之事,与前此后此所说之话,节节俱要想到。宁使想到而不用,勿使有用而忽之。"②汪曾祺依照自己追求平淡和谐的审美趣味,对这两种技法提出了更高的要求:"埋伏和照映是要惨淡经营的,但也不能过分地刻意求之。埋伏处要能轻轻一笔,若不经意。照映处要顺理成章,水到渠成。要使读者看不出斧凿痕迹,只觉得自自然然,完完整整,如一丛花,如一棵菜。"③

以上四点,很能反映汪曾祺在结构方面的追求:起止自在,匀称自然。汪曾祺很多次把文章的结构比成树,文本中的任何一部分,都如一根枝子、一片叶子,这样长,都是必需的,有道理的。其中的核心,就是要匀称。他举沈从文的例子,说明写作中要讲究结构的自然和谐:"他常把他的小说改来改去,改的也往往是结构。他曾经干过一件事,把写好的小说剪成一条一条的,重新拼合,看看什么样的结构最好。他不大用'结构'这个词,常用的是'组织''安排',怎样把材料组织好,位置安排得更妥帖。他对结构的要求是:'匀称'。"④《边城》结构考究,完美地实现了沈先生所要求的匀称,不长不短,恰到好处,不能增减一分。实际上,就是追求自然天成,没有人为痕迹。汪曾祺所说的小说结构要"随便",也是这个意思。

当然,汪曾祺并不一味排斥情节。在他看来,短篇小说可以不要情节,中篇和长篇,因为篇幅长,一般还是需要情节支撑的。他在评论邓友梅的作品的时候说:"《烟壶》是中篇小说,中篇总得有曲折的、富有戏剧性的情节、故事。情节,总要编。世界上没有一块天生就富于情节的生活的矿石。"⑤他的小说,有的也有相对完整的情节。同时,对于不同的文体,也有不同的要求,对于戏剧来说,一般情况下追求情节的紧张是应有之义。

2. 叙述时间

(1)叙事顺序。汪曾祺早期的小说,现代味道很浓,比较讲究叙事的顺

---

① 汪曾祺:《小说技巧常谈》,《汪曾祺全集》第3卷,北京师范大学出版社,1998年,第296页。
② 汪曾祺:《戏曲和小说杂谈》,《汪曾祺全集》第6卷,北京师范大学出版社,1998年,第401—402页。
③ 汪曾祺:《小说技巧常谈》,《汪曾祺全集》第3卷,北京师范大学出版社,1998年,第296页。
④ 汪曾祺:《沈从文和他的〈边城〉》,《汪曾祺全集》第3卷,北京师范大学出版社,1998年,第162页。
⑤ 汪曾祺:《漫评〈烟壶〉》,《汪曾祺全集》第3卷,北京师范大学出版社,1998年,第330页。

序变化,特别是一些采用意识流手法的小说,结构呈一种心理结构,时间是一种心理时间,自然时间往往被任意切割,但他运用自然,绝无生硬之感。到了后期,他的创作回归传统,追求自然和谐的美学境界,在时间顺序上,变化比较少:"我的小说基本上是直叙。偶有穿插,但还是脉络分明的。我不想把事件程序弄得很乱。有这个必要么?我不大运用时空交错。"①但是对于叙述时间问题,他还是自觉关注的,这一点从他的评论文章中可以看出。他评《烟壶》的那篇文章,就对叙述顺序问题做了一番探讨,说这个小说"不完全是直叙,时有补叙、倒叙,这也是《史记》笔法。因为叙述方法多变化,故质朴而不呆板,流畅而不浮滑,舒卷自如,起止自在。有时洋洋洒洒,下笔千言;有时戛然收住,多一句也不说。"②由此可见,他对直叙、补叙、倒叙等各种时间性技巧是非常敏感和熟识的。

(2)叙事速度。汪曾祺很欣赏叙述节奏变化灵活的作品,在评论邓友梅的作品《烟壶》时,他认为"友梅这篇小说基本上用的是叙述,极少描写。偶尔描写,也是插在叙述之间,不把叙述停顿下来,作静止的描写。这是史笔,这是自有《史记》以来中国文学的悠久的传统"③。他对戏剧《十五贯》时间节奏的有效控制也欣赏有加:"'疑鼠''踏堪'是一场独特的、稀有的、少见的戏。许多中国戏在结构上有这样一个特点:忙里偷闲,紧中有慢,越是紧张,越是从容;而这样,紧张就更向里收束,更是内在的,更深刻。比起追求表面激情,这是更高的艺术。"④可以说,这段评论对于叙述速度造成审美效果的把握,是非常准确的。缓慢的速度,可以生出特定的味道。因此,他提出了"惟悠闲才能精细"的审美观:"要把一件事说得有滋有味,得要慢慢地说,不能着急,这样才能体察人情物理,审词定气,从而提神醒脑,引人入胜。急于要告诉人一件什么事,还想告诉人这件事当中包含的道理,面红耳赤,是不会使人留下印象的。张岱记柳敬亭说武松打虎,武松到酒店里,蓦地一声,店中的空酒坛都嗡嗡作响,说他'闲中著色,精细至此'。惟悠闲才能精细。"⑤汪曾祺还讲究空白,空白之处,时间的流速应该是最快的,但空白的地方,又恰是小说中最有韵味之处。在论述小小说文体特点的时候,他曾用生动的语言描述空白的妙处:"小小说是斗方、册页、扇面儿。斗方、册页、扇面的画法和

---

① 汪曾祺:《捡石子儿(代序)》,《汪曾祺全集》第5卷,北京师范大学出版社,1998年,第245页。
② 汪曾祺:《漫评〈烟壶〉》,《汪曾祺全集》第3卷,北京师范大学出版社,1998年,第333页。
③ 同上。
④ 汪曾祺:《且说过于执》,《汪曾祺全集》第3卷,北京师范大学出版社,1998年,第62页。
⑤ 汪曾祺:《小说笔谈》,《汪曾祺全集》第3卷,北京师范大学出版社,1998年,第207—208页。

中堂,长卷的画法是不一样的。布局、用笔、用墨、设色,都不大一样。长江万里图很难缩写在一个小横披里。宋人有在执扇上画龙舟竞渡图、仙山楼阁图的。用笔虽极工细,但是一定留出很大的空白,不能挤得满满的。……可以说,小小说是空白的艺术。中国画讲究'计白当黑'。包世臣论书,以为应使'字之上下左右皆有字'。因为注意'留白',小小说的天地便很宽余了。所谓'留白',简单直截地说,就是少写。"①

(3)叙述频率。对于叙事频率,汪曾祺的论述非常少,但也不是毫无研究,例如,他在《我和民间文学》一文中,就认为"'三度重叠'便是民间文学的一种常见的美学法则"②。这实际上已经涉及叙述频率了。

3. 叙述者

(1)叙述态度。无论中西,一般地讲,传统小说的叙述者多采用上帝视角,即不受时空限制,全知全能,而且还惯于抒情议论,经常干预叙事。陈平原先生就曾说,这些叙述者"爱发议论,教诲色彩浓厚,可发的议论并非自出机杼,而是社会通行的伦理准则或道德格言"③。近现代以来,这种叙述姿态有所改变。略萨在评论福楼拜的时候,认为在《包法利夫人》中作者很好地控制了叙述者的声音,"这个叙述者只限于讲述故事,而不能就故事本身发表意见",并进一步认为,"因此说福楼拜是现代小说的开创者是并不夸张的,因为他在现代小说和浪漫与古典小说之间划出了一条技术界线"④。也就是说,对叙事者进行权力限制,不再进行叙述干预,不直接发出评价,是现代叙述者的一个重要特征。但自现代以来,中国的一些主流小说,由于政治化严重,叙事者往往成了某种政策、观念的代言人,好发议论的积习依旧难以改变。汪曾祺反其道而行之,他反对叙述者过于凸显。就创作而言,包括早期的创作在内,汪曾祺小说中的叙述者绝少跃出故事,指点江山,激扬文字。在评论中,他对叙述者隐藏的叙述方式,多持欣赏态度。在评论《愿他多多实验各种招数》中,他说:"四海的叙述语言有时是动情的,但有时又极冷静。他一般不对人物作评价。"⑤在《小说的散文化》中,他有这样一段评价:"他们让他们对于生活的态度于字里行间自自然然地流出,照现在西方所流行的

---

① 汪曾祺:《小小说是什么》,《汪曾祺全集》第 4 卷,北京师范大学出版社,1998 年,第 44—45 页。
② 汪曾祺:《我和民间文学》,《汪曾祺全集》第 3 卷,北京师范大学出版社,1998 年,第 427 页。
③ 陈平原:《中国小说叙事模式的转变》,北京大学出版社,2003 年,第 97 页。
④ 〔秘鲁〕马里奥·巴尔加斯·略萨:《给青年小说家的信》,赵德明译,上海译文出版社,2004 年,第 56—57 页。
⑤ 汪曾祺:《愿他多多实验各种招数》,《汪曾祺全集》第 4 卷,北京师范大学出版社,1998 年,第 477 页。

一种说法是:注意语言对于主题的暗示性。他们不把倾向性'特别地说出'。"①他主张叙述者不要过分流露自己的态度:"作者对所写的人、事,总是有个态度,有感情的。在外国叫做'倾向性',在中国叫做'褒贬'。但是作者的态度、感情不能跳出故事去单独表现,只能融化在叙述和描写之中,流露于字里行间,这叫做'春秋笔法'。"②也就是说,叙述者不要有过多的叙事干预。但是,他并不主张所谓的不露声色的纯客观化叙事,只是主张态度的流露要和缓。"我是主张作者的态度是要让读者感觉到的,但是只能'流露',不能'特别地说出'。作者的感情、态度最好溶化在叙述、描写之中,隐隐约约,存在于字里行间。'东边日出西边雨,道是无晴却有晴。'"③汪曾祺认为,叙述干预最煞风景的一条就是点题,"'话到嘴边留半句',在一点就破的地方,偏偏不要去点。……把作者的立意点出来,主题倒是清楚了,但也就使主题受到局限,而且意味也就索然了"④。因此,他提出要继承中国传统的"含藏"。

　　就批评而言,汪曾祺的标准还是相当宽容的,在欣赏客观节制的叙事态度的同时,他也能对抒情议论给予充分的包容。在评论作家黄明了时,他这样说:"明了的叙述语言有些是很'投入'的,有时遏制不住要把作者感情倾吐出来……但是有时又对事件保持距离,保持冷淡!似乎无动于衷,不动声色……"⑤干预叙事,也并不是在所有的情形下都不恰当,评论者应予以充分的宽容,不能把个人好恶强加于人。

　　(2)叙述视角。关于小说的叙述视角,汪曾祺有自己独特的认识。在《捡石子儿(代序)》中,他详细地表明了自己的观点:"我认为小说是第三人称的艺术。我认为小说如果出现'你',只能是接受对象,不能作为人物。'我'作为读者,和作品总是有个距离的。不管怎么投入,总不能变成小说中本来应该用'他'来称呼的人物,感觉到他的感觉。这样的做法不但使读者眼花缭乱,而且阻碍读者进入作品。至少是我,对这样的写法是反感的。有这个必要么?小说是写给读者看的,不能故意跟读者为难,使读者读起来过于费劲。修辞立其诚,对读者要诚恳一些,尽可能地写得老实一些。"⑥除了

---

① 汪曾祺:《小说的散文化》,《汪曾祺全集》第4卷,北京师范大学出版社,1998年,第81页。
② 汪曾祺:《〈汪曾祺短篇小说选〉自序》,《汪曾祺全集》第3卷,北京师范大学出版社,1998年,第195页。
③ 汪曾祺:《道是无情却有情》,《汪曾祺全集》第3卷,北京师范大学出版社,1998年,第281页。
④ 汪曾祺:《小说技巧常谈》,《汪曾祺全集》第3卷,北京师范大学出版社,1998年,第298页。
⑤ 汪曾祺:《一个过时的小说家的笔记》,《汪曾祺全集》第5卷,北京师范大学出版社,1998年,第468页。
⑥ 汪曾祺:《捡石子儿(代序)》,《汪曾祺全集》第5卷,北京师范大学出版社,1998年,第245—246页。

早年的创作,汪曾祺的小说基本都采用第三人称。当然,他的观点是不无偏颇的。鲁迅的《在酒楼上》《孤独者》采用的都是第一人称,第一人称可以作为人物,也可以是视点,可以观察现场,也可以发感慨说体验,实际上有时起到的作用是第三人称所不能代替的。

汪曾祺的小说,很多时候采用儿童视角,这一点早为评论者所注意。在评论中,他对儿童视角也非常敏感和欣赏,他曾论及废名《竹林的故事》中的儿童视角的作用:"《竹林的故事》……使人得到一种不同寻常的感动。因为他对于小儿女是那样富于同情心。他用儿童一样明亮而敏感的眼睛观察周围世界,用儿童一样简单而准确的笔墨来记录。他的小说是天真的,具有天真的美。因为他善于捕捉儿童的飘忽不定的思想和情绪,他运用了意识流。他的意识流是从生活里发现的,不是从外国的理论或作品里搬来的。"① 另外,汪曾祺还关注过动物视角。他这样评价伍尔夫的作品:"我读过她的一本很薄的小说《狒拉西》,是通过一只小狗的眼睛叙述伯郎宁和伯郎宁夫人的恋爱过程,角度非常别致。"②

首先是对话。汪曾祺写对话,深得沈从文的真传。初学写小说时,他曾把人物的对话写得很漂亮,有诗意,有哲理,甚至很玄。沈先生及时给予纠正,说:"你这是两个聪明脑壳打架!"意思是这不像真人说的话。③ 以此为生发点,汪曾祺提出了关于小说对话的一系列要求:其一是反对小说对话中的深文大意。他认为"沈从文很会写对话。……只是极普通的说话。然而写得如闻其声,如见其人"④。他评价萧萧和她祖父的对话,无深意,无思想,也无哲理,"近乎无意义的扯谈",但不仅很好地表现祖父的风趣慈祥和萧萧的浑朴天真,而且有力地烘托了小说亲切的气氛。⑤ 其二是反对性格化语言。它主张小说中的对话,只"普普通通,家长里短,有一点人物性格、神态"⑥。反对人物语言过分性格化,因为性格化暗含着人为的拔高成分。戏剧中的人物对话可以比平时有所提高,适当性格化,但小说人物对话的性格化则往往给人以虚假的感觉。总之,人物对话要像平常说话。汪曾祺的这些观点,同人物的典型化原则格格不入,现在读来,也颇有新意,更不要说在当时了。

其次是叙述语言。不仅对话要像说话,汪曾祺还要求小说的叙述语言和

---

① 汪曾祺:《谈风格》,《汪曾祺全集》第3卷,北京师范大学出版社,1998年,第339页。
② 汪曾祺:《西窗雨》,《汪曾祺全集》第5卷,北京师范大学出版社,1998年,第287页。
③ 汪曾祺:《"揉面"》,《汪曾祺全集》第3卷,北京师范大学出版社,1998年,第192页。
④ 汪曾祺:《沈从文和他的〈边城〉》,《汪曾祺全集》第3卷,北京师范大学出版社,1998年,第161页。
⑤ 汪曾祺:《读〈萧萧〉》,《汪曾祺全集》第5卷,北京师范大学出版社,1998年,第69页。
⑥ 汪曾祺:《"揉面"》,《汪曾祺全集》第3卷,北京师范大学出版社,1998年,第193页。

描写语言也要像说话。在《说短》中，他一言以蔽之，"写小说要像说话，要有语态"①。由此，他总结了小说语言的两个特点。其一是句子要短。写小说，要用"普普通通的话，人人都能说的话"②。他反对写文学作品过于书面化，把句子写得很长，因为说话不可能每一个句子都很完整，主语、谓语、附加语全都齐备，像教科书上的语言。教科书的语言是规整的，也是呆板的，缺乏活力。"要使语言生动，要把句子尽量写得短，能切开就切开，这样的语言才明确。平常说话没有说挺长的句子的。能省略的部分都省掉。"③在批评中，他就用这样的标准对他的考察对象进行衡量。在《〈年关六赋〉序》中，他盛赞阿城语言的简短："阿城的句子出奇的短。他是我所见到的中国作家里最爱用短句子的，句子短，影响到分段也比较短。这样，就会形成文体的干净，无拖泥带水之病，且能跳荡活泼，富律动，有生气。"④在汪曾祺看来，写小说如同平常说话，不仅可以增强语言的表现力，也是世界文学语言发展的趋势。在《文学语言杂谈》一文中，他结合自己对世界文学发展方向的了解，提出这样的观点："从二十世纪以后，文学语言发展的趋势是趋于简单，就是普普通通的语言，简简单单的话。……从契诃夫以后，语言越来越趋于简单、普通。比如海明威的小说，语言就非常简单。句子很短，而且每个句子的结构都是属于单句，没有那么复杂的句式结构。"⑤其二是口语化的叙述方式。在《〈到黑夜我想你没办法〉读后》中，汪曾祺认为，学习群众语言主要的不在于吸收多少词汇，首要的是在学会群众的"叙述方式"。群众的叙述方式是很有意思的，和知识分子绝对不一样。他们的叙述方式本身是精致的，有感情色彩，有幽默感的。⑥ 以前，我们论述赵树理的时候，认识到他的语言并不真正土得掉渣，但他却能以这种不土的语言，写出了浓郁的乡土气息，其中奥秘，令人费解。汪曾祺解开了这个谜，他的评论可谓一语中的："赵树理的语言并不过多地用农民字眼，但是他很能掌握农民的叙述方式，所以他的基本上是用普通话的语言中有特殊的韵味。"⑦由于这一发现，他在评论作家曹乃谦的作品的时候，就显得非常到位了："曹乃谦的语言带有莜麦味，因为他用的是雁北人的叙述方式。这种叙述方式是简练的，但是有时运用重复的句

---

① 汪曾祺：《说短》，《汪曾祺全集》第 3 卷，北京师范大学出版社，1998 年，第 225 页。
② 汪曾祺：《文学语言杂谈》，《汪曾祺全集》第 4 卷，北京师范大学出版社，1998 年，第 226 页。
③ 汪曾祺：《说短》，《汪曾祺全集》第 3 卷，北京师范大学出版社，1998 年，第 225 页。
④ 汪曾祺：《〈年关六赋〉序》，《汪曾祺全集》第 5 卷，北京师范大学出版社，1998 年，第 109 页。
⑤ 汪曾祺：《文学语言杂谈》，《汪曾祺全集》第 4 卷，北京师范大学出版社，1998 年，第 226 页。
⑥ 汪曾祺：《〈到黑夜我想你没办法〉读后》，《汪曾祺全集》第 4 卷，北京师范大学出版社，1998 年，第 245 页。
⑦ 同上。

子,或近似的句式,这种重复、近似造成一种重叠的音律,增加叙述的力度。"①这种群众的"叙述方式",汪曾祺有时也表达为"语态",在评价邓友梅的时候,他用的就是这个词:"他的语言所以生动,除了下字准确,词达意显,我觉得还因为起落多姿,富于'语态'。……写小说,是跟人聊天,而且得相信听你聊天的人是聪明解事,通情达理,欣赏趣味很高的人。"②这种聊天的语式,就是口语化的"语态","语态"是关于小说语言的一个重要发现,历来为人们忽视,恐怕汪曾祺是第一个说破的。这一点对创作者和评论者,都是非常重要的。读汪曾祺的小说,我们会发现,他的用词,除口语方言外,也有大量的文言,至雅和至俗的东西组合在一起,调和出一种特殊的味。能够将二者调和在一起的诀窍,恐怕就在口语化的叙述方式上,或者说是富有"语态"。

4. 作为叙事轴心的人物

汪曾祺认为,小说要"紧紧地贴到人物来写",这一句话,可以说是他的整个小说叙事学的核心。对于这一句话的含义,他做过明确的解释:"沈先生经常说的一句话是:'要贴到人物来写。'很多同学不懂他的这句话是什么意思。我以为这是小说学的精髓。据我的理解,沈先生这句极其简略的话包含这样几层意思:小说里,人物是主要的,主导的;其余部分都是派生的,次要的。环境描写、作者的主观抒情、议论,都只能附着于人物,不能和人物游离,作者要和人物同呼吸、共哀乐。作者的心要随时紧贴着人物。什么时候作者的心'贴'不住人物,笔下就会浮、泛、飘、滑,花里胡哨,故弄玄虚,失去了诚意。而且,作者的叙述语言要和人物相协调。写农民,叙述语言要接近农民;写市民,叙述语言要近似市民。小说要避免'学生腔'。"③汪曾祺的表述已经够清楚了,不用我们再做更多的解释。在《小说创作随谈》一文中,他有更为详尽的论述,但大致意思和这一段相同。

二、印象主义的文学批评

就汪曾祺的散文而言,收在《汪曾祺全集》中的共有四百余篇,其中大致

---

① 汪曾祺:《〈到黑夜我想你没办法〉读后》,《汪曾祺全集》第 4 卷,北京师范大学出版社,1998 年,第 245—246 页。
② 汪曾祺:《漫评〈烟壶〉》,《汪曾祺全集》第 3 卷,北京师范大学出版社,1998 年,第 333 页。
③ 汪曾祺:《沈从文先生在西南联大》,《汪曾祺全集》第 3 卷,北京师范大学出版社,1998 年,第 465 页。

可划归文学理论批评类的就多达一百七十余篇,占百分之四十略强。迄今为止,研究汪曾祺的文论不胜枚举,然而,如此众多的批评文字却尚无人做系统梳理,这不能不说是研究者的一个失误。本节试图在此领域做初步探索,内容分五个部分:批评动机与批评素养、印象主义的批评方法、完整的批评理论系统、宽容的批评态度、余论。其中,第二、三部分是本文的主体。印象主义的批评方法从五个层面展开论述:以直觉感悟为主的思维方式、"灵魂的探险"与批评家形象、作家形象的塑造、美文化的文体特征、批评家的人间情怀;批评理论系统则分三个层次加以分析:语言论、文气说、叙事观。各个部分彼此补充,相互参证,共同组成关于汪曾祺批评的完整话语体系。

(一) 批评动机与批评素养

汪曾祺首先是一个作家,他不止一次表示,自己涉笔评论,并非自愿,而是因为编辑索稿。这其中自然不乏调侃的味道。实际上,就写作动机而言,汪曾祺还是相当自觉的。其一,他从提高创作水准的角度,认识到了文学批评对促进作家创作自觉的价值。"作家需要评论家。作家需要认识自己。'文章千古事,得失寸心知。'但是一个作家对自己为什么写,写了什么,怎样写,往往不是那么自觉的。经过评论家的点破,才会更清楚。"①作家只有准确定位,认识了自己,自觉努力,才可能超越自我,提高创作水平。汪曾祺本身就是作家,当年曾自沈从文先生的批评指点中获益,对这一点自是理解深刻。其二,他从扶持青年作家的角度,认识到文学批评对创造良好的创作环境的作用。汪曾祺的评论文章,有一部分是为青年作家写的序言。顾炎武说:"人之患在好为人序。"②汪曾祺认为,自己并非好为人序,而是为了怜惜才华,提携后进。"花一点功夫,为年轻人写序,为他们鸣锣开道,我以为是应该的,值得的。我知道年轻作家要想脱颖而出,引起注意,坚定写作的信心,是多么不容易。而且有那么一些人总是斜着眼睛看青年作家的作品,专门找'问题',挑鼻子挑眼。'世人皆欲杀,吾意独怜才',这样的胸襟他们是没有的。才华,是脆弱的。因此,我要为他们说说话。"③其三,不满理论界过度西化的现状,认识到批评理论民族化的重大意义。新时期以来,西方各种理论蜂拥而至,泥沙俱下,良莠混杂,闭目塞听已久的中国理论界,一时还缺乏鉴别消化能力。汪曾祺看出了问题所在:"现在有些搞文艺理论的同志,

---

① 汪曾祺:《认识到的和没有认识的自己》,《汪曾祺全集》第 4 卷,北京师范大学出版社,1998 年,第 295 页。
② 顾炎武:《日知录》,甘肃民族出版社,1997 年,第 857 页。
③ 汪曾祺:《文集自序》,《汪曾祺全集》第 6 卷,北京师范大学出版社,1998 年,第 53 页。

完全用西方的一套概念来解释中国的不但是传统而且是当代的文学现象。我以为不一定完全能解释清楚。中国人和西方人有许多概念是没法讲通的。"①他还现身说法,认为西方的理论就无法解释自己的作品。在他看来,中国民族文化确实存在断裂问题,因此,需要吸纳古典精华,重续民族传统。他没有仅仅局限于认识层面,还身体力行,着手重建。例如,他认定"文气论"是中国古典文论的独特贡献,是理论现代化的一个充满活力的增长点。于是,他不断撰文,对韩愈和"桐城派"的观点反复介绍;创作中,他坚持"文以气为主",写出《受戒》《大淖记事》这样神韵独具的作品;他还希望推而广之,把"文气论"应用于批评领域:"我以为'文气'是比'结构'更为内在,更精微的概念,和内容、思想更有有机联系。这是一个很好的、很先进的概念,比许多西方现代美学的概念还要现代的概念。文气是思想的直接的形式。我希望评论家能把'文气论'引进小说批评中来,并且用它来评论外国小说。"②作家进入批评领域,自有其得天独厚的条件。由于自身具有创作经验,其中得失,无论是情感的真伪,还是技巧的优劣,比常人更能感同身受,评价起来也更容易到位。就中国现当代文坛而论,有许多杰出的作家同时也是优秀的评论家,鲁迅、周作人、茅盾、朱自清、沈从文、刘西渭、王蒙……也许,作为京派传人的汪曾祺,也可排入此列。汪曾祺从 1940 年代就开始创作了,小说、散文、诗歌、剧作等各种体裁,均有突出建树。自曹丕以来,中国的批评界就确立了"审己以度人"的批评原则,汪曾祺有如此丰富的创作经验,自然不仅增加了"审己"的资本,而且增强了"度人"的能力。

汪曾祺还有一个有利的条件是学养深厚。他幼承家学,又屡得当地名宿点拨。他顺利考入西南联大后,成了沈从文、闻一多等著名作家学者的学生。此后从事工作,多与文字有关。且终生嗜读,博览群书。正是这样良好的教育背景和渊博的知识储备,才使得他能于批评之中,左右逢源,行所当行,止于不可不止。

(二) 印象主义的批评方法

对于自己的批评文字,汪曾祺有一个自我定性,他在一篇自序中说:"我写的评论是一个作家写的评论……可以说是印象派评论。"③印象派批评,源远流长。在中外文学批评史上,最早的批评都带有印象主义的色彩。印象派批评作为一种独立的批评方法,在西方出现于 18 世纪末到 19 世纪初的英

---

① 汪曾祺:《社会性·小说技巧》,《江曾祺全集》第 8 卷,北京师范大学出版社,第 64 页。
② 汪曾祺:《两栖杂述》,《汪曾祺全集》第 3 卷,北京师范大学出版社,1998 年,第 198 页。
③ 汪曾祺:《文集自序》,《汪曾祺全集》第 6 卷,北京师范大学出版社,1998 年,第 53 页。

国。中国的印象主义批评发育更早,魏晋六朝就已相当成熟。"从钟嵘的《诗品》到皎然、司空图的诗评,直到严羽《沧浪诗话》、王国维《人间词话》,大量的诗话、词话基本上都是以形象说诗的方式来传达批评家的心得感受。在画论、文论和小说戏曲评点中,这种表达方式也随处可见,如严开先《中麓画品》、朱权《太和正音谱》、金圣叹《第五才子书水浒传》和《第六才子书西厢记》的评点,都有大量印象式批评的文字。"① 五四以后,随着科学主义的兴起,社会历史批评渐成主潮,心理批评、新人文主义批评等也相继出现,虽鲁迅、周作人等人的批评之中,不乏直觉印象的灵光,但在总体上,印象主义作为一种批评方法,确实开始式微了。这种情况直到 1936 年刘西渭的《咀华集》出版,才真正改观。此后,批评中的权力话语渐成一统之势,这种局面维持了几十年,直到"新时期"才峰回路转。随着西方各种批评方法渐次涌入,批评过于理性化的弱点也暴露了出来。这时候,汪曾祺以自己的批评实绩,补充了规范化批评的不足,重续了印象主义批评的传统。

汪曾祺熟知法朗士,推崇刘西渭,他曾说:"中国的批评家文章写得活泼的,据我所知,有刘西渭(即李健吾)先生。"② 就批评文字而论,他在许多方面也确与印象主义批评契合:直觉感悟式的整体思维特点,主体生命投入的情感体验方式,对作家性情气质的关注,对文体审美性的追求,等等。但是,他又绝不为维护门派纯正画地为牢,而是取长补短,博采众长。例如,他不囿于直觉感悟,常借助理性思维;他不囿于单纯的艺术感受,也关注时代思潮……戛乎独造,别裁伪体,形成了更具开放性的印象主义批评风格。

1. 以直觉感悟为主的思维方式

在西方,印象主义批评很大一方面是作为科学化文学批评的对立物出现的。法国的批评家法朗士认为,期待批评具有"一种实证科学的严格性"是不现实的。③ 他反对文学批评追求判断、理性和严谨。"印象主义批评是一种重感觉领悟而缺乏精细分析的批评方法。"④ 直觉感悟,是印象主义批评最主要的思维方式。汪曾祺反对文学评论"从理论到理论",认为如果这样,就会远离作品本身。因此,他要求"评论要和鉴赏结合起来"⑤。"作者在形成作品的时候,一开头总是感性的,直觉的,在感情里首先活跃、鲜明起来的是形象;读者接受一个作品的时候,开头也总是感性的、直觉的,使他受感动的

---

① 王先霈主编:《文学批评原理》,华中师范大学出版社,1999 年,第 89 页。
② 汪曾祺:《何时一尊酒,重与细论文》,《汪曾祺全集》第 5 卷,北京师范大学出版社,1998 年,第 148 页。
③ 〔法〕罗杰·法约尔:《法国文学评论史》,怀宇译,四川文艺出版社,1992 年,第 223 页。
④ 王先霈主编:《文学批评原理》,华中师范大学出版社,1999 年,第 92 页。
⑤ 汪曾祺:《西窗雨》,《汪曾祺全集》第 5 卷,北京师范大学出版社,1998 年,第 290 页。

是形象。这样才能造成作者和读者之间的交流,完成全部创作过程。"①批评应该和写作、阅读一样,也应尊重直觉感受,"谈一点读后的印象和感想"②。直觉思维一般都有一定的朦胧性,不能条分缕析,只能整体把握。批评中,汪曾祺有意识地保持着这种整体混沌状态,不肯加以破坏。他批评黑孩的散文集《夕阳正在西逝》,不加分析,全用诗化的语言进行描述,他认为"不要对这样的作品作过于实质的注解。不要把栩栩然的蝴蝶压制成标本。我小时候就做过这样的事,捉了一些蝴蝶夹在书里,结果,蝴蝶死了"③。他批评《孕妇和牛》,认为用"清新"描述铁凝的语言,还不太贴切,应该是用"糯",但"糯"又是什么?汪曾祺这样描述:"北方人不能体会这种感觉。吴语区的人是都懂的。上海卖糖炒热白果的小贩吆喝:'阿要吃糖炒热白果,香是香来糯是糯'(其实是用铁丝编的小笼,把白果放在里面,在炭火上不停地晃动,烤熟了的,既不放糖,也不是炒)。'糯'只可意会,难以言传。细腻、柔软而有弹性……我也说不清楚。铁凝如果不能体会,什么时候我们到上海去,我买一把烤白果让你尝尝。不过听说上海已经没有卖'糖炒热白果'的了。"④他绕了这么一个弯子,用"糖炒热白果"的味道作比,他所要抓住的东西,是一种直觉,一种印象,朦胧缥缈,不可言说,靠我们"参",靠我们"悟"。他认为读懂诗,不在于对语意层全盘把握,"戴望舒的《雨巷》说的是什么?但听起来很美。听起来很美,便受到感染,于是似乎是懂了。不懂之懂,是为真懂"⑤。实际上,这些就是中国传统"涵泳默会",沈德潜所谓"读诗者心平气和,涵泳浸渍,则意味自出"(《唐诗别裁·凡例》),王夫之所谓"从容涵泳,自然生其气象"(《姜斋诗话》卷一),说的就是这种直觉妙悟。

汪曾祺的这种思维方式,就是古代中国诗话、词话所凭借的直觉感悟的思维方式。但是,这种思维方式也有自身的弱点,"中国传统的思维方式,带有具象思维的特点,重直觉感悟,不重分析论证……缺少严格的逻辑推理和细致分析"⑥。在这一点上,汪曾祺似乎非常自觉,并主动加以弥补。在他的理论批评中,就不乏分析和归纳印迹。在《中国文学的语言问题》《小说的思

---

① 汪曾祺:《何时一尊酒,重与细论文》,《汪曾祺全集》第 5 卷,北京师范大学出版社,1998 年,第 146 页。
② 汪曾祺:《漫评〈烟壶〉》,《汪曾祺全集》第 3 卷,北京师范大学出版社,1998 年,第 328 页。
③ 汪曾祺:《正索解人不得——黑孩散文集〈夕阳正在西逝〉序》,《汪曾祺全集》第 5 卷,北京师范大学出版社,1998 年,第 117 页。
④ 汪曾祺:《推荐〈孕妇和牛〉》,《汪曾祺全集》第 6 卷,北京师范大学出版社,1998 年,第 10 页。
⑤ 汪曾祺:《童歌小议》,《汪曾祺全集》第 4 卷,北京师范大学出版社,1998 年,第 125—126 页。
⑥ 王先霈主编:《文学批评原理》,华中师范大学出版社,1999 年,第 87 页。

想和语言》《思想·语言·结构》等一系列论文中,汪曾祺系统地阐述了文学语言的内容性、文化性、暗示性和流动性四种特性,既有分析,又有归纳。一篇《"花儿"的格律》,关于双字尾、不通押等格律问题的发现,没有高度的概括能力,是做不到的。一般地讲,基本概念的梳理很能看出一个人理性思维能力。在不同的场合,汪曾祺严格区分了"市民小说"与"市井小说",仔细界定了"学者散文""笔记小说""小小说"的概念,解释了"闲适"的内涵,等等,离开了理性思维,这一切都无从做到。

2. "灵魂的探险"与批评家形象

汪曾祺有两篇评论文章非常特殊。其一是《一篇好文章》,评的是耿鉴庭的《朱光潜先生二三事》,称赞"文章写得短,短而有内容,写得淡,淡而有味"。其二是《花溅泪》,评车军的《爱是一束花》,他说自己为姐妹三人的感情打动,而且对文章朴素自然的结构和结尾的高妙极为欣赏。这两篇文章的作者没有什么知名度,耿鉴庭还是一位医生,汪曾祺同他们素不相识,仅仅是因为读报看到了他们的文章,受了感动,他就禁不住为他们写了热情洋溢的评论。由此我们不难看出,汪曾祺是一位感情丰富的批评家。

汪曾祺非常反对客观化的评论姿态和科学主义的冷漠态度:"为什么我们的评论家总是那样理智,那样冷若冰霜,对着一篇作品,拿起手术刀来一刀就切到作品的思想呢?这种'唯理'的评论是不能感动人的。"他认为,"评论也要使人感动,不只是使人信服。"[①]"评论首先需要的是感情,其次才是道理,这样才能写得活泼生动,不至于写得干巴巴的。"[②]在批评中,汪曾祺从不吝惜自己的感情。这表现在多个方面:叙述态度的平等亲切,对作品情感的把握。

首先是亲切理解的叙述姿态。汪曾祺写沈从文的十余篇评论,每提及沈从文处,或称"我的老师沈从文",或称"沈先生",崇敬之情,溢于言表。《〈沈从文传〉序》的最后一句是:"我愿意为本书写一篇短序,借以表达我对金先生和符先生的感谢。"[③]汪曾祺不由自主就站到传主的角度,对传记作者和译者表达了感激,同沈从文的亲近自是不言而喻。对于青年作家,他在评论中,每每直呼作者名字,娓娓道来,如话家常,态度极为亲切。他多从他们的优点立论,持支持鼓励的态度。他为何立伟的小说集《小城无故事》写序,说"诗以五古为最难写,一个诗人不善于写五古,是不能算做大诗人的",而"立伟

[①] 汪曾祺:《何时一尊酒,重与细论文》,《汪曾祺全集》第5卷,北京师范大学出版社,1998年,第146页。
[②] 汪曾祺:《文集自序》,《汪曾祺全集》第6卷,北京师范大学出版社,1998年,第53页。
[③] 汪曾祺:《〈沈从文传〉序》,《汪曾祺全集》第4卷,北京师范大学出版社,1998年,第410页。

的《苍狗》和《花非花》,其实已经不是绝句,而是接近五古了"①,不无推崇之意。他评论《孕妇和牛》写出了孕妇的愉悦的向往,认为"愁苦之言易好,欢愉之言难工",而铁凝做到了"人所难言,我易言之","俊得少有"②。他推荐《秋天的钟》,以为萌娘以意识流写散文,风格几近伍尔夫。③ 他曾这样自白:"我写的序跋难免有一些溢美之词,但不是不负责任地胡乱吹捧,那样就是欺骗读者,对作者本人也没有好处。"④

其次,批评家只有通过激情投入,才可能深切体验作家作品的思想感情。实际上,就是批评家投入全部的感情,去体验作品中蕴涵的情感,进而潜入作品感受作家的灵魂。"我们首先理应自行缴械,把辞句,文法,艺术,文学等等武器解除,然后赤手空拳,照准他们的态度迎了上去。"⑤汪曾祺非常重视对作品的情感体验,他认为毕四海的小说是"大都可称为痛苦的小说"(《愿他多多实验各种招数》)。黑孩的散文集《夕阳正在西逝》,"有几篇是怀人之作,一往情深,而又漾出苦味。'所思多在别离中'。这大概就是人们常说的孤独"。他评价魏志远的小说《一种颜色》,"可悲的是姑妈非常安于这样的命运。姑父死了。干休所的礼堂哀乐沉郁,摆满了花圈。姑妈说,追悼会非常隆重。她说她非常满意,都靠老首长的关怀。姑妈对姑父的讣告非常满意。姑妈说,你姑父对这样的评价,就死也瞑目了。她说,我知道他最担心的就是这个"⑥。从平淡的叙述中,他感受到了"姑妈"的蒙昧,也感受到了作家对蒙昧的沉痛,以及对封建思想依然展示控制力的忧愤。在《从哀愁到沉郁》中,他首先把握的是《小城无故事》的情感内核,他从不同的角度体味了"面对这种行将消逝的古朴的生活,何立伟的感情是复杂的。这种感情大体上可以名之为'哀愁'";再写对哀愁的珍惜,对封闭生活的感情色彩渐渐增强为忧愤,"他竭力控制着自己的激情,他的忧愤是没有成焰的火,于是便形为沉郁"。从哀愁到沉郁,既是作品的情感线索,也是作家的心路历程。⑦ 总

---

① 汪曾祺:《从哀愁到沉郁》,《汪曾祺全集》第3卷,北京师范大学出版社,1998年,第459—460页。
② 汪曾祺:《推荐〈孕妇和牛〉》,《汪曾祺全集》第6卷,北京师范大学出版社,1998年,第9—10页。
③ 汪曾祺:《推荐〈秋天的钟〉》,《汪曾祺全集》第6卷,北京师范大学出版社,1998年,第11—12页。
④ 汪曾祺:《文集自序》,《汪曾祺全集》第6卷,北京师范大学出版社,1998年,第53页。
⑤ 李健吾:《咀华集·咀华二集》,复旦大学出版社,2005年,第3—4页。
⑥ 汪曾祺:《一种小说》,《汪曾祺全集》第5卷,北京师范大学出版社,1998年,第150—151页。
⑦ 汪曾祺:《从哀愁到沉郁》,《汪曾祺全集》第3卷,北京师范大学出版社,1998年,第458—459页。

之,情感内蕴和情感发展是他把握作品的切入点,也是他理解作家的窗口。他推崇梁启超"笔锋常带感情"的文风,究其实质,是追求"读者与作者间精神底交流与密契"①。

然而,批评家灵魂的投入,真的能在作品中与作家的灵魂相遇吗?印象主义的基础就是怀疑主义和不可知论。世界是不可知的,文学作品亦是如此,自己所能知道的,只是自己的感觉体验。所以,他们把"自我"确立为批评标准。汪曾祺多次引用法朗士在《文学生活》第一卷序言里的一句名言:"为了真诚坦白,批评家应该说:'先生们,关于莎士比亚,关于拉辛,我所讲的就是我自己'。"②他还以自己的批评为例,对这句话的内涵进行了充分阐释:"评论家写作家,有时像上海人所说的,是'自说自话',拿作家来'说事',表现的其实是评论家自己。有人告诉林斤澜:汪曾祺写了一篇关于你的文章,斤澜说:'他是说我么?他是说他自己吧。'评论家写作家,我们反过来倒会看到评论家自己,这是很有趣的。于是从评论家的文章中能看到的作家的影子就不很多了。通过评论,理解作家,是有限的。"③"评论家应该独具慧眼,有自己的创见。评论家应该有自己独到的看法,并有自己独创的说法,要能说出别人说不出的话来,即使片面一点,偏激一点,也比淡而无味的温吞水好。'评论'从某个意义来说,就是'发现'。"④"发现"谁,发现的只能是"自己"。法朗士说:"优秀的批评家就是这样一个人,他把自己的灵魂在许多杰出作品中的探险活动,加以叙述。"⑤他知道的,只是"自己的灵魂"的冒险经历,而不是对方的灵魂。汪曾祺的"发现"就是法朗士的"冒险"。在《漫评〈烟壶〉》中,汪曾祺这样评价邓友梅:"他的语言所以生动,除了下字准确,词达意显,我觉得还因为起落多姿,富于'语态'。"这种语态,实际上就是口语化的"叙述方式"。他用这个标准评说赵树理,评说曹乃谦。汪曾祺的文章,口语化的句式俯拾皆是,他的语言恰恰是富于"语态"的范本。"作者的态度是要让读者感觉到的,但是只能'流露',不能'特别地说出'。"⑥对于这种态度,汪曾祺本身最欣赏,也是他创作中采用的主导叙事方式。耿鉴庭的"感情不外露"、曹乃谦的冷静、阿城的冷峻、黄步迁的"藏感情于叙述之中"(《濠

---

① 梁宗岱:《诗与真》,中央编译出版社,2006 年,第 100 页。
② 汪曾祺:《人之相知之难也》,《汪曾祺全集》第 5 卷,北京师范大学出版社,1998 年,第 73—74 页。
③ 同上书,第 74 页。
④ 汪曾祺:《何时一尊酒,重与细论文》,《汪曾祺全集》第 5 卷,北京师范大学出版社,1998 年,第 145 页。
⑤ 伍蠡甫等编:《西方文论选》(下卷),上海译文出版社,1988 年,第 263 页。
⑥ 汪曾祺:《道是无情却有情》,《汪曾祺全集》第 3 卷,北京师范大学出版社,1998 年,第 281 页。

河逝水》)……无不受到褒扬,实际上,就是因为这些人的叙述态度,几近汪曾祺的审美理想。他评林斤澜小说的主题是人的价值,即写人的"皮实",写生命的韧性。实际上,这也是汪曾祺的重要主题,他个人就惯于写小人物"在任何逆境中也不丧失对生活带有抒情意味的情趣"①。在《再淡一些》中,他盛赞文牧懂得"节制感情,节制辞藻",其实这反映了汪曾祺素喜"平淡"的审美取向……对于这一点,黄子平先生早有发现,他认为"汪曾祺对前辈后生的阐释其实也阐释了自身"②;"我多走进杰作一步,我的心灵多经一次洗练,我的智慧多经一次启迪:在一个相似而实异的世界旅行,我多长了一番见识"③。批评,就是在与自己的审美理想相近的作品中确认自己,启发自己,超越自己。

"'平生不解藏人善,到处逢人说项斯',评论家应该有这样的热情。评论文章要能使读者感觉到评论家这个人,如见其人,如闻其声,这样才能使读者觉得亲切,受到感染。""不用署名,一看就知道这是某人写的"④,最终确立自己批评家的形象。事实上,说作家就是说自己,只有在热情的言说中,确立自己的批评家的形象,才能使批评真正具有个性。在印象主义那里,归根结底,批评真正打动人的,是在批评中确立起来的批评家形象。

3. 作家形象的塑造

韦勒克认为,印象主义批评家赫兹利特和查尔斯·兰姆的批评有三个共性:"唤起作品印象、运用比喻手法、论及作者身世。"⑤实际上,这暗示了印象主义批评的另一个特点,那就是惯于在批评中塑造作家形象。《孟子·万章》上说:"诵其诗,读其书,不知其人可乎?"知人论世,也一向是中国传统批评的重要原则。著名批评家刘西渭就曾有所尝试,他的《咀华二集·叶紫的小说》就为我们勾勒了叶紫在苦难中抗争至死的不朽形象。在此方面,汪曾祺亦有探索。

汪曾祺发现,中国批评界有"文本主义"倾向,"我们的理论批评,谈作品的多,谈作家的少,谈作家气质的少"⑥。这说明"中国的评论家不太善于知

---

① 黄子平:《"灰阑"中的叙述》,上海文艺出版社,2001年,第246页。
② 同上。
③ 李健吾:《咀华集·咀华二集》,复旦大学出版社,2005年,第3页。
④ 汪曾祺:《何时一尊酒,重与细论文》,《汪曾祺全集》第5卷,北京师范大学出版社,1998年,第145页。
⑤ 〔美〕韦勒克:《近代文学批评史》第2卷,杨自伍译,上海译文出版社,1989年,第230页。
⑥ 汪曾祺:《关于小说的语言(札记)》,《汪曾祺全集》第4卷,北京师范大学出版社,1998年,第7页。

人"①,这很不足取。他的《人之所以为人》《人之相知也难》等论文,也都表述过类似的观点。"我评论过的极少的作家都是我很熟的人。这样我说起话来心里才比较有底。"②汪曾祺一生,据我所见,专写沈从文的文章有13篇,其中文学评论占10篇,散见于各类文章中的星星点点的记述,多得难以统计。这些文章,相互补充,共同为我们塑造了文学大师沈从文的动人形象:几经生死而无限坚韧,生性豁达而为人忠厚,才华横溢而刻苦用功,知识渊博而淡泊名利,不善讲课而精于现身说法,热爱祖国又有改造国民性的崇高理想……特别是沈从文带着鼻血拼命写作的形象,看过一遍是永远也不会忘记的。他写毕四海,有这样一段:

> 一九八七年,中国作协组织一些作家到云南访问。山南海北,老中青都有。我是那一次认识毕四海的。他算是小字辈,每次上汽车总是钻到颠簸得很厉害的最后一排。他给我们印象是一条山东汉子,很豪爽,也很谦虚。有一次他和我同一个时间给业余作家讲课,他讲得很平易,只是说他写几个作品的心得体会,没有那些云苫雾罩、叫人莫测高深的话。从闲谈中,我知道他正在写,或者已经写完了两部表现山东商人的长篇,其中一篇是写瑞蚨祥的。我很感兴趣,写商人的小说我还没有见过,很想看看。③

作家性情品格,赫然纸上。他写曾明了,先抑后扬:

> 曾明了身体不太好,总像有点精神不足的样子。她很谦抑,在人多的场合话很少,不像有些女作家才华闪烁,语惊四座。我想,她的小说会是什么样子的呢?她到我家里来过几次,我发现她很有语言才能,很有幽默感,时有妙语(我的小孙女都记得她说过的笑话,并且到处转述给别人听)。④

虽则才华横溢,却又含蓄内敛,人格才情,跃然目前。

汪曾祺认为,塑造作家形象,好处有二:其一,了解作家,有助于更好地了

---

① 汪曾祺:《何时一尊酒,重与细论文》,《汪曾祺全集》第5卷,北京师范大学出版社,1998年,第147页。
② 汪曾祺:《人之所以为人——读〈棋王〉笔记》,《汪曾祺全集》第3卷,北京师范大学出版社,1998年,第411页。
③ 汪曾祺:《愿他多多实验各种招数》,《汪曾祺全集》第4卷,北京师范大学出版社,1998年,第476页。
④ 汪曾祺:《一个过时的小说家的笔记》,《汪曾祺全集》第5卷,北京师范大学出版社,1998年,第462页。

解作品,"作品的风格和作者的个性是分不开的。布封说过:风格即人"①。其二,书写作家,有利于营造良好的创作、接受环境。"如果在评论中画出一点作者的风貌,则评论家就会同时成为作者与读者的挚友,会使人感到亲切……"②此言不虚。

4. 美文化的文体特征

汪曾祺在一次答记者问的时候,曾经说:"我大概是一个文体家。"作为一个文体家,无论何时,他都不乏艺术形式的探索与自觉。

文非一体,无体不备。在创作上,诗歌、小说、散文、戏剧四大门类,汪曾祺无所不备。即使在评论领域,他也要几乎尝尽了各种体裁。有学术论文,如《鲁迅对于民间文学的一些基本看法》《林斤澜的矮凳桥》;有序跋,序多跋少,有自序,如《〈蒲桥集〉自序》《〈汪曾祺散文随笔选集〉自序》,也有为别人写的序,如《从哀愁到沉郁》《〈年关六赋〉序》;有书信,如《与友人谈沈从文》《论精品意识——与友人书》;有对话,如《社会性·小说技巧》(与崔道怡、林斤澜)、《作为抒情诗的散文化小说》(与施叔青);有笔谈,如《小说笔谈》;另外,还有一类评论性文字也不能忽视,那就是"创作谈",如《〈大淖记事〉是怎样写出来的》《关于〈受戒〉》等。"等到作家一自白,任何高明的批评家也该不战自溃。"③这些自我评价文字,对于我们解读汪曾祺作品,了解他的审美取向,不无裨益。曹丕说:"文非一体,鲜能兼备。"而汪曾祺却在各种文体的写作之中,尽展了自己的才华。

随笔"美文",自成高格。"评论文章应该也是一篇很好的散文。现在的评论家多数不大注意把文章写好,读起来不大有味道。"④为了追求韵味,在写法上,他的大多数评论文章都选择了自由的随笔体。

其一,随意而谈,广征博引。随意而谈,是随笔的一个特点。但是,那种漫不经意、潇洒自在的风度,不是随便就可以获得的。这种"'夹叙夹议'的散文,是可以东拉西扯的,这样文章才会活泼丰满,不至枯涩。这样的散文很不容易写,这得有较多的生活知识,读较多的书"⑤。《谈谈风俗画》可以说极尽随意而谈之能事。开篇不谈文学,先说真正的"风俗画":晋唐的敦煌壁画《张义潮出巡图》,宋代的《清明上河图》《踏歌图》《货郎图》,清朝的《鬼趣

---

① 汪曾祺:《何时一尊酒,重与细论文》,《汪曾祺全集》第 5 卷,北京师范大学出版社,1998 年,第 147 页。
② 同上。
③ 李健吾:《答巴金先生的自白》,《咀华集·咀华二集》,复旦大学出版社,2005 年,第 14 页。
④ 汪曾祺:《文集自序》,《汪曾祺全集》第 6 卷,北京师范大学出版社,1998 年,第 53 页。
⑤ 汪曾祺:《贵在坚持——序〈雨雾山乡〉》,《汪曾祺全集》第 6 卷,北京师范大学出版社,1998 年,第 328 页。

图》和年画《老鼠嫁女》,洋洋洒洒,作家为我们理清了一部风俗画的发展史。又写风俗画的雕塑,言及泥人张的《钟馗嫁妹》《大出丧》。再谈写风俗的书,《荆楚岁时记》《一岁货声》《梦溪笔谈》《容斋随笔》《东京梦华录》,拉拉杂杂,林林总总。然后又及风俗的种种表现,从婚礼谈到丧礼,又谈到节日。数页已过,这才切入正题,讨论起风俗画小说,不过也是信笔驰骋,从鲁迅的《故乡》《社戏》《祝福》《朝花夕拾》,写到沈从文的《边城》;接下来,才探讨起风俗画小说的文体特点,论证了"小说里写风俗,目的还是写人"的创作原则,其间,作为论据,随手引用了两首民歌,顺便穿插了自己的小说《岁寒三友》中的两个片段。① 旁逸斜出,任意生发,妙趣横生。知识不博,学识不深,文思不敏,是断难做到的。又如给何立伟的小说写的序《从哀愁到沉郁》,作家始终拿何立伟和废名对比,又用废名与伍尔夫比较,借鉴了鲁迅的在《新文学大系·小说二集》中的序言,引用了何其芳给艾青的书信,刘西渭的点评……东牵西引,琳琅满目,"游离"的功夫,可见一斑。貌似游离,神犹不散,处处在写废名,处处又指向何立伟:废名文学成就如此之大,何立伟与他酷似,作品的成功何需怀疑!《读一本新笔记体小说》《捡石子儿(代序)》,他连点成线,勾勒出一部笔记小说史的轮廓;《〈蒲桥集〉再版后记》,则以大量的作品为支撑,梳理学者散文的来龙去脉。其他如《小说陈言》等,也都融知识性与趣味性于一体。

其二,平淡素朴,奇正兼收。印象主义批评,多传达直觉印象,评论者往往借助象征、比喻、类比等手法,用模糊的诗意化语言进行富有情趣的描述。这样的语言,在汪曾祺的批评中不难找到。如:"立伟一部分小说所写的生活是湖南小城镇的封闭的生活,一种古铜色的生活。他的小说有一些写的是长沙,但仍是封闭着的长沙的一个角隅。这种古铜有如宣德炉,因为熔入了椎碎了的乌斯藏佛之类的贵重金属,所以呈现出斑斓的光泽。"②"他凝眸看世界,但把自己的深情掩藏着,不露声色。他像一个坐在发紫发黑的小竹凳上看风景的人,虽然在他的心上流过很多东西。"③取譬引喻,立象尽意,弹性十足的语言,给人以不尽的美感。但是,这样的语句,奇则奇矣,在汪曾祺的评论中,却只能算是调味品,构不成主色调。汪曾祺说:"我觉得文章不可无奇句,但不宜多。龚定庵论人:'某公端端,酒后露轻狂,乃真狂。'奇句和狂

---

① 汪曾祺:《谈谈风俗画》,《汪曾祺全集》第 3 卷,北京师范大学出版社,1998 年,第 348—355 页。
② 汪曾祺:《从哀愁到沉郁》,《汪曾祺全集》第 3 卷,北京师范大学出版社,1998 年,第 457 页。
③ 同上书,第 458 页。

态一样,偶露,才可爱。"①大部分的篇章,都是如话家常,徐徐道来,娓娓而谈。平白的词句、如话的语态,星星点点地揉进典雅的古文、古语,形成他以平淡素朴为主、奇正兼收、雅俗并蓄的语言风格。

其三,只着一词,尽得风流。中国的诗话、词话,好用一个形象的语词,把握作家的创作风格,如寒、瘦、清、冷、气、骨、神、脉、出水芙蓉、采采流水、蓬蓬远春、镂金错彩……皆是。汪曾祺的印象主义批评,沿袭了这一传统,好用一个词语,从总体上把握作家作品的风格。《一篇好文章》,他评耿鉴庭的文字,用"淡而有味"予以概括,《林斤澜的矮凳桥》,他论林斤澜的字句用一个"涩"字,《日子就这么过来了》,他用以一个"秀"字表述徐卓人的文笔特色,《推荐〈孕妇和牛〉》,他用一个"糯"字描摹了铁凝的语言风格。这些评价,概括力强,形象贴切,如同给批评对象贴了商标,令人过目不忘。他最常用词语是"准确""平淡""朴素""亲切",另外还有"本色""简单""冷峻""峻洁""干净"等。

其四,信笔转述,神色出矣。"不知道从什么时候起,评论和鉴赏分了家了。我以为还是合起来好。"②转述,就是他引导读者鉴赏的一个手段。汪曾祺在评论他人的作品时,往往花很多的篇幅转述批评对象的内容。例如,《一种小说》对魏志远的代表性小说《一种颜色》《往事》《小男孩》一一转述;《野人的执着》评论了野莽的作品,对《故事》《杀人》《领地》《乌山人物·三夫》《黄帽子》篇章的情节逐一概括;《沈从文和他的〈边城〉》中,花了三四页的篇幅,把七万字的《边城》讲述了一遍;《又读〈边城〉》《读〈萧萧〉》,同样把原作内容转述一过;《一篇好文章》《花溅泪》《濠河逝水》《相看两不厌》等各篇批评文章,也都有大量的转述文字存在。可以说,"转述"形成了汪曾祺文学批评一个非常显著的文体特征。这些转述往往以人物形象的描述为核心,叙述语态从容放松,毫不局促,偶有零零星星的点评,准确到位。这些转述以有限的篇幅,很好地传达了原作的神韵。没有对原著的深刻理解,没有举重若轻的语言修养,是不可能具有如此功力的。

汪曾祺还有另外一种引导读者鉴赏的手段,就是大段引用原文,有时连续征引,汪曾祺的选文多精彩经典,有时只引不评,引用就是强调,自然会引起读者的把玩。

5. 批评家的人间情怀

在西方,印象主义批评可以说是"唯美主义"的余绪,一般对社会现实不

---

① 汪曾祺:《从哀愁到沉郁》,《汪曾祺全集》第3卷,北京师范大学出版社,1998年,第460页。
② 汪曾祺:《何时一尊酒,重与细论文》,《汪曾祺全集》第5卷,北京师范大学出版社,1998年,第146页。

是那么重视,很有些"为艺术而艺术"的味道。在创作上,汪曾祺对于文坛主流是比较疏离的,他从来不赶潮流,伤痕文学、反思文学、改革文学、现代主义、寻根文学……一浪一浪,汪曾祺不为所动,坚持自己的创作风格。但是,对于那些与当时社会思潮紧密相连的文学现象,他也绝不是视而不见。例如,他批评某些现代派是新的主题先行。批评许多完全西化的文学实验是在"蒙事"。对于"向内转与向外转"的讨论,也发表了自己的看法,批评尖锐:"前几年中国的文艺界(主要是评论家)闹了一阵'向内转、向外转'之争……一部分具有权威性的理论家坚决反对向内,坚持向外,以为文学必须如此,这才叫文学,才叫现实主义;而认为向内是离经叛道,甚至是反革命。我们不反对向外的文学,并且认为这曾经是文学的主要潮流,但是为什么对向内的文学就不允许其存在,非得一棍子打死不可呢?"①他还结合自己的创作实践,对"现实主义""批判现实主义""社会主义现实主义""两结合""主题先行""三突出"等创作方法的实质加以梳理②,对"浪漫主义""积极的浪漫主义""消极的浪漫主义""革命的浪漫主义"等概念提出了质疑③,等等。这些思索与时代同步,对于解放人们的思想,营造良好的创作环境,促进文学的发展,起到了一定的历史作用。"文革"期间,汪曾祺曾因其才华,以"脱帽右派"的身份,被江青"限制使用",参与"样板戏"的创作。这样特殊的身份,使得他对当时一些文艺政策的制定过程比较清楚。出于一种社会责任感,他对某些史实加以澄清,例如,"三突出"的发明人不是江青,而是于会泳,江青只提出了"一突出",突出英雄人物的;"主题先行"的提出者也不是江青,她主张抓一个戏要从主题入手,于会泳由此推向极端,引申演绎出来④……这些史实对文学思潮的书写,是很有价值的。应该说,汪曾祺始终带着批评家的良知和敏锐感觉,把握时代潮流,洞察文坛得失。

(三) 宽容大度的批评态度

汪曾祺曾说:"我写的文论大都是心平气和的,没有'论战'的味道。"⑤的确,在批评实践中,汪曾祺的批评态度是相当宽容的。他有自己确定的审

---

① 汪曾祺:《万寿宫丁丁响》,《汪曾祺全集》第 6 卷,北京师范大学出版社,1998 年,第 288 页。
② 汪曾祺:《认识到的和没有认识的自己》,《汪曾祺全集》第 4 卷,北京师范大学出版社,1998 年,第 295—296 页。
③ 汪曾祺:《〈年关六赋〉序》,《汪曾祺全集》第 5 卷,北京师范大学出版社,1998 年,第 108—109 页。
④ 汪曾祺:《关于"样板戏"》,《汪曾祺全集》第 4 卷,北京师范大学出版社,1998 年,第 325—326 页。
⑤ 汪曾祺:《文集自序》,《汪曾祺全集》第 6 卷,北京师范大学出版社,1998 年,第 53 页。

美标准,但又容纳其他的审美追求,决不削足适履。汪曾祺认为,创作所用句子要尽量短,能切开的地方,就要用标点断开;徐卓人的句子有时很长,"偶尔有些段落标点用得很少,比如《流年》的结尾",他非常理解,认为这"不是把应有的标点抽掉,而是作者的思维中本没有标点。作者的感情的激流一泻而下,不能切断。这样痛快淋漓的宣泄……收住,就非常有力度"①。汪曾祺主张叙述语言节制感情,对阿成叙述态度的冷峻非常欣赏,对他"有时会喷发出遏止不住的热情"②,也持赞同态度。评《烟壶》,"我是不会编故事的,也不赞成编故事。但是故事编圆了,我也佩服"③。同样,在《愿他多多实验招数》中,对毕四海的小说,无论是编故事的还是不编故事的,他都表示嘉许。

既是批评,有时不免要指出作品的不足。一般讲,汪曾祺的态度是比较委婉的。一方面,为了批评对象易于接受,免受伤害;另一方面,也与他对批评的认识有关,他认为:"……评论家指出作品的不足往往没有多大用处。评论家既不能自己动手,把这个作品改一改,把不足之处弥补起来;作家也未必肯采纳评论家的意见,照他的意见改写作品,即使评论家指出的不足是有道理的。"④他批评阿成用奇字不当,态度就非常含蓄:"阿成有点'语不惊人死不休',他用了一些不常见的奇特的字句。这在年轻人是不可避免的,无可厚非。但有一种意见值得参考。宋人范晞文《对床夜话》云:诗用生字,自是一病。苟欲用之,要使一句之意,尽于此字上见功,方为稳帖。"他举出一些古代诗句中的用字,认为这些字,"皆生字也,自下得不觉。"⑤当然,有时他也不免直言,他评毕四海的《古月·今人》,认为"读了叫人不舒服","材料太多,很多情节都没有展开","有些地方简直像是提纲"⑥;他批评徐卓人的作品"有些篇失之冗长"⑦;他批评鸽子的《儿时的朋友》"有些情节、细节写得过于简略"⑧,而游记的哲理则"太实、太露"⑨——这些文字的批评态度还

---

① 汪曾祺:《日子就这么过来了》,《汪曾祺全集》第5卷,北京师范大学出版社,1998年,第311页。
② 汪曾祺:《〈年关六赋〉序》,《汪曾祺全集》第5卷,北京师范大学出版社,1998年,第110页。
③ 汪曾祺:《漫评〈烟壶〉》,《汪曾祺全集》第3卷,北京师范大学出版社,1998年,第331页。
④ 汪曾祺:《何时一尊酒,重与细论文》,《汪曾祺全集》第5卷,北京师范大学出版社,1998年,第146—147页。
⑤ 汪曾祺:《〈年关六赋〉序》,《汪曾祺全集》第5卷,北京师范大学出版社,1998年,第110页。
⑥ 汪曾祺:《愿他多多实验各种招数》,《汪曾祺全集》第4卷,北京师范大学出版社,1998年,第477页。
⑦ 汪曾祺:《日子就这么过来了》,《汪曾祺全集》第5卷,北京师范大学出版社,1998年,第311页。
⑧ 汪曾祺:《贵在坚持——序〈雨雾山乡〉》,《汪曾祺全集》第6卷,北京师范大学出版社,1998年,第326页。
⑨ 同上书,第327页。

是相当直率的。

时过境迁,今天再翻检汪曾祺的批评文章,那既广征博引又如话家常的奇妙文风,那灵光浮动的真知灼见,对我们仍旧具有强烈的吸引力。写沈从文的《沈从文和他的〈边城〉》《又读〈边城〉》《读〈萧萧〉》《沈从文的寂寞》《与友人谈沈从文》《美——生命》等一系列文论、写阿城的《人之所以为人》、写阿成的《〈年关六赋〉序》、写何立伟的《从哀愁到沉郁》、写邓友梅的《漫评〈烟壶〉》、写林斤澜的《林斤澜的矮凳桥》,还有谈语言的,论戏剧的,这些都是评论中的精品。凭着这些批评,汪曾祺足以为我们在小说家、散文家、诗人、剧作家、书画家的形象之外,再塑一个批评家的形象。总的讲,汪曾祺基本上还属于圈子批评家,他只是撷取了文学潮流中的几朵美丽浪花,同时代的众多重要作家和重要作品,都未能进入他的批评视野,这不能不说是一个遗憾。也许,他的价值不在于此,而在于他在社会历史批评和西化的规范批评之外,以人文主义的思路,补充了科学化、理性化批评的不足。他以古典色彩浓厚的理路,独具魅力的文体,继刘西渭之后,拓展了印象主义批评的新天地,标示了文学批评的另一种发展趋势。

第十章　汪曾祺创作的文化价值

一、多重"价值参照系统"与生命体验的丰富性

阅读汪曾祺的作品,总觉得文化内涵特别丰富。这种丰富性不是偶然的,来自汪曾祺深厚的文化修养——他的一生就是一个文化资源不断拓展的过程。

从"价值参照系统"的系统的角度看,汪曾祺的一生经历多次更新。"价值参照系统是群体文化发展起来的价值体系,它体现着群体的经验、知识、思想、情感、意志、观念以及规范等,既是群体的价值认知系统,又是群体角色的价值取向系统。它作为群体文化不断积累所形成的价值心理倾向和观念取向,无疑是一种社会群体内在的价值意识,或者说是群体文化价值内化的心理定式。"①文化先于我们而存在,任何人都无力跳出文化的影响,每个人几乎都是周边群体文化的创造物,"从个体的人来说,它接受什么样的群体经验、知识、思想、意志、观念、规范,也就有什么样的价值参照系统,自然也就会按照这种价值参照系统进行价值判断和选择"②。

汪曾祺出身旧式知识分子家庭,祖父汪嘉勋拥有功名,是一名贡生;父亲对于传统文化亦有很深的造诣,琴棋书画无所不能。在他十一岁时,祖父亲自给他讲解《论语》,训练他写一种叫作"义"的文章。少年时期的环境对于人们文化性格的形成至关重要,"在家庭、邻里、村落、社区这些首属群体中,主要是按照风俗、习惯、伦理、道德、宗教信仰等传统文化进行社会化的,其方式主要是经验的或情感的"③。早期的环境熏陶带给人的绝不仅仅是知识,更重要的是赋予个体特定的观察世界的方式和情感体验的方式。汪曾祺小

---

① 司马云杰:《文化价值论》,陕西人民出版社,2003年,第107—108页。
② 同上书,第110页。
③ 同上书,第112页。

学、初中的国文教师周席儒、高北溟、张敬斋等,都拥有深厚的国学根基,使得他早期的学校教育带有浓重的传统文化色彩。除此之外,汪曾祺还曾跟随韦子廉学习桐城派古文,跟随乡贤张仲陶读《史记》,古典文学根基遂日渐深厚。有这样的家庭环境和教育背景,传统文化特别是儒家文化自然而然地构成了汪曾祺最初的价值参照系统。"首属群体文化所建树的价值参照系统结构是相当稳定的,往往对人一生的价值判断和选择起支配作用。"①生命从一片空白到开始获得底色,此后所有图画都要在这上面描摹。

  1935 年,汪曾祺考入江阴南菁中学读高中。该校以"科学救国"为办学宗旨,课程倾向于自然科学与外语,文科不受重视,汪曾祺虽不喜欢这样的环境,但毕竟这里让他感受到了现代文化的气息。1939 年汪曾祺考入西南联大中文系,在那里他深受五四传承而来的人道主义与个人主义影响,更受到了西方非理性主义文化思潮冲击。此时的西南联大现代主义文学思潮弥漫,汪曾祺阅读了大量西方翻译文学,对人的潜意识领域给予了关注,对人的孤独感、荒诞感、自欺、沉沦等问题进行了全面的思考。由此,汪曾祺确立了一个蕴含着精神分析、存在主义等多种现代思潮的价值体系。几乎整个 1940 年代,汪曾祺常常借助这样一个崭新的"价值参照系统"观察社会人生。这个非常西化的"价值参照系统"与他此前接受的以传统为主的价值体系差异巨大,这样的转变无疑要经历一次巨大的灵魂震荡。

  新中国即将建立之际,来到北京的汪曾祺经历了一段失业生活及在历史博物馆的短暂工作之后,参加了"四野"的南下工作团,先在北平华文学校接受培训,然后南下,在武汉二女中做了副教导主任一年多。他以积极的姿态投入新生活,融入新社会,思想也逐渐跟上了时代的节拍。此后他调回北京,先后编过《说说唱唱》《北京文艺》《民间文学》,主要从事民间文学的编辑、整理工作。民间文学在当时绝不是纯文学,民间所具有的勤劳、朴素、勇敢、智慧、反抗压迫等优秀品质,被视作新文化建设的重要精神资源。1951 年,汪曾祺运用阶级分析的方法写出了《武训的错误》,该文发表在最具权威的《人民日报》上。从文本可以看出,他已经熟练地掌握了当时的批评话语,对于当时的政治理论已经有了相当深入的理解。此时他具有直接颂扬现实生活的愿望,涉足新闻写作,创作了几篇新闻特写。《一个邮件的复活》赞美普通劳动者,《怀念一个朝鲜驾驶员同志》赞美战争英雄,这些作品属于当时"颂歌"潮流中的一簇小小浪花。"反右"后他下放张家口,在那里他创作了一批小说精品:《羊舍一夕》《看水》说明他对社会主义新风尚已经有了深刻理解,

---

① 司马云杰:《文化价值论》,陕西人民出版社,2003 年,第 113 页。

《王全》思考了在社会主义生产关系确立之后农村普遍存在的小农意识、官僚主义与集体主义之间的矛盾问题,把集体主义精神理解为社会主义文化的重要内容。这时的创作已经和1940年代那种关注个体存在的作品有了天壤之别,他已经能够用崭新的世界观、价值观和人生观审视生活,建立起社会主义文化这个新的"价值参照系"。

新时期以后,汪曾祺反思"极左"政治,反思"极左"文艺,与拨乱反正的主流文化的思想格调一致。汪曾祺本非政治中人,"文革"后处于边缘化位置,这样相对自由的空间让他有了更多思索与选择的余地。面对被"文革"搞坏了的人性、扰乱了的道德,汪曾祺重新审视传统文化,试图在那里找到建立良性文化生态的答案。儒家的和谐与人情味、道家的超脱通达、佛家"中道观""三法印"所蕴含的超越感,让他仿佛找到了安顿灵魂的栖息之地。他毫不犹豫地走向了传统文化,这不是单纯地向青少年传统文化经验的回归,这次选择的"价值参照系"不光拥有儒释道传统,还扩大了版图,增容了民俗文化这一小传统。他充分调动起自己当年研究民间文艺的知识积累,结合丰富的生活阅历,创作出大量民俗文化味道浓重的小说散文。从《受戒》《大淖记事》到《故乡的食物》《童歌小议》,无论是小说还是散文,都带上了浓重的民俗文化色彩。民俗文化小传统的引入对汪曾祺而言关系重大,可以说在某种程度上改变了他创作的基本面貌。这时的传统文化"价值参照系"凝聚了他大半生的累积,已经丰厚得多了,是在青少年获得的"首属群体文化"基础上的全面升级。

汪曾祺的一生,大致获得过四重"价值参照系",从儒释道传统文化,到现代西方文化,到社会主义文化,再到容纳了民俗文化的传统文化,整个轨迹仿佛画了一个圆环。表面看这种演进是新的"价值参照系"不断替换旧的"价值参照系"的过程,实际上绝不是简单的替换,而是一种文化观念与另一种文化观念的叠加,是新旧文化元素的重新选择与融汇,是彼此比例的重新分配与调和。可以说,汪曾祺的精神世界中积淀了一部中国近代文化史,博大、丰富,时空高度浓缩。"文化不同,文化赋予人的感知形式和思维形式也不同。这表现在不同文化的经验、语言、文字、文法结构中。当客观事物的价值不能被这种感知形式和思维形式所感知或所想到时,人的价值意识则仍然处于没有觉察到或意识到的状态,即无意识。"①对于作家来说,有多重的文化价值参照系意味着更多的文化优势,可以生成更为敏锐、丰富而健全的感知系统,生成更为丰富的思维形式,这绝不是那种只有单一文化背

---

① 司马云杰:《文化价值论》,陕西人民出版社,2003年,第95页。

景的作家所能比拟的。

傅伟勋经过多年思考,认为完整的人类生命精神世界蕴含于"生命的十大层面及其价值取向"的模型,试图囊括人的身心活动内容,他说:"依照我个人所了解的生命存在的诸般意义高低层序与自下往上的价值取向,我认为作为万物之灵的人的生命应该具有下列十大层面:(1)身体活动层面;(2)心理活动层面;(3)政治社会(politico-social)层面;(4)历史文化(historicocultural)层面;(5)知性探求(intellectual)层面;(6)美感经验(aesthetic-experiential)层面;(7)人伦道德(moral)层面;(8)实存主体(existential)层面;(9)生死解脱(soteriological)层面;以及(10)终极存在(ontological)层面。"①汪曾祺的创作涉及了所有层面:在身体活动层面,汪曾祺笔下有《窥浴》《薛大娘》等一批作品表现生命原欲,《对口》《疟疾》《牙疼》等描述各种病痛,《幽冥钟》《陈小手》则涉及生产,这些都属于身体活动。《结婚》《复仇》有意识的流动,《悒郁》《谁是错的》有对潜意识的勘察,《晚饭花》有人物内心的纠结,这些作品对人类丰富的心理世界做了勘察。汪曾祺很早就关注社会政治问题,发表于1947年的《年红灯(二)》就刻画了一位革命女性,《沙家浜》是畸形政治的产物,"当代野人系列"则着力批判"文革",政治社会内容始终是汪曾祺创作表现的领域之一。小说《金冬心》描写清代中期"扬州八怪"中的重要人物,散文《国子监》《宋朝人的吃喝》《杨慎在保山》等大量散文涉及了丰富的历史事件和历史人物,儒释道及民俗文化更构成他几乎所有作品的氤氲气场,汪曾祺的创作始终蕴含着丰厚的历史文化信息。《乡下的阿基米德》和那些写工艺的作品表现了知性的探求。汪曾祺的作品充满了生命意识,美感体验被视为高峰体验的一个部分,小说《艺术家》《绿猫》及大量文论还专门描述和讨论美感;无论写知识分子还是写普通农夫、市民,在汪曾祺笔下理想的生命状态全离不开美感体验。《岁寒三友》《徙》等赞美传统伦理之美,《莱生小爷》《辜家豆腐店的女儿》批判违逆伦理原则的丑陋,《迟开的玫瑰或胡闹》《钓鱼巷》则探讨了伦理的边界,这些作品在人伦道德层面上做了广泛的探索。汪曾祺1940年代创作的一批作品,从《复仇》到《匹夫》,从《落魄》到《囚犯》,对于实存主体的诸多侧面都有探索,如自欺问题、生命的沉沦问题、生存意义问题等。汪曾祺早期创作的《复仇》已经贯穿了"冤亲平等"观念,《双灯》等中包含着"缘起论"与"三法印"观念,《画壁》的故事基于佛家的"二谛"观,《世界历史名人画传·释迦牟尼》则阐释"生死轮回""十二因缘""业报""四圣谛""八正道"等佛家基本观念,这些作品无疑传达了佛家对生死解

---

① 傅伟勋:《中国文化重建课题的哲学省察》,《从西方哲学到禅佛教》,生活·读书·新知三联书店,1989年,第477页。

脱、终极存在等问题的深刻感悟。由上述论述可以看出，汪曾祺借助多元文化资源，对人生几乎每个层面的价值问题都做过思索。尽管他曾谦逊地说自己追求的不是深刻而是和谐，但是从作品中我们可以清晰看出，无论是在思想深度上还是在思想广度上，寻常作家都无法望其项背。

汪曾祺的大脑中承载着四重"价值参照系统"，这四重"价值参照系统"照亮了人生的十个完整层面，他思想文化的丰富性、深厚性由此可见一斑。目前学界一般愿意把汪曾祺描述为"最后的士大夫"，俨然他是一位前朝"遗老"。其实，这种定性是不准确的，缺乏真正的历史感，也忽视了问题的复杂性。

二、"高层文化"与文化创造能力的生成

汪曾祺的艺术世界中承载着丰富驳杂的文化信息，几乎浓缩了一部中国近现代文化史。如此丰厚的文化内涵，自然能够满足不同读者对于文化的多层次需要。市场证明了这一点，据2013年的统计，汪曾祺的作品已经发行了一百五六十种，由此可见受欢迎程度。

汪曾祺曾对中国出现"散文热"的原因做过分析，他说："为什么散文会兴旺起来？一个是社会的原因，一个是文学的原因。中国人经过长期的折腾，大家都很累，心情浮躁，需要平静，需要安慰，需要一种较高文化层次的休息。尽管粗俗的文化还在流行，但是相当一部分人对此已经感到厌倦，他们需要品位较高的艺术享受，需要对人生独到的观察，对自成一家的语言的精美的享受。散文可以提供有文化的休息和这种精美的享受。散文可以说是应运而生。"①这也可以说是一种自况，因为汪曾祺的散文就拥有"较高文化层次"。

汪曾祺所谓的"较高文化层次"大致相当于精英文化。"拥有悠久的精英文化传统、独特的民族文学和官方语言"②是一个民族形成的重要条件，也是一个民族在文化上保持活力、维持健康发展的必要条件。为什么较高文化层次或者说精英文化对于一个民族的文化发展至关重要呢？一般地说，一种健康的民族文化存在"基层文化"和"高层文化"两个层面。基层文化存在于普通民众的日常生活之中，呈现为处于混沌状态的具体事象，理性与非理性

---

① 汪曾祺：《〈当代散文大系〉总序》，《汪曾祺全集》第5卷，北京师范大学出版社，1998年，第458—459页。
② 孙英春：《跨文化传播学导论》，北京大学出版社，2008年，第184页。

的因素搅合一处,缺乏自否定能力,一代一代沿袭而来,具有保守性。高层文化则是"少数的知识分子,对于知识的追求,个性的解放,新事物的获得,新境界的开辟所作的努力"①。这两个层面相克相生,"基层文化是无意识的,保守的,是以社会性为主的。高层次的文化,则是由知识分子个性的觉醒所产生出来的;它是前进的,解放的。所以高层次文化,常表现为要求自传统中解放出来"。"没有基层文化,其民族的生活是漂浮无根。没有高层文化,其民族会由僵滞而消灭。"②任何一种有活力的文化,都包含着这两个层面,但是只有"高层文化"才能引导整个文化适应现实、自我批判、不断更新,保持着生命活力。因此,"高层文化"或者说精英文化对于一个民族文化的发展具有至关重要的作用。每一个个体都在承载着文化,传播着文化,他自身具有的文化素质决定了他是否有文化创造力,决定他能否成为民族文化水平提升的正面力量,很重要的一条取决于他是否承继了精英文化传统,是否真正拥有"高层文化"。汪曾祺就具有"高层文化",儒家"游于艺"的生活审美化追求,道家"心斋""坐忘"与"技近乎道"的生存理想,佛家对于世界本相的认识和生死解脱之道,现代文化对于潜意识的正视,对于自我价值的追问,以及人道主义精神,等等,都是超越了衣食住行层面的高层次的精神向度,对于这些问题的反复思考才会把我们引入高层次的精神境界。他对"文气论"、古代叙事观和汉语特性的阐释与关注,在文学中亦属于较深层次的思考,追求的是一种写作境界,而绝不是文从字顺、主题明确之类的普通档次的要求。汪曾祺的骨子里就具有精英文化自觉,就有文化生成的能力,因此他所创造的文化的凝结物"文学",也就能顺应读者"较高文化层次"的需求。

当然,文化创造者必须有充足的"基层文化"根基,没有这个文化培养基,一切都是无源之水,一切都丧失归宿之地。汪曾祺无论去哪里,都要东看看,西看看,不断地观察民众的日常生活,从普通农民到知识分子,从旧式文人到战斗英雄,三教九流,五行八作,都在他的扫描范围。晚年大量的民俗描写,绝不仅仅来自书本记录,更多的是源于他的童年记忆和对所到之处风土人情的体察。汪曾祺用大量的笔墨写民俗,写日常生活,写凡人琐事,让自己的作品充满了感性形态,这是他的作品生机勃勃的基础。但是,如果心中没有高雅文化,没有"高层文化",这些锅碗瓢盆、鸡毛蒜皮只会流于庸俗,就是涉及宏大历史、英雄人物也不会改变低俗的品位。只有具备了精英文化的指导,那些庸常的东西才能化俗为雅,获得较高的文化品位。

汪曾祺去世之后,他的儿子曾经喟叹自己的父亲还有很多好文章没有写

---

① 徐复观:《徐复观文集》第1卷,湖北人民出版社,2002年,第15页。
② 同上。

出来。这当然是真的,一个同时拥有"高层文化"和"基层文化"的人,一个同时拥有精英文化和无穷生活细节的人,在这样的文化张力场中思考着,写作着,他的文学创造力就一定会超乎寻常。我们在鉴赏汪曾祺作品的时候,固然要欣赏生活细节的生动、人物性格的鲜活、风俗民情的醇厚,更应该穿越这些表象,吸收和继承他传达出的精英文化,获得一种超越生活、审视生活、改变生活的眼光,获得一种创造文化、发展文化的能力。汪曾祺的创作实践启示我们,一个作家要想具有文化创造力,首先必须是一个知识分子,不仅要有丰富的"基层文化",更要有"高层文化",在两重文化的张力中不断思索、不断体验,不断创造文化、更新文化,才能满足读者不断增长的精神追求。

三、传统文化作为现代性的资源

早年汪曾祺倾向于表现孤独个体,表现个体精神的困惑;晚近汪曾祺则关注传统文化,关注群体共同精神的挖掘。儒释道和民俗文化,就是中华民族最具民族特色的精神共性,是中华民族的共同价值体系,"它不仅超越个体人的心理,也超越个别时代和个别文化价值。特别是文化价值体系中的根本精神,它是不为个别时代、个别人物所改变的,也是超越其他民族文化的价值而存在的"①。这种群体共同精神带有普遍性,是我们民族的共同灵魂。因为他是最早意识到这一点的,因此被推崇为引领"寻根文学"的先驱。

任何国家踏入现代化的行程,都几乎同时伴随着对民族文化的破坏,"现代化过程在不同的时代、社会和文化背景下出现了不同的形式,然而其实质都是相去无几的。其结果,从积极的方面来看,如:理智化、效率化等等差不多,而从消极的方面来看,如:对社会的传统礼俗、民族文化的继承等等所造成的破坏,也是大同小异的"②。不仅如此,现代化的进程还与全球化进程并驾齐驱。对于一个发展中国家来说,除自身的破坏,还面临"文化帝国主义"的入侵。欧美操纵强大现代媒体输出自己的文化,传播自己的意识形态和生活方式,"把技术、科学和理性主宰的意识形态、大众文化、城市化和民族国家等现代性当做全球文化发展的方向和唯一模式强加给整个世界"③。这种强势文化的侵蚀无疑破坏了发展中国家的民族传统,削弱了这

---

① 司马云杰:《文化价值论》,陕西人民出版社,2003年,第45页。
② 〔美〕艾恺:《世界范围内的反现代化思潮——论文化守成主义》,贵州人民出版社,1991年,第4页。
③ 孙英春:《跨文化传播学导论》,北京大学出版社,2008年,第298页。

些国家民族传统凝聚共识的影响力。如果一任这种状况发展下去,最终会导致全球范围内的文化"同质化",文化资源日渐匮乏,思想沉滞、文化萧条时代的到来也就为时不远了。对于中国而言,民族文化遭受阻隔的情形就更为复杂了,从激进的新文化运动到连绵不断的战争,再到此起彼伏的政治运动,这些重大历史事件都在某种程度上影响到传统文化的传播。

许多研究者一致认为,破坏民族文化的后果将十分严重。传统意味着一种稳定的价值指向,意味着历史的连续性。传统的消失意味着历史的中断,杰姆逊认为,"历史感的消失,那是这样一种状态,我们整个当代社会系统开始渐渐丧失保留它本身的过去的能力,开始生存在一个永恒的当下和一个永恒的转变之中,而这把从前各种社会构成曾经需要去保存的传统抹掉"①。这种连续的变化之中,人们如同乘坐了一列不知所往的列车,陷入惶恐和迷惘。丧失了传统,意味着稳定的"价值参照系统"崩溃,社会共同体瓦解,丧失了可供集体追求的文化理想,人际关系的固定形式失落,人们普遍陷入精神的无根状态,生命意义释义开始个体化,但是,由于一时很难重新找到支撑生命的力量,随之而来的往往是巨大的虚无主义。"当传统文化与道德的结构已经崩溃……那些曾经浸淫其中的人们产生了剧烈的焦虑与不安,所以急需一项确定的信仰来消除他们的焦虑与不安。"②正是因为这样的精神困境,传统的价值日益受到重视。

在以往的阐释中,现代性意味着对传统的否定,现代性和传统截然对立。鉴于传统的这种不可替代的作用,有人对现代性做出了新的理解,他们认识到传统与现代性之间存在历史的连续性,"任何民族文化的现代化,都不是从天上掉下来的,而是立足于原有民族文化的深厚基础之上,根据新的需要,并从现实生活中吸取激情,不断地选择、融化、重组、整合世界各民族文化的优秀特质突变出新的结构、新的体系的"③。一种外来精神要想在一个民族文化环境中成活长大,必定要嫁接于深厚的民族文化结构之中,任何现代精神都是民族文化精神的新拓展,"我们所仰仗的传统历史愈是丰富,那么我们思考和行为的范围也就愈宽裕。……借批评传统,人可以提升自己到一个新的层次。但跃出传统的窠臼,仍需以传统为立足点"④。传统和现代在对立中彼此渗透,在现代性的观照下对传统结构进行开掘与拓展,在传统的观

---

① 〔美〕詹明信:《晚期资本主义的文化逻辑》,陈清侨等译,生活·读书·新知三联书店,1997年,第418页。
② 林毓生:《中国传统的创造性转化》,生活·读书·新知三联书店,1988年,第266页。
③ 司马云杰:《文化价值论》,陕西人民出版社,2003年,第283页。
④ 〔德〕孙志文:《现代人的焦虑和希望》,陈永禹译,生活·读书·新知三联书店,1994年,第134页。

照下对现代性进行转化和吸纳,遂共生成一个新的文化整体。汪曾祺就是在人道主义、个性主义、生命哲学、社会主义文化等的多重观照之下,重新审视中国传统文化的。这个传统文化即包括儒释道这个大传统,也包括民俗文化这个小传统。汪曾祺所接受的传统文化已经不是原装的传统文化了,挪用传统文化资源的时候选择什么,如何采用,要达到何种功能,都因为现代性的观照而在性质上发生了蜕变。

尽管在现代性的观照下传统文化已经发生了意义改变,但传统文化毕竟还是传统文化,它依然具有传统的强大基因,依然具有传统文化所具有的若干职能。

传统文化的首要职能是帮助我们确立民族化的价值系统。在最终关系上,物质决定意识是确定无疑的;在价值意义发生的初期,它直接来自人与自然的接触以及生产劳动。但是,积累日渐丰厚的精神文化逐渐获得了相对独立性,成了价值的直接来源——尽管从更长远的历史来看,由物质生产发展起来的社会关系最终决定了价值体系,但是这中间有一个时间差。在此意义上,对于个体而言,接受何种文化至关重要,"通过传统和教育承受了这些情感和观点的个人,会以为这些情感和观点就是他的行为的真实动机和出发点"①。接受什么文化,这种文化就内化为接受者的精神,指导我们以何种态度和方式应对现实事件或人际关系。汪曾祺笔下的作品充满传统文化色彩,接受了这样的作品也就等于接受其中蕴含的价值观念,从而有效地确立自己的民族文化身份。

什么样的文化塑造什么样的认知系统。人类心理的形成不单纯是一个生理过程,更重要的是一个社会化过程,文化塑造了人的认知系统。认知系统包括感知和思维方式两个层面。无论是感知还是思维方式,都基于经验和心理结构。影响感知的因素很多,包括生理、环境、语言等,但是"隐藏在文化深层结构中的文化诸要素对感知的过程和结果具有本质性的影响,限制并规定了人们感知世界和形成观念的过程,尤其是影响着人们对外部感觉材料的判断和选择,即如何为感受到的刺激赋予意义"②。思维能力和方式当然受生理影响,但是历史传统、哲学思想、语言等这些决定思维走向的因素,全都来自文化因素。因此,接受一种文化,就是接受一种体验、观察和评价世界的方式。"文化不同,文化赋予人的感知形式和思维形式也不同。这表现在不同文化的经验、语言、文字、文法结构中。"③文学,就以最直接方式的描述文

---

① 司马云杰:《文化价值论》,陕西人民出版社,2003年,第60页。
② 孙英春:《跨文化传播学导论》,北京大学出版社,2008年,第195页。
③ 司马云杰:《文化价值论》,陕西人民出版社,2003年,第95页。

化经验,呈现给读者的是特定的语言、文字和文法结构,因此对塑造着人们的感知系统起到重要的影响作用。汪曾祺的那些承载着传统文化因素的作品,就会以这种直接的方式影响读者的感知系统,塑造他们的民族文化心理结构。

什么样的感知系统决定什么样的文化认同。一般地说,认知系统带有排他性,一个人在某种文化的熏陶之下就会获得特定感知系统,产生特定的思维方式和情感体验方式,反过来就会自然而然地认同这种文化,而容易排斥其他文化。在传统文化的熏陶之下,一个人就容易在本民族的历史与自身生存之间建立起意义关联,接受本民族的情感方式,形成本民族共同的思维模式,遵循本民族共同的伦理规范,确保了个人文化身份的完整性。接受汪曾祺传统文化韵味十足的文学作品,也间接地接受了蕴含其中的文化观念,也就于不自觉中产生民族文化认同感。有了这样的民族文化认同感,才会对本民族产生忠诚感,进而产生对抗外来文化入侵的精神支撑。

要接受传统文化,通过文学的中介恐怕是一种比较有效的途径。有多少人愿意端坐在书桌前端着繁体竖排的《四书》或《南华经》阅读呢?我们要了解传统文化,读一点弥漫着传统文化精神的文学作品,接受的效果也许会更好,确实有为数不少的人愿意坐下来读一点文学作品。汪曾祺的作品传统文化信息密集,就如同一座装修华美的博物馆,那里有丰厚的藏品,无论是儒释道文化,还是民俗文化,在他的那些篇章里都有布展。就拿民俗文化来说吧,在汪曾祺的笔下,从物质民俗到精神民俗,从社会民俗到游娱民俗,琳琅满目。读这样的文本,文化含量一点也不少。文学作品的好处是并非单纯地对这些民俗做知识性介绍,而是把传统文化精神转化成纸上人物的血肉,转化成富有生命力的人文精神,这样的表述方式自然能拨动读者的心弦,很好地引导他们走入文化深处,领悟其中蕴含的价值与意义。读者在不断理解和吸纳传统文化过程中,必然会对其性质价值不断做出判断,由此获得文化反思能力。汪曾祺的作品有这样的魔力,那些书页仿佛为读者铺设了一条林间小径,这条小径曲曲折折,伴随着鸟鸣花香,一直通往文化殿堂的深处。

"一个国家、一个民族的社会历史究竟怎么发展和演变,虽然有诸多因素在起作用,但起真正深层作用的,最终决定于他们有一个什么样的文化世界,最终决定于这个文化世界存在着什么样的文化价值体系。"[①]从这个意义上讲,多读一点像汪曾祺那样的蕴含丰富传统内涵的作品,对于培养我们民族化的认知系统,保持完整的民族文化身份,建立起民族认同感,确立民族文化自信,具有不可低估的价值和意义。

[①] 司马云杰:《文化价值论》,陕西人民出版社,2003年,第45页。

后　记

　　大概是在2005年的春天,我开始阅读北京师范大学出版社1998年版的《汪曾祺全集》,写出了半部书稿,发表了几篇文章,算是启动了自己的汪曾祺研究。可惜持续一段时间之后,我就转入新的学术领域。近些年,一批学者锐意穷搜,汪曾祺先生诸多佚文浮出水面。这批佚文主要创作于1940年代,而且大都带有强烈的现代主义色彩。我阅读着、被震撼着,既有印象被打破了,文本呈现给我的是汪曾祺的一副相当陌生的面孔。在我看来,对汪曾祺重新定位、重新思考的时机已然成熟。2016年的大部分时间,我把自己封闭起来,对那半部沉睡已久的书稿"大动干戈":先是把内容打碎,或舍弃,或充实,或重写;接着,把若干新的想法加进去,补写了一些章节。

　　西南联大是五四精神的堡垒,汪曾祺在那里读了五年书,自然深受新文化的影响,平民主义、人道主义、个性主义等观念确立起了他基本的价值立场,成了他思想的基壤。此时的汪曾祺深受西方非理性主义思潮影响,存在主义和精神分析构成他艺术精神的两大特色。

　　关于存在主义,解志熙在《汪曾祺早期小说片论》一文中已经对《落魄》中的"厌恶"、《礼拜天的早晨》《复仇》中的"自欺"等做了经典分析(《中国现代文学研究丛刊》1990年第3期)。本书循此思路,在解读若干新的文本的基础上,阐释了汪曾祺更多的存在之思:他确认了人的"身体—主体"性(《醒来》);把孤独视为人的本然处境(《匹夫》《三叶虫与剑兰花》),对人与人之间的冷漠乃至敌对状态进行了反思,认为先天不足的语言(《匹夫》)、虚假的爱情(《结婚》)、"博爱"之心(《囚犯》)都无力破除隔膜;他还由"落魄"入手,反思死亡与颓废,批判生命热情的丧失。早在1940年代,唐湜就曾指出汪曾祺与精神分析之间存在内在关系,可惜只有只言片语,此后再无研究者提起。本书结合对《钓》《翠子》《悒郁》《蝴蝶——日记抄》等新发现佚文的解读,系统地梳理了这一问题。汪曾祺通过对人的自我保护本能、迷狂状态和口误的描写,表现了在自我退场的情况下人的潜意识的涌动;他对于怀春、恋爱、情欲及艺术升华的描写,在多个层次上投射出了力比多的身影;当然,他对精神分析的兴致一直保持到晚年,那时他把探索的领域拓展到性变态与性错乱,对人畜交媾、同性恋、乱伦、施虐狂等问题都有所涉猎。汪曾祺接受非理性主义文化,与战争年代的社会环境、西南联大的文化环境以及个人日渐窘迫的处境都有关系。那时,汪曾祺是一个标准的现代主义作家。他的起点很高,出手就拒绝食洋不化,致力于探索民族风格。

汪曾祺在"二十七年"时期的创作完整地勾勒出一张知识分子思想改造的路线图:新中国成立前后,汪曾祺表现出融入新社会的强烈愿望,他此时创作的新闻特写、散文、小说都以展示新社会、新生活、新人物的"颂歌"为主,从赞美劳动模范和英雄战士,到表现普通民众对新生活的热爱,再到反映集体化过程中农民的精神成长,汪曾祺逐渐融入社会主义文化建设的洪流之中。此后,受左倾文化思潮的影响,汪曾祺被纳入"样板戏"的写作群体之中。此时他参与集体创作的那些作品,遵循"主题先行""三突出"等写作原则,深受"阶级斗争"观念的制约。不过即使在当时,汪曾祺也保持着常人难以企及的清醒,哪些作品可以流传下来,哪些东西没有价值,他心知肚明。

新时期伊始,汪曾祺深思熟虑之后,率先把创作的笔触伸到传统文化领域。按照汪曾祺自己的说法,这是"回到现实主义、回到民族传统"。对于这样的写作路数汪曾祺并不全然陌生,在 1940 年代创作的《庙与僧》《鸡鸭名家》《戴车匠》等几篇里,他曾经做过有限的尝试。他此时的作品中不仅蕴涵着儒、释、道文化,更具特色的是大量征用民俗文化资源。

对于儒家文化,汪曾祺除了对仁、义等伦理观念表示欣赏之外,更把儒家解读为一种生命哲学:通过对"思无邪"的重释,他让儒家思想容纳了自然人性;通过对"人境""游于艺"等观念的解读,他认同了儒家日常生活审美化的追求;通过对"游于艺"和"从心所欲不逾矩"内在联系的发掘,他认为儒家实现了美与善的统一;他还重拾"诗教",认为对中和之美的追求与温柔敦厚人格的构建之间存在内在统一性。汪曾祺亦有佛缘,特别是他晚年的创作蕴含了大量的佛教思想。通过对传记文学《释迦牟尼》及部分小说、散文的分析可以看出,佛家的"缘起论""中道观""生死轮回""因果业报""三法印"等观念已经渗透到他的创作之中;晚年他改写《聊斋志异》,之所以选择《双灯》《画壁》《蛐蛐》《同梦》《瑞云》诸篇,恐怕看重的就是其中蕴含的佛家精神。目前探讨汪曾祺与道家关系的成果不多,本书认为,汪曾祺所认同的理想人生状态中蕴涵着浓重的道家思想,具体体现为三重人格:超脱放达的社会人格、含真抱朴的自然人格和静极生动的艺术人格。

如果仅从儒、释、道这样的文化"大传统"着眼解释汪曾祺的作品,我们会发现有很多内容无法解读;而一旦引入"民俗学"的视野,则大量文本都可以得到有效阐释。本书从物质民俗、社会民俗、精神民俗、游娱民俗四个角度对汪氏作品进行考察。这四个类别如同四个书架,每个书架中还有不同的格子——那是次级分类。本书的主要目标是把汪曾祺作品中数量庞大的民俗内容分门别类,力求把它们有条不紊地摆在不同书架的相应格子上。

汪曾祺始终与时代文化思潮处于对话中,因此自身的文化思想得以不断充实更新。他的一生,大致积淀了四重文化"价值参照系统",具体地说,从启蒙教育阶段接受的以儒为主兼容佛道的传统文化,到在西南联大接受包括西方非理性文化在内的现代文化,再到新中国成立前后接受的社会主义文化,再到"文革"后表现出的容纳了民俗文化的传统文化,整个轨迹仿佛画了一个圆环,但这是一个不断加粗、不断上升的圆环。如此丰富的"价值参照系统"彼此叠加,让他获得了常人难以企及的认知能力,从而得以在身体、心理、政治社会、历史文化、知性、美感、道德、实存、生死、终极存在等诸多层面上对人生予以全面思索。

从文化的角度看,汪曾祺之丰富令人惊叹,他作品里几乎凝聚着一部中国百年文化史——当然,这百年的中国文化史又是在整个中国文化史和世界文化史的庞大根基上形成的。就文化的丰富与博大而言,在整个中国现当代文学史上是很少有作家能与他匹敌的。

本次写作还有很多遗憾,我一直都在期盼着人民文学出版社的《汪曾祺全集》出版,因为我知道那个集子收有大量的佚文,而部分佚文我未曾读过。可是,直到完成本书的写作,那部全集才姗姗来迟。

研究的过程也是研究者个人学术水平提升的过程,研究对象的高度在某种程度上决定了研究者所能达到的高度的上限,在此意义上我十分感谢已故文学大师汪曾祺先生,他作品中无比丰富的文化内涵濡染了我,大雅大俗的美学趣味熏陶了我,精美绝伦的语言提升了我。感谢帮助过我的师友和一直陪伴我的家人,你们是我学术研究的不竭动力。

翟文铖

2020 年 6 月 3 日